管士光文存

第六卷

* 唐诗精选
* 宋词精选

人民出版社

本卷说明

　　本卷收入《唐诗精选》（大象出版社，2012年出版）和《宋词精选》（大象出版社，2012年出版）两个选本。也许是从事编辑工作的原因，我过去比较喜欢做一些选本，比较满意的有《李白诗选》（大连出版社，1997年出版）、《王安石散文选》（大连出版社，1998年出版）、《咏物诗选》（人民文学出版社，1989年出版）、《咏物词品珍》（东方出版社，1995年出版）等，此次仅以《唐诗精选》和《宋词精选》为代表，其他各种就不收入"文稿"中了。

目　录

唐诗精选

1

13

宋词精选

24

唐诗精选

前　言

　　唐代诗坛群星灿烂、百花齐放，呈现出空前繁荣的景象，无论是内容的丰富、题材的多样，还是体制的完备、技巧的成熟，唐诗都超越前代而成为中国古典诗歌史上的一座丰碑。

　　在所谓"文章道弊五百年"（陈子昂《与东方左史虬修竹篇序》）之后，唐诗的繁荣不是偶然的。唐朝的建立者目睹了隋朝的覆亡，取得了重要的经验教训，采取了一些比较开明的措施，促进了生产的恢复和发展，形成了中国历史上著名的"贞观之治"。太宗以后，宫中虽几易其主，但太宗的一些政策措施基本上延续下来。经过近一个世纪的长期积累，至开元年间。唐朝历史进入了另一个高峰期"开元之治"。这一时期长达二十余年，史书常将开元与天宝并称，誉为"盛唐"。唐朝中期，虽然经历了"安史之乱"的破坏，但唐朝经济在某些地区仍然获得相对稳定的发展，尤其是未遭战乱的南方，经济发展更为明显。经济的发展与繁荣，促进了交通业、手工业和商业的发达，不仅为诗人们的生活和写作提供了必要的物质条件，而且丰富了诗人们的生活，丰富了诗歌的题材内容，也使唐诗的传播变得较为容易。另外，唐承隋制，仍以科举取士，而科举考试的项目之一即是诗赋。于是苦攻诗赋，便成为唐代一般文人进入仕途的重要手段，从而形成了重视诗赋的社会风气。同时，各门艺术的发展，对诗歌的兴盛也起了重要作用，如音乐、舞蹈的发展使唐诗扩大了题材范围，并获得了新的节奏感。李唐王朝在思想文化方面采取了比较明智的政策，对儒道释兼收并蓄，这又大大活跃了思想界，促进了文学、艺术各个流派的形成，也促进了中外文化以及唐朝各民族文化的互相交流与影响。这一切为唐诗的发展、兴盛准备了充分的条件。加之，唐代诗人认真总结了前代诗人的创作经验,并经过自己艰苦的创作实践,终于使诗歌这一文体形式获得了空前的发展,迎来了自己的黄金时代。

为了论述的方便,人们一般把唐诗的发展过程分为四个时期,即初唐(618—712)、盛唐(713—762)、中唐(763—826)、晚唐(827—906)。

唐太宗统一全国后,文物典章基本上继承陈、隋旧制,一些隋朝遗老也被收罗进宫,他们的文风自然不会因为朝代的更替而有所改变,因此初唐诗坛上仍然弥漫着陈、隋宫体诗的余风。其中最有代表性的诗人是虞世南和上官仪。他们的诗喜堆砌辞藻,讲究柔婉的媚态,思想感情都苍白无力。值得一提的是,上官仪对诗歌体制有独到的研究,提出了"六对"、"八对"之说,将六朝时已具雏形的对法系统化、程式化,对唐代律诗的形成,具有一定作用。武后时代出现了号称"文章四友"的宫廷诗人李峤、苏味道、崔融和杜审言。杜审言创作了一些较为自然清新的律诗,在四人中成就最高,他还写作了一些长篇的排律,对后人如杜甫、白居易都很有影响。武后时还出现了沈佺期、宋之问,他们对诗歌发展的主要贡献是总结了齐梁以来格律诗创作的经验,并亲自实践,创作了许多完整的五言、七言律诗,促成了律诗的最后定型,这对唐朝诗歌的繁荣有重要意义。沈、宋之人品虽为后人所诟病,但其于诗歌之发展则功不可没。

在初唐诗坛上,也出现了一股力图突破宫体诗影响的潮流,其突出代表是王绩和"四杰"。王绩着意向陶渊明学习,他的诗比较清新自然,洗去了宫体诗的脂粉气息;"四杰"指高宗与武后初年"以文章齐名天下"的王勃、杨炯、卢照邻、骆宾王。他们才华横溢,但在仕途上却屡受挫折,因此能较广泛地接触社会现实。他们借诗歌来表现胸中的郁愤之气,这便决定了他们不愿受齐梁文风的束缚。他们的诗歌题材广泛,文风也比较活泼刚健。他们反对宫体诗的过分雕琢,却并不排斥律诗,反而写作了许多律诗名篇。"四杰"的七言歌行也很有特色,对李白、岑参等人的歌行乐府有直接影响。"四杰"之后,出现了更加坚决反对齐梁诗风的文学家陈子昂。陈子昂树立起文学革新的旗帜,在理论与实践上都表现出鲜明的创新精神。他的诗一洗齐梁余习,语言雄浑有力,感情自然真实,是初唐与盛唐之间的一座桥梁。

盛唐诗坛天才云集,是唐诗发展的高峰。后人从题材与风格方面着眼,将李白、杜甫之外的盛唐诗人分为"山水田园诗派"和"边塞诗派"。

前者的主要代表是王维、孟浩然，后者的主要代表是高适、岑参、王昌龄。当然诗人作品的题材往往是多方面的，风格也会有所变化和发展，所以所谓流派的划分，只是相对而言的，不能作绝对化的理解。高适擅长歌行和古诗，边塞诗题材广泛，风格慷慨豪迈，具有自然朴素的艺术特点。岑参各体兼工，尤以七言歌行最为擅长，其诗格调高昂，色彩瑰丽，尤善描写边塞风光和边塞生活。王昌龄被后人称为"七绝圣手"，在七绝这一诗体的发展上有特殊贡献。其诗内容丰富，尤长于描写边塞军旅、宫怨闺情，意境浑厚含蓄，语言圆润流畅。王维诗尤以山水田园之作最为著名，各体诗中以五言、七言诗造诣最高。孟浩然的自然浑成，意境高远，语言凝练，长于五古和五律，追求艺术的完整和精美，在当时颇有影响。盛唐诗人中，王翰、王之涣、常建、祖咏、裴迪等人也有佳篇传世，他们的作品在盛唐诗坛放出了奇光异彩。

当然，在盛唐诗坛最为著名的诗人还是李白与杜甫，他们犹如两颗灿烂的巨星，闪烁在中国诗歌的长空。李白是伟大的浪漫主义诗人，他的诗内容十分丰富，感情极为强烈，形象雄伟阔大，语言清新自然，多用比兴、夸张的艺术手法，形成了豪放纵逸的艺术风格。在各种体裁中，李白均有佳作，尤以七言古诗、乐府歌行和绝句成就最为突出，名篇亦最多。杜甫诗题材特别广泛，反映了他所生活的那个时代的真实面貌，形成了"沉郁顿挫"的风格，被后人誉为"诗史"。杜甫在诗歌艺术上，承继前贤，勤于探索，刻意求工，无体不精，尤其是七言律诗，更达到了炉火纯青的境界。李白、杜甫的光辉成就对中国古代文学的发展产生了巨大的影响。

从大历初到大中初的八十余年，称为中唐。此期前十余年，由于安史之乱，社会生活受到很大破坏，人们的精神也受到很大刺激。这个时期的诗人往往采取与社会拉开距离的人生态度，较多地描写自然景色和个人的日常生活，而悯乱伤时的情绪亦贯穿其中。大历诗坛的主要诗人有钱起、郎士元、李端、韦应物、司空曙、李益等，而以韦应物和李益成就最高。韦应物诗多写田园风光，具有清雅幽深、含蓄简远的特点，后世将其与柳宗元并称。李益诗以边塞之作最为人们所赞赏，这一类诗往往表现出气势雄健、境界开阔的艺术风格。在艺术形式上，尤以七绝见长，被后人评为"中唐第一"。

德宗到穆宗的四十余年间，中唐诗坛一度复兴，尤以宪宗元和时期

(806—820)最为兴盛,形成两个诗派。一派以白居易为首,重要作者有元稹、张籍、王建等人,这一派诗人高举"新乐府"的旗帜,步杜甫的后尘,大胆反映社会现实,在诗歌风格上追求通俗流畅,"务言人所共欲言"。白居易是唐代杰出的诗人,其诗境界开阔,能以社会生活中的重大问题为题材,尤其是《新乐府》、《秦中吟》均为指陈时弊、反映民生疾苦的优秀之作。其他如《长恨歌》、《琵琶行》等长篇歌行,亦有很高的成就。元稹与白居易诗风相近,世称"元白"。张籍和王建最擅长的是乐府诗,世称"张王乐府",突出特点是语言凝练,通俗自然而又平易流畅。另一派以韩愈为首,主要成员有孟郊、贾岛、卢仝、李贺等。他们向杜甫学习,在艺术上刻意求新,富有创造性精神,形成了追求奇异、刻苦推敲的诗风。韩愈的诗力求新奇,长篇歌行"以文为诗",表现出雄豪奇崛的特点,不仅在一定程度上纠正了当时的卑弱诗风,而且对后代许多诗人产生了重要影响。孟郊诗多感伤自己的遭遇,苦思力锤,形成一种硬语盘空、拗折险僻的特色。贾岛诗喜写荒凉孤寂之境,以穷愁苦吟著称。其诗具有清峭幽僻的艺术风格。卢仝诗自成一体,以怪涩粗豪著称。李贺一生以全力为诗,其诗多感时伤逝之作,在艺术上务为新奇,想象丰富,词采瑰丽,极富浪漫主义气息。在这一诗派中,李贺诗的意境与语言最具特色。

在韩、白两派之外,柳宗元和刘禹锡也是这一时期重要诗人。柳宗元诗明净简峭,清峻沉郁,以山水诗见长。刘禹锡诗简练沉着,怀古之作最有韵致。其绝句后人认为可追王昌龄和李白。特别是他受到民歌的影响,写作了《竹枝词》等清新朗润、韵致悠扬的佳作,创造出一种新体裁,后人虽多有仿作,但均不能"掩出其上"。

从大中到唐末的五十多年,称为晚唐。此期社会政治腐败,藩镇割据,宦官专权,唐帝国已不可避免地走向灭亡之路。晚唐前期最杰出的诗人是世称"小李杜"的杜牧和李商隐。他们二人都向往唐代盛世,有"欲回天地"的志向,诗中多感慨时事、抒发怀抱之作,艺术上亦各有特色。杜牧诗感情充沛,俊爽圆纯,在晚唐浮浅轻靡的诗风之外自具面目;长于律绝和五古,尤以绝句最有特色。其绝句情致俊爽,风调流利,意境深远,堪称晚唐一大家。李商隐以爱情和咏史诗见长,各体均有佳作,尤其是七律最为著名。他在杜甫之后,又在七律这一诗体中开拓出新的境界。他的律诗意境朦胧,构思细密,讲究典故与辞藻,具有独特的风貌。与李商隐齐名的温庭筠,其诗辞藻华丽,色彩明艳,给人以绮错婉媚之感。晚唐后期也出现了不少诗人,但是成就不高。有一些诗人学习杜甫、白居易,以清新自然、通俗流畅的语言反映社会矛盾,描绘战乱景象,表达对人民的同情,代表诗人有皮日休、陆龟蒙、杜荀鹤、罗隐、于濆等;另有一些诗人多写艳诗,伤悼离乱,情致缠绵,风格柔婉,代表诗人有司空图、韩偓、韦庄等,其中韩偓七律受李商隐影响很大,大多哀婉动人,绝句托兴深远,色彩新鲜,有一些清新可诵之作。

　　总之,唐代是诗歌创作的极盛时期,仅清代康熙年间编纂的《全唐诗》便收录了二千二百余位诗人的作品近五万首。千百年来,唐诗以其巨大的艺术魅力,吸引着一代又一代读者,至今仍能给人们以美的享受、思想的启迪和艺术的借鉴。为了便于读者阅读和欣赏,我们编辑了这册《唐诗精选》,在篇目选择上力图把唐诗中最有代表性的精华推荐给广大读者,对字词典故加以必要的注释,对每首诗歌均有简要的"品鉴",以帮助读者更好地理解和欣赏作品。如有不当之处,敬请读者批评指正。

2011 年 5 月 9 日
改定于京东静思斋

王　绩 二首

　　王绩(585—644),字无功,自号东皋子。绛州龙门(今山西河津)人。仕隋,官秘书省正字,后任六合县丞。入唐,初曾为太乐丞,后弃官还乡著书。

　　王绩早年有用世之志,但遭逢世乱,虽曾两度出仕,仍失意归隐,他仰慕阮籍、陶渊明,寄情诗酒,著有《五斗先生传》、《醉乡记》等文以抒怀。其文疏朗萧散,骈散兼长,有魏晋人萧疏风致。其诗多以田园山水为题材,描写隐居生活和饮酒的乐趣,能自拔于当时浮艳轻靡的诗风,具有平淡疏野的特色。翁方纲《石洲诗话》云:"王无功以真率疏浅之格,入初唐诸家中,如鸾凤群飞,忽逢野鹿,正是不可多得也。"《四库全书总目》评其诗"意境高古","气格道健","皆能涤初唐排偶板滞之习"。这种诗风,对唐诗的健康发展,产生了积极的影响。

　　有《东皋子集》。《全唐诗》录存其诗一卷。

野　望

　　东皋薄暮望,徙倚欲何依?[1]树树皆秋色,山山唯落晖。牧人驱犊返,猎马带禽归。相顾无相识,长歌怀采薇。[2]

【注释】

　　[1]东皋:东边的水田。徙倚:徘徊。

　　[2]采薇:即《采薇歌》,乐府诗题,属琴曲歌辞。据说为伯夷隐于首阳山采薇时所作。

【品鉴】

　　此诗写的是山野秋景,在闲适的情调中,流露出几分苦闷和孤寂。首联扣题,点明野望的时间、地点,抒写出诗人内心百无聊赖、寂寞凄清之情,表现出诗人的一种失落感和悲凉感。尤其是次句化用曹操"月明星稀,乌鹊南飞,绕树三匝,何枝可依"的字面和含义,把一种彷徨无依之情写得淋漓尽致。中间两联写诗人观赏山野秋色和田家晚归的情景。"树树"二句写远景,极力描绘动态。诗人将动态与静态、远景与近景有机地结合起来加以描写,从而使整个画面活动起来,具有了立体感。尾联与首联相呼应,表达了诗人身处社会动荡纷乱之时的苦闷与孤独,这正反映出那个时代具有遗世独立倾向而又孤芳自赏的知识分子的内心世界。此诗首尾两联抒情言事,中间两联写景,结构严谨,章法有序,是初唐一首较为成熟的五言律诗。清王尧衢《古唐诗合解》云:"此诗格调最清,宜取以压卷,视此则律中之起承转合了然矣。"这首诗风格朴素自然,意境幽清淡远,洗去了齐梁华靡浮艳的旧习,在初唐诗坛上可谓独树一帜,这无疑为唐诗的健康发展起了积极的作用。

秋夜喜遇王处士[1]

　　北场芸藿罢,东皋刈黍归。[2]相逢秋月满,更值夜萤飞。[3]

【注释】

　　[1]处士:古代尊称隐居民间而有才德之人为"处士"。

　　[2]芸藿:为豆除草。芸:通"耘",除草。藿:原为豆叶,此处代指豆类作物。刈(yì):割。

　　[3]值:正巧。

【品鉴】

　　王绩一生郁郁不得志,便投向大自然的怀抱,希望能在隐居田园的生活中觅得心灵的安宁,因而写下了许多田园之作,此诗即是其中的名篇之一,它描写了田园生活及秋夜景色,语言质朴,清新自然,呈现出与六朝以来绮靡诗风不同的气象。

卢照邻　二首

卢照邻(约 633—约 688),字升之,自号幽忧子。幽州范阳(今北京附近)人。十余岁离乡游淮南,二十岁时为邓王府典签,后曾作过新都尉。晚年为风痹症所困,投颍水而死。

卢照邻为“初唐四杰”之一,一生遭遇颇不幸,故诗中时有悲苦之音。卢照邻擅长诗歌和骈文,其诗以抒发仕宦不遇、贫病交加的忧愤为主,也有一些反映社会黑暗的作品。在体裁上,擅长七言歌行,与骆宾王同创初唐近体歌行破奇为偶、四句一转、上下蝉联、以赋为诗的基本体式,其代表作是借历史题材抒发现实感慨的《长安古意》,五言排律也较有成就,绝句亦有一些佳作。

有《卢升之集》。《全唐诗》录存其诗二卷。

曲池荷[1]

浮香绕曲岸,圆影覆华池。[2]常恐秋风早,飘零君不知。[3]

【注释】

[1]曲池:回折的水池。

[2]浮香:指荷花。圆影:指荷叶。覆:盖满。华池:池的美称。

[3]飘零:零落。

【品鉴】

前二句写荷花盛开的景象,颇为生动。“浮”字传花香之神,“绕”字写花香之浓,“圆”字状荷叶之形,“覆”字写花开之盛,均极精当。后二句写诗人赏荷时的感慨和心理:正因为夏日的极盛,观赏者才特别担忧季节的转换,怕秋天来得太早,一池荷花将会凋零,赏荷者也就无花可赏了。此处看似咏荷,实为自叹。诗人常常处于漂泊无依的处境中,因此怀才不遇的零落之感常常自然而然地流露出来,故唐汝询《唐诗解》云:"以荷之芳洁,比己之才美,又恐早落而不为人知。"沈德潜《唐诗别裁集》云:"言外有怀才不遇,早年零落之感。"

送二兄入蜀

关山客子路,花柳帝王城。[1]此中一分手,相顾怜无声。

【注释】

[1]关山:指交通险要的关隘。帝王城:指都城长安。

【品鉴】

首句就"二兄"所去之蜀中着笔,"关山"二字点出入蜀道路之艰难,提醒亲人多多保重,传神地表现出诗人对"二兄"的关心和嘱咐。次句写明送别的地点和节令,"花柳"二字描绘出长安一片春光的景象,反衬出离别的凄凉,正所谓"以乐景写哀情"也。后二句摄取分手时刹那间的情景,写出兄弟二人的惜别情态。兄弟分别本已使人感伤,何况又值"花柳帝王城"的春灭,更何况"客子"将往"关山"重重的蜀中,这一切该令送者和行者多么黯然,他们在分手之时又该有多少嘱托叮咛的话要说?但诗人却只用"相顾"二字便把千言万语包容在其中,真所谓"此时无声胜有声"。

骆宾王　二首

骆宾王(约640—约684),婺州义乌(今属浙江)人。七岁能诗。高宗朝,初为道王李元庆府属,后任武功、长安主簿,迁侍御史。高宗仪凤三年(678),因上书言事,得罪了武则天,被诬以贪赃而下狱,释后任临海丞。后随徐敬业起兵反武则天,所作《讨武曌檄》,天下传诵。徐敬业兵败,下落不明,《资治通鉴》说他被诛,《朝野佥载》说他投江而死,《新唐书》本传说他"亡命不知所之",而《本事诗》则言宋之问于灵隐寺吟诗,遇骆宾王隐迹为僧,为续"桂子月中落,天香云外飘"等句,传播甚广,但不可信。

骆宾王为"初唐四杰"之一,与王、杨、卢齐名。他才情纵放,擅长七言歌行,胡震亨《唐音癸签》说他"富有才情,兼深组织","得擅长什之誉"。其代表作有《帝京篇》、《畴昔篇》、《艳情代郭氏赠卢照邻》、《代女道士王灵妃赠道士李荣》。这些诗作或自述仕途之坎坷,或同情下层妇女爱情婚姻之不幸,或抨击上层统治者之骄奢淫逸,题材十分广泛。他的五律也有许多佳作,如《在狱咏蝉》、《送郑少府入辽》等都表现出格高韵美的特点。

有《骆宾王文集》。《全唐诗》录存其诗三卷。

在狱咏蝉

西陆蝉声唱,南冠客思侵。[1]那堪玄鬓影,来对白头吟。[2]露重飞难进,风多响易沉。[3]无人信高洁,谁为表予心。[4]

[1]西陆:秋天。南冠:指因犯。客思:家乡之思。侵:侵扰。

[2]玄鬓影:指蝉,古代妇女常把鬓发梳成蝉翼的式样,叫蝉鬓。玄:黑。白头:诗人自指。

[3]沉:沉没,消失。

[4]高洁:指蝉。古人常以蝉作为清高的象征。

【品鉴】

此为咏物抒怀的名作。首联写秋日在狱闻蝉,突出了自己当时的身份,因为身为囚徒,更加思念亲友,故云"客思侵",一种哀怨之情自然流出。颔联将蝉与自我对照用笔,使二者之间自然地联系起来,"那堪"二字,使凄恻之情大大地强化了;"白头吟"不仅描绘出诗人当时因哀愁而未老先衰的形象,更暗示出他内心凄苦与感伤。颈联以蝉喻人,语义双关,表面是在写蝉、咏蝉,其实是在写诗人自己,"露重"、"风多"的深秋气候,实际上正是借喻诗人自己所处的险恶的政治环境;而遭露之蝉翼、遇风之蝉声,正写出诗人身系囹圄、有口难辩的遭遇。尾联表面上继续咏蝉的高洁,实际上是在感叹自己不被人们所理解,其中的"予"字用得巧妙,它既指蝉,又指人,把蝉与人融合在一起,准确地表达了诗人希望得到别人理解的心情。

于易水送人[1]

此地别燕丹,壮士发冲冠。[2]昔时人已没,今日水犹寒。

【注释】

[1]易水:在河北省易县,是战国时燕国的南界。

[2]此地:指易水边。燕丹:指战国时燕太子丹。壮士:指荆轲,太子丹派荆轲入秦刺杀秦王,并到易水边为之送行。

【品鉴】

此诗以易水关合古今送别情事,通过燕太子丹送别荆轲谋刺秦王的历史故事,写出了作者对古代英雄的倾慕之情,抒发了他壮志难酬的郁塞和苦闷。

杜审言 三首

　　杜审言(约648—708),字必简,祖籍襄阳(今属湖北),父迁居巩县(今属河南)。高宗咸亨元年(670)中进士,授隰城尉,迁江阴丞,转洛阳丞。圣历元年(698),坐事贬吉州(今江西省吉安县)司户参军。后还东都,拜著作佐郎,迁膳部员外郎。神龙初年(705),武则天宠臣张易之、张宗昌被诛,杜审言受牵连,被流配岭南。不久召还,任国子监主簿、修文馆直学士,景龙二年(708)病逝。

　　杜审言是杜甫的祖父,青年时与李峤、崔融、苏味道齐名,称"文章四友"。晚年与沈佺期、宋之问相唱和。在诗歌发展史上,他的主要贡献是写作了大量的五言诗,从而促进了五律的定型,南宋陈振孙曾指出:"唐初沈、宋以来,律诗始盛行,然未有以平侧失粘为忌;审言诗虽不多,句律极严,无一失粘者。"(《直斋书录解题》)明代顾璘《批点唐音》云:"五言律诗……唐初唯杜审言创造工致。"他的五律、五排对仗工稳,音律协调,对杜甫颇有影响。过去诗论家往往将杜甫与他联系起来而给以极高评价,如黄庭坚认为"杜(甫)之诗法出审言"(《后山诗话》引),胡应麟更以审言诗句为例,认为"皆极高华雄整。少陵继起,百代模楷,有自来矣"(《诗薮》)。

　　有《杜审言集》。《全唐诗》录存其诗一卷。

和晋陵陆丞早春游望[1]

　　独有宦游人,偏惊物候新。[2]云霞出海曙,梅柳渡江春。[3]淑气催黄鸟,晴光转绿蘋。[4]忽闻歌古调,归思欲沾巾。[5]

14

【注释】

[1]晋陵:今江苏省常州市。

[2]宦游人:离家在外做官或求仕的人。偏惊:特别惊心。物候:景物气候。

[3]曙:曙光。

[4]淑气:暖和的气候。晴光:晴暖的阳光。转绿蘋:使蘋草变绿。

[5]古调:指陆丞原作《早春游望》。

【品鉴】

此诗抒发了作者长期宦游在外的深长感慨。首联感叹宦游者对自然界的变化最为敏感。"独有"句突出了诗人作为一个异乡游子与当地人对景物气候的变化有迥然不同的心情,沈德潜《唐诗别裁集》评为"警健",可谓知音。次句含义丰富,耐人寻味,"偏惊"二字,感情强烈,色彩浓郁,以下数句均由此而来。中间两联分叙物候之新,表现出诗人的怀乡之情。"云霞"一联,写诗人远眺时所见,照应了诗题中的"望"字,尤其是"出"、"渡"两个动词,用得十分巧妙。清代黄叔灿《唐诗笺注》云:"'云霞'一联,承上'偏惊'二字,'出海曙'、'渡江春'奇绝,非人思议所及。""淑气"一联续写游时所见,较之上一联,这一联写景更细致,而一"催"一"转",用得恰到好处:黄莺频鸣,似由"淑气"所催促;水中蘋草由嫩绿变为深绿,似由晴朗的阳光所"转"。读至此,使人如同亲身感受到萌动的春意、和煦的春光,精神不由为之一爽。尾联抒发了诗人思归的情怀,照应首句"宦游"二字,同时点出了和诗之意,使全诗显得缩结完密,章法井然。

赠苏绾书记[1]

知君书记本翩翩,为许从戎赴朔边?[2]红粉楼中应计日,燕支山下莫经年。[3]

【注释】

[1]苏绾书记:即苏绾,作者的友人。书记:唐制,元帅及节度使都有掌书记一人,主管文书工作,简称"书记"。

[2]书记:这里指写作文书。翩翩:轻松自如的样子。此处用来形容苏绾的文采

15

风流。为许:为何。从戎:参军。朔边:北方边境。

[3]红粉:代词,指闺中女子,即苏绾的妻子。燕支山:在今甘肃省山丹县东,是苏绾从军所去的地方。这一带土地肥沃,水草茂盛,多产燕支(即红兰花),古人采其汁加入脂油,用作女子的化妆品。据说这里多生美女。汉时匈奴歌云:"失我焉支山,使我妇女无颜色。"焉支山,即燕支山。经年:过一年。

【品鉴】

这是一首送别诗,作者从远行之人的妻子着笔,写出了送别时的留恋和盼其早归的心情。全诗自然流动而不着力,并不刻意求其工整,这正体现出初唐七绝的艺术特色。后二句用笔尤为委婉,饶有情趣。沈祖棻《唐人七绝诗浅释》分析得很有道理,可作参考:"这里是说,希望苏书记想到自己每天都在怀念他的妻子,在取得胜利、完成任务以后,早点回家,不要为他乡美女所迷,乐而忘返。用燕支山代表朔方,正好和红粉楼字面相对,由家中红粉想到塞上燕支,既很自然,情调也极和谐。"

渡湘江[1]

迟日园林悲昔游,今春花鸟作边愁。[2]独怜京国人南窜,不似湘江水北流。[3]

【注释】

[1]湘江:水名,经湖南入洞庭湖。

[2]迟日:犹言春日。边愁:因流放边地而产生的忧愁。

[3]京国:指长安。南窜:指被流放峰州(在今越南北部)。

【品鉴】

神龙初年,作者流放峰州,途经湘江,写下了这首感情沉痛的诗作。此诗以今与昔、园林与边地相对照,归结为"京国人南窜"之可悲、"湘江水北流"之可羡,突出表现了作者因故被贬往偏远之地的苦闷和怨愤。

王 勃 四首

王勃(650—676),字子安,绛州龙门(今山西河津)人。出身望族,祖父王通为隋末大儒,号文中子。王勃早慧,未成年即被赞为神童,经人向朝廷推荐,对策高第,授朝散郎,乾封初年(666)为沛王府修撰,后为虢州参军。上元三年(676)渡海探父,因溺水,受惊而死。

王勃是初唐杰出的诗人,为"四杰"之一,以才华而言,堪称"四杰"第一人。在文学主张上,他崇尚实用,自觉反对沿袭六朝余波"争构纤微,竞为雕刻"的上官体诗,"思革其弊,用光志业"(杨炯《王子安集序》),他创作"壮而不虚,刚而能润,雕而不碎,按而弥坚"的诗文,对转变当时的诗风起了积极的作用。王勃才高位卑,由于仕途上屡遭挫折,生活道路颇为曲折,故对社会现实有多方面的认识,诗歌内容比较广泛,大多抒发个人情志,也有许多抨击时弊之作。擅长五言律诗和绝句,代表作有以感情真挚著称的《送杜少府之任蜀川》、《别薛华》、《山中》等,胡应麟认为王勃的五律"兴象婉然,气骨苍然,实首启盛、中妙境。五言绝亦舒写悲凉,洗削流调。究其才力,自是唐人开山祖"(《诗薮》)。

有《王子安集》。《全唐诗》录存其诗二卷。

送杜少府之任蜀川[1]

城阙辅三秦,风烟望五津。[2]与君离别意,同是宦游人。海内存知己,天涯若比邻。[3]无为在歧路,儿女共沾巾。[4]

【注释】

[1]蜀川:蜀地。

[2]城阙:指长安。阙:宫门前的望楼。辅:护卫。三秦:今陕西关中一带,本是古秦国旧地,项羽灭秦,分其地为雍、塞、翟三国,称为"三秦"。风烟:风尘烟雾。五津:指岷江自四川灌县(今都江堰市)到犍为这一段的五个渡口。

[3]比邻:近邻。

[4]无为:不用,不要。歧路:岔路,此指送别分手之地。沾巾:让泪水沾湿佩巾。

【品鉴】

首联紧扣诗题之"送"字,点出送别之地和行人将去之处。首句写出帝都长安的阔大气势,次句写出蜀中特定的地理特色,二者间用一"望"字相连,便将相距千里之遥的长安和蜀中联系了起来,虽无一字写送别,但离别之意和依恋之情却自然流露了出来。次联紧承首联,明写离情,自慰中有慰人,更见对友人的一片深情。五、六两句是千古传诵的名句,表现了诗人开阔的胸襟和超拔脱俗的高远志趣。这两句化用了曹植"丈夫志四海,万里犹比邻"(《赠白马王彪》)的诗句,却更为精练概括,洗尽了送别诗中缠绵悲苦的常态,提高了全诗的精神境界。尾联承接第三联,以劝慰朋友收束全篇,在伤别中表现出豪迈之情。清代黄叔灿《唐诗笺注》云:"语极豪俊,不是寻常送别语。"这段话恰切地指出了此诗意境雄阔的特点。

山　中

长江悲已滞,万里念将归。[1]况属高风晚,山山黄叶飞。[2]

【注释】

[1]滞:不通畅。念将归:意为虽有归乡的愿望,但却不能成行。

[2]属:正当。黄叶:落叶。

【品鉴】

据前人考证,此诗作于高宗咸亨二年(671),这时诗人客寓蜀中已近三年,离家日久,思乡而不得归的痛苦常常折磨着他。此诗自然质朴,以景色烘染羁思,生动地描绘出他乡游子思归的心境。

送 兄

别路云初起,离亭叶正飞。[1]所嗟人异雁,不作一行归。[2]

【注释】

[1]离亭:驿站,古人常在此送别。

[2]嗟:感叹。

【品鉴】

此诗言浅情深,比喻恰切自然,故为人们所传诵。

蜀中九日[1]

九月九日望乡台,他席他乡送客杯。[2]人情已厌南中苦,鸿雁那从北地来?[3]

【注释】

[1]九日:指重阳节。

[2]望乡台:此处所指的望乡台,在今四川成都市北。他席:他人设的酒席。送客杯:指送别酒宴。

[3]人:作者自指。厌:饱尝之意。南中:指蜀南、滇北一带。

【品鉴】

此诗以北来鸿雁反衬南中人情,写出了他乡送客的忧伤情绪。全诗对句不够严格,却表现出自然流丽的风姿。王勃的七绝不多,但他对七绝诗的发展,还是有重要影响的。

杨 炯 一首

杨炯(650—约693)，华阴(今属陕西)人。高宗显庆四年(659)举神童，五年待制弘文馆。上元三年(676)补校书郎，后出为梓州司法参军。天授元年(690)与宋之问同直习艺馆。后为衢州盈川(在今江西境内)令，卒于官，世称杨盈川。

杨炯诗文与王勃、卢照邻、骆宾王齐名，并称为"初唐四杰"。但他自谓"愧在卢前，耻居王后"，当时议者亦以为然。张说谓"杨盈川文思如悬河注水，酌之不竭，既优于卢，亦不减王"。其诗以边塞题材著称，如《从军行》、《出塞》、《紫骝马》等，均表现出为国建功立业的精神，风格警劲豪放。擅长五言律诗，佳作颇多。胡应麟《诗薮》说："盈川近体，虽神俊输王，而整肃浑雄。究其体裁，实为正始。"

有《盈川集》。《全唐诗》录存其诗一卷，《全唐诗续拾》补诗二首。

从军行[1]

烽火照西京，心中自不平。[2]牙璋辞凤阙，铁骑绕龙城。[3]
雪暗凋旗画，风多杂鼓声。[4]宁为百夫长，胜作一书生。[5]

【注释】

[1]从军行：乐府旧题，多写军旅生活。

[2]烽火：古代边境用以报警的信号。西京：长安。

[3]牙璋：古代发兵所用的兵符。此处代指将帅奉命出征。凤阙：汉长安建章宫东有凤阙，此指唐宫。铁骑：穿铁甲的骑兵。龙城：汉时匈奴大会诸部祭天之处，故址

在今内蒙古塔米尔河畔。此处借指敌方驻地。

　　［4］凋:凋落。凋旗画:使军旗上的绘画暗淡失色。风多:风急。

　　［5］百夫长:泛指低级军官。

【品鉴】

　　此为唐代较早的一首边塞诗,表现了初唐时期国力逐渐强盛,许多士子向往边塞生活,希望从马上博取功名的慷慨心情。首联写出从军的原因和动机,烘托出一种浓郁的战争气氛。一个"照"字,渲染了紧张的气氛;一个"自"字,表现了普通士子由衷的爱国之情。颔联正面描写出征,颇为生动。颈联描绘出从军征战的艰苦,"雪暗"句虽不言牺牲流血,但由雨雪侵淋使旗帜上的图案暗淡失色,便足以使人想见从军出征之艰难困苦;"风多"句描写呼啸的狂风与战鼓的声音相混杂,使人仿佛置身于古战场之中。尾联集中抒发追求边塞立功的豪情,是千古传诵的名句。此诗虽用乐府旧题,但它却是一首五言律诗。全诗对仗工整,音律和谐,情绪慷慨激昂,风格雄浑刚健,与初唐诗坛那些绮靡之作不可同日而语。

韦承庆　一首

韦承庆(约651—约706),字延休,郑州阳武(今属河南)人。曾举进士。官太子司议、凤阁侍郎、同平章事。神龙初年,因依附张易之,贬为高要尉。后起授辰州刺史,入为秘书员外少监,兼修国史。

韦承庆才思敏捷,下笔成文。其诗留存不多,但《南行别弟》、《南中咏雁》等均自然流畅,为后人所称道。

《全唐诗》录存其诗七首。

南行别弟[1]

澹澹长江水,悠悠远客情。[2]落花相与恨,到地一无声。[3]

【注释】

[1]南行:指赴岭南(今广东一带)贬所。

[2]澹澹:水波流动貌。悠悠:无穷无尽状。

[3]相与恨:都有恨。

【品鉴】

前二句用长江水无穷无尽来比喻自己被流放的怨恨之情,十分恰切。"澹澹"、"悠悠",耐人寻味。后二句借落花无声,比喻临别时相对无言,表现出深长的忧愤。"相与恨",是说花之恨在于凋落,己之恨在于被流放,故自己与花均有所恨。明人唐汝询《唐诗解》云:"江流不已,正如客情,花落无声,若解人恨。"近代王文濡《唐诗评注读本》云:"以江水引起客情,以落花写出己恨,怨而不怒,深得风人之旨。"韦承庆的五绝颇有特色,不妨再读他的《南中咏雁》:"万里人南去,三春雁北飞。不知何岁月,得与尔同归?"此诗自然真率,毫无雕琢,与《南行别弟》有异曲同工之妙。

宋之问　一首

宋之问(约656—712),一名少连,字延清,虢州弘农(今河南灵宝)人。一说汾州(今山西汾阳)人。早岁知名,上元二年(675)进士及第。武后时,官尚书监丞。神龙初年,因依附张易之,贬泷州(治所在今广东省罗定市)参军。武三思用事,起为鸿胪丞。中宗增置修文馆学士,之问与杜审言等同入选。后因罪贬越州长史。睿宗即位,又被流放到钦州(今广西钦州),不久赐死。

宋之问与沈佺期齐名,时称"沈宋"。其诗以属对精密、音韵协调见长,大多词采绮丽,对仗工整,对律诗体制的定型颇有影响。尤善五律,构思巧妙,自然流畅,代表作有《途中逢寒食》《题大庾岭北驿》等,均为语近旨远、内容充实之作。五言排律亦有佳作,被胡应麟誉为初唐之冠,甚至称其为"古今排律绝唱"(《诗薮》)。绝句《渡汉江》等语浅情深,含蓄凝练,也受到后人的高度评价。

有《宋之问集》。《全唐诗》录存其诗三卷,《全唐诗外编》及《全唐诗续拾》补诗二十七首。

渡汉江[1]

岭外音书断,经冬复历春。[2]近乡情更怯,不敢问来人。

【注释】

[1]汉江:即今汉水中游的襄河。

[2]岭外:广东大庾岭等五岭以南。

　　宋之问在中宗神龙元年(705)被贬为泷州参军,不久,他由泷州逃回洛阳,在渡汉江时写下了这首诗。此诗细微而深切地表现出作者在逃归途中的典型感受,感情真挚,含蓄凝炼,具有很强的艺术感染力。前两句说自己被贬到岭南后,家书断绝很长时间。一个“断”字,写出了诗人浓重的乡思;“复历”二字,更写出时间的久长,见出诗人心中的苦闷与怨恨。后二句写诗人近乡时的心理。作者由襄阳渡汉江,将经南阳入京,故云“近乡”。“情更怯”,生动地写出诗人复杂而矛盾的心情。这两句颇受后人的赞赏,沈德潜《唐诗别裁集》云:“即老杜‘反畏消息来,寸心亦何有’意。”李锳《诗法易简录》云:“‘不敢问来人’,以反笔写苦况。”全诗虽仅有四句,但却生动地写出了诗人在特定环境里微妙的心理状态,正如宋顾乐所评:“败客归家心事,写得逼真的绝。”(《唐人万首绝句选》评)

贺知章 二首

贺知章(约659—约744),字季真,越州永兴(今浙江萧山)人。武后证圣元年(695)进士及第,举超拔群类科,授国子监四门博士。开元中,累迁至太子宾客、秘书监。天宝三载(744),上疏请度为道士,求还乡里。玄宗制诗赠行,诏赐镜湖剡溪一曲。

贺知章少时即以文词知名,为人旷达,晚年尤放诞,不拘礼度,尝邀嬉里巷,自号"四明狂客"。与李白、张旭友善,其诗清新通俗,自然流畅。又擅长草隶,人共传宝。

有《贺秘监集》。《全唐诗》录存其诗一卷。

回乡偶书二首(选一)

少小离家老大回,乡音无改鬓毛衰。[1]儿童相见不相识,笑问客从何处来?[2]

【注释】

[1]老大:年纪老。鬓毛衰(cuī):指年老须发稀疏变白。

[2]客:指作者。

【品鉴】

开篇以"少小"与"老大"对举,概括地写出了数十年久客他乡的事实,点明这不是一般意义的还乡,暗含着诗人人生易老、世事沧桑的感叹;次句以"鬓毛衰"上承"老大",具体写出自己容颜苍老的形态,表现出久客伤老之情,又用不变的乡音反衬变化了的容颜,突出了自己心中永远不会磨灭的对故乡的怀念与热爱。三、四两句写出一个富有情趣又含意深长的场面，对儿童来说，只是淡淡一问，但对诗人来说，听了儿童的问话，却自然会受到极大的震动，一种老迈衰颓和反主为客的悲哀，因而便充溢于字里行间。虽然在这里有问而无答，但这正是此诗的妙谛所在，其弦外之音令人久久回味。正所谓"此时无声胜有声"，诗人的久客伤老之情得到了更充分、更含蓄的表现。这首诗虽然短小，但表达了诗人在特定环境中的真实感情，自然朴实，毫不雕琢，"模写久客之感，最为真切"（唐汝询《唐诗解》），因而能深深地打动读者，千百年来为人们所广泛传诵。

咏　柳

碧玉妆成一树高，万条垂下绿丝绦。[1]不知细叶谁裁出，二月春风似剪刀。[2]

【注释】

　　[1]碧玉：绿色的玉，这里形容春柳的青翠碧绿。妆成：打扮成、装饰成。绦：用丝线编成的带子，这里形容柳条。

　　[2]裁：剪裁。

【品鉴】

　　首句用"碧玉"来形容春柳的青翠碧绿，描绘出柳树嫩绿丰满的风姿，落笔奇巧；次句将丝丝缕缕垂拂的柳条比成绿色的丝带，更细致地描画出柳枝婀娜的万般情态；第三句写出早春杨柳的细叶特征，"谁裁出"一句，问得极妙，而结句作答，从咏柳归结为咏春，出人意表。这首诗的特点是善用比喻，用碧玉喻柳树，用丝绦喻柳枝，用剪刀喻春风，都很巧妙，但却又十分贴切，十分自然，没有刻意为之的痕迹，故清代黄周星评云："尖巧语，却非由雕琢而得。"（《唐诗快》）

陈子昂 一首

　　陈子昂（661—702），字伯玉，梓州射洪（今四川射洪）人。家世豪富，少任侠。文明元年（684）举进士，以上书论事，为武则天所赏识，官麟台正字，转右拾遗，曾被构陷入狱，后免罪复官。万岁通天元年（696），从建安王武攸宜讨契丹，参谋军事。圣历元年（698），自请解职回乡，为县令段简所诬，入狱，忧愤而死。

　　陈子昂在《与东方左史虬修竹篇序》中旗帜鲜明地提出了反对齐梁诗风的主张，极力推崇"汉魏风骨"。他批评"齐梁间诗，采丽竟繁，而兴寄都绝"。他称美东方虬的《咏孤桐篇》"骨气端翔，音情顿挫，光英朗练，有金石声"；"不图正始之音，复睹于兹，可使建安作者，相视而笑"。在理论上提倡复古的同时，陈子昂还勤奋地致力于创作实践，写作了许多诗篇，其中最能体现他独特风格的，是《感遇》三十八首和《登幽州台歌》等。《感遇》诗不是一时一地之作，反映了较为广阔的社会生活和复杂的思想感情，在运用五言古体和质朴的语言，以较隐晦曲折的方式表现时政的黑暗和诗人彷徨苦闷的心情方面，与阮籍《咏怀诗》有异曲同工之妙。其他如《蓟丘览古》、《登幽州台歌》均抒发怀才不遇的悲哀，具有慷慨悲歌的特色。翁方纲《石洲诗话》云："伯玉《蓟丘览古》诸作，郁勃淋漓，不减刘越石。"陈子昂的诗内容丰富，风格刚健，寄兴遥深，对唐诗的健康发展产生了深刻的影响。卢藏用说他"横制颓波，天下翕然质文一变"（《陈伯玉文集序》）。宋刘克庄《后村诗话》说："唐初王、杨、沈、宋擅名，然不脱齐梁之体，独陈拾遗首倡高雅冲淡之音。一扫六代之纤弱，趋于黄初、建安矣。"

　　有《陈拾遗集》。《全唐诗》录存其诗二卷，《全唐诗外编》补诗一首。

登幽州台歌[1]

前不见古人，后不见来者。念天地之悠悠，独怆然而涕下。[2]

【注释】

[1]幽州台：即蓟北城楼，遗址在今北京市。

[2]怆然：悲伤貌。

【品鉴】

此诗作于武则天万岁通天二年（697），当时武则天命建安王武攸宜征讨契丹，陈子昂任右拾遗参谋军事。武攸宜不懂军事，致使先头部队几乎全军覆没。陈子昂数次直言献计，不仅未被采纳，反而触怒了武攸宜，将他降职为军曹。诗人接连受到挫折，心中充满了怀才不遇的苦闷，当他登上幽州台，纵观古今，俯仰天地，遂写下了这篇慷慨悲壮的诗作。诗中的"古人"，指的是古代像燕昭王那样能够礼贤下士的圣明君主。据考证，陈子昂写作此诗的同时，还作有《蓟丘览古》，其前有序云："出自蓟门，乃观燕旧都，其城池霸迹已芜没矣。乃慨然仰叹，忆昔乐生、邹子群贤之游盛矣。"可见，陈子昂对筑黄金台招纳贤士、进而重用乐毅、郭隗等人的燕王是十分向往的。"前不见古人"，看似平常，其实却含有无限的感慨，耐人寻味。"后不见来者"，更写出诗人心境的悲凉与失望，陈子昂生不逢时、怀才不遇的悲愤之情跃然纸上。当诗人登台远眺时，只见天宇空旷苍茫，想到人生之短暂而自己未遇明主，至今一事无成，不禁感到无比孤独悲伤，一字一泪，令人震动。尤其是一个"独"字，承前两个"不见"而来，突出表现了诗人心中不可名状的悲凉寂寞之感。此诗感情激越慷慨，意境雄浑开阔，语言苍劲奔放，具有很强的感染力。清代黄周星在《唐诗快》里说："胸中自有千古，眼底更无一人，古今诗人多矣，从未有道及此者。此二十二字，真可以泣鬼神。"

张若虚 一首

张若虚(生卒年不详)，扬州人。曾任兖州兵曹。中宗神龙年间，与贺知章等均以吴越名士，扬名京都。玄宗开元初年，与贺知章、张旭、包融并称"吴中四士"。其《春江花月夜》是一篇脍炙人口的名作，它语言清新优美，韵律婉转悠扬，洗去了宫体诗的浓脂艳粉，给人以自然清丽之感。清末王闿运评曰："张若虚《春江花月夜》用《西洲》格调，孤篇横绝，竟为大家。李贺、商隐，挹其鲜润；宋词、元诗，尽其支流。"(陈兆奎辑《王志》卷二《论唐诗诸家源流——答陈完夫问》)

《全唐诗》录存其诗二首。

春江花月夜[1]

春江潮水连海平，海上明月共潮生。滟滟随波千万里，何处春江无月明。[2]江流宛转绕芳甸，月照花林皆似霰。[3]空里流霜不觉飞，汀上白沙看不见。[4]江天一色无纤尘，皎皎空中孤月轮。江畔何人初见月？江月何年初照人？人生代代无穷已，江月年年只相似。不知江月待何人，但见长江送流水。白云一片去悠悠，青枫浦上不胜愁。[5]谁家今夜扁舟子？何处相思明月楼？[6]可怜楼上月徘徊，应照离人妆镜台。玉户帘中卷不去，捣衣砧上拂还来。[7]此时相望不相闻，愿逐月华流照君。鸿雁长飞光不度，鱼龙潜跃水成文。[8]昨夜闲潭梦落花，可怜春半不还家。[9]江水流春去欲尽，江潭落月复西斜。斜月沉沉藏海雾，碣石潇湘无限路。[10]不知乘月几人归？落月摇情满江树。

【注释】

[1]春江花月夜:乐府旧题。

[2]滟滟:水波闪烁貌。

[3]芳甸:长满花草的郊野。霰:雪粒。

[4]流霜:飞动的霜。汀:水边的平地或小洲。

[5]青枫浦:又名双枫浦,在今湖南省浏阳市南浏水中,古人常用以指分别的地方。

[6]扁舟子:指乘船在江湖上飘荡的人。明月楼:月光下的楼阁。

[7]玉户:华丽的屋子。

[8]长飞:远飞。光不度:飞不出月光。潜跃:在水中跳跃。文:波纹。

[9]闲潭:寂静的水潭。

[10]碣石:山名,在渤海边上。潇湘:水名,潇、湘二水在湖南零陵合流后称潇湘。这里用"碣石"、"潇湘"泛指地北天南。

【品鉴】

　　此诗在对春江之夜美好景色的描绘中,抒写了青春的美好和人生离别的感伤,犹如一支缠绵悱恻的夜曲,令人陶醉,故被闻一多先生誉为"诗中之诗,顶峰上的顶峰"(《宫体诗的自赎》)。全诗的艺术结构,大致由三部分组成。从诗的开始至"皎皎空中孤月轮",纯属对春江月夜景象的描绘。江潮连海,月共潮生,海上的明月似从汹涌的浪潮中升起,光耀千万里。江水绕着长满芳草野花的江边小洲流过,月光照射着花树梢头,仿佛铺上一层雪珠。月光洁白如霜,反而使"流霜不觉飞"、"白沙看不见",浑然只有皎洁的月光存在。诗人可谓丹青妙手,他用细腻的笔触,描绘出一个多么令人陶醉的神话般的境界。由"江畔何人初见月"至"但见长江送流水",写岸汀江天的美景,引发出诗人内心的感慨。他由自然界联想到人生,不由问道:究竟是谁最先看到这轮明月?明月又是何年何月开始照耀人间呢?诗人感叹人生代代相传,而自然界却永恒不变,好像在等待着它所期待的人。诗人的疑问当然得不到回答,故结之以"但见长江送流水"便显得含蓄委婉,耐人回味。"白云一片去悠悠"两句起着承上启下的作用,过渡到离人与思妇两地思念之情的描写。而其重点又是着意刻画女子炽热而缠绵的相思。在诗人笔下,明月好像也同情思妇,它徘徊在楼上,映照着梳妆台,引起思妇对往日美满的夫妇生活的回忆。月光还洒在华美的门帘上和洗衣石上,卷不去,拂不掉。望着月光,思妇竟产生了奇妙的想象:"愿逐月华流照君。""昨夜"四句把梦境与实境交叉描绘,虚实相间,显得悱恻迷离。末四句写思妇梦醒之后,见江月已快落山,诗人照应篇首,描绘出斜月沉雾的景象。全诗以"落月摇情满江树"作结,收得蕴藉朦胧;以景结情,余味无穷。这首长诗在艺术上很有特点,全诗纯用白描,绝无雕琢。三十六句诗中用了十五个"月",虽然对明月反复吟咏,却使人无重复之感。其根本原因在于诗人赋予"月"以感情,在对"月"的描写中,不仅构造了美的意境,更融入了深长的情思,使人一唱三叹,心醉神迷。其次,此诗在用韵方面也很讲究,全诗四句一转韵,共换九韵,随着韵脚的变化,平仄交错使用,前呼后应,回环反复,与诗歌内容变化配合协调,读来富有音乐性。第三,此诗虽为古体,但其中律句颇多,如"此时相望不相闻"数句,如果只看声律,已经是标准的近体诗了。以律句入古体,使此诗具有如歌的韵味,从而避免了平板滞重的毛病,而且有了抑扬顿挫、清新流丽的语言特征。

张　说　一首

张说(667—730),字道济,一字说之,洛阳(今属河南)人,垂拱四年(688)应举贤良方正,对策第一,授左补阙,累官至凤阁舍人。后因忤旨,配流钦州(今广西钦州)。中宗即位,召还,官至兵部侍郎,加弘文馆学士。睿宗时,为中书侍郎。开元初,进中书令,封燕国公。与姚崇不和,贬相州刺史,转岳州刺史,迁右羽林大将军,兼检校幽州都督,终于尚书左丞相,卒谥号"文贞"。

张说前后三次为相,掌文学之任凡三十年,成为唐开元前期的一代文宗,"品评文苑,奖掖后进,深孚众望"。张说长于碑志诏诰之文,朝廷大述作,多出其手,与苏颋并称"燕许大手笔"。皇甫湜《谕业》论唐文首列二家,谓"燕公之文,如梗木枬枝,缔构大厦,上栋下宇,孕育气象,可以变阴阳,阅寒暑,坐天子而朝群后"。其诗多为应制之作,但贬岳州以后,诗转凄婉,人谓得江山之助。古体如《邺都引》,沈德潜以为"声调渐响,去王、杨、卢、骆体远矣"(《唐诗别裁集》);近体如《幽州新岁作》,后人认为"情词流转极圆美"(方东树《昭昧詹言》)。

有《张燕公集》二十五卷。《全唐诗》录存其诗五卷。

蜀道后期[1]

客心争日月,来往预期程。[2]秋风不相待,先至洛阳城。

【注释】

[1]后期:落后于预定的日期。

[2]预:算定。

【品鉴】

前两句概括出远行之人的共同心理,"争日月"的"争",用得巧妙而精当,把游子急于归来的心情淋漓尽致地写了出来;"预期程"之"预"下得也很得体,写出"争日月"的原因,并为下文留下伏笔。后两句所要说的,是诗人原计划在秋季之前赶回洛阳,但却没有如愿,他从蜀中回到洛阳的日期比预定的日期晚了。但是,诗人并没有把这层意思明白地说出来,而是用秋风先至洛阳来表现自己的归心之切和后期之恨。在诗人笔下,秋风似乎不理解客子的心情,未与他结伴而行,却独自先到了洛阳。在对秋风的责怪语气里,正表现出诗人"后期"的不悦和懊丧。沈德潜《唐诗别裁集》:"以秋风先到,形出己之后期,巧心潜发。"宋顾乐《唐人万首绝句选》评云:"'后'字从对面托出,一句不正说,妙绝。责秋风微妙,此谓言外意。"

张九龄　二首

　　张九龄(673—740)，字子寿，韶州曲江(今广东韶关)人。景龙元年(707)中进士，为张说所赏，后以对策高第，迁左拾遗、中书令。后受奸相李林甫排挤，贬荆州大都督府长史。开元二十八年(740)病逝，卒谥"文献"。

　　张九龄早年即以文名，执政时曾提拔王维、卢象等人，后为荆州长史时，又召孟浩然于幕府，其他如王昌龄、钱起等人，都曾受到他的知遇之恩。张九龄为盛唐时期重要诗人，他的五言古诗，成就最为突出。清人王士禛认为，唐五言古诗"夺魏、晋之风骨，变梁陈之俳优，陈伯玉之力最大，曲江公继之，太白又继之"(《古诗选凡例》)。认为他同陈、李一样，都是开一代诗风的人物。其五言古诗的代表作是《感遇》十二首和《杂诗》五首。其《感遇》诗，历来与陈子昂《感遇》三十八首相提并论。刘熙载《艺概·诗概》指出："曲江之《感遇》出于《骚》，射洪之《感遇》出于《庄》，缠绵超旷，各有独至。"在风格上，其诗以清淡和雅为主要特色，明胡应鳞评曰："张子寿首创清淡之派，盛唐继起，孟浩然、储光羲、常建、韦应物本曲江之清淡，而益以风神者也。"(《诗薮》)其五言近体含蓄自然，风格清新，如《望月怀远》、《旅宿淮阳亭口号》等，均为千古传诵的名作。

　　有《曲江集》。《全唐诗》录存其诗三卷。

望月怀远

　　海上生明月，天涯共此时。[1]情人怨遥夜，竟夕起相思。[2]灭烛怜光满，披衣觉露滋。[3]不堪盈手赠，还寝梦佳期。[4]

【注释】

[1]天涯:天边,指彼此相去甚远。

[2]情人:多情之人,诗人自指。竟夕:终夜。

[3]怜:爱。滋:浸润。

[4]梦佳期:做一个佳期相会的梦。

【品鉴】

诗写望月怀人之情。首联化用南朝谢庄《月赋》"隔千里兮明月"的句意,意境阔大,自然高华,是千古名句。当一轮皓月从海上冉冉升起,诗人想到遥隔天涯的远人,此时可能也正对月相思吧?颔联申明"怀远"之意,说因望月怀远,使远别的"情人"终夜难寐,只觉长夜漫漫,难以为情,故而生怨。颈联由室内写到室外,通过景物的描绘写出了深切的相思之情。烛灭而显出月光之皎洁,光华满室,更撩人爱怜的情思;"露滋"而显出凉意袭人,见出"情人"伫立望月之久。这一联看似写赏月,实则寓写怀念亲友的幽思。尾联复生奇想,写诗人欲以月光引赠给远人而不得,故只得寄希望于做一个好梦,但愿梦中能与亲友相逢。诗至此戛然而止,而余韵悠悠,耐人回味。

照镜见白发

宿昔青云志,蹉跎白发年。[1]谁知明镜里,形影自相怜。

【注释】

[1]宿昔:从前,过去。青云志:远大的志向。蹉跎:不得志。

【品鉴】

此诗抒写了作者深沉的感慨,颇有苍凉之感,当是张说遭谗被贬后的作品。黄叔灿《唐诗笺注》曰:"蹉跎白发,对影自怜,悲哉斯言,不堪多读。"此诗《全唐诗》未收,录自《万首唐人绝句》。

张　旭　一首

张旭(生卒年不详),字伯高,吴郡(今江苏苏州)人。曾为常熟尉,又任金吾长史,故世称"张长史"。张旭是唐代著名书法家,擅长草书,性嗜酒,每醉后号呼狂走,索笔挥洒,世称"草圣"、"张颠",以草书与李白歌诗、裴旻剑舞,号为"三绝"。

所存诗作均为写景绝句,以境界幽深、构思巧妙为其特色。

《全唐诗》录存其诗六首。

山中留客

山光物态弄春晖,莫为轻阴便拟归。[1]纵使晴明无雨色。入云深处亦沾衣。[2]

【注释】

[1]山光:群山的色泽。物态:指一切树木花草、飞禽走兽的形态。弄:卖弄。春晖:春日的阳光。拟:准备。

[2]纵使:即使。沾衣:沾湿衣服。

【品鉴】

与友人在风景幽美的山中游玩,是一件乐事,但是天空突然由春光明媚变得有点阴暗,友人怕下雨,急着要回去。为了劝说友人留在春山继续游赏,诗人写下了这首颇有特色的佳作。友人到山中来,自然希望观赏山中美景,故诗人便由此着笔,着一"弄"字,十分贴切地写出了严冬过尽、万物更新的春光中山里不断变化的各种景物。次句直写劝阻之意:山中的景物还未尽览,怎么能因为天边一片阴云就打算回去呢! 三、四句承上而来,以退为进,劝慰友人既来之则安之,因为山势愈高,云气愈浓,即使天气晴朗,人入深山亦不免云气沾衣。言外之意是劝友人不必担心下雨淋湿了衣服,还是"入云深处"去一览佳景吧! 此诗写得有情、有景、有理,三者达到了水乳交融的境界,从而具有了语近情遥、委婉动人的特点。清代宋顾乐《唐人万首绝句选》评此诗"清词妙意,令人低徊不止"可谓知音。读了这首诗,想来张旭的友人一定会打消马上下山的念头吧!

王之涣　二首

　　王之涣(688—742)，字季凌，并州晋阳(今山西省太原市)人，后徙绛郡(今山西省绛县)。始任冀州衡水主簿，因受人诬告，弃官归乡。晚年任文安县尉，卒于任所。

　　王之涣"慷慨有大略，倜傥有异才"，其诗以描绘边塞风光著称，多被当时乐工制曲歌唱，流传广远。其作品流传下来的虽仅有六首，但艺术成就都很高，使他成为唐诗的代表作家之一。他与著名诗人王昌龄、高适、崔国辅等都有唱和，高适曾称其"才华仰清兴，功业嗟芳节"(《蓟门不遇王之涣郭密之因以留赠》)，对他极表钦佩。

登鹳雀楼[1]

　　白日依山尽，黄河入海流。[2]欲穷千里目，更上一层楼。[3]

【注释】

　　[1]鹳雀楼：在蒲州(今山西永济)西南城上，因常有鹳雀而得名。

　　[2]依：靠，紧挨着。

　　[3]穷：尽。

【品鉴】

　　此诗意境雄阔，气势奔放，表现出作者开阔的胸襟和积极进取的精神。鹳雀楼前瞻高山，下瞰大河，景色极佳，是唐代有名的登临胜地。据《梦溪笔谈》说，唐时在此留诗者甚多，而"尤以王诗为最"。前两句描绘登楼所见的壮观景象，勾勒出一幅豪放雄劲的山水图画：向西望去，一轮红日傍着连绵起伏的群山落下,再向东望,黄河之水一泻千里,奔腾不息,向东汇入浩瀚无涯的大海。"依山尽"和"入海流",在动态中描摹景物,气势雄浑,境界开阔。后两句笔锋一转,由状景转向说理。由于前两句作了很好的铺垫,因而这两句的出现便显得十分自然,与前面的景物描绘十分协调,浑然一体。从而使全诗的境界又高了一层,给读者提供了联想的广阔天地,遂成千古名句。此诗虽仅有二十个字,却四句皆对,一气流走。因其气势充沛,故无雕琢呆板之病,反而从精工之中显出壮阔之美。清代沈德潜评此诗"四语皆对,读去不嫌其排,骨高故也"(《唐诗别裁集》)是很中肯的。

凉州词二首(选一)[1]

　　黄河远上白云间,一片孤城万仞山。[2]羌笛何须怨杨柳,春风不度玉门关。[3]

【注释】

　　[1]凉州词:唐代乐府名。

　　[2]孤城:指凉州城。万仞:极言其高。

　　[3]羌笛:乐器。杨柳:即《折杨柳》,乐府名称。度:越过。玉门关:今甘肃敦煌西,通往西域的要道。

【品鉴】

　　这是一首雄浑苍凉的边塞诗,历来受到人们的推崇。王世懋、王士禛先后推它为唐人七绝中的压卷之作。首句与李白"黄河之水天上来"的诗句有异曲同工之妙。不同之处在于李诗是说黄河由高而下流,王诗则是由近而上溯。王诗不仅写出了黄河源头之高,而且还有黄白相间古朴高远的色彩感。这一句气势突兀、意象清远,生动地描绘出黄河上游的壮观景象。次句通过高山与孤城的对比,描绘出西北边塞雄奇广袤的壮美和一片荒凉苍茫的景象。前两句看似写景,其实营造了一种雄浑苍凉的气氛,使三、四两句自然而然地涌向笔端。"羌笛"两句以荒凉的景象为背景转而抒写闻笛后的感受,生动地表现了边地之荒寒和征人之怨情。古人送别时有折柳相赠的习俗,《折杨柳》是唐时流行的笛曲,所以唐人写到怨别思乡之情时,往往会想到杨柳或《折杨柳》曲,但是玉门关外,春风不到,杨柳是不能生长的,戍边者连寄托离情的柳条都无处去折,即使想怨都怨不成,这该是多么可悲可叹!因而,"何须怨"三字看似宽解之语,实为怨极之词,表达得却又委婉含蓄;"春风不度",更令人感慨系之,有人认为作者的真意并不只是夸张边塞的荒寒,而是用春风不至来比喻朝廷的"恩泽不及于边塞"的社会现实,其含意是很深的。

王翰 一首

王翰(生卒年不详),字子羽,并州晋阳(今山西太原)人,睿宗景龙年进士,官仙州别驾。任侠使酒,恃才不羁,曾多次被贬官,卒于道州司马任上。

王翰性格豪放,史书说他"发言立意,自比王侯",又说他"枥多名马,家有妓乐"。其诗以歌行和绝句见长,颇受当时人的推重,杜甫曾以"王翰愿卜邻"为荣幸。他的七言歌行,咏叹古今,风华流丽;绝句风格豪放,尤以《凉州词二首》其一最为著名,是唐代边塞诗中传诵千古的名篇。

《全唐诗》录存其诗十四首,编为一卷。

凉州词

葡萄美酒夜光杯,欲饮琵琶马上催。[1]醉卧沙场君莫笑,古来征战几人回?[2]

【注释】

[1]夜光杯:指极精致的酒杯。

[2]沙场:战场。

【品鉴】

前两句写将士们即将宴饮的场景。三、四句是将士们在宴饮中的劝酒之辞:自古以来沙场征战,能有几人生还,还是尽情痛饮、一醉方休吧!清代沈德潜评云:"故作豪饮之辞,然悲感已极。"(《唐诗别裁集》)此说是十分中肯的。近人俞陛云在《诗境浅说续编》里的分析很有道理,可以参考:"诗言玉杯盛琥珀之光,檀柱拨伊凉之调,拼却今霄沉醉,君莫笑其放浪形骸,战场高卧,但观能玉关生入者,古来有几人耶!于百死中姑纵片时之乐,语尤沉痛。"

王 湾 一首

王湾,生卒年、号均不详,洛阳(今属河南)人,玄宗先天年进士。开元初任荥阳主簿,曾参与校理群书工作,官终洛阳尉。

王湾"词翰早著",但其诗不多,其中最著名的是《次北固山下》。此诗格调壮美,意境开阔,胡应麟认为诗中"海日"二句,是区别盛唐与初唐、中唐诗界限的标志,很能说明后人对此诗的重视程度。

《全唐诗》存其诗十首。

次北固山下[1]

客路青山外,行舟绿水前。潮平两岸阔,风正一帆悬。[2]海日生残夜,江春入旧年。乡书何处达,归雁洛阳边。

【注释】

[1]次:停宿。北固山:在今江苏镇江市北,下临长江,与焦山、金山并称京口三山。

[2]正:顺。悬:挂起。

【品鉴】

此诗结构完整,首尾呼应,气足神完,堪称完璧,故胡应麟《诗薮》将其列为"盛唐绝作"之一。首联对起,写出作者所处之环境。客路,指通向去处的道路;青山,点题中之"北固山",飘泊羁旅之情,流露于字里行间。颔联寓情于景,前一句之"阔"是"潮平"所致,春潮涨涌,江水浩渺,放眼望去,江面似乎与两岸相平,显得十分宽阔;后一句之"帆悬"是"风正"的结果,写出风顺浪平、一帆高挂的豪迈气势。这两句对仗工整,意境开阔,给人以水天寥廓、风送舟轻的舒畅之感。颈联即景生情:黎明之时,一轮红日从海上升起;旧年未尽,江上已呈露春意。这一联形象地表现出昼夜交替、新旧相接的自然变化,又暗含比兴意味,自然无迹地表现了某种人生境界与生活哲理,使人产生无限遐想。这两句炼字炼句极见功夫,因而成为历代传诵的名句。《河岳英灵集》说:"湾词翰早著,为天下所称。最者不过一二。游吴中作《江南意》诗云:'海日生残夜,江春入旧年。'诗人以来,少有此句。张燕公(张说)手题于政事堂,每示能文,令为楷式。"尾联紧承上而来,与首联相照应,丝丝乡思,自然而然地流露了出来,委婉巧妙,耐人品味。

孟浩然 三首

　　孟浩然(689—740),襄州襄阳(今属湖北)人,唐代著名的山水田园诗人。他一生仕途失意,虽有用世之心,也曾前往长安、洛阳谋取功名,但终因求仕无门而被迫归隐,除曾漫游吴越等地外,大部分时间隐居于家乡鹿门山。后曾为荆州从事,但不久仍归隐故乡,病卒。

　　孟浩然的人品与诗品颇受时人的推重,李白、王维、杜甫均有诗称赞他。李白《赠孟浩然》诗称赞他"红颜弃轩冕,白首卧松云",又赞叹道:"高山安可仰,徒此揖清芳。"王士源《孟浩然集序》里说他"骨貌淑清,风神散朗;救患释纷,以立义表;灌蔬艺竹,以全高尚"。其诗善于描写山水风光和田园生活,诗风清新高远,出语自然,意境浑成,与王维诗有相似之处,故世称"王孟"。时人和后人对其诗评价甚高。杜甫评其诗"清诗句句尽堪传"(《解闷》)。清代王士禛认为孟诗是其"神韵说"的榜样,曾以孟浩然《晚泊浔阳望庐山》为例,评曰:"诗至此,色相俱空,正如羚羊挂角,无迹可求,画家所谓逸品是也。"(《分甘馀话》)孟浩然的诗以清旷冲澹为其基本风格,但"冲澹中有壮逸之气"(《吟谱》,《唐音癸签》引)。可惜,这一类诗并不多见,不能构成孟诗风格的主要方面。总的看,孟浩然一生经历比较简单,他的才情才学难免受到限制,他诗歌创作的题材也较为狭窄,内容不免较为单薄,苏轼说他"韵高而才短,如造内法酒手而无材料"(陈师道《后山诗话》引),是颇为精当的评论。因此,孟浩然虽然写下了不少佳作,但终究不能成为李白、杜甫那样的大诗人。

　　有《孟浩然集》。《全唐诗》录存其诗二卷,《全唐诗外编》及《全唐诗续拾》补诗二首。

过故人庄

故人具鸡黍,邀我至田家。[1]绿树村边合,青山郭外斜。[2]开轩面场圃,把酒话桑麻。[3]待到重阳日,还来就菊花。[4]

【注释】

[1]具:备办。鸡黍:泛指农家款待客人的饭菜。

[2]郭:外城。

[3]轩:这里指窗子。场:打谷场地。圃:菜园。桑麻:指农家耕种生活。

[4]就:接近,此指欣赏。

【品鉴】

首联语言朴素,毫不费力,十分自然,表现出诗人与"故人"率真朴素的友情。颔联写村边有青翠的树木环绕,郭外的青山依依相伴,宛然如画。前句之"合",后句之"斜"都用得精当而传神,写出了林木环抱村庄和青山横在村郭之外的形势,虽然只是简单的几笔,却勾画出一幅色泽鲜明的田园水彩画。颈联写诗人与故友宴饮的环境和宴饮间涉及的话题,不仅写出了宴饮的情况,更表现出诗人与故友二人均心地淡泊,安心于田园生活,除了谈论桑麻生长之事外,别无杂言。尾联是诗人临走时和主人约定再来的日期,字里行间流露出主客之间的深情厚意。一个"就"字用得巧妙,明代杨慎认为较"赏"、"泛"、"对"等字要妙得多。钟惺更说:"'就'字妙,一诗借此一字生色。"(《唐诗归》)这种说法不免夸大,但却值得注意。"就"字之所以用得好,就是因为它更生动地表现了对友人的留恋,给人一种亲切之感。

春　晓[1]

春眠不觉晓,处处闻啼鸟。夜来风雨声,花落知多少?

【注释】

[1]春晓:春天的早晨。

【品鉴】

首句写梦中酣睡,不觉天已破晓,"不觉"二字用得十分得体;次句写诗人耳闻啼鸟啾啾,才被惊醒,看到窗外春雨初霁,感受到春天清晨那富有朝气的气息,自然想到夜里风雨潇潇,不知该有多少鲜花飘落,于是问道:"夜来风雨声,花落知多少?"诗人惜花惜春之情,自然地流露了出来。刘永济先生在《唐人绝句精华》中说:"此古今传诵之作,佳处在人人所常有,唯浩然能道出也。"此诗虽然浅近平易,但却颇有韵味,其风格犹如行云流水一样自然天成,可谓独臻妙境,堪称"韵高"之作。

宿建德江[1]

移舟泊烟渚,日暮客愁新。[2]野旷天低树,江清月近人。[3]

【注释】

[1]建德江:指新安江流经浙江建德的一段,以山水秀丽著称。

[2]烟渚:烟雾笼罩的小洲。客愁新:又新添了客中的愁思。

[3]野旷:原野开阔。

【品鉴】

虽然仅有二十个字,却写出了一种野旷江清的境界,烘托出诗人旅途中寥落孤寂的情怀,有情有景,情在景中,因而成为千古传唱的名篇。顾璘《批点唐音》云:"写景入神,平易中高远。"沈德潜《唐诗别裁集》云:"下半写景而客愁自见。"

畅　诸　一首

畅诸(生卒年不详),汝州(今河南汝州)人。开元九年(721)中拔萃科,曾做过许昌尉。

《全唐诗》录存其诗一首,《全唐诗外编》补诗一首。

登鹳雀楼

迥临飞鸟上,高出世尘间。[1] 天势围平野,河流入断山。[2]

【注释】

[1]迥:高远。

[2]断山:指群山缺口处。

【品鉴】

此为畅诸诗,唐李翰《河中鹳雀楼集序》云:"前辈畅诸题诗上层,名播前后,山川景象,备于一言。"诗见于沈括《梦溪笔谈》,计有功《唐诗纪事》误为畅当诗,后《全唐诗》、《唐诗别裁》均相沿此误。王重民先生据敦煌唐人诗残卷证实确为畅诸作。原诗是一首五律,显示出诗人开阔的胸襟和奔放的激情,在宋代曾获得极高的评价。前二句说诗人站在鹳雀楼上,看空中飞鸟在楼下盘旋,不由生出一种超出尘世的感觉。"迥临"、"高出",渲染楼之高,可谓传神。后二句写登楼眺望所见:天空笼罩下的辽阔的原野,奔腾咆哮的黄河,穿过万山丛中,浩荡而去。此诗与王之涣同题之作均为千古传诵的名篇,二诗可谓各有特色,却又有异曲同工之妙。清人黄叔灿所评较为客观准确:"王之涣诗上二句实,下二句虚;此诗上二句虚,下二句实,工力悉敌。然王诗妙在虚,此妙在实。"(《唐诗笺注》)一虚一实,各极其妙,所评颇为中肯。

王昌龄　七首

　　王昌龄(约694—约756),字少伯,京兆万年(今陕西西安)人。开元十五年(727)登进士第,授秘书校书郎。开元二十二年(734)登博学宏词科,迁汜水尉,因事贬谪岭南,一年后改任江宁(今江苏南京)丞,受谤被贬龙标(今湖南洪江)尉,后人因称"王江宁"、"王龙标"。安史之乱后,避乱江淮一带,为亳州刺史间丘晓杀害。

　　王昌龄是开元、天宝年间杰出的诗人,他诗歌的主题比较集中于描写边塞征戍生活和表现妇女的命运与心灵,代表作有《从军行》、《出塞》、《春宫曲》、《西宫春怨》、《采莲曲》。他还写作了许多融情入景的送别诗,代表作有《芙蓉楼送辛渐》、《送柴侍御》。他的绝句在题材上有较大开拓,具有丰富的表现力。同时,他的绝句善于概括和想象,长于运用比兴、烘托、婉曲、含蓄等手法,善于将丰富的意蕴熔铸在短小的形式之中,加之,他的绝句,特别是七绝,语言圆润,富有民歌风味,所以唐宋以后一直作为诗人写作的范本并受到后人特别的推崇。王世贞《艺苑卮言》云:"七言绝句,王江宁与太白争胜毫厘,俱是神品。"

　　有《王昌龄诗集》。《全唐诗》录存其诗四卷。

芙蓉楼送辛渐二首(选一)[1]

　　寒雨连江夜入吴,平明送客楚山孤。[2]洛阳亲友如相问,一片冰心在玉壶。[3]

　　[1]芙蓉楼:故址在今江苏省镇江市。辛渐:作者的友人。

　　[2]吴:指镇江一带。平明:天将亮时。楚山:泛指镇江一带的山峰。镇江一带在战国时并入楚国,故亦可称之为楚地。

　　[3]冰心:像冰一样莹洁的心。

【品鉴】

　　此诗作于被贬江宁丞时,它不仅抒写了惜别之情,还表达了不以贬谪之情为怀,不会因为遭到贬斥而改变志节的决心。俞陛云《诗境浅说续编》云:"借送友以写胸臆,其词自潇洒可爱。"送别诗而不言别,着重剖白自己的高洁,借以抒写被贬的幽怨,这在唐代的送别诗中是不多见的。首句写送别前夜的自然景色。凄风冷雨在夜间遮天蔽江而来,整个吴地都笼罩在一种凄寒的气氛之中,从而渲染出离别的愁绪。次句写平明相送。雨后的清晨,雨止云收,友人告别登程,此时该有多少惜别的话要说?诗人却并不正面展叙,而只用"楚山孤"三字,从侧面暗示出自己此时孤寂的心境,耐人回味。后两句是对友人的叮咛之辞,诗人不是托辛渐问候洛阳亲友,而是转笔写洛阳亲友对自己的询问,构思十分巧妙。结句用恰切的比喻,表达了自己坚持廉洁操守、不愿同流合污的志向。这首小诗以音调谐美、感情真挚见长,尤其是"一片冰心在玉壶"一句,因其比喻巧妙、含意丰富而成为广为人们传诵的名句。

从军行七首(选二)

　　青海长云暗雪山,孤城遥望玉门关。[1]黄沙百战穿金甲,不破楼兰终不还。[2]

　　大漠风尘日色昏,红旗半卷出辕门。[3]前军夜战洮河北,已报生擒吐谷浑。[4]

【注释】

　　[1]青海:即今青海省西宁市西面的青海湖。雪山:指祁连山。孤城:指塞外士兵戍守之地。

　　[2]楼兰:汉代西域国名,在今新疆鄯善县东南,此处代指敌人。

[3]辕门:军营之门。

[4]吐谷(yù)浑:古代中国西部少数民族名,这里借指敌军首领。

【品鉴】

前一首写边塞将士虽然生活在艰苦的环境之中,但仍然怀有杀敌立功、保卫国家的豪情壮志。前半写景,诗人用一个"暗"字写云的稠密,给人以沉重压抑之感,与"孤城"相呼应,渲染险恶的形势和战前的气氛。后半言情,诗人将壮阔的塞外景色与将士们的爱国激情和杀敌决心交融汇合在一起,写得豪情壮烈,气概豪迈。

后一首正面描写了边塞将士英勇作战、取得胜利的情景。前二句写大军在日色昏沉、风卷飞沙的恶劣环境中半卷红旗出征的景象,从侧面渲染了即将开始的战斗的激烈和唐军将士勇往直前的大无畏精神。"红旗"句生动地描绘出唐军出发时的情景,可以想见其军容之整肃迅捷。后二句说前军夜战,已传来生擒敌军首领的捷报,战斗进行得十分顺利,增援部队尚未到达便已结束了。此诗将唐军将士的战斗豪情和胜利后的喜悦生动传神地表现了出来,给人一种雄浑豪放、意气自如的感觉。

出塞二首(选一)

秦时明月汉时关,万里长征人未还。但使龙城飞将在,不教胡马度阴山。[1]

【注释】

[1]龙城:即卢龙城,是唐代北平郡的治所。龙城飞将:指汉代著名将领李广。不教:不使、不让。胡马:指匈奴的战马。阴山:在河套与内蒙古、东北一带。

【品鉴】

这是一首著名的边塞诗,明代李攀龙推许它为唐人七绝的压卷之作,杨慎亦认为此诗可入神品,所编唐绝,以此为第一。前两句气象雄伟,境界苍凉。诗意是说:自秦汉筑长城戍边以来,明月夜夜照临屹立于万里边陲上的雄关荒塞,中间经历过多少朝代更迭,但明月依旧,关塞依旧,边患也依旧没有停息。征人一批批来到边塞,他们万里戍边而不能归乡,却只能夜夜仰望明月,空自叹息。字里行间,表现出对戍边士兵的深切同情。

这两句诗想象雄奇,给人一种纵横开阔的时空感。后两句揭出题旨,言论精辟,发人深省,借对历史名将的怀念,表达了诗人希望朝廷用英勇善战的将领以巩固边防的愿望,其中暗含对朝廷用人失当和将领无能的不满与讽刺。对此诗之主旨,沈德潜的意见可以参考:"盖言师劳力竭,而功不成,由将非其人之故;得飞将军备边,边烽自熄,即高常侍(高适)《燕歌行》归重'至今人说李将军'也。防边筑城,起于秦汉,明月属秦,关属汉,诗中互文。"(《说诗晬语》)

长信秋词五首(选二)[1]

金井梧桐秋叶黄,珠帘不卷夜来霜。[2]熏笼玉枕无颜色,卧听南宫清漏长。[3]

奉帚平明秋殿开,且将团扇共徘徊。[4]玉颜不及寒鸦色,犹带昭阳日影来。[5]

【注释】

[1]长信:汉宫殿名。长信秋词:乐府曲名。

[2]金井:井栏上有雕饰的井。

[3]熏笼:古时熏炉上的笼子。漏:即漏壶,此处指漏壶的滴水声。

[4]奉帚:持帚洒扫。平明:黎明。将:持。团扇:圆扇。

[5]玉颜:指班婕妤。昭阳:宫名,汉成帝昭仪赵合德所居。日影:日光,比喻皇帝的恩宠。

【品鉴】

此处所选二首宫词,乃同类题材中的杰作。前一首诗运用深婉含蓄的笔触,写出了一位失宠宫女深夜不眠、卧听宫漏的情景,从而表现出她心境的孤独寂寞。后一首诗更为著名。相传班婕妤曾作有《团扇诗》,以秋扇见弃比喻自己的失宠:"新裂齐纨素,皎洁如霜雪。裁为合欢扇,团团似明月。出入君怀抱,动摇微风发。常恐秋风至,凉飙夺炎热。弃捐箧笥中,恩情中道绝。"此诗暗用《团扇诗》诗意,抒写了失宠宫女的一腔怨情,后二句设想奇特,言寒鸦犹能飞入昭阳,带将日影,而恩情中断之人,却连寒鸦都不如。施补华评此二句曰:"怨而不怒,诗人忠厚之旨。"又说:"羡

寒鸦羡得妙,可悟含蓄之法。"(《岘佣说诗》)

闺　怨

　　闺中少妇不知愁,春日凝妆上翠楼。[1]忽见陌头杨柳色,悔教夫婿觅封侯。[2]

【注释】

　　[1]凝妆:盛妆。翠楼:即青楼。古代显贵人家的楼房多饰以青色。

　　[2]陌头:路边。觅封侯:指从军去寻求功名富贵。

【品鉴】

　　这是一首抒写闺怨的名作。在诗人笔下,闺中少妇的心理状态得到了极为细致而生动的刻画。前半写其"不知愁",为后两句作下铺垫;后半用"忽见"一转,写出少妇心中之愁、之怨,十分含蓄。黄叔灿《唐诗笺注》云:"曰'不知愁',曰'忽见',曰'悔教',少妇心情,无端感触,景物撩人,描绘毕现,此天然笔墨。'春日凝妆',艳矣,偶上'翠楼','陌头'遥望,'闺中'身份自好。"

丘 为 一首

丘为(约694—约784),嘉兴(今属浙江)人。初累举不第,归山读书数年,后于天宝二年(743)进士及第。官至太子右庶子。诗以五言为长,多写田园风物,常与王维、刘长卿唱和。

《全唐诗》录存其诗十三首,《全唐诗外编》补诗五首。

左掖梨花[1]

冷艳全欺雪,馀香乍入衣。[2]春风且莫定,吹向玉阶飞。[3]

【注释】

[1]左掖:唐代门下省在宫廷的东边,称左省,或称左掖。

[2]乍:初正。

[3]定:停止。玉阶:宫中白石砌成的台阶。

【品鉴】

首句由梨花之色写起,称之为"冷艳",已传出其洁白似玉的精神,更用一"雪"字突出其白之纯洁,而"欺"字最为传神,把梨花写活了。次句写花之香,"乍入衣",把梨花写得有情有意,见出诗人对梨花的喜爱。三、四两句在动态中写梨花,描绘出梨花在春风中飘落的情景,生动如画,尤其是衬之于"玉阶",色彩更为鲜明,表现出诗人构思的巧妙。王维有一首同题之作,写得也很有情趣,不妨比较欣赏,其诗云:"闲洒阶边草,轻随箔外风。黄莺弄不足,衔入未央宫。"

祖　咏 一首

祖咏(约699—约746),洛阳(今属河南)人,后迁居汝水以北,开元十二年(724)进士及第。长期未授官职,贫病交困。王维有《赠祖三咏》诗,诗云:"结交二十载,不得一日展。贫病子既深,契阔余不浅。"后曾获官,但不久又遭谪贬。晚年归隐以终。与王维友善,唱酬甚密。其诗长于写景,风格清峻,文字洗练。代表作有抒写立功报国激情、意境融浑阔大的七律《望蓟门》和描摹生动传神的《终南望馀雪》。殷璠《河岳英灵集》说他"剪刻省静,用思尤苦,气虽不高,调颇凌俗"。

有《祖咏集》。《全唐诗》录存其诗一卷。

终南望馀雪[1]

终南阴岭秀,积雪浮云端。[2]林表明霁色,城中增暮寒。[3]

【注释】

[1]终南:终南山,秦岭的主峰之一。

[2]阴岭:山的北面。

[3]林表:树林的上面。明:意为"现出"。霁色:雨、雪过后天空出现的晴光。

【品鉴】

此诗描写雪后终南的秀丽风姿,虽然只有二十个字,描摹的风景却十分生动传神。相传这是应试之作,按唐制,应试诗是五言六韵十二句,可祖咏只写了二韵四句便交了卷,考官问他为何不把诗写完,他答道:"意思已经全部表达清楚,再写就是画蛇添足了。"这种不肯勉强敷衍成篇的创作态度,受到人们的赞赏。诗的首句写望中的终南山,写出了诗人在长安遥望终南山背阴面峰峦的总体印象,着一"秀"字,便写出了终南山挺拔、俊逸的风姿神韵。次句描绘出山巅积雪犹积浮在云层之上的壮观景象,与"阴岭秀"相照应,"浮"字用得奇警,堪称诗眼。后两句分写望中所见和所感,着力写一"馀"字,把终南雪景写得极富韵致而灵动异常。近人俞陛云《诗境浅说续编》说:"咏高山积雪,若从正面着笔,不过言山之高,雪之色,及空翠与皓素相映发耳。此诗从侧面着想,言遥望雪后南山,如开霁色,而长安万户,便觉生寒,则终南山之高寒可想。用流水对句,弥见诗心灵活。且以霁色为喻,确是积雪,而非飞雪,取譬殊工。"阐释得颇为精切。的确,这两句诗不仅写出终南雪后之景,而且还写了望雪增寒的感受,所以令人回味无穷。王士禛在《渔洋诗话》里将此诗列为咏雪最佳的作品之一,不为过誉。

王　维 十三首

　　王维(约701—761),字摩诘,原籍太原祁州(今山西省祁县),后随父迁居蒲州(今山西省永济市),遂为蒲州人。开元九年(721)进士及第,任太乐丞,后因人私自舞黄狮子,被贬为济州(今山东茌平县西南)司仓参军。开元二十二年(734)张九龄执政,被任为右拾遗、监察御史。一度奉使出塞,归来后长期在京中供职,过着亦官亦隐的生活。安史之乱中,被叛军所俘,被迫接受了给事中的伪职,叛乱平息后,因为他曾在被拘禁时写了《菩提寺禁,裴迪来相看,说逆贼等凝碧池上作音乐,供奉人等举声便一时泪下,私成口号,诵示裴迪》诗以及其弟王缙愿意削官爵为他赎罪,所以只受到很轻的处罚。这之后,王维已丧失了政治热情,每“退朝以后,焚香独坐,以禅诵为事”。上元二年(761)逝世,葬于清源寺西。

　　王维遗留的诗作有四百余首,题材广泛,风格多样,凡怀人、咏史、送别、纪行、边塞等题材均有佳作,而尤以描绘山水田园等自然风景及歌咏隐居生活的诗篇最为著名。在这一类诗作中,既有描绘山水壮美秀丽景色的《终南山》《汉江临泛》;又有写隐居幽胜的组诗《皇甫岳云溪杂题五首》《辋川集》;还有描绘田园风景的诗作《新晴野望》《渭川田家》。在对自然风光的描绘之中,流露出诗人闲适淡远的思想情趣,在一定程度上反映出他中年以后日渐消沉的思想变化。王维的主要成就是山水田园诗,他与孟浩然一道,开创了唐代山水田园诗派。他的这一类诗不仅数量多,而且艺术上有突出的成就,特别为后人所称赏,殷璠《河岳英灵集》云:“王右丞诗词秀调雅,意新理惬,在泉成珠,着壁成绘,一字一句,皆出常境。”苏轼在《题蓝田烟雨图》中说:“味摩诘之诗,诗中有画;味摩诘之画,画中有诗。”因为王维不仅是诗人,同时又是出色的画家,还擅长音乐,他对自然美具有敏锐独特而细致入微的感受,因而他笔下的山水景物,意境清新,特别富有神韵。王维兼擅各体,而尤以五律和绝句成就最高,佳作甚多,这在唐代诗坛是颇为突出的。王维生前既享有盛名,《新唐书》本传说他"名盛于开元、天宝间,豪英贵人虚左以迎,宁、薛诸王待若师友"。后人更称其为"诗佛",并与"诗圣"杜甫、"诗仙"李白并提,中唐以后,王维在诗歌发展史上便产生了深远的影响。

有《王右丞集》。《全唐诗》录存其诗四卷。

相　思[1]

红豆生南国,春来发几枝。[2]愿君多采撷,此物最相思。[3]

【注释】

　[1]相思:即相思树的子,红豆的别称。

　[2]南国:指岭南一带。

　[3]撷:摘取。

【品鉴】

　首句点出所咏之物及其产地,起笔不凡,暗逗后面的相思之情,语虽单纯,却极富于形象。次句寄语设问,不仅自然亲切,更显得情深意长。第三句承上转下,寄意对方"多采撷"红豆,是言此而意在彼,言外之意是希望"君"能见红豆而相思,也含蓄地表达了自己相思不忘的情怀,恳切感人,委婉情深,一个"劝"字,胜过千言万语的叮咛,使诗境顿时得到了拓宽。末句结出相思主旨,既与首句"红豆"呼应,又补足了第三句的诗意。这样写来,既关合相思之情,又有余音绕梁的效果。

山　中

荆溪白石出,天寒红叶稀。[1]山路元无雨,空翠湿人衣。[2]

【注释】

　[1]荆溪:发源于陕西蓝田县西北,于长安东北注入灞水。红叶:指枫叶,枫叶经

霜则呈红色。

[2]元:同"原"。

【品鉴】

此诗写山中深秋景色,意境空灵超妙,被誉为诗词中的"警绝"之作。末二句写山中虽然无雨,但浓翠欲滴,故有湿衣之感,最为生动传神。

临高台送黎拾遗[1]

相送临高台,川原杳何极。[2]日暮飞鸟还,行人去不息。

【注释】

[1]临高台:乐府古题之一。拾遗:官名。唐代设置左右拾遗,负责进谏。

[2]临:登上。杳:幽远的样子。极:尽头。

【品鉴】

此诗情景交融,通过描写诗人送别友人后登高远望所见景色,抒发了自己的离愁别绪。后二句以倦鸟飞还,反衬行人远去,不言惜别而神情自见。李攀龙《唐诗训解》评此诗:"摹写居人之思,不露情态,是五绝最佳处。"

杂诗三首

家住孟津河,门对孟津口。[1]常有江南船,寄书家中否?
君自故乡来,应知故乡事。来日绮窗前,寒梅著花未?[2]
已见寒梅发,复闻啼鸟声。[3]愁心视春草,畏向玉阶生。[4]

【注释】

[1]孟津河:此指洛阳以北黄河南岸一带地方。孟津口:黄河渡口名,在今河南省孟州市南、孟津县北。

[2]来日:来的时候。著花:开花。

[3]发:开放。复:又。

[4]玉阶:白石砌成的台阶。

【品鉴】

《杂诗三首》虽各自成章,但在诗意上互相关联,描写了青年男女别后相思之情。第一首写女子守候家中,日夜盼望着男方的书信,黄叔灿《唐诗笺注》说此诗"语质直而意极缠绵"。第二首从男方着笔,不说思念家人,只问梅花消息,而其思念之情自见,颇为含蓄蕴藉。第三首写女子一直到春天,仍未见丈夫归来,心中十分痛苦,见春草复生而更增忧愁。后二句尤为委婉而有情味。

鸟鸣涧[1]

人闲桂花落,夜静春山空。月出惊山鸟,时鸣春涧中。[2]

【注释】

[1]鸟鸣涧:山涧名。

[2]"月出"句:言月光皎洁,使山鸟陡然惊醒,误以为天色将晓。时:时时。

【品鉴】

此为组诗《皇甫岳云溪杂题五首》中的一首,它以花落、月出、鸟鸣等动景,映衬出春山的静谧,写出一种清幽淡远的意境。顾璘《批点唐音》曰:"此所谓情真者,何限清逸。"黄叔灿《唐诗笺注》曰:"闲事闲情,妙以闲人领此闲趣。"

鹿　柴[1]

空山不见人,但闻人语响。[2]返景入深林,复照青苔上。[3]

【注释】

[1]柴(zhài):木栅栏。

[2]但闻:只能听到。

[3]返景:夕阳返照。景:同"影"。

【品鉴】

此为《辋川集》中的一首。《辋川集》共二十首诗,分别写辋川二十景,《旧唐书·王维传》说:"维得宋之问蓝田别墅,在辋口。辋水周于舍下,别涨竹洲花坞。与道友裴迪浮舟往来,弹琴赋诗,啸咏终日。尝聚其田园所为诗,号《辋川集》。"此诗前二句写空山人语,后二句写深林夕照,作者运用浅白的语言,描绘出鹿柴深林中傍晚时分恬静清幽的景致。李攀龙《唐诗训解》评此诗:"无言而有画意。不见人,幽矣;闻人语,则非寂灭也。景照青苔,冷淡自在。摩诘出入渊明,独辋川诸作最近,探索其趣,不拟其词。"

竹里馆

独坐幽篁里,弹琴复长啸。[1]深林人不知,明月来相照。

【注释】

[1]幽篁:寂静的竹林。篁:竹。啸:噘口发出的声音。

【品鉴】

此诗亦为《辋川集》中的一首。作者用白描手法,描写自己在月夜竹林中的闲适生活,显得安然自得,并无孤寂感伤之情。后二句构思巧妙,耐人回味。唐汝询《唐诗解》评曰:"林间之趣人不易知,明月相照,似若会意。"

九月九日忆山东兄弟[1]

独在异乡为异客,每逢佳节倍思亲。遥知兄弟登高处,遍插茱萸少一人。[2]

【注释】

[1]九月九日:指重阳节。山东:泛指华山以东地区,这里借指诗人家乡蒲州。

[2]茱萸:植物名。古代重阳节人们插戴茱萸是一种风俗,据说能避邪、御寒。

【品鉴】

此为诗人十七岁时所作,因为它语言质朴,用意婉转,真实地表现了人们作客他乡时的共同感受,故而成为历代传诵的佳作。诗因重阳节思念家人而作。首句点出自己所处的环境,诗人用了一个"独"字,两个"异"字,便把对亲人的思念和自己心境的孤寂,细致入微地表现了出来。次句是全诗的诗眼,诗人十分朴素地写出了"佳节"之时自己身处异地的思乡之愁,用一个"倍"字,把自己思乡的程度写得十分真实,自己是经常思念亲人的,只是因为未逢佳节而没有加"倍"而已,可谓言少意多,耐人回味。三、四两句从对面着笔,由自己思亲而设想家乡的亲人一定也在思念着自己,以重阳登高、插戴茱萸而发现独少一人的细节,表现出家乡亲人对自己的思念,而自己对家人的思念之情,不必再着一言,已加倍写出了。清代张谦宜在《絸斋诗谈》里说"不说我想他,却说他想我,加一倍凄凉"是很准确的。

送元二使安西[1]

渭城朝雨浥轻尘,客舍青青柳色新。[2]劝君更尽一杯酒,西出阳关无故人。[3]

【注释】

[1]元二:姓元,兄弟排行第二,生平事迹不详。使:出使。安西:唐代安西都护府,治所在今新疆库车县附近。

[2]渭城:在长安西北,渭河北岸。浥:沾湿。轻尘:地上的浮土。

[3]阳关:故址在今甘肃敦煌西南、玉门关之南,为古代通往西域的要道。故人:老朋友。

【品鉴】

前两句写送别的时间、地点和环境气氛:纷纷春雨,清晨而降,路上的尘土被雨水沾湿飞不起来;路边的杨柳,经过朝雨润泽,显得更加鲜绿。诗人用朝雨、绿柳反衬送别友人时的感伤情绪,清新的景色与诗人沉重的心情形成微妙的反差,这两句虽然是写景,但却含蓄地表达了诗人的惜别之情。故何焯《三体唐诗》评云:"首句藏行尘,次句藏折柳,两面皆画出,妙不露骨。"后两句化用沈约《别范安成》中"莫言一杯酒,明日难重持"的诗句,在殷勤劝酒中,表现出作者细腻的感情,见出友谊之真诚,友谊之笃厚。这两句摄取的虽然只是饯行宴席上友人酒酣意欲告辞远行,主人又殷勤劝酒的一个镜头，却把诗人的一片深情，表现得既婉转又真挚。离别依依，该有多少话说？却又千头万绪，不知从何说起，而诗人只用"劝君更尽一杯酒"一句，便把惜别之情细致地表现了出来，可谓言浅意深，令人称奇。此诗意境高远，深沉含蓄，颇为时人所重，白居易《对酒》云："相逢且莫推辞谢，听唱《阳关》第四声。"注云："第四声，'劝君更尽一杯酒，西出阳关无故人'也。"可见此诗在当时便具有很大的影响，而在后世又不知曾引起过多少人的共鸣，成为人们送别时常常吟诵的名篇，故被刘辰翁推为"古今第一"，被王士禛推许为唐人七绝的压卷之作。

失　题

　　清风明月苦相思，荡子从戎十载馀。[1]征人去日殷勤嘱，归雁来时数寄书。[2]

【注释】

　　[1]荡子：指流浪在外、久不归家的人。从戎：从军。

　　[2]征人：指丈夫。殷勤：情意绵绵。数：频繁。书：信。

【品鉴】

　　此诗描写一位妇女对从军多年的丈夫的怀念之情。前二句平平道来，言简意赅，耐人寻味。后二句通过回忆当年送别时对丈夫的嘱咐，进一步突出了这位妇女的相思之苦，颇为曲折含蓄。此诗在唐代便已传唱，据《云溪友议》载，安史乱中，李龟年曾在一次宴会上演唱了这首诗，使在座的人均叹息落泪，生出无限感慨。此诗题一作《杂诗》，又作《伊州歌第一叠》。

使至塞上

　　单车欲问边，属国过居延。[1]征蓬出汉塞，归雁入胡天。[2]大漠孤烟直，长河落日圆。[3]萧关逢候骑，都护在燕然。[4]

【注释】

[1]单车:轻车。问:慰问、访查。属国:汉代指那些归附的地区为属国。居延:居延塞,在今内蒙古境内额济纳旗。

[2]征蓬:被风吹起到处飘泊的蓬草。

[3]大漠:指河西走廊的瀚海、戈壁。孤烟:指戈壁滩上常见的圆柱体烟尘,即龙卷风。一说指烽火台。

[4]萧关:古关名,在今宁夏回族自治区固原市东南。候骑:侦察骑兵。都护:武官名,这里指河西节度使。燕然:山名,即杭爱山,在今蒙古国境内。

【品鉴】

开元二十五年(737),河西节度副大使崔希逸打败入侵敌军,王维奉命出使宣慰将士,并在节度使幕中兼任判官,此诗即作于赴边途中。首句点题,交待出出使的目的是"问边",即慰问边地将士,察看军情。次句是"过居延属国"的倒文,说明此行的目的地。这两句开门见山,写得十分自然。三、四两句以"蓬"、"雁"自比,写自己如蓬草一样卷出"汉塞",似"归雁"一样进入"胡天"。同时,这一联还点明了自己出塞的时令是春天,因为春日北天渐暖,大雁北归,故云"归雁入胡天"。第三联是全诗的诗眼,写出塞外荒漠的壮丽景象,画面开阔,意境雄浑,近人王国维称之为"千古壮观"。在浩瀚无边的大沙漠中,旋风卷起黄沙,如烟柱直冲云霄,非常显眼,因此称作"孤烟",并用一"直"字来状其劲拔、坚毅的形象;落日西坠在连绵逶迤的大河之上,远远望去,显得又大又红,故诗人用一"圆"字来状河上落日粗犷苍茫之美,十分生动传神。一个"直"字,一个"圆"字,看似用得平易,其实却相当准确地描绘出大漠中的独特景象。《红楼梦》第四十八回里说:"想来烟如何直? 日自然是圆的。这'直'字似无理,'圆'字似太俗。合上书一想,倒像是见了这景的。要说再找两个字换这两个,竟再找不出两个字来。"这就是:"诗的好处,有口里说不出来的意思,想去却是逼真的;又似乎无理的,想去竟是有理有情的。"最后两句叙写入塞之后情事:到了边塞,诗人并未遇到主将,而从侦察兵那里了解到主将还在前线。言外是说虽然已取得了胜利,但战斗尚未结束。这样收束全诗,既显得自然,又显得余韵无穷。

高　适　四首

高适(约701—765),字达夫,德州蓚县(今属河北景县)人。早年仕途失意,以"求丐自给",长期浪游梁宋(今河南开封、商丘)一带。天宝八载(749)因人荐举,中有道科,授封丘尉。后客居河西,为陇右节度使哥舒翰幕府书记。安史之乱后,先后任左拾遗、淮南节度使、剑南西川节度使等职。广德二年(764)召还长安,为刑部侍郎,转左散骑常侍,进封渤海县侯,成为开元、天宝时期诗人中最显达的人物。

高适与岑参同为盛唐边塞诗派的代表人物,世称"高岑"。他的诗题材广泛,内容丰富,既有反映民生疾苦的诗作,如《东平路中遇大水》;又有批判现实的名篇,如《古歌行》、《行路难》;还有抒发怀才不遇之情的佳作,如《别韦参军》;而其成就最高的是边塞诗,代表作有《燕歌行》、《蓟门行五首》、《塞上》等。高适曾两度出塞,这为他的边塞诗创作提供了坚实的生活基础,从而使他写出了为后人激赏的边塞名作。他的边塞诗不仅抒发了以身许国、建功立业的豪情,同时描写了自己从军生活和对和平的向往,更有许多诗篇,揭示了长期战争给戍边士卒带来的灾难,描写了军中将士苦乐悬殊的生活,抨击了朝廷安边无策、赏罚不明的现实。高适五言和七律、七绝均有佳作,尤擅歌行,其诗格调高昂,雄厚浑朴,苍凉沉郁,善于夹叙夹议,直抒胸臆,语言朴质精练,撼人心弦,故在当时即已享有声名。《新唐书》本传说他"以气质自高,每一篇已,好事者辄传布"。殷璠《河岳英灵集》中称高适诗"多胸臆语,兼有所骨,故朝野通赏其文"。

有《高常侍集》。《全唐诗》录存诗四卷。

燕歌行并序[1]

开元二十六年,客有从御史大夫张公出塞而还者,[2]作《燕歌行》以示适;感征戍之事,因而和焉。

汉家烟尘在东北,汉将辞家破残贼。[3]男儿本自重横行,天子非常赐颜色。[4]㧒金伐鼓下榆关,旌旆逶迤碣石间。[5]校尉羽书飞瀚海,单于猎火照狼山。[6]山川萧条极边土,胡骑凭陵杂风雨。[7]战士军前半死生,美人帐下犹歌舞。[8]大漠穷秋塞草腓,孤城落日斗兵稀。[9]身当恩遇恒轻敌,力尽关山未解围。[10]铁衣远戍辛勤久,玉箸应啼别离后。[11]少妇城南欲断肠,征人蓟北空回首。[12]边庭飘飖那可度,绝域苍茫更何有![13]杀气三时作阵云,寒声一夜传刁斗。[14]相看白刃血纷纷,死节从来岂顾勋![15]君不见沙场征战苦,至今犹忆李将军![16]

【注释】

[1]燕歌行:乐府古题。

[2]张公:指河北节度副大使张守珪,曾拜辅国大将军兼御史大夫。

[3]汉家:汉朝,代指唐朝。烟尘:指边疆寇警。残贼:劲敌。

[4]横行:横冲敌阵。赐颜色:犹言重用。

[5]㧒(chuāng):敲击。金:指钲(zhēng)、铃一类军中用来壮声势的鸣器。伐:击打。榆关:即山海关。旌旆(pèi):泛指军旗。逶迤:曲折绵长之状。碣石:山名,在今河北昌黎县。

[6]校尉:官名,此泛指武将。羽书:紧急文书。瀚海:指沙漠。单于:少数民族首领。狼山:山名,在今内蒙古境内。

[7]极:尽。凭陵:逼压。风雨:喻胡骑进攻的猛烈。

[8]半死生:言伤亡惨重。帐下:将军营帐。

[9]穷秋:秋末。腓:病,此处言草木枯萎。斗兵:能战斗的士兵。

[10]恩遇:受皇帝的信任,此指将军。

[11]铁衣:战士的铠甲,此处代指战士。玉箸(zhù):玉做的筷子。亦指思妇的眼泪。

[12]少妇:泛指士兵之妻。城南:泛指士兵故乡。蓟北:今天津蓟县以北地区,此泛指东北边塞。

[13]边庭:边地。飘飘:动荡不宁貌。度:过。绝域:极远的地方,指边塞。

[14]三时:指早、午、晚。阵云:即战云。刁斗:军中器皿,白日做饭,夜晚敲击以警戒。

[15]白刃:利刃。死节:为国牺牲。

[16]李将军:指汉代名将李广。

【品鉴】

全诗可以分成四段,开头八句为第一段,写东北边境战火已起,广大将士奉命出征。堂堂男子,本来就崇尚英勇杀敌的精神,更何况受到天子的特殊褒奖,其士气之高是可以想见的。"拟金"二句写唐军出征时的军容声威:钲鼓齐鸣,点染出行军的气势;旌旆逶迤,形容队伍之庞大。这支浩浩荡荡的队伍"下榆关"后在碣石一带蜿蜒行进,军容威武,充满了壮志豪情。"校尉"二句勾画出战场的宏大场面,深化和加重了战争气氛,表现出诗人杰出的概括能力。"山川"以下八句为第二段,写疆场战斗的情况。"山川萧条"写出边地之荒凉;"胡骑凭陵"形容敌人的嚣张气焰;"杂风雨"写出敌人的凶猛剽悍。在十分险恶的情况下,唐军将士却有完全不同的表现:"战士军前半死生,美人帐下犹歌舞。"诗人在强烈的对比中,揭露了边将腐败的现实。正是因为军中将帅的逸乐不休,虽然士兵大多已经战死,但战斗仍未结束,"斗兵稀",正写出了士兵战斗的艰苦卓绝。"身当"二句概括地写出了战斗的结果,正是因为将领腐败无能,他们受到过的恩宠,反而助长了骄傲轻敌的情绪,导致了"力尽关山未解围"的结局。"铁衣"以下八句为第三段,写征人思妇久别的痛苦。城南少妇,日夜悲愁,但是关山阻隔,欲归不能;蓟北征人,徒然回首,所闻所见,只有杀声连云,刁斗声悲,其心境该是多么凄凉!最后四句为一段,总束全篇,淋漓悲壮。此诗用浓墨重笔描绘了战争的激烈场面,写出了敌人的凶猛和唐军将士的昂扬斗志;也细致入微地刻画了士兵们的心理状态,表现了他们思念家乡而不得归的痛苦,以及思妇对他们的怀念之情;并且用有力的笔触,揭示了士兵和将军两种迥然不同的战地生活,充分显示出诗人观察的敏锐和思想的深刻。全诗形象鲜明,笔力矫健,音调婉转自然,具有极强的音乐性,声调与诗的内容情绪十分谐调,读来如金戈铁马交相鸣击。在语言上,此诗充分体现了高适诗朴素、自然、不加雕饰的特色。这一切使《燕歌行》成为高适的也是盛唐边塞诗的代表作品。

别董大二首(选一)

千里黄云白日曛,北风吹雁雪纷纷。[1]莫愁前路无知己,天下谁人不识君。[2]

【注释】

　[1]曛:太阳落山时的馀光。

　[2]前路:前面的路上。君:指董大。

【品鉴】

　　前两句纯用白描手法,描绘出送别时的自然景色。诗人以千里黄云、白日昏曛、北风吹雁、白雪纷纷的苍凉景色从正面烘托气氛,渲染景色。这阴沉暗淡的暗物,衬托出诗人满怀的别愁,在这里,诗人的主观感情了无痕迹地融入了客观景物之中,的确是以情写景,景中有情的妙笔。后两句是对董大的安慰和鼓励,诗人以“莫愁”二字轻轻一转,展示出一个新的境界,勉励友人不要忧虑前路迷茫孤寂,因为他的朋友是很多的。这两句诗,既表现出诗人的依依惜别之情,又显现出诗人开朗达观的情怀,给人以开朗昂扬的感觉。此两句与王勃“海内存知己,天涯若比邻”的名句有异曲同工之妙,因而成为人们送别友人时常常吟咏的诗句。

塞上听吹笛

霜净胡天牧马还,月明羌笛戍楼间。[1]借问梅花何处落,风吹一夜满关山。[2]

【注释】

　[1]胡天:指北方的天空。戍楼:戍边士兵瞭望敌情的城楼。

　[2]梅花:《梅花落》曲的简称。关山:关塞,山河。

【品鉴】

　　此诗反映了边塞士兵生活的一个侧面和他们的情思。前半言胡天霜净,秋高气爽,士兵们牧马归来,伴着明月,一曲《梅花落》的笛曲悠然传来。后半想象奇特,作者由曲名想到梅花,把笛声比作飘落的梅花,想象它一夜之间洒满关山。"听到的是四处飘扬的笛声,而仿佛看到一夜之间,吹满关山的花片,这种现实的听觉与想象的视觉的通感和交织,就使得诗中所要表现的边塞特定环境中壮丽苍凉的景色更为突出,与久戍思乡的情调非常吻合"(《唐人七绝诗浅释》),从而使全诗获得余味无穷的艺术效果。

除夜作[1]

旅馆寒灯独不眠,客心何事转凄然?[2]故乡今夜思千里,霜鬓明朝又一年。[3]

【注释】

[1]除夜:即农历除夕。

[2]客:作者自指。

[3]霜鬓:斑白的鬓发。

【品鉴】

此诗写作者在除夕之夜独处异乡的孤独与凄寂,颇为自然真切,含蓄有味。后二句用对偶句式说明"客心""转凄然"的原因,尤为感人。前人说"客中除夜闻此诗者无不凄然",信哉!

李 白 十三首

李白(701—762),字太白,号青莲居士,祖籍陇西成纪(今甘肃天水附近),出生在中亚西域的碎叶城(今吉尔吉斯斯坦共和国托克马克附近,唐时属于中国),五岁时随家迁居绵州彰明(今四川省江油市),在蜀中度过青少年时代。开元十二年(724)出蜀漫游,先后隐居于安陆(今属湖北)徂徕山(今属山东)。天宝元年(742)奉诏入京,供奉翰林,故后人称之"李翰林"。天宝三载(744)因其蔑视权贵不为奸臣所容,被"赐金放还",离开长安,此后漫游梁宋、齐鲁,南游吴越,北上幽燕。安史之乱爆发,李白从宣城(今属安徽)到庐山隐居,永王率军途经庐山,召李白下山入其幕府。不久,永王被肃宗军击溃,李白受累入狱,获释不久又被定罪流放夜郎(在今贵州桐梓一带)。流放途中,遇赦放还,返回江夏(今湖北武汉),重游洞庭、皖南。上元二年(761),太尉李光弼从临淮率师平叛,李白虽已届暮年,仍前往从军,半道病还。宝应元年(762)卒于当涂(今属安徽)。

李白是唐代杰出的浪漫主义诗人,《沧浪诗话》誉之为"仙才"。其诗今存近千首,内容极为丰富,几乎触及了所有重大的政治问题和各种社会现象。大体有这样几方面的内容:一、表现了盛唐蓬勃向上的时代风貌和整个社会由全盛转向衰落的深刻的内在矛盾;二、表现出强烈的对个性自由的追求和对权贵的蔑视;三、表现出强烈的爱国主义思想;四、特别突出地表现了对祖国壮丽山河的热爱。李白诗歌不仅有进步和丰富的思想内容,而且有鲜明和突出的艺术特色,主要表现在:一、具有强烈的抒情性;二、善于塑造鲜明的形象,尤其善于塑造自我形象;三、具有自然、生动、个性鲜明的语言;四、具有奇特的想象和大胆的夸张。各种体裁,均有佳作。

他的绝句在南北朝乐府民歌的基础上,锻炼提高,更为含蓄、凝练,《静夜思》、《黄鹤楼送孟浩然之广陵》、《望庐山瀑布》其二等是其代表作;他的乐府歌行则融《庄子》、《离骚》为一炉,具有豪放纵逸的艺术风格,代表作有《远别离》、《蜀道难》、《行路难》、《将进酒》;他的古诗具有"以才情相胜,宣泄见长"(胡震亨《李诗通》)的特点,代表作是《古风五十九首》;他的律诗虽然不多,但大多格律工整,情景交融,代表作有《渡荆门送别》、《送友人》。后人常将李白与杜甫并提,称为"李杜",在中国文学史上有崇高的地位。前人论李白诗歌,常与杜甫并列,如韩愈云:"李杜文章在,光焰万丈长。"(《调张籍》)胡应麟云:"才超一代者李也,体兼一代者杜也。李如星悬日揭,照耀太虚;杜若地负海涵,包罗万汇。"(《诗薮》)

有《李太白集》。《全唐诗》录存其诗二十五卷。

访戴天山道士不遇[1]

犬吠水声中,桃花带雨浓。树深时见鹿,溪午不闻钟。野竹分青霭,飞泉挂碧峰。[2]无人知所去,愁倚两三松。

【注释】

[1]戴天山:又名大康山、大匡山,在今四川省江油市。

[2]青霭:山林中青色的云气。

【品鉴】

首联描写了山中日出时景色,颇为传神。颔联仍从视觉与听觉的感受,展示深山的寂静,既不与上一联重复,又进一步渲染了山中的寂寥气氛。"不闻钟"三字暗示寺中道士外出,尤为精彩之笔,且为末联作了铺垫。以上二句写近景。颈联由近及远,描绘出一幅多么幽美的自然图画!尾联"无人知所去"暗示诗人曾向旁人询问过道士的去向,下句写他一面倚着松树,一面发愁,形象逼真地写出诗人访道士不遇的惆怅神情,确是"无一字说道士,无一字说不遇,却句句是访道士不遇"(吴大受《诗筏》)。

渡荆门送别[1]

渡远荆门外,来从楚国游。[2]山随平野阔,江入大荒流。[3]

月下飞天镜,云生结海楼。[4]仍怜故乡水,万里送行舟。[5]

【注释】

    [1]荆门:山名,在今湖北省宜都市西北长江南岸。

    [2]楚国:今湖北一带,春秋战国时属楚国。

    [3]大荒:无边的旷野。

    [4]"月下"句:谓月影倒映水中,如天上飞下的明镜。海楼:即海市蜃楼。

    [5]怜:爱。

【品鉴】

    李白二十五岁时出蜀远游,在沿江东下途中,他历览两岸风景,襟怀为之开阔,遂写下了这首色彩明丽、风姿秀逸的五言律诗。首二句言已乘舟东下,来楚地漫游,虽平平叙来,却透出一种兴奋爽朗的气势。领联描绘途中景物随着舟行而产生变化,诗人从视觉中山与水的变化来显示舟行的动态,客观景物因此而具有了生命。颈联则从静观着笔,月影倒映江中,似从空中飞下的明镜;江上凝聚的云彩,如同奇妙的海市蜃楼,是写实,也是想象。诗人具有敏锐和精确的观察力,所用比喻十分贴切,描绘的自然景象又非常生动、形象。末联收束有节,带住全诗。诗人赋予江水以人的品格,不说自己在长江上远航,却说江水万里相送,故而更觉家乡江水可爱,表现出诗人热爱故乡山水的深情。《唐宋诗醇》说此诗"语意偶傥,太白本色",确是精当之评。

望庐山瀑布二首(选一)

    日照香炉生紫烟,遥看瀑布挂前川。[1]飞流直下三千尺,疑是银河落九天。[2]

【注释】

    [1]香炉:指庐山的香炉峰。紫烟:指日光照射水气反映出紫色的烟雾。

    [2]九天:九重天,形容极高的天空。

【品鉴】

    首句不正面写瀑布而先写香炉峰的景致:在阳光照射下,远望香炉峰上,一片紫色烟云。一个"生"字,把香炉峰写活了。次句写遥望所见,描绘出一幅奇伟雄丽的图画。一个"挂"字,化动为静,堪称绝妙。后二句以浪漫的想象、高度夸张的比喻,集中笔墨进一步描绘瀑布的形象,传神地写出了瀑布源远流长、一泻千里的气势,形象生动,见出诗人之胸次宏阔。其中一个"疑"字率直道破是诗人的想象。李白的山水绝句,很注意动态与静态的相互结合。《望天门山》从江水奔腾而下的动态中去勾画高高矗立在江边的天门山,其重点是以动来写静;而此诗则是由山峰的高峻来写瀑布从天倾落的动态,重点则是以静写动。两者有异曲同工之妙。

静夜思[1]

床前明月光,疑是地上霜。举头望明月,低头思故乡。

【注释】

[1]静夜思:诗人自制乐府诗题。

【品鉴】

这一首思乡的小诗,因诗人用极精练的笔墨,从时间、环境、气氛以及人物的细微动作的描绘中,写尽了游子对家乡故里的怀念之情,所以成为至今最为人们传诵的唐诗名篇之一。

望天门山[1]

天门中断楚江开,碧水东流至此回。[2]两岸青山相对出,孤帆一片日边来。[3]

【注释】

[1]天门山:在今安徽省当涂县西南,东名博望山,西名梁山。两山夹江对峙,好似门户,故称"天门"。

[2]楚江:指长江,因当涂一带古属楚国,故云。回:转变方向。

[3]两岸青山:指博望山和梁山。

首句借写长江奔流之湍急,反衬出天门山气势的雄峻险要,"断"字形容山势峻险,"开"字表明江面开阔。次句写近望,写江水受山岩阻遏,在天门山打一个回旋。第三句写在舟中远眺两岸,"相对"二字生动地描绘出博望山和梁山隔江对峙的雄姿,一个"出"字,化静为动,透出一种动态美。结句写循天门山远望所见,把读者的注意力引向远方,自有悠悠不尽之意。此诗将山与水交织起来描写,"山因江水的奔腾而奇峻,江因山峰的对峙而越发壮美",清人东方树《昭昧詹言》云:"叙述情景,须得画意,为最上乘。"在此诗中,作者注意了色彩的明朗和谐,山是青的,水是碧的,太阳是红的,船帆是白的,确实做到了"状难写之景如在目前"。如此,展现在读者面前的这一幅"长江与天门山"图便有了开阔的意境和明朗的色彩,从而也打上了诗人乐观豪迈性格的印记。

黄鹤楼送孟浩然之广陵[1]

故人西辞黄鹤楼,烟花三月下扬州。[2]孤帆远影碧空尽,唯见长江天际流。[3]

【注释】

[1]黄鹤楼:旧址在今湖北省武昌黄鹄矶。广陵:唐时有广陵郡,治所在今江苏省扬州市。

[2]烟花:指柳如烟、花似锦的明媚的春光。下:顺流而下。

[3]天际:天边。

【品鉴】

前两句点出送别友人的时间和地点,语似平常,但自有深意,感叹与惆怅均在言外。后二句更是传神之笔,确是"非江行久不能知也"(陆游《入蜀记》),行者早已无踪无影,而送者却仍在江头木然站立、徘徊,不忍离去,李白对友人的一片深情于此得到充分的表现。在这里,深厚的感情寓于动人的景物描写之中,情与景达到了完美的融合。沈德潜《唐诗别裁集》说:"七言绝句,以语近情遥,含吐不露为贵;只言前景,口头语,而有弦外音,使人神远,太白有焉。"

蜀道难[1]

　　噫吁嚱,危乎高哉![2]蜀道之难,难于上青天! 蚕丛及鱼凫,开国何茫然。[3]尔来四万八千岁,不与秦塞通人烟。[4]西当太白有鸟道,可以横绝峨眉巅。[5]地崩山摧壮士死,然后天梯石栈相钩连。[6]上有六龙回日之高标,下有冲波逆折之回川。[7]黄鹤之飞尚不得过,猿猱欲度愁攀援。[8]青泥何盘盘,百步九折萦岩峦。[9]扪参历井仰胁息,以手抚膺坐长叹。[10]问君西游何时还,畏途巉岩不可攀。[11]但见悲鸟号古木,雄飞雌从绕林间。又闻子规啼夜月,愁空山![12]蜀道之难,难于上青天,使人听此凋朱颜。[13]连峰去天不盈尺,枯松倒挂倚绝壁。[14]飞湍瀑流争喧豗,砯崖转石万壑雷。[15]其险也如此,嗟尔远道之人,胡为乎来哉?[16]剑阁峥嵘而崔嵬,一夫当关,万夫莫开。[17]所守或匪亲,化为狼与豺。[18]朝避猛虎,夕避长蛇,磨牙吮血,杀人如麻。[19]锦城虽云乐,不如早还家。[20]蜀道之难,难于上青天,侧身西望长咨嗟![21]

【注释】

　　[1]蜀道难:乐府《相和歌辞·瑟调曲》名,多写蜀道的艰难。

　　[2]噫吁嚱(hū):蜀地方言,是蜀人见物的惊叹。

　　[3]蚕丛、鱼凫:传说中古蜀国的两个国王。何:多么。茫然:渺远难详。

　　[4]尔来:指蜀开国以来。四万八千岁:极言年代久远。秦塞:犹言秦地,即今陕西中部地区,古称秦为"四塞之国",故云。

　　[5]西当:西边遇着。太白:山名,又名太乙山,秦岭主峰,在长安西。鸟道:高入云霄的险仄山路。绝:度过。

　　[6]壮士死:据《华阳国志·蜀志》载,秦惠王知蜀王好色,许嫁五女于蜀。蜀遣五丁迎之。还到梓潼,见一大蛇入穴中。一人揽其尾掣之,仍未出来。其他四人一起上手相助,大呼拽蛇,结果山崩了,压死了蜀之五丁。天梯:喻山路像登天的梯子一样陡。石栈:山崖险处凿石架木筑成的通道。相钩连:相通。

　　[7]六龙:传说羲和所驾太阳坐的车子,是由六条龙拉着的。回日:因峰太高,太

阳坐的车,至此也要迂回而过。标:原指树尖,此处指峰顶。冲波逆折:山涧里的流水奔腾回旋。回川:弯曲的河流。

[8]猿、猱:统指猴子一类动物。

[9]青泥:岭名,在今陕西略阳西北。盘盘:曲折状。萦:环绕。岩峦:山峰。

[10]扪:摸。历:经过。参(shēn)、井:星宿名,古以星宿分野,地上某一地区,皆与天上某一分野相对。参是蜀的分野,井是秦的分野。胁息:屏住气。膺:胸。

[11]畏途:艰难可怕的路途。峻岩:高峻的山岩。

[12]子规:即杜鹃鸟。

[13]此:鸟鸣。凋:衰谢。朱颜:青春的颜色。

[14]去:离。盈:满。

[15]飞湍:飞进的急流。喧豗(huī):喧闹声。砯(pīng):水撞击岩石的声音。转:翻。

[16]嗟:叹词。胡为:为何。

[17]剑阁:大剑山与小剑山之间的一条栈道,在今四川省剑阁县北,其地十分险要。峥嵘、崔嵬:均形容山的高大和险峻。一夫:一人。当关:守住关口。

[18]所守:把守关口的人。或:倘若。匪:不是。狼与豺:喻指据险叛乱者。

[19]吮:吸。

[20]锦城:即锦官城,成都的别称。

[21]咨嗟:叹息声。

【品鉴】

关于此诗的主题思想,历来众说纷纭。从作品实际出发,并结合考察李白的其他作品,此诗当为在长安送别友人入蜀时所作,它描写了由秦入蜀道路的崎岖和蜀地形势的险要,讴歌了大自然的奇险和瑰异,同时叮嘱友人早日返回长安。诗一开始,凭空起势,用惊讶的口语发出对蜀道艰难的感叹。诗人首先从历史上说明秦蜀两地自古以来的隔绝状态和终于"通人烟"的过程,然后描写秦蜀虽有栈道相通,仍然艰险异常。从"上有"至"畏途"句,写蜀道北端之艰难,令人心惊;由"但见"至"嗟而"句,写蜀道中段之险状,诗人借悲鸣于古木中的山鸟和啼于夜月的杜鹃,构成一种阴森悲凉的恐怖气氛,衬托出路径之荒僻,进一步渲染出一个"难"字;由"剑阁峥嵘"至"不如早还家",描写的是蜀道西端剑门关一带的艰险之状,诗人不仅写出山势之险,更写出"所守或匪亲"的忧虑,从而劝友人不要滞留于锦城。结尾两句与开头作强烈的呼应,收束全篇,显得馀韵袅袅,耐人回味。诗人沿着由秦入蜀必经之路线,运用移步换形的方法,围绕着蜀道之"难"展开了生动的描绘,"蜀道之难,难于上青天"这个惊险的中心形象随着诗篇的发展,先后出现了三次,每一次出现,都概括了描写的内容,其他次要的形象又围绕着这个总的形象出现,从而形成一个完美的艺术整体。

送友人入蜀

　　见说蚕丛路,崎岖不易行。[1]山从人面起,云傍马头生。芳树笼秦栈,春流绕蜀城。[2]升沉应已定,不必问君平。[3]

【注释】

　　[1]见说:听说。蚕丛路:指蜀道。

　　[2]蜀城:指成都。

　　[3]升沉:指仕途上的荣枯进退。君平:汉代严遵,字君平,隐于成都,以卜筮为业。

【品鉴】

　　起句便见诗人胸襟,"蜀道之难,难于上青天",诗人却轻笔写来,真是"起浑雄无迹"(《唐宋诗举要》引吴汝纶语)。这样的开端不仅与送别吻合,而且寄兴深微,足有包举全篇的力量。颔联更为警拔,前人评此二句"能状奇险之景,而无艰深刻画之态",是很准确的。颈联宕开一层,描写入蜀之路上秀丽的景致,并描绘出蜀地风物,"五六又见风景可乐,以慰征夫"(《唐宋诗醇》引李梦阳语),诗人用笔颇为飘逸。尾联含而不露,劝友人乐天知命,在功名上不要过于追求,是慰人亦是自慰,十分凝重含蓄。

闻王昌龄左迁龙标遥有此寄[1]

　　杨花落尽子规啼,闻道龙标过五溪。[2]我寄愁心与明月,随风直到夜郎西。[3]

【注释】

　　[1]左迁:古时称贬官降职为"左迁"。龙标:即今湖南省洪江市。

［2］闻道：听说。五溪：指湖南、贵州交界处的辰溪、西溪、巫溪、武溪和沅溪。

［3］夜郎：这里所指在今湖南省沅陵县，龙标在夜郎的西南方。

【品鉴】

天宝八载（749）暮春，王昌龄因细故被贬为龙标尉，李白闻讯后同情关注之情难以抑制，遂写下这首音韵和美流转、意境深沉幽远的佳作。首句写出"闻王昌龄左迁"时的暮春景象，透出一种黯然、凄楚的气氛；次句揭示出题意，"龙标"代指王昌龄，是古人常用的一种文法。"过五溪"，写出行程的艰难和贬地的荒僻，表现出对友人远谪的关切心情。后二句突发奇想，赋无知无情之明月以情感，可谓语浅而情深，因而成为千古绝唱。明代敖英在《唐诗绝句类选》里说："曹植《怨诗》：'愿作东北风，吹我人君怀。'又齐澣《长门怨》：'将心寄明月，流影人君怀。'而白兼裁其意，撰成奇语。"

将进酒[1]

君不见，黄河之水天上来，奔流到海不复回！君不见，高堂明镜悲白发，朝如青丝暮成雪！[2]人生得意须尽欢，莫使金樽空对月。[3]天生我材必有用，千金散尽还复来。烹羊宰牛且为乐，会须一饮三百杯。[4]岑夫子，丹丘生，将进酒，杯莫停。[5]与君歌一曲，请君为我倾耳听。钟鼓馔玉不足贵，但愿长醉不用醒。[6]古来圣贤皆寂寞，唯有饮者留其名。[7]陈王昔时宴平乐，斗酒十千恣欢谑。[8]主人何为言少钱？径须沽取对君酌。[9]五花马，千金裘，[10]呼儿将出换美酒，与尔同销万古愁。[11]

【注释】

［1］将(qiāng)进酒：乐府旧题。

［2］青丝：黑发。

［3］得意：有兴致的时候。金樽：精美的酒器。

［4］会须：应当。

［5］岑夫子：岑勋。丹丘生：元丹丘。二人皆是李白的好友。

［6］钟鼓：指古代富贵人家举行宴会时所奏的音乐。馔玉：形容珍贵的食品。

[7]寂寞:默默无闻。饮者:嗜酒的人。

[8]陈王:即曹植,他曾被封为陈思王。平乐:汉乐观名,故址在今河南省洛阳市附近。斗酒十千:极言酒美价高。恣:纵情。

[9]径须:直须,尽管。沽取:买取。

[10]五花马:毛色呈五种花纹的马。千金裘:价值千金的皮衣。

[11]将出:拿出。

【品鉴】

此诗气势雄浑,风格豪放,是李白的代表作之一。诗一开篇,便以狂飙骤起之势,直抒胸臆,两个"君不见"唱出了人生短暂、岁月易逝的感慨。既然人生多悲而生命又极其短促,只有饮酒才能排遣内心的苦闷,于是便自然过渡到"人生得意"二句。所谓"得意",是指挚友欢聚、互诉心曲;"莫使"句是"须尽欢"的最好诠释,写得非常形象,也为下面的诗句作了铺垫。以下数句均可视作劝酒之辞,这一大段回环往复的吟唱可以分为三个层次。"天生"四句为第一层。诗人自信"材必有用",表现出对人生积极乐观的态度。从"岑夫子"至"唯有饮者"为第二层,这一层在感情上较上一层更为强烈,"岑夫子、丹丘生",是对挚友的热情呼唤;"将进酒,杯莫停",是相劝痛饮。短促的句式,透露出酒酣意浓的快慰情绪。"与君"二句写诗人在醉态朦胧中引吭高歌,活画出醉汉的狂态。"钟鼓"四句是诗人唱出的慷慨之声,典型地表现出诗人悲愤的心情和对豪门权贵奢侈生活的极大蔑视。从"陈王昔时"至全诗结束,是第三层。曹植曾在《名都篇》里写一位英爽青年打猎归来,以美酒大宴宾客,借以抒发其壮志难酬的愤懑,其中有"归来宴平乐,美酒斗十千"的名句,李白化用其意,寓意是很明显的。"主人"二句,狂言无忌,他要主人只管沽酒,为了尽情一醉,"五花马"、"千金裘"都可以拿去换酒,真可谓"千金买一醉"了。试问诗人何以如此? 不为别的,只是为了"销万古愁"。这真是画龙点睛之笔,最后结出一个"愁"字,全诗的主题和盘托出。

送友人

青山横北郭,白水绕东城。[1]此地一为别,孤蓬万里征。浮云游子意,落日故人情。挥手自兹去,萧萧班马鸣。[2]

　　[1]郭:外城。

　　[2]兹:这。萧萧:马鸣声。班马:将要离别的马。

【品鉴】

　　首联以青山、白水、北郭、东城属对,点出送别的特定环境,送别之地山横水绕,尚堪留恋,暗含惜别之意。"此地"二句,用蓬草来象征漂泊无依的游子,更加一"孤"字,写出友人的孤独和自己心境的落寞。颈联通过"浮云"与"落日"写分别时双方的心理活动。此二联写未别之时的惜别情怀。虽然二人不忍分手,一直话别至"日落"时分,但最终仍不免一别,故用"挥手"二句收束全诗。诗人借萧萧马鸣,从侧面进一步衬托出离别之人的悲苦心情,耐人回味。此诗格律较为严谨,但对偶却有特点,首联即对,诗家谓之"偷春格";三四句似对而非对;五六实对而不像对,毫无拘谨的感觉;尾联意境浑朴,正有古诗之风。

宣州谢脁楼饯别校书叔云[1]

　　弃我去者昨日之日不可留,乱我心者今日之日多烦忧。长风万里送秋雁,对此可以酣高楼。[2]蓬莱文章建安骨,中间小谢又清发。[3]俱怀逸兴壮思飞,欲上青天揽明月。[4]抽刀断水水更流,举杯销愁愁更愁。人生在世不称意,明朝散发弄扁舟。[5]

【注释】

　　[1]宣州:今安徽省宣城市。谢脁楼:南齐诗人谢脁所建的楼阁,在宣城陵阳山上。校书:校书郎。

　　[2]酣:畅饮。

　　[3]蓬莱:传说中海上仙山,汉时称官家藏书之东观为蓬莱山。此指唐代的秘书省。蓬莱文章:指汉代文化。此处指李云的诗文。建安:东汉末献帝的年号,当时曹植、曹丕及建安七子诗风苍劲刚健,被后人称为建安体,又称为"建安风骨"。小谢:指谢脁。此处作者自指。清发:清新秀发。

　　[4]逸兴:超逸的兴致。

　　[5]散发:古人平时皆束发,散发表示不受礼节拘束,指归隐。扁舟:小船。

【品鉴】

此为登临饯别之作。首四句一起就显得十分突兀,写出了诗人独特的心境。下二句进一步描绘出送别的时间和环境,作者将眼前景与心中情有机地结合在一起,意境开阔,感情深沉。继而诗人笔锋一转,在对李云和自己的描写中,抒发了怀才不遇的感慨和欲上九天揽月的豪情。最后四句,借新奇的比喻,把无形的忧愁写得既具体又形象,成为千古名句。此诗在艺术上最突出的特点,是在结构上表现为起落无迹而又有内在的联系,贯穿其中的最重要的因素,就是诗人真挚的感情。

早发白帝城[1]

朝辞白帝彩云间,千里江陵一日还。[2]两岸猿声啼不住,轻舟已过万重山。

【注释】

[1]白帝城:故址在今重庆市奉节县白帝山上,为东汉公孙述所筑。

[2]江陵:今属湖北。

【品鉴】

至德三年(758),李白从浔阳踏上流放的长途,经过一年多的跋涉,终于到达了白帝城。在前途未卜之时,突然传来大赦的消息,诗人当时心情之欢畅自不待言。此诗即作于获释东归途中。起句写得热情奔放,溢出一片狂喜之情,"彩云间"三字写出白帝城地势的高峻,十分形象。次句写顺流东下的神速,节奏轻快,情绪激昂。后二句为补叙之笔,描写行程的经过,特别借常使人感到哀婉悲凉的猿鸣反衬出自己遇赦后如释重负的愉快心情,颇为传神。杨慎《升庵诗话》云:"白帝至江陵,春水盛时,行舟朝发夕至,云飞鸟逝,不是过也。太白述之为韵语,惊风雨而泣鬼神矣。"沈德潜说此诗"写出瞬息千里,若有神助。入猿声一句,文势不伤于直。画家布景设色,专于此处用意"(《唐诗别裁集》)。

崔 颢 一首

崔颢(?—754),汴州(今河南开封)人,开元十一年(723)进士。开元后期曾出使河东(今山西)军幕。天宝中官司勋员外郎等职。

崔颢诗名颇大,唐人编选的《国秀集》便收录了他的多篇诗作,中唐人还将他与王维并称。崔颢早年的作品多描写妇女生活,后来他游历边塞,诗风为之一变。殷璠《河岳英灵集》云:"颢年少为诗,名陷轻薄,晚节忽变常体,风骨凛然,一窥寒垣,说尽戎旅。"其诗大体可以分成三类:一类是描写妇女的诗,一类是边塞诗和山水诗,一类是赠答、记事诗。在这三类诗中,第二类诗成就最高,其代表作有《赠王威古》、《古游侠》和《黄鹤楼》。另外,《长干行》五绝四首,用问答体写南方水乡民间恋情,淳朴生动,颇近民歌。

有《崔颢诗集》。《全唐诗》收录其诗一卷,《全唐诗续拾》补诗五首。

黄鹤楼[1]

昔人已乘黄鹤去,此地空馀黄鹤楼。[2]黄鹤一去不复返,白云千载空悠悠。[3]晴川历历汉阳树,芳草萋萋鹦鹉洲。[4]日暮乡关何处是,烟波江上使人愁。[5]

【注释】

[1]黄鹤楼:故址在湖北省武昌黄鹤山(即蛇山)的黄鹄矶头。

[2]昔人:指乘鹤的仙人。

[3]悠悠:久远。

[4]晴川:晴朗的江面,此指吴江。历历:清晰可数。汉阳:今属武汉,位于长江、汉水夹角地带,与黄鹤楼隔江相望。萋萋:草木茂盛貌。鹦鹉洲:本是汉阳西南二里长江之中的一个沙洲,后渐被江水冲没。东汉末,祢衡曾在武昌作过《鹦鹉赋》,后被黄祖杀害,葬于此洲,后人遂名此洲为鹦鹉洲。

[5]乡关:家乡。烟波:雾气笼罩的江面。

【品鉴】

此为崔颢最负盛名的诗作,相传李白登黄鹤楼时也想题诗,但当他看到这首诗后,不由喟然叹道:"眼前有景道不得,崔颢题诗在上头。"此说未必可信,但李白的《登金陵凤凰台》《鹦鹉洲》等诗,确有借鉴崔颢此诗的痕迹。此诗历来受到人们的赞赏,严羽《沧浪诗话》认为"唐人七言律诗,当以崔颢《黄鹤楼》为第一"。首联写诗人登上黄鹤楼,自然想到了古代仙人乘鹤过此的传说,而今仙人已去,黄鹤亦飞,空余一座黄鹤楼,不由生出无限感慨。次联由传说生发开去,说黄鹤一去不复返,只有白云依旧悠悠。一个"空"字,写尽了诗人对岁月流逝不再回还的深长感叹。前四句是怀古,可谓一气贯注,盘旋转折,把诗人怀古之情写得淋漓尽致。后四句写登楼所见所感。第三联写登临所见景象:隔着晴川相望,只见汉阳的树木历历在目,鹦鹉洲上芳草繁茂,碧绿如茵。尾联由"芳草萋萋"生出乡思。日暮思乡,本是人之常情,却偏偏又在烟波浩渺之时,茫然惆怅的愁绪,又怎生了得!全诗以怀古开始,为虚写;以烟波江上日暮怀归之情作结,为实写,使情与景融合在了一起,使虚与实有机地结合了起来,见出诗人构思之巧妙。

储光羲 一首

储光羲(约707—约760),兖州人。开元十四年(726)进士及第,官至监察御史。安禄山时受伪职,乱平后被贬,死于岭南。

储光羲诗以五古见长,多写田园山水的闲适情调,风格质朴自然,代表作有《牧童词》、《钓鱼湾》、《田家即事》等。殷璠在《河岳英灵集》里评其诗"格高调逸,趣远情深,削尽常言,挟风雅之迹,浩然之气";并认为能继承曹植、刘桢、潘岳、陆机之"风骨"。

《全唐诗》录存其诗四卷,《全唐诗续拾》补诗一首。

钓鱼湾

　　垂钓绿湾春,春深杏花乱。[1]潭清疑水浅,荷动知鱼散。日暮待情人,维舟绿杨岸。[2]

【注释】

[1]乱:纷纷而落。
[2]情人:古代常称友人为情人。维舟:用缆系船。

【品鉴】

首二句意象鲜明,境界开阔,很能见出作者写景状物的功力。中间二句突出一个"趣"字:潭水其实很深,但因其清澈澄碧,可以见底,故使人顿生潭水清浅之疑;潭水为荷花覆盖,水中鱼儿极多,只有当荷叶猛地一阵摇动时,垂钓者才能知道是鱼儿游散开去了。这里一个"疑"字,一个"知"字,颇能写出作者垂钓时的惬意和情趣。最后二句所写为一个"情"字,不仅写出诗人对旧友的一片真情,也写出了作者迷恋湾中景色、乐不思归的感情。

常　建 一首

常建(生卒年不详),长安(今陕西西安)人,开元十五年(727)与王昌龄同榜登进士第,大历中曾官盱眙(今属江苏)尉,因仕宦不得意,来往于山水名胜之间,最后归隐以终。

常建诗以山水田园生活为主要题材,风格清迥,语言洗练,接近王维、孟浩然,艺术上确有独到之处,故在当时已负盛名。《河岳英灵集》首列常建诗,评论云:"建诗似初发通庄,却寻野径,百里之外,方归大道。所以其旨远,其兴僻;佳句辄来,唯论意表。"《四库全书总目》认为他的诗"卓然与王、孟抗行者,殆十之六七"。

有《常建诗集》。《全唐诗》录存其诗一卷。

题破山寺后禅院[1]

清晨入古寺,初日照高林。曲径通幽处,禅房花木深。[2]山光悦鸟性,潭影空人心。[3]万籁此俱寂,但馀钟磬音。[4]

【注释】

[1]破山寺:又名兴福寺,故址在今江苏省常熟市虞山北。

[2]禅房:僧人居住的地方。

[3]人心:指人们心中的世俗杂念。

[4]万籁:大自然的一切声响。钟磬:佛庙里的两种打击乐器。

【品鉴】

此诗写作者清晨游破山寺后禅院的所见所闻,表现出一种幽静空寂的氛围,是盛唐山水诗中颇具特色的一篇诗作。首联记事写景,平平道来,生意盎然,幽趣宜人。次联不仅写出了后禅院环境之幽静,而且蕴含着一种恬淡的情绪,读之令人顿生超凡脱俗之想。据说欧阳修甚爱此联,曾云:"欲效其语作一联,久不可得,乃知造意者为难工也。"(《全唐诗话》)颈联进一步写出禅院的景色。一个"悦"字,赋予山鸟以人的情感,显得情致深蕴;一个"空"字,带出几分禅味。这一联不仅正面描绘出禅院幽静的环境,更写出了这种环境所给予人的一种哲理的启迪,包含着某种禅理,而这些内容又与禅院的环境十分协调,浑然而无痕迹。尾联在写出禅院环境异常寂静的基础上,进一步写出了诗人心境的清寂,全诗虽在悠扬的钟磬声中戛然而止,却使人感到兴味无穷,余音袅袅。

刘方平 二首

刘方平(生卒年不详),滑州(今河南省滑县、延津县一带)人。出生于官宦世家,其父曾任吴郡太守、江南采访使。天宝年间曾应试进士,后曾入仕。约在三十岁后,归隐于颖川(今属河南)一带。

与元德秀、李颀、严武、皇甫冉为诗友,为萧颖士所赏识。其诗多五言乐府,善写闺情宫怨,诗风清丽,在当时即受人激赏,李颀《送刘方平》曰:"二十二词赋,唯君著美名。"

《全唐诗》录存其诗一卷,共二十六首。《全唐诗续拾》补诗一首。

夜　月

更深月色半人家,北斗阑干南斗斜。[1]今夜偏知春气暖,虫声新透绿窗纱。[2]

【注释】

[1]阑干:横斜不整,形容北斗星即将隐没。

[2]新:初。

【品鉴】

诗写作者在一个初春之夜的独特感受,意境清新淡远,构思新颖别致。首句点题,写诗人窗前眺望,但见朦胧的月色斜照着半个庭院。这里以景记时,说明夜色已深,明月已经西斜。次句写北斗星、南斗星均已横斜,不仅进一步写出"更深",更把读者的视线由庭院引向天空,更深一层地映衬出环境的静寂与安谧。后二句借写物候细微变化的真切感受,表现出对春回大地的喜悦。"偏知"指的是试鸣新声的虫儿,尽管夜寒料峭,但它们却敏锐地感受到春的信息,兴奋地鸣个不停;而诗人又在"新透绿窗纱"的"虫声"中感受到暖人的春气。诗人虽从细微之处着笔,却写出了春回大地的一片生机。清代宋顾乐《唐人万首绝句选》评其"写景幽深,含情言外"可谓知音。

春　怨

　　纱窗日落渐黄昏,金屋无人见泪痕。[1]寂寞空庭春欲晚,梨花满地不开门。[2]

【注释】

　　[1]金屋:用汉武帝陈皇后的典故,代指幽禁宫女的深宫。

　　[2]庭:庭院。

【品鉴】

　　这是一首宫怨诗,描写了被幽闭深宫里的一位少女的生活,表现出她的苦闷和怨恨。前二句点出宫女的身份、所处的环境以及她心中的怨恨之情;后二句进一步写出宫女的孤寂落寞和百无聊赖。结句补足"春欲晚",而"春欲晚"又暗示出宫女青春将逝,同"梨花满地"一样象征着宫女青春暗逝的不幸命运。

张　谓　一首

张谓(？—约778),字正言,怀州河内(今河南沁阳)人。少时读书嵩山,天宝二年(743)进士及第,后入安西节度副大使封常清幕府。乾元元年(758)为尚书郎,出使夏口,与故友李白相遇,李白作有《泛沔州城南郎官湖》诗。大历时为潭州刺史,后入朝为太子左庶子,官至礼部侍郎。约在大历末年去世。其诗多为五、七言律诗,《唐才子传》评为"格度严密,语致精深,多击节之音"。

《全唐诗》录存其诗一卷,《全唐诗逸》补诗一首。

早　梅

一树寒梅白玉条,迥临村路傍溪桥。[1]不知近水花先发,疑是经冬雪未销。

【注释】

　　[1]白玉条:形容梅花盛开的枝条。迥临:远临。

【品鉴】

　　此诗紧扣住一个"早"字,写得风趣活泼,描绘出早梅的形象和神态,达到了形神兼备的境界,堪称是一首咏物佳作。首句描绘出寒梅洁白如玉的颜色,次句写早梅所处的环境,一个"迥"字,一个"傍"字,写出了它远离尘嚣、自爱幽独的孤傲性格。后二句议论兼抒情,作者用"不知"、"疑是"来表现自己乍疑还惊的心理变化,从侧面写出了早梅傲雪凌寒的神韵。此诗不仅描绘出早梅的形象和精神,而且含有某种理趣,近水先发,不正暗示出一定的生活哲理吗?细细品味,自有不尽的意蕴。

刘长卿　四首

刘长卿(约709—约786),字文房,河间(今属河北)人。年轻时在嵩山读书,天宝年间登进士第,任监察御史,两次遭贬,官终随州刺史,世称刘随州。

刘长卿工诗,年辈与杜甫相若,然以诗名家,则在肃宗、代宗以后,因两遭贬谪,旅居各地期间多次遭到战乱,故其诗中多身世之叹,对国计民瘼,亦时有反映。诗以五言、七言近体为主,尤长于五律,常以"五言长城"自许,诗与钱起齐名,人称"钱刘"。诗风清隽,情韵相生。但其诗往往内容单薄,缺少变化,故高仲武《中兴间气集》批评他的诗"大抵十首以上,语意稍同,于落句尤甚,思锐才窄也"。

有《刘随州集》。《全唐诗》录存其诗五卷。

逢雪宿芙蓉山主人[1]

日暮苍山远,天寒白屋贫。[2]柴门闻犬吠,风雪夜归人。

【注释】

　[1]芙蓉山:其地不详。主人:即留客住宿的人家。

　[2]苍山:青山。白屋:贫苦人家居住的柴草房。

【品鉴】

首句勾画出一幅暮霭笼罩着远处山峦的图景,使人想到旅客在暮色苍茫的山路上行走,急切地寻找着投宿之处。其中一个"远"字,点活了整幅画面,也暗示着对旅居之所遥不可知的担忧,十分传神。次句写旅客已找到夜宿之处,一个"贫"字,写出诗人当时的感受,这不仅与诗人当时的心态相一致,且与首句的"苍山远"相呼应。后二句由远景逐渐移入近景,写诗人借宿山家以后的所见所闻,在逻辑上与前二句相衔接,"柴门"上承"白屋","风雪"上承"天寒",而"夜"则与"日暮"相对,这样后二句不仅写出了新的境界,而且还与前二句相衔接,承接得十分自然。"犬吠"和"归人"为万籁俱静的山村冬夜图景,平添了几分活力,从而使全诗显得极富有变化。明代吴逸一《唐诗正声》评云:"极肖山庄清景,却不寂寞。"黄叔灿《唐诗笺注》亦云:"上二句孤寂况味,犬吠人归,若惊若喜,景色入妙。"

送灵澈上人[1]

苍苍竹林寺,杳杳钟声晚。[2]荷笠带夕阳,青山独归远。[3]

【注释】

[1]灵澈:中唐时期的一位著名诗僧。上人:对和尚的尊称。

[2]苍苍:青色。竹林寺:在今江苏省丹阳市东。杳杳:深远的样子。

[3]荷:背着。笠:斗笠。

【品鉴】

灵澈出家的本寺在会稽(今浙江绍兴)云门山云门寺,这时游方歇宿在竹林寺。这首小诗是刘长卿送灵澈归云门寺而作,它即景抒情,意境闲淡幽远,语言精练自然,犹如一幅生动的图画,耐人品味。

重送裴郎中贬吉州[1]

猿啼客散暮江头,人自伤心水自流。同作逐臣君更远,青山万里一孤舟。[2]

【注释】

[1]重送:在作此诗之前,诗人曾写过一首同题的五言律诗,故云。吉州:今江西省吉安市。

[2]逐臣:被贬谪的官员。

【品鉴】

前二句写出送别情景,用无情之水反衬有情之人,令人黯然销魂;后二句承上而来,又推进一层,先写出自己与友人的同中之异,从而抒发了对友人的同情。结句补足"君更远"三字,写尽了裴某旅途中的孤寂,是诗人想象中的凄苦之境。同为逐臣,而全诗无一字自哀,只是为友人而哀伤,足见其情之笃,与一般惜别之作不可同日而语。

酬李穆见寄[1]

孤舟相访至天涯,万转云山路更赊。[2]欲扫柴门迎远客,青苔黄叶满贫家。

【注释】

[1]李穆:刘长卿的女婿。

[2]天涯:形容路途遥远。云山:山高入云。赊:长,远。

【品鉴】

刘长卿任睦州司马时,李穆要来访问他,先写了《寄妻父刘长卿》:"处处云山无尽时,桐庐南望更参差。舟人莫道新安近,欲上潺湲行自迟。"刘长卿很高兴,写了此诗作答。前二句概括了李穆原唱的诗意,言从桐庐到睦州一路山峦起伏,江流曲折;后二句以自己平日贫居,无人登门,反衬出佳客将至的喜悦。

杜 甫 十二首

　　杜甫(712—770),字子美,河南巩县(今属河南)人。其十三世祖杜
预,乃京兆杜陵(今陕西长安东北)人,故杜甫自称"杜陵布衣",即指其郡
望。祖父即武后时著名诗人杜审言。杜甫出身于一个"奉儒守官"的家
庭,自幼好学,七岁开始吟诗,二十岁时开始了漫游生活。开元二十三年
(735)在洛阳应进士举,不第。天宝六载(747),玄宗召试天下有一技之
长的士人,杜甫赴京应试,又落第。天宝十载(751),献《三大礼赋》,玄宗
奇之,命待制集贤院。天宝十四载(755)十月,始授河西尉,不受,旋改右
卫率府兵曹参军。安史乱起,杜甫被困长安达半年之久,后逃出长安,赴
肃宗行在凤翔,授左拾遗,故世称"杜拾遗",后贬华州司功参军。次年弃
官,由华州入蜀,于年末至成都,于西郊建草堂,前后居住五年。宝应元年
(762),因避战乱又漂泊梓州(今四川三台)、阆州(今四川阆中)。广德二
年(764)一度入剑南节度使严武幕为节度参谋,授检校工部员外郎,故又
称"杜工部"。永泰元年(765)离成都,滞留夔州(今重庆奉节)近二年。
大历三年(768)出峡,抵江陵,又转公安、岳阳。五年冬,病逝于湘江
舟中。

　　杜甫是唐代最杰出的诗人之一,与李白并称"李杜"。其诗现存一千
四百余首,内容异常丰富,题材十分广泛,反映了他所生活的那个年代的
真实风貌,故后人誉之为"诗史"。清人浦起龙《读杜心解》云:"少陵之
诗,一人之性情,而三朝之事会寄焉者也。"如《自京赴奉先县咏怀五百
字》、《丽人行》、《三绝句》等是其代表作。这些作品围绕诗人所处时代环
境和自身遭际而创作,具有"浑涵汪茫,千汇万状"的特点。杜甫在诗歌
的表现艺术上,承继前贤,勤于探索,刻意求工,无体不精,形成了"沉郁顿

挫"的艺术风格。杜诗的形式是多种多样的,而且每一种形式在杜甫手中都得到了新的发展,取得了突出成就。其五言古诗的代表作有《赠卫八处士》、"三吏"、"三别"、《羌村》;七言古诗的代表作有《茅屋为秋风所破歌》、《洗兵马》;五言、七言律诗代表作有《春望》、《春夜喜雨》、《蜀相》、《秋兴八首》;五言、七言排律和绝句亦多佳作。元稹在《杜工部墓系铭》中高度评价了杜甫的诗歌成就,他说杜诗"上薄风雅,下该沈宋,言夺苏李,气吞曹刘,掩颜谢之孤高,杂徐庾之流丽,尽得古今之体势,而兼人人之所独专"。故而"诗人以来未有如子美者"。大体说来,这段评价还是比较中肯的。杜甫之于唐诗,具有集前代之大成,开后世之先路的作用,如中唐的新乐府运动及李商隐的近体诗、宋代的王安石、苏轼等人的创作,都明显受到杜甫作品的影响。

有《杜工部集》。《全唐诗》录存其诗十九卷。

望　岳[1]

岱宗夫如何?齐鲁青未了。[2]造化钟神秀,阴阳割昏晓。[3]荡胸生曾云,决眦入归鸟。[4]会当凌绝顶,一览众山小。[5]

【注释】

[1]岳:指东岳泰山。

[2]岱宗:泰山的别称。齐鲁:二古国名,均在今山东境内。青:山色青翠。未了:未尽。

[3]造化:大自然。钟:聚集。神秀:指秀丽的景色。阴:山之北为阴。阳:山之南为阳。割:分开。昏晓:早晚。

[4]荡胸:涤荡人的心胸。曾:同"层"。决:裂开。眦:眼眶。

[5]会当:终当,定当。凌:登上。

【品鉴】

此诗气势宏伟,句句从"望"字来。首句用设问的口气,表现出诗人久仰泰山盛名而终于来到泰山脚下的激动、喜悦之情;次句是自答,说泰山极大,从齐至鲁都能看到它青翠的峰峦,概括地写出了泰山绵延地域之广和山之高大。颔联说泰山得到大自然的偏爱,才生成了这样巍峨高峻的山势和神奇秀丽的景色。"钟"字生动有力,把大自然写得有情有意;"割"字贴切形象,极写泰山山势的高耸挺拔。颈联写诗人望岳所见所感,不仅点明时已薄暮,更从侧面写出山腹之深、山势之高。尾联是望岳所生的感想,这两句从孔子"登泰山而小天下"一语化出,把诗人的开阔胸襟形象地展示出来,故浦起龙评曰:"杜子美心胸气魄,于斯可见。"(《读杜心解》)

月　夜

今夜鄜州月,闺中只独看。[1]遥怜小儿女,未解忆长安。[2]香雾云鬟湿,清辉玉臂寒。[3]何时倚虚幌,双照泪痕干。[4]

【注释】

[1]鄜(fū)州:今陕西富县。闺中:内室,此指妻子。

[2]未解:不理解。长安:当时杜甫为安史叛军所俘,带至长安,而其家小在鄜州。

[3]香雾:指雾侵发香。云鬟:鬟髻蓬松如云朵。清辉:指月光。

[4]虚幌:透明的帷幔。双照:共照两人。

【品鉴】

天宝十五载(756)六月,安史叛军攻陷潼关,杜甫携眷由潼关以北的白水至鄜州避难,七月,李亨在灵武(今宁夏灵武西北)即帝位,杜甫只身前去投奔,在路上为叛军所俘,带至长安。此诗即是同年八月,诗人在长安怀念家人时所作。首联不写自己思念妻子,而透过一层写妻子望月思念自己,更见思家之切。纪昀云:"入手便摆脱现境,纯从对面着笔,蹊径甚别(《瀛奎律髓刊误》)。"颔联写小儿女无知,不理解其母望月的情怀。"未解忆",写出对儿女的爱怜,并反衬妻子的"忆",突出了一个"独"字,更深地表达了诗人的思念之情。颈联通过妻子独自看月的形象描写,进一步表现其"忆长安",想象细腻,语丽情悲。其望月之久,忆念之深,全从"湿"和"寒"的感受中曲折传出。尾联以"双照"应"独看",写希望将来能团聚共同望月的感情,耐人回味。此诗构思颇巧,本是诗人思念妻子,却写妻子思念自己,感情曲折而深沉,有悠悠不尽的韵味。王嗣奭《杜臆》云:"意本思家,而偏想家人之思我,已进一层。至念儿女之不能思,又进一层。须溪云'愈非愈缓'是也。'云鬟'、'玉臂',语丽而情更悲。至于'双照'可以自慰矣,而仍带'泪痕'说,与泊船悲喜,惊定拭泪同。皆至情也。"

春 望

国破山河在,城春草木深。[1]感时花溅泪,恨别鸟惊心。烽火连三月,家书抵万金。[2]白头搔更短,浑欲不胜簪。[3]

【注释】

[1]国:国都,指长安。破:陷落。指安史叛军占领长安。

[2]烽火:战火。抵:值、相当。

[3]白头:这里实指白发。浑:简直。簪:发簪。

【品鉴】

此诗为至德二载(757)三月身陷长安时所作,它即景伤情,抒发了诗人心中的悲愤之情,表达了渴望国家及早统一及早日与家人团聚的愿望。全诗情景交融,语言凝练,被后人誉为"第一等好诗"。前四句写春望之景,但景中含情。首联扣住诗题,总写望中所见,蕴含着极深的感慨,其中"在"、"深"二字用得最为精当,"'在'字则兴废可悲,'深'字则荟蔚满目矣"(吴见思《杜诗论文》)。颔联承上,写自己春望时的感受,集中而深刻地表现出诗人忧愁痛苦的心情。司马光评前四句云:"'山河在',明无馀矣;'草木深',明无人矣;花鸟平时可娱之物,见之而泣,闻之而悲,则时可知矣。"(《司马温公诗话》)后四句写春望之情,而情中有景。"烽火"句应上联之"感时","家书"句应上联之"恨别",极写春望后产生的忧国思家之情。"连三月",写战事时间之长;"抵万金",写对亲人思念之深。两句属对精严而又流转自然,由于生动真切地传达出战乱环境中人们的共同感受,千百年来成为人们广泛传诵的佳句。尾联着意刻画一个因焦虑、忧愁而频频搔首的白发老人的形象。

春夜喜雨

好雨知时节,当春乃发生。[1]随风潜入夜,润物细无声。[2]

野径云俱黑,江船火独明。晓看红湿处,花重锦官城。[3]

【注释】

[1]时节:时令,节气。

[2]潜:悄悄地。

[3]红湿处:被雨水打湿的花丛。花重:花因饱含雨水而显得沉重。锦官城:成都的别称。

【品鉴】

首联点题,运用拟人化手法,赋春雨以思想感情,把春雨写得有情有意。一个"知"字,赋春雨以灵性,显得情趣盎然,同时也把诗人的喜悦之情生动地表现出来。中间两联描绘春夜细雨。"随风"二句从听觉的角度写夜雨的纤细,其中"潜"、"细"二字用得巧妙,写出了春雨悄悄而来,无声无息滋润万物的神态,故沈德潜说"三四传出春雨之神",是很恰当的。"野径"二句从视觉的角度写夜雨迷蒙的景象,十分细致。诗人用传神之笔,画了一幅雨意正浓的江村夜景图,其中"黑"与"明"相互映衬,更增强了画面的诗意。尾联想象雨后的情景,"红"、"湿"、"重"三字用得颇为精当,明人谭元春《唐诗归》云:"'红湿'字已妙于说雨矣。'重'字尤妙,不湿不重。"此诗着力写一"雨"字,把雨写得格外有情。清人俞犀月《杜词集评》云:"绝不露一'喜'字,而无一字不是'喜雨',无一笔不是'春夜喜雨',结语写尽题中四字之神。"

茅屋为秋风所破歌

八月秋高风怒号,卷我屋上三重茅,[1]茅飞渡江洒江郊。高者挂胃长林梢,下者飘转沉塘坳。[2]南村群童欺我老无力,忍能对面为盗贼。[3]公然抱茅入竹去,唇焦口燥呼不得![4]归来倚仗自叹息。俄顷风定云墨色,秋天漠漠向昏黑。[5]布衾多年冷似铁,娇儿恶卧踏里裂。[6]床头屋漏无干处,雨脚如麻未断绝。[7]自经丧乱少睡眠,长夜沾湿何由彻![8]安得广厦千万间,大庇天下寒士俱欢颜![9]风雨不动安如山。呜呼!何时眼前突兀见此屋,吾庐独破受冻死亦足![10]

【注释】

[1]秋高:秋天天高气爽。

[2]挂罥(juàn):挂着,挂住。长林:高树。塘坳:低洼积水处。

[3]忍能:竟然如此。

[4]公然:明目张胆、无所顾忌。

[5]俄顷:一会儿。风定:风停。漠漠:阴沉貌。向:将近。

[6]恶卧:睡时不安静,乱踢被子。里:被里。

[7]雨脚:形容雨滴密集。

[8]丧乱:指安史之乱。何由彻:如何能熬到天明。

[9]庇:覆盖。

[10]突兀:高耸貌。见:同"现"。庐:房屋。

【品鉴】

上元二年(761)秋日的一天,一场秋风卷走了杜甫茅屋上的茅草,大雨又接踵而至,使杜甫一家在风雨中度过了一个不眠之夜。诗人感慨万千,写下了这首千古传诵的名篇。开始五句为第一部分,集中描写了茅屋为秋风所破的情况。"风怒号"写秋风来势之猛;"卷"字写出秋风的巨大威力,继而铺叙茅草被狂风吹得满天遍野,纷乱飘荡的景况。"南村"以下五句为第二部分,将自己与顽童对照着写,"忍能"、"面对"、"公然",写顽童无所顾忌的调皮情态;"唇焦"、"口燥"、"呼不得",写诗人着急暴躁和无可奈何的形象,均十分传神。"俄顷"以下八句为第三部分,写风停后屋子漏雨,彻夜难眠的情景。"俄顷"二句,写天气的变化和时间的推移,描绘出雨前阴霾浓暗的气氛;"布衾"二句,通过写棉被的破旧不堪,写出诗人当时生活的困苦窘迫;"床头"二句,写屋漏床湿,无法安眠;"自经"二句,从目前痛苦生活联想到多年来颠沛流离的艰苦经历,"何由彻"三字,表现出诗人盼望天明的急切心情。从"安得"以下为第四部分,写诗人在风雨不眠之夜产生的理想和愿望。诗人不仅仅是叹一己之老,嗟一己之穷,而是将个人命运与千百万人民的喜怒哀乐联系起来,从而表达了甘愿为天下"寒士"的幸福而牺牲自己的强烈愿望,使全诗的主题得到了深化。诗中所表现的推己及人、舍己为人的思想感情,千百年来产生了积极而深远的影响。

闻官军收河南河北[1]

剑外忽传收蓟北,初闻涕泪满衣裳。[2]却看妻子愁何在,漫卷诗书喜欲狂。[3]白日放歌须纵酒,青春作伴好还乡。[4]即从巴峡穿巫峡,便下襄阳向洛阳。[5]

【注释】

[1]收:收复。河:黄河。

[2]剑外:剑门关以南地区,此指四川。当时杜甫正避乱寄居四川。蓟北:在今河北北部,安史叛军的老巢在此。

[3]却看:回头看。漫卷:胡乱将书收卷起来。

[4]青春:春天。

[5]即:即刻。巴峡:四川东北部巴江之峡。巫峡:长江三峡之一。便:接着。

【品鉴】

首联写听到官军收复河南河北的喜讯后的反应。首句起势迅猛,"忽传"二字,写出消息的突然,喜出望外。次句写初闻捷报一刹那的复杂感情,"涕泪"二字真切而生动地写出诗人喜极而悲的情绪,一个"满"字,描绘出诗人百感交集的情态。颔联写诗人的狂喜。第三句宕开一笔,写妻子儿女同自己一样,脸上的愁云一扫而光;第四句正面写自己的狂喜之态,十分生动传神。金圣叹批曰:"'漫卷诗书'妙。身在剑外,以至唯以诗书消遣过日,心却不在读书上。今已闻此捷音,极其得意,要这诗书何用? 见摊在案头者,趁手一总卷去,不管他是诗是书,一类非一类也。写初闻光景如画。"(《杜诗解》)颈联有承前启后的作用。"白日"句承"喜欲狂"而来,"放歌"、"纵酒"是"喜欲狂"的具体表现;"青春"句写诗人在惊喜之后的打算,"青春作伴"四字,不仅把春光写得有知有情,而且更进一步衬托出诗人的喜悦和兴奋。尾联承上而来,是诗人预想的回乡路线。诗人用活泼的流水对,将四个不同的地名用"即从"等词语贯穿起来,把诗人急于归乡的心情淋漓尽致地表现了出来。清人黄生云:"杜诗强半言愁,其言喜者惟寄弟数首及此作而已。"

绝句四首(选一)

　　两个黄鹂鸣翠柳,一行白鹭上青天。[1]窗含西岭千秋雪,门泊东吴万里船。[2]

【注释】

　　[1]鸣翠柳:在青翠的柳叶间鸣叫。

　　[2]西岭:指岷山,在成都西。东吴:指今江苏、浙江一带。

【品鉴】

　　此诗对仗工稳,四句皆对,一句一景。前两句是近景、动景,写黄鹂用一"鸣"字,生动地描绘出它怡然自得的神态;写白鹭用一"上"字,便传出了白鹭悠然自飞之神韵,令人赞叹。后两句写远景、静景,"千秋",见出皑皑白雪存在年代之久远;"万里",写出从成都至东吴空间的广阔。此诗犹如一幅明丽清新、开阔生动的图画,"色调淡雅和谐,图像有动有静,视角由近及远,再由远及近,整个画面给人以既细腻又开阔的感受"(萧涤非《杜甫诗选注》)。全诗语言平易通俗,感情欢快激扬,是杜诗中的写景名篇之一。

旅夜书怀

　　细草微风岸,危樯独夜舟。[1]星垂平野阔,月涌大江流。名岂文章著,官应老病休。飘飘何所似? 天地一沙鸥。[2]

【注释】

　　[1]危:高貌。樯:桅杆。

　　[2]飘飘:飘泊。

【品鉴】

　　代宗永泰元年(765)五月,杜甫离开成都,携眷乘舟东下。此诗即作于途经重庆到忠州的路上,抒写了诗人漂泊奔波的情怀。前四句写景。首联写微风轻拂着江岸细草,诗人独居于孤舟之中,其心境之凄苦悲凉自由言外见之。颔联写景雄壮阔大,更衬托出一叶扁舟的渺小。其中"垂"、"涌"二字,十分生动形象,可谓诗眼。后四句写情。颈联出以反语,说自己胸怀大志,名声岂因文章而著;又因年老多病,故辞去官职。这两句颇耐人寻味:杜甫素有大志,但却没有机会实现,其声名只能因文章而得,这实非他之所愿;他之辞职,绝不仅仅因为年老多病,而是由于受到排挤,"老病"云云,只是托辞罢了。名因文章而得,官不因老病而休,而借"岂"、"应"反言之,更表现出诗人抑制不住的激愤与痛苦。尾联自问自答,以沙鸥自况,借景抒情,表现出诗人孤独寂寞的感伤情怀,真是一字一泪,令人感慨万千!此诗历来受到后人的高度评价,如纪昀评云:"通首神完气足,气象万千,可当雄浑之品。"

秋兴八首(选一)

玉露凋伤枫树林,巫山巫峡气萧森。[1]江间波浪兼天涌,塞上风云接地阴。[2]丛菊两开他日泪,孤舟一系故园心。[3]寒衣处处催刀尺,白帝城高急暮砧。[4]

【注释】

[1]玉露:白露,指霜。凋伤:霜降使枫叶凋谢。

[2]江间:指巫峡。兼:连。

[3]两开:两次开放。一系:永系。故园心:思乡之情。

[4]催刀尺:催人赶制冬衣。暮砧:黄昏时捣衣的砧声。

【品鉴】

大历元年(766)秋,杜甫流寓夔州,因秋而兴家国身世之感,写下了杜诗七律中的代表作之一《秋兴八首》,此八首诗脉络贯通,首尾相连。这里选的是第一首。首联点明地点、时令,诗人从描写长江三峡入手,以巫山枫林的凋落烘托出深秋萧瑟的气氛。黄叔灿《唐诗笺注》云:"起联陡然笔落,气象横空,着眼在'气萧森'三字。"颔联写峡江之间,波浪汹涌,上接青天;白帝城关塞上,风云匝地,阴气沉沉,描写出一片萧瑟阴晦的景象。故金圣叹评云:"'波浪兼天涌'者,自下而上一片秋也;'风云接地阴'者,自上而下一片秋也。"(《唱经堂杜诗解》)颈联说自己早想出峡,却因故耽搁,已经过去了两个秋天,欲北归而不能,只有空自感伤流泪,可那孤单的小船永远系着游子的思乡之心。此二句内容丰富,感情沉痛。尾联从眼前景缩到自己的思乡之情,可谓语浅而情深,耐人回味。

登　高

风急天高猿啸哀,渚清沙白鸟飞回。[1]无边落木萧萧下,不尽长江滚滚来。[2]万里悲秋常作客,百年多病独登台。[3]艰难苦恨繁霜鬓,潦倒新停浊酒杯。

【注释】

　[1]渚:水中小洲。渚清:指渚边的江水清澈。

　[2]落木:落叶。萧萧:风吹落叶的声音。

　[3]万里:指远离家乡。百年:指一生。

【品鉴】

　　此诗通过描绘秋日景色,抒发了诗人年老多病、感时伤怀、客居异乡的愁苦之情。全诗对仗工稳,格律严谨,情景交融,风格悲壮,后人评价甚高。如杨伦《杜诗境铨》云:"高浑一气,古今独步,当为杜诗七言律诗第一。"前四句写登高所见所闻,意境雄浑开阔。首联从细处着笔,描写秋天的景色,犹如一幅江畔秋日图,有动有静,幽美凄清,传达出诗人凄凉哀伤的主观情绪。颔联从大处、远处落墨,表现出夔州秋天的典型特征。前一句为山景,写远望所见,用"无边"二字,写出秋意之深;后一句写江景,为俯瞰所见,用"不尽"二字,写出长江源远流长、奔流不息的气势。"萧萧",拟落叶之声;"滚滚",状江流之貌,用语极为工妙。后四句抒发感慨,沉郁顿挫,动人心魄。颈联抒写自己长期漂泊的凄苦心情,一种孤独哀伤之感流溢于字里行间。此二句词精意练,概括性极强。尾联直抒艰难、苦恨之情:上句言时局艰难,自己日见衰老,令人抱恨不已;下句言重阳登高,本应饮酒,但因病在身,忧愁虽多,却又不能借酒浇愁,心情该是多么苦闷!此诗前六句"飞扬震动",到这里"软语收之,而无限悲凉之意,溢于言外"(胡应麟《诗薮》)。

登岳阳楼[1]

昔闻洞庭水,今上岳阳楼。吴楚东南坼,乾坤日夜浮。[2]亲朋无一字,老病有孤舟。戎马关山北,凭轩涕泗流。[3]

【注释】

[1]岳阳楼:即岳阳城西门楼,下临洞庭湖。

[2]吴楚:大体说来,洞庭湖在楚地,吴地在湖的东南方,好像吴楚由洞庭湖分割开了。坼(chè):裂开。乾坤:指天地日月。

[3]戎马:战马,此处代指战争。轩:指岳阳楼长廊上的栏杆。

【品鉴】

首联用对偶句抒写登楼时的喜悦心情,"昔闻"二字,写出登楼之渴望;"今上"二字,见出如愿以偿的兴奋。"昔闻"引出"今上",自然关合题目。颔联描写登楼所见洞庭湖的壮阔景色,其中"坼"、"浮"二字最为奇警,前人誉之为"句中眼也"。此二句不仅刻画出洞庭湖的广阔,更写出它所具有的吞吐宇宙的气象。后二联写诗人登楼眺望后的感慨。颈联写登楼引起的身世之感,写出诗人孤寂凄凉的情怀。"无"字与"有"字相对,一反一正,写出了诗人困顿的处境和凄寂的心境。尾联宕开一笔,另辟新境,由写个人身世之感转向抒忧国伤时之情。诗人当时处境十分困厄,但他仍然念念不忘国忧民难。"凭轩"句照应题目,绾结全篇,显得章法井然,结构细密。此诗抒发的感情虽然孤苦沉郁,但所描写的景物却颇为博大壮阔。宋人唐庚评云:"过岳阳楼观子美诗,不过四十字耳,气象宏放,涵蓄深远,殆与洞庭争雄,所谓富哉言乎者。"(《子西文录》)

江南逢李龟年[1]

歧王宅里寻常见,崔九堂前几度闻。[2]正是江南好风景,落花时节又逢君。

【注释】

[1]江南:此处指江湘一带。李龟年:唐开元、天宝年间著名乐人。

[2]歧王:李范,好学工书,雅善音律。寻常:经常。崔九:崔涤,唐玄宗宠臣。

【品鉴】

大历五年(770)春末,杜甫在长沙与名噪一时的歌唱家李龟年相遇,不胜今昔盛衰之感,写下了这首杜甫七绝中的压卷之作。前两句写往昔,回忆与李龟年的交往,诗人选择四十多年前在"歧王宅里",和"崔九堂前"多次听过李龟年的演唱来描写,从侧面写出了开元天宝年间一片繁华景象。后两句写现在,写与友人重逢,含意十分丰厚。彼此的衰老飘零,社会的凋弊丧乱,尽在"落花时节"四字之中。黄叔灿评曰:"'落花时节又逢君',多少盛衰今昔之思! 上二句是追旧,下二句是感今,却不说尽,偏着'好风景'三字,而意含在'正是'字、'又'字内。"(《唐诗笺注》)黄生亦评此诗曰:"见风韵于行间,寓感慨于字里,即使龙标(王昌龄)、供奉(李白)操笔,亦无以过。"(《杜工部诗说》)

钱　起 一首

钱起(约712—约780),字仲文,吴兴(今浙江吴兴县)人。天宝十载(751)登进士第,历任校书郎、考功郎中、翰林学士等职。

与王维时相过从,有诗酬答,王维晚年一些山水田园诗的风格对他有较大影响。其诗多为五、七言近体,五言多为描绘自然风物之作,语言精工,词采清丽,高仲武《中兴间气集》列钱起诗为首,称他的诗"体格新奇,理致清赡"。为"大历十才子"之一,与郎士元齐名。

有《钱钟文集》。《全唐诗》录存其诗四卷。

归　雁

潇湘何事等闲回,水碧沙明两岸苔?[1]二十五弦弹夜月,不胜清怨却飞来。[2]

【注释】

[1]潇湘:潇水与湘水在湖南零陵合流,称潇湘。何事:为什么。等闲:轻易或无端。苔:苔藓。

[2]二十五弦:指瑟。古瑟五十弦,后改为二十五弦。不胜:不堪,不能忍受。清怨:凄清的愁怨。

【品鉴】

此诗借与大雁的问答,表现了诗人春夜中的某种感受,在婉转流利的形式里,寄寓了深长的情思。全诗构思巧妙,想象丰富,笔法空灵,是唐代咏雁名篇之一。前半是诗人所问。相传大雁飞到湖南衡阳县南的回雁峰就不再南飞,故而诗人由此设问。诗人的询问颇有情意,耐人品味。后半是代雁作答,在诗人笔下,大雁不仅通晓音乐,而且富有情感,从而使此诗具有了独特的艺术魅力。

岑 参 三首

岑参(约715—770),棘阳(今属河南)人,天宝三载(744)进士及第,授右内率府兵曹参军。后曾两次到西北边塞,在高仙芝、封常清幕府任掌书记、节度判官。至德二载(757)任右补阙,后被贬为虢州长史。大历二年(767)任嘉州刺史,故有"岑嘉州"之称,后客死成都。

岑参为盛唐边塞诗派代表诗人之一,与高适齐名。他的边塞诗表现了积极的爱国主义精神,其《初过陇山途中呈宇文判官》云:"万里奉王事,一身无所求。也知塞垣苦,岂为妻子谋。"他的边塞之作还对边将的骄奢无度、贪婪腐朽,予以大胆揭露,对士兵们的艰苦生活表达了深切的同情;而最为突出的,则是以奇特变幻的笔触,描写了大西北雄伟绚烂的山水画卷,其代表作有《白雪歌》、《轮台歌》、《热海行》、《火山云歌送别》。岑参早期诗多为写景、述怀及酬答之作,这些诗往往以清丽见长,后来他"累佐戎幕,往来鞍马烽尘间十馀载,极征行离别之情。城障塞堡,无不经行"(《唐才子传》),诗歌题材的开拓,也带来了风格的变化,从而形成岑参边塞诗格调高昂、色彩瑰丽、想象丰富的艺术特色。王士禛将他与高适相比较,评论道:"高悲壮而厚,岑奇逸而峭。"(《师友传续录》)刘熙载亦云:"高常侍、岑嘉州两家诗,皆可亚匹杜陵,至岑超高实,则趣尚各有近焉。"(《艺概》)这都是很有见地的评论。岑参与高适一样,各体虽均有佳作,而最擅长的还是七言歌行。他的诗在当时便很受人们的喜爱,杜确《岑嘉州诗集序》中说,岑参"每一篇绝笔,则人人传写,虽间里士庶,戎夷蛮貊,莫不讽诵吟习焉"。后人对他的评价仍很高,陆游甚至称他为"太白、子美之后一人而已"(《跋岑嘉州诗集》)。

有《岑嘉州集》。《全唐诗》录存其诗四卷,《全唐诗续拾》补诗二首。

春　梦

　　洞房昨夜春风起,遥忆美人湘江水。[1]枕上片时春梦中,行尽江南数千里。[2]

【注释】

　　[1]洞房:深屋。美人:代指友人。

　　[2]片时:很短的时间。行尽:走遍。

【品鉴】

　　这是一首怀友之作,构思新颖,想象奇妙。前二句写梦前之思,后二句说自己在梦中渡湘江、游江南,片时走完了去友人之处的数千里路程。如果把此诗解释为描写一位闺房女子对丈夫的忆念亦能说得通,那么诗中的"美人"便是丈夫的代称了。宋代晏几道《蝶恋花》词有"梦入江南烟水路,行尽江南,不与离人遇"之句,即由此诗化出。

逢入京使[1]

　　故园东望路漫漫,双袖龙钟泪不干。[2]马上相逢无纸笔,凭君传语报平安。[3]

【注释】

　　[1]入京使:去长安的使者。

　　[2]故园:指作者在长安的家。龙钟:泪流纵横貌。

　　[3]凭:委托。

【品鉴】

　　唐天宝八载(749),岑参任安西节度使高仙芝幕府的书记,此诗即作于由长安赴安西途中。首二句写路途遥远,乡思难遣。诗人用"东望"这一细节表示自己对长安家园的思念;"路漫漫"是说渐行渐远,回首东望,映入眼帘的,只有漫漫无际的沙漠。此时,他的思乡之情不能遏止,不由得潸然泪下,连两只衣袖都打湿了。这里的描写当然有所夸张,但却更真实地表现出诗人此时此刻的感情,读之使人销魂伤神。后两句点题,写出一种来去匆匆之感。诗人与使者在途中相遇,该有多少话要说?但马上相逢,来去匆匆,既没有纸笔,又来不及写信,只能请入京使者带个平安口信了。结句收束得干净利落,把心中积郁的思乡之念尽情地表露了出来,真可谓情真意切,动人心魄。明人钟惺评曰:"人人有此事,从来不曾说出,后人蹈袭不得,所以可久。"(《唐诗归》)

白雪歌送武判官归京

　　北风卷地白草折,胡天八月即飞雪。[1]忽如一夜春风来,千树万树梨花开。散入珠帘湿罗幕,狐裘不暖锦衾薄。[2]将军角弓不得控,都护铁衣冷犹著。[3]瀚海阑干百丈冰,愁云惨淡万里凝。[4]中军置酒饮归客,胡琴琵琶与羌笛。[5]纷纷暮雪下辕门,风掣红旗冻不翻。[6]轮台东门送君去,去时雪满天山路。[7]山回路转不见君,雪上空留马行处。[8]

【注释】
　　[1]白草:西域一种秋天变白的草。
　　[2]珠帘:用珠玉装饰的门帘。罗幕:丝绸幕帐。衾:被子。
　　[3]角弓:用牛角装饰的劲弓。控:拉开。都护:边塞武官名。
　　[4]阑干:纵横交错状。愁云:阴云。
　　[5]中军:此指主帅的营帐。
　　[6]辕门:军营门。掣:吹动。
　　[7]轮台:唐代北庭都护府所在地,即新疆轮台县。天山:山名,横亘新疆中部。
　　[8]山回路转:言道路曲折。

【品鉴】
　　首四句写出塞外特殊的气候和奇异的风光。北风卷地,即使是坚忍不拔的白草也被折断,可见塞风来势之猛;八月秋高,胡地竟满天飞雪。这种景象怎不令人称奇。"忽如"二句写风停后的雪景,写得明媚奇丽,形象生动,为古来咏雪名句。"散入"以下六句从不同的角度进一步描写这早雪带来的令人难耐的奇寒。白雪打湿了帐内的罗幕,即使是最温暖的狐皮、织锦被也不能抵御外面的严寒。因为寒冷,将军的角弓拉不开了,征战护身的铁衣,也冷得难以穿上。"瀚海"二句由室内写到室外,写出瀚海坚冰、万里凝云的壮阔景象。"中军"以下四句写为武判官饯别时的情景,"中军置酒"是写饯别的地点;"胡琴"句写饯别酒宴的场面,由胡琴、琵琶、羌笛来奏乐助兴,透出宴会上的异乡情调。宴会一直进行到黄昏时分,室外天气阴沉,白雪纷纷,红旗已经被冰雪凝冻住,连风也吹不动了。诗人用十分简洁的语言,形象生动地写出了风雪之大、天气之寒。最后四句写轮台东门送别友人,充满了恋恋不舍的惜别之情:踏着皑皑白雪,友人沿天山路而别去,直到峰回路转不见了踪影,诗人还在那里伫立张望。一个"空"字,暗示出诗人凄苦的内心情绪,把他那种怅惘之情,表现得十分含蓄,韵味悠然。全诗语言明朗优美,音韵婉转自然,或两句一转韵,或四句一换韵,而且将平韵与仄韵交错使用,读之使人感到音韵铿锵,富于变化,不愧是唐代边塞诗中的一篇杰作。

李 华 一首

李华(715—766),字遐叔,赵州赞皇(今河北元氏县)人。开元二十三年(735)进士及第,天宝十一载(752)任监察御史。安禄山陷长安,因受伪职,乱平后贬杭州司户参军。

李华是唐代著名散文家,亦有诗名,其诗多为古诗,或借古讽今,或比兴寄托,都有很充实的内容。

后人辑有《李遐叔文集》。《全唐诗》录存其诗一卷,共二十九首。

春行即兴[1]

宜阳城下草萋萋,涧水东流复向西。[2]芳树无人花自落,春山一路鸟空啼。[3]

【注释】

[1]即兴:对眼前景物有感而发,谓之"即兴诗"。

[2]宜阳:即今河南省宜阳县。萋萋:草盛貌。

[3]芳树:开着花的树。

【品鉴】

诗写行经宜阳时即目所见的暮春景色,因为作于安史之乱平息不久,所以诗中也融入了作者面对战后凋敝残破景象而产生的感伤、哀愁的情绪。前两句写诗人站在城头上所见:大片土地荒芜了,处处长满了野草;只见一条清泠泠的山泉,忽而向东忽而向西地流淌。后两句字面上写出一片山花烂漫、鸟鸣婉转的春景,但诗人在句中嵌入了"无人"、"空啼"等字,便点出了人事的寂寥:花开无人欣赏,只好任其自开自落;鸟鸣也无人聆听,只能在春山上一路空啼。

裴　迪　一首

裴迪(715—?)，关中(今属陕西)人，天宝年间与王维同隐辋川(今陕西省蓝田县境内)，日与王维、崔兴宗游览赋诗，琴酒自乐。与王维唱和之作收于《辋川集》中。曾任蜀州刺史，与杜甫友善，后为尚书省郎。

为盛唐田园山水诗派作者之一，其诗风格清幽淡雅，尤善于描写幽寂的景色。

《全唐诗》录存其诗二十九首。

送崔九[1]

归山深浅去，须尽丘壑美。[2]莫学武陵人，暂游桃源里。[3]

【注释】

[1]崔九：即崔兴宗，王维的表弟。

[2]深浅：指山的深处和山外。尽：历尽、历赏。

[3]武陵人、桃源里：陶潜《桃花源记》中传说人物和仙境。

【品鉴】

这是一首送别诗，但却不像一般的送别诗那样或写离别时的惆怅，或写离别后的相思，而只是表达了一种愿望：希望友人尽赏丘壑之美，充分享受深山的幽静和恬雅的情趣，切莫暂游即出，匆匆而归，辜负了美好的山色。意思虽然不复杂，但用"武陵人"一衬，便显得曲折委婉，耐人回味。若细细品味，还会得到一定的哲理的启迪。金性尧在《唐诗三百首新注》中说："我们不妨看做一种生活态度，对什么事都不要浅尝辄止。"

贾　至 二首

　　贾至(718—772),字幼邻,洛阳人。天宝十载(751)明经擢第,累官中书舍人,肃宗时一度出为汝州刺史。乾元二年(759),唐军伐安史叛军,败于相州,贾至弃城走,被贬为岳州司马。后复为中书舍人,官终左散骑常侍。

　　贾至曾为朝廷秉笔,以文著称当世,所撰册文,当时誉为"历历如西汉时文"(李舟《独孤常州集序》)。其文具有典雅华赡的特点,皇甫湜《谕业》评曰:"贾常侍之文,如高冠华簪,曳裾鸣玉,立于廊庙,非法不言,可以望为羽仪,资以道义。"与李白、杜甫均有交往,集中多唱和之作。其诗高华典雅,风格如其文,但在遭贬后诗风变为清丽淡远,佳作颇多。

　　《全唐诗》录存其诗一卷。

春　思

　　草色青青柳色黄,桃花历乱李花香。[1]东风不为吹愁去,春日偏能惹恨长。

【注释】

　　[1]历乱:指花枝披离貌。

【品鉴】

　　此诗作于被贬之时,诗中抒发的是在特定环境中产生的迁客之愁、被贬之恨。前两句描绘出一幅色彩明丽、喧闹动人的春日图画,写草色用"青青"二字,写出其碧绿;柳色用一"黄"字,写出初春时杨柳的色彩;桃花用"历乱"二字,状出其盛开之貌;李花用一"香"字,突出其浓郁的香气,而这一切交织在一起,传出了春的神韵。作者着意刻画春景,其目的是用以反衬出自己的愁苦怨恨之情,故后两句一转,曲折地写出诗人的怨恨忧愁:春风不能把愁思送走,美好的春光反而给诗人增添了无限愁恨。诗人不说自己愁浓难于排遣,却怨东风冷漠无情;不说自己因愁而无心赏春,却说春日更惹出许多新恨,立意新奇,使谪居伤春的情怀表现得异常浓烈。黄叔灿评云:"'惹'字妙绝。'不为吹愁'反而'惹恨',埋怨东风,思柔语脆。"(《唐诗笺注》)此诗构思巧妙,运笔自然,具有风致流美、诗思深曲的特点,宋代黄庭坚非常喜欢此诗,经常书于扇面,后人遂以为是他的作品而收入他的诗集之中,成为一段文坛佚闻。

送李侍御赴常州[1]

雪晴云散北风寒,楚水吴山道路难。[2]今日送君须尽醉,明朝相忆路漫漫。

【注释】

[1]常州:即今江苏苏州。

[2]楚:指岳州。吴:指常州。

【品鉴】

此诗感情真挚,语言自然,明代顾璘《批点唐诗正音》评曰:"此篇音律纯熟,语亦清婉,不须深语,自露深情。"前两句点明送别时的天气及地点,透出一种凄凉难堪之情。一个"寒"字,是写气候,更是写人内心的感受,令人回味。岳州原属楚地,常州是吴地,李侍御从岳州出发前往常州,沿长江东下,道路遥远,故云"楚水吴山"。后两句承上而来,正面抒写惜别之意,写出今日相聚的宝贵和短促,明日相忆的悲伤和酸辛,因而只得寄情于酒,以求一醉了。

皇甫冉 一首

皇甫冉(约718—约770),字茂政,润州丹阳(今属江苏)人。天宝十五载(756)登进士第,授无锡尉,后为右补阙。

与刘长卿、严维、刘方平交往较密,有唱酬。五、七律风格清丽,为时人所重。《中兴间气集》评其诗曰:"冉诗巧于文字,发调新奇,远出情外。"

有《皇甫冉诗集》。《全唐诗》录存其诗二卷。

送王司直

西塞云山远,东风道路长。[1]人心胜潮水,相送过浔阳。[2]

【注释】

[1]西塞:山名,在今湖北大冶东。

[2]浔阳:即长江在江西九江北的一段。

【品鉴】

首二句言友人别去,前路漫漫;后二句以"人心"与"潮水"对举,着一"胜"字,借潮水之无情,反衬惜别之情深,古代有江潮不过浔阳的说法,这二句即由此生发,含蓄而有韵味。

司空曙　四首

　　司空曙(约720—约790),字文明(一作文初),广平(今河北永年)人。早年曾应试,不第。安史之乱后,至南方避难。代宗大历初任洛阳主簿,后入朝为左拾遗。贞元四年(788)前后,入剑南节度使韦皋幕府,官检校水部郎中,终虞部郎中。

　　为"大历十才子"之一,与李端、卢纶等人多有唱和,在当时诗坛上颇负盛名。其诗多送别赠答及羁旅漂泊之作,诗风朴实清丽,深沉含蓄,尤为擅长描写失意之情和异乡思归之感。长于近体,尤善五律,绝句亦颇多佳作。

　　有《司空曙集》。《全唐诗》录存其诗二卷。

云阳馆与韩绅宿别[1]

　　故人江海别,几度隔山川。乍见翻疑梦,相悲各问年。孤灯寒照雨,湿竹暗浮烟。更有明朝恨,离杯惜共传。[2]

【注释】

　　[1]云阳:县治在今陕西省泾阳县西北。韩绅:韩愈的叔父。宿别:同宿后又分别。

　　[2]共传:互相举杯。

【品鉴】

　　首联二句先回忆过去的别离:首句言相距之遥远,次句言离别之频繁。山川阻隔,几度分袂,彼此相思之情,充溢于字里行间。颔联二句把旧友久别重逢的惊奇、喜悦之态写得淋漓尽致，与杜甫《羌村三首》中"夜阑更秉烛，相对如梦寐"两句用意相似。"翻疑梦"，写出相见前相思之切和相见时的极度喜悦；"各问年"，概括写出彼此的相互关心，言约而意丰。这两句颇为著名，宋晞文评云："久别倏逢之意，宛然在目，想而味之，情融神会，殆如直述。"（《对床夜雨》）颈联二句，用景物烘托的手法来写离情，生动地映衬出诗人悲凉暗淡的离别之情，其中"孤"、"寒"、"湿"、"暗"等字的运用，十分传神，足见诗人独运之匠心。尾联二句总写伤别之情。前一句中的一个"更"字，写出即将离别的惆怅和痛苦；后一句写劝饮离杯：两位友人在惨淡的灯光下，频频举杯，互相安慰，互相祝福，两位朋友珍惜彼此的情谊和恋恋不舍的离情，尽在不言之中。

喜外弟卢纶见宿[1]

静夜四无邻，荒居旧业贫。雨中黄叶树，灯下白头人。以我独沉久，愧君相见频。平生自有分，况是霍家亲。[2]

【注释】

　[1]外弟：姑母的儿子。

　[2]分：情谊。霍家亲：表亲。西汉霍去病是卫青姐姐的儿子，卫家与霍家是表亲，这里指作者和卢纶的表亲关系。

【品鉴】

　前四句写"独处之悲"。通过静夜荒村、陋室贫士、雨中黄叶、灯下白发构成了充满辛酸与悲哀的画面，写出了诗人的孤独沉沦之感。后四句"言相逢之喜"。通过卢纶见访，写出二人相见的喜悦和二人之间的深情；末联以亲情友谊作结，恳挚动人。前四句写一个"悲"字，后四句写一个"喜"字；先悲后喜，更见出"喜"之可贵难得。"雨中"一联对仗工整，情韵凄切，最为后人赞赏，如喻守真在《唐诗三百首详析》里说："融情入景，经过千锤百炼，铸成此十字。前句含有飘零之意，后句含有老大意。其景固可绘，其情尤可悯。"

南原望汉宫

　　南园空有汉宫名,衰草茫茫雉堞平。[1]连雁下时秋水在,行人过尽暮烟生。西陵歌吹何年别,南陌登临此日情。故事悠悠不可问,寒禽野水自纵横。[2]

【注释】

　　[1]雉堞(dié):城上排列如齿状的矮墙。

　　[2]故事:过去的往事。问:追寻。

【品鉴】

　　此诗作于安史之乱以后,诗人见到当年汉宫耸立之处,如今只有衰草茫茫、秋水纵横,难免感慨万千。前四句写诗人"望"中所见:昔日的汉宫已不复存在,放眼望去,只有衰草一片,早已见不到宫墙的踪影;大雁在这里的秋水边栖息,行人经过时脚步匆匆,傍晚时分,此处一片暮气蒙蒙。"空有"、"平"等字的运用,使本已荒凉的画面充满一种苍茫之感,耐人品味。"连雁"、"行人"两句从侧面衬托出"荒原"之荒,是以动写静的妙笔。后四句抒发思古幽情:当年的歌声乐舞是何时忽然停止的?往事如烟不可探究,眼前只有寒禽飞鸣,秋水纵横!结句表面看似在写景,实际上却写尽了诗人深沉的感慨,确是神来之笔。

江村即事

　　钓罢归来不系船,江村月落正堪眠。[1]纵然一夜风吹去,只在芦花浅水边。[2]

【注释】

　　[1]钓罢:钓鱼结束。正堪眠:正是睡觉的好时候。

　　[2]纵然:即使。

【品鉴】

　　此诗起句写钓鱼人夜钓归来,懒得系船,任小船随意飘荡;次句承上,点明地点、时间和人物的行动与心情。后两句承次句说明不系船的原因，用"纵然"、"只在"两个关联词前后呼应，把意思推进一层：船儿即使被风吹走了，也不过停靠在那长满芦花的浅水边，又有什么了不得的呢？诗人并未直接描写江村美景，而江村幽美的景色却跃然纸上。此诗语言真率自然，清新俊逸，与诗中所描绘的景致十分和谐。晚唐杜荀鹤《溪兴》与此诗意境相似，可以参看："山雨溪风卷钓丝，瓦瓯蓬底独酌时。醉来睡着无人唤，流下前溪也不知。"

顾 况 三首

顾况(约725—约814),字逋翁,苏州海盐(今属浙江)人。至德二载(757)登进士第。后隐茅山,自号"华阳真逸"。

顾况以七言歌行和绝句最为擅长。七言歌行的代表作有《公子行》、《行路难三首》、《李供奉箜篌歌》等,这些作品想象丰富,色彩浓郁,具有纵横奇诡的特色,皇甫湜称其"偏于逸歌长句,骏发踔厉,往往若穿天心,出月胁,意外惊人语,非寻常所能及"(《顾况诗集序》)。其绝句清新自然,亦多佳作。

有《华阳集》。《全唐诗》录存其诗四卷。

宫词五首(选二)

玉楼天半起笙歌,风送宫嫔笑语和。[1]月殿影开闻夜漏,水精帘卷近秋河。[2]

长乐宫连上苑春,玉楼金殿艳歌新。[3]君门一入无由出,唯有宫莺得见人。[4]

【注释】

[1]玉楼:指皇帝居住的楼阁。天半:言其高。和:指笙歌与笑语相杂。

[2]月殿影开:在月亮的映照下,宫殿的影子渐渐地斜了。夜漏:古代一种计算时间的仪器。水精:即水晶。秋河:银河。

[3]长乐宫:汉代宫殿名,此处指唐宫。上苑:此处指唐代皇宫内的林园。

[4]君门:指宫门。无由:无路。

顾况的《宫词》共五首,这里选了两首。第一首诗用宫殿里热闹的景象,反衬失宠宫嫔孤守冷宫的凄清与寂寞。前二句写闹:悠扬的笙歌之声与得宠宫嫔的欢声笑语一起从"玉楼"随风飘出。一个"和"字,用得精当而传神。后两句写静:夜漏之声陪伴着失宠宫嫔,她们只能眼望银河,暗自饮泣。一个"近"字,表明夜色已深,暗示出失宠之人痛苦难眠。前二句写荣,写得宠妃嫔的欢乐;后二句写枯,写失宠宫嫔的凄凉。全诗一闹一静,一荣一枯,对比强烈,不说怨,而怨情自在言外,耐人品味。皇宫深殿,是"天子"享受荒淫生活的地方,而对那些来自民间的宫女来说,这里却如牢狱一般。第二首诗便含蓄地表达了对宫女不幸命运的同情。此诗前二句描写出皇宫御苑的一片春色,为了满足皇帝的私欲,宫女们在"玉楼金殿"演唱着艳曲。后二句直白地写出了宫女的痛苦,"一入"而"无由出",写出"君门"之可怕。"唯有"二字,进一步写出宫女的孤独与寂寞,她们被幽禁于深宫,与她们相伴的,只有那笼中的黄莺!

听角思归[1]

故园黄叶满青苔,梦后城头晓角哀。此夜断肠人不见,起行残月影徘徊。

【注释】

[1]角:古代军中的一种乐器。

【品鉴】

前半说因乡思浓烈,故梦中回到家乡,只见青苔上落满黄叶,一片荒芜,不由心悸而醒。梦醒以后又听到城头哀婉的晓角声,更觉归思难遣。后半写梦醒以后独自徘徊,与自己相伴的,只有残月映照的影子而已!此诗运笔曲折含蓄而感情却真切动人,确"有伤心不语之致"(宋顾乐《唐人万首绝句选》评)。

严 武 一首

严武(726—765),字季鹰,华州华阴(今属陕西)人。初为拾遗,后擢谏议大夫,给事中。安史之乱后,曾两次任剑南节度使,广德二年(764)大破吐蕃,因军功封郑国公。

善诗,笔力雄健,但作品多佚,《全唐诗》仅录存其诗六首。

军城早秋[1]

昨夜西风入汉关,朔云边月满西山。[2]更催飞将追骄虏,莫遣沙场匹马还。[3]

【注释】

[1]早秋:初秋。

[2]汉关:泛指唐军驻守的边关。西山:指今四川北部的岷山,又称雪山。

[3]飞将:指汉将李广,此处代指唐军将领。遣:送还之意。

【品鉴】

首句从"昨夜"写起,"西风入汉关",渲染战争即将爆发的气氛,一个"入"字,反映出主帅对秋天的敏感,暗示出他有很高的警惕性,因为秋高马肥的秋季,正是边地少数民族入侵唐境所经常选择的季节。次句所写节令和景物亦与战事关合,诗人用"朔云"、"边月"进一步烘托出战前的气氛,一个"满"字,更使这种气氛显得浓重、肃穆。后两句写出主帅的必胜信念和果断性格,"更催"二字,表明战局已定,唐军已胜,写出主帅指挥若定的神态;"莫遣"二字表现出主帅的果断和威严,十分传神。此诗笔意酣畅,气魄宏大,简练紧凑,很有气势。

张　继　一首

张继(生卒年不详),字懿孙,襄州(今湖北襄樊)人。天宝十二载(753)进士。曾任检校祠部员外郎、洪州盐铁判官。与皇甫冉、刘长卿交谊颇深,殁于洪州后,刘长卿曾作《哭张员外继》诗悼之。

其诗多登临纪行之作,不事雕琢,清迥深秀,大都清丽自然,尤长五言、七言律诗和绝句,七绝《枫桥夜泊》情致清远,历来受到人们的赞扬,北宋时已刻石于苏州。高仲武《中兴间气集》评其诗"诗体清迥""比兴深矣"。

有《张祠部诗集》。《全唐诗》录存其诗一卷。

枫桥夜泊[1]

月落乌啼霜满天,江枫渔火对愁眠。[2]姑苏城外寒山寺,夜半钟声到客船。[3]

【注释】
　[1]枫桥:在今江苏省苏州市西阊门外。
　[2]江枫:江边的枫树。渔火:渔船上的灯火。
　[3]姑苏:苏州的别称。寒山寺:在枫桥西一里。

【品鉴】
首句写诗人夜泊时所见,点明了时间是深夜,季节是晚秋。夜泊枫桥,诗人不能成眠,在漫漫的寂静之中,宿巢的乌鸦,不知为何物所惊,发出"降降"啼叫。此时斜月西沉,霜满天地,构成一种迷蒙、凄寒的境界。

次句点出诗人夜宿于客舟,是切题之句。岸边的枫叶、闪烁的渔火,使诗人感到黯然销魂,思乡之愁油然而生。"对愁眠"三字言少而意多,写出了诗人此时的满腹惆怅和夜半不眠的原因。三、四两句从听觉上来突出表现作者的心绪,诗人借自己在客舟中的所闻所感,进一步写出自己孤寂的情怀。寒山寺的钟声使难以成眠的诗人在感情上引起了波动,从而把他此时的心境更真实地刻画了出来。这首小诗生动地写出了诗人夜泊枫桥的所见所闻和他对江南深秋夜景的独特观察和感受,有一种色彩明丽的图画美,又有一种情味隽永的诗境美,因而千百年来蜚声中外、传诵人口。苏州城外的枫桥和寒山寺因此诗而闻名遐迩,成为每个游客必到的名胜。

郎士元 一首

郎士元(约726—780),字君胄,中山(今河北定县)人。天宝十五载(756)进士及第,曾任渭南尉、右拾遗、郢州刺史。

为"大历十才子"之一,与钱起齐名,时称"前有沈、宋,后有钱、郎"。诗多投赠送别之作,内容不够充实,《中兴间气集》称其诗风"娴雅","近于康乐"。尤善五律,工于发端,代表作有《送李将军赴定州》、《宿杜判官江楼》;七律亦多可诵,《赠韦司直》、《春宴王补阙城东别业》为其佳作。

有《郎士元集》。《全唐诗》录存其诗一卷。

柏林寺南望[1]

溪上遥闻精舍钟,泊舟微径度深松。[2]青山霁后云犹在,画出东南四五峰。[3]

【注释】

[1]柏林寺:寺名,其地不详。

[2]精舍:旧时书斋、学舍,后亦称僧、道居住或讲道说法之所为精舍。微径:曲折的山间小路。 [3]霁:雨后放晴。

【品鉴】

这是一首充满诗情画意的写景佳作。前两句从上下文看来,诗人登山前先于溪上遇雨,然后舍舟而登岸,正此时,忽闻柏林寺的钟声悠然传来,不禁欣喜异常,遂穿小径,过深松,来到林木掩映中的柏林寺。后两句写诗人远望所见:青山霁后,翠色欲滴,天空飘动着轻柔明快的白云。在蓝天白云的映衬下,峭丽的山峰犹如画师用彩笔"画出",秀美动人。"画"字用得极妙,颇富情趣。"四五峰",描绘出山峰错落参差之状,亦很生动。

严 维 一首

严维(生卒年不详),字正文,越州山阴(今浙江绍兴)人。初隐居桐庐,至德二载(757)登进士第,又中辞藻宏丽科,授诸暨尉,历秘书郎,终右补阙。

与钱起、耿沛、皇甫冉等人交往。其诗多送别酬唱之作,时有佳句,如"柳塘春水漫,花坞夕阳迟"便是历来为人传诵的名句。

《全唐诗》录存其诗一卷。

丹阳送韦参军[1]

丹阳郭里送行舟,一别心知两地秋。日晚江南望江北,寒鸦飞尽水悠悠。

【注释】

[1]丹阳:唐天宝间以京口(今江苏镇江)为丹阳郡。

【品鉴】

首二句写送行。首句点明送别的地点在丹阳城里,又说明友人是顺水而去。这一句写得平易自然,清新流畅。次句交待送别的时间是在秋天,并巧妙地运用拆字法,以"心"上有"秋"来隐写心中之"愁",耐人品味。"两地秋",写出二人分别后因心境不同,即使同赏秋色,也会有不同之感受。"两地秋",实乃"两地愁"也。惜别之情,言外见之。后二句写别后的情景,通过环境气氛的渲染,写出诗人的悠悠情思:日暮时分,友人过江而去,渐行渐远,消失在天际,诗人伫立水边,仍极目远望,映入眼帘的点点寒鸦已经"飞尽"了,只有悠悠江水兀自流向远方。"水悠悠"三字,写出悠悠不尽的相思之情,可谓语浅而情深。此诗与李白《黄鹤楼送孟浩然之广陵》构思相似,均以写景见情、情寓于景见长,可以参看。

戴叔伦 三首

戴叔伦(733—789),字幼公,一作次公,润州金坛(今属江苏)人。少从萧颖士学,有才名。安史乱起,避地江西鄱阳。曾先后被刘晏、嗣曹王李皋表荐为幕府,掌租庸盐铁事。后任抚州刺史、容管经略使。

在大历、贞元间的诗人中,戴叔伦的诗以反映当时农村生活而著称,其《女耕田行》、《边城曲》、《屯田词》等上承杜甫的传统,下为白居易所提倡的新乐府的先导。五律《除夜宿石头驿》、《客夜与故人偶集》等,情景交融,感人至深。绝句《过三闾庙》、《关山月》等含蓄凝练,耐人品味。司空图在《与极浦书》中曾引用戴叔伦论诗的话:"诗家之景,如蓝田日暖,良玉生烟,可望而不可置于眉睫之前也。"对宋明以后之神韵说有很重要的影响。

有《戴叔伦诗集》。《全唐诗》录存其诗二卷。

过三闾庙[1]

沅湘流不尽,屈子怨何深![2]日暮秋风起,萧萧枫树林。

【注释】

[1]三闾庙:即屈原庙,屈原曾官三闾大夫。故址在今湖南省汨罗市境内。

[2]沅湘:湖南的两条江,均流入洞庭湖。

【品鉴】

司马迁论屈原时说:"屈平正道直行,竭忠尽智,以事其君,谗人间之,可谓穷矣。信而见疑,忠而被谤,能无怨乎?"(《史记·屈原列传》)此诗即围绕一个"怨"字,以明朗而又含蓄的诗句,表达了对屈原其人其事的感慨。清人施补华《岘佣说诗》云:"并不用意而言外自有一种悲凉感慨之气,五绝中此格最高。"前二句写屈原的怨恨之深:"不尽",写怨之绵长;"何深",写怨之深重。后二句借写一片冷落萧索的景象,烘托出一种悲凉的气氛,令人感慨万千。李锳《诗法易简录》评云:"咏古人必能写出古人之神,方不负题。此诗首二句悬空落笔,直将屈子一生忠愤写得至今犹在,发端之妙,已称绝调。"又云:"三四句但写眼前之景,不复加以品评,格力尤高。凡咏古以写景结,须与其人相肖,方有神致,否则流于宽泛矣。"所言极是。

兰溪棹歌[1]

凉月如眉挂柳湾,越中山色镜中看。[2]兰溪三日桃花雨,半夜鲤鱼来上滩。[3]

【注释】

[1]兰溪:在今浙江省兰溪市西南。棹(zhào)歌:船夫划船时所唱之歌。

[2]凉月:发出清光的月亮。越中:指今浙江中部一带,这里春秋时为越国之地。镜:形容水面平静。

[3]三日:农历三月初三,上巳日。桃花雨:桃花开时下的雨。

【品鉴】

此诗以清新灵妙的笔触,描绘出春雨过后兰溪一带的夜景,意境幽美,宛如一幅山水小品。前二句写静景:首句是抬头仰望所见,次句是低头俯视所见。后二句写动景,颇为传神,写出了兰溪的一派生机。四句诗看似句句写景,其实却是景中有人,景中有情,情与景已经自然交融在一起,诗人的喜悦欢快之情浑然无迹地洋溢在对兰溪春夜图景的描绘之中。

苏溪亭[1]

苏溪亭上草漫漫,谁倚东风十二阑?[2]燕子不归春事晚,一汀烟雨杏花寒。[3]

【注释】

[1]苏溪亭:在今浙江省义乌市。

[2]草漫漫:春草遍地。谁:暗指诗人怀念的人。十二阑:即阑干十二曲。乐府古辞《西洲曲》有句曰:"楼高望不见,尽日阑干头。阑干十二曲,垂手明如玉。"

[3]汀:水边的平地。

【品鉴】

　　这是一首怀人之作,四句均为景语,写出一片暮春景色;四句亦皆为情语,写出一片怀念之情。此诗情与景融浑无迹,在艺术上很有特色。

李 端 三首

李端(733—792),字正己,赵郡(今河北赵县)人。少时慕神仙,曾居嵩山学道。大历五年(770)进士及第,为秘书省校书郎,后因事贬为杭州司马,后辞官归居衡山,自号衡山幽人。

为"大历十才子"之一。其诗多酬赠送行之作,情调颇为低沉。擅长七言歌行,《胡腾儿》《瘦马行》为其代表作。绝句自然生动,《听筝》《拜新月》等均为人们称道的佳作。乔亿《大历诗略》认为李端的诗"思致弥清,径陌迥别,品第在卢允言、司空文明之上"。

有《李端诗集》。《全唐诗》录存其诗三卷。《全唐诗外编》补诗一首。

拜新月[1]

开帘见新月,即便下阶拜。[2]细语人不闻,北风吹裙带。

【注释】

[1]新月:初月。

[2]即便:立即,马上。

【品鉴】

诗写女子拜月情态,语言自然,清新秀美。明唐汝询《唐诗解》云:"心有所怀,故见月即拜,以情诉月,而人不闻,独风吹裙带耳。此《子夜歌》之遗声也。"清黄叔灿《唐诗笺注》云:"上二句写照,心事已是传神,但试思'细语人不闻'下如何下转语?工诗者于此有脱离法,'北风吹裙带',此诗之魂,通首活现矣。"前者指出此诗的风格特点,后者说明了诗人构思之妙,都很有道理。

听　筝

鸣筝金粟柱,素手玉房前。[1]欲得周郎顾,时时误拂弦。[2]

【注释】

　　[1]金粟柱:指装饰华美的柱。柱:筝上系弦的小圆轴。素手:洁白的手。玉房:华丽的房舍。

　　[2]周郎:三国吴将周瑜。顾:回头看。

【品鉴】

　　诗写一位女子坐在房前,含情脉脉拨弄筝弦,为了博得别人的顾盼和青睐而假意一再拨错筝弦,写得生动有趣,富有韵味。

闺　思

　　月落星稀天欲明,孤灯未灭梦难成。披衣更向门外望,不忿朝来鹊喜声。[1]

【注释】

　　[1]更:再。不忿:不满,恼恨。

【品鉴】

　　此诗构思之巧,由最后一句出之。我国古代即有"乾鹊噪,行人至"的谚语,人们认为鹊声是喜事的预报,而诗人在此一翻旧案,说女主人公听见喜鹊叫,反而生出不满和恼恨,因为它的鸣叫,只引来一场空欢喜,心中盼望的人并没有回来。喜鹊当然是无辜的,少妇不怨丈夫不归,却怨喜鹊空叫,可谓无理之极,而正是在这无理之中,见出她的思念之深。无理而有情,此之谓也。

柳中庸 二首

柳中庸(生卒年不详),名淡,字中庸,以字行,河东(今山西永济)人。萧颖士爱其才,以女妻之。曾授洪府户曹,不就。与李端为诗友。《全唐诗》录存其诗十三首。

江 行

繁阴乍隐洲,落叶初飞浦。[1]萧萧楚客船,暮入寒江雨。[2]

【注释】

[1]繁阴:浓阴。乍:才。洲:水中陆地。浦:水滨。

[2]楚客船:来自楚地的船。

【品鉴】

此诗绘出一幅风雨江行图,十分生动,读之使人自然生出人生旅途的寂寥之感。

征人怨

岁岁金河复玉关,朝朝马策与刀环。[1]三春白雪归青冢,万里黄河绕黑山。[2]

【注释】

[1]金河:又称黑河,流经内蒙古中部,入黄河。玉关:即玉门关。马策:马鞭。

[2]三春:指春季的三个月。青冢:王昭君墓。传说塞外草白,昭君墓却常年草色青青,故有此称。黑山:又名杀虎山,在今内蒙古呼和浩特市附近。

【品鉴】

诗写戍边将士久戍难归的怨情,此为唐诗中常见之题材,但此诗在写法上颇有特色,它一二两句成对,三四两句也成对,而且一句之中也自相对搭,如"金河"对"玉关","马策"对"刀环";又如"青冢"对"黑山","黑山"又对"黄河",十分工整典丽,并于对起对收之中,别具飞动流走之妙。四句诗写了四个景,一句一景,表面看似没有联系,其实却统一于"征人"的形象。全诗虽不着一"怨"字,但征人之怨却在"岁岁"、"朝朝"等字词中自然地流露了出来。

韦应物　四首

韦应物(737—约792)，京兆长安(今西安市)人。出身关中望族，少任侠，曾在唐玄宗宫廷任三卫郎，常出入宫闱，扈从游幸。安史乱起，他流落失职，始立志读书。乾元二年(759)，曾攻读于太学。代宗广德元年(763)为洛阳丞，刚直为政，却因惩办不法军吏，被讼于府衙，遂愤而辞官。大历九年(774)为京北府功曹，后摄高陵宰。建中二年(781)擢比部员外郎，在长安与畅当、刘太真交游，次年出为滁州、江州、苏州刺史，故有"韦江州"、"韦苏州"之称。

韦应物秉性高洁，诗风淡远，后人比之陶潜。《四库全书总目提要》评其诗"源出于陶而熔化于三谢，故真而不朴，华而不绮"。其诗以描写田园风光著名，后世与柳宗元并称，称为"韦柳"，或将其归入山水田园诗派，并称为"王、孟、韦、柳"。长于各体，均有佳作，如七言歌行《听莺曲》、《五弦行》，五律如《淮上喜会梁川故人》、《赋得暮雨送李胄》，绝句如《休日访人不遇》、《滁州西涧》等，但韦诗成就最高的还是五言古诗，这一类诗风格清淡闲远，语言精练朴素，白居易评为"高雅闲淡，自成一家之体"（《与元九书》）。

有《韦苏州集》、《韦江州集》。《全唐诗》录存其诗十卷。

寄李儋元锡

去年花里逢君别，今日花开又一年。世事茫茫难自料，春愁黯黯独成眠。[1]身多疾病思田里，邑有流亡愧俸钱。[2]闻道欲来相问讯，西楼望月几回圆。[3]

【注释】

[1]黯黯:淡淡。

[2]思田里:思念田园乡里,指归隐。邑:指自己管辖的地区。愧俸钱:拿了俸禄而未使百姓安定下来,感到惭愧。

[3]问讯:探望。

【品鉴】

首联扣题,"又一年",出语平淡,却蕴含着深长的感叹和真挚的感情。颔联写出面对动荡不安的政局时的无可奈何之感和自己孤独寂寞的情怀。颈联真切地表达了对百姓疾苦出自内心的同情,曾获得后人的高度评价,被誉为"不负心语"(沈德潜《唐诗别裁集》)。尾联自然地写出写作此诗的意图,希望友人速速前来之意,不言自明。此诗通篇不用典实,语言自然,感情真挚,以怀友起,又以怀友之意结,首尾呼应,具有凝重而又流动的特点。

寒食寄京师诸弟[1]

雨中禁火空斋冷,江上流莺独坐听。[2]把酒看花想诸弟,杜陵寒食草青青。[3]

【注释】

[1]寒食:节令名,在清明前一日。京师:指长安。

[2]禁火:指寒食节。斋:郡斋。流莺:莺啼圆润,有如流水。

[3]把酒:举杯。杜陵:汉宣帝陵墓所在地,在长安附近。

【品鉴】

此为节日思亲诗。前二句从近处着笔,极写自己客中寒食独坐郡斋、独听流莺的冷落孤寂;后二句想象诸弟在家乡的情况,自然流露出思念亲人的深情。韦应物诗集中收录寄诸弟诗近二十首,可见他是一位看重手足之情的诗人。

休日访人不遇[1]

九日驱驰一日闲,寻君不见又空还。[2]怪来诗思清入骨,门

140

对寒流雪满山。[3]

【注释】

[1]休日:休假日。

[2]"九日"句:《资治通鉴·唐纪》胡三省注曰:"一月三旬,遇旬则下直而休沐,谓之旬休,今谓之旬假是也。"唐时官吏每旬休息一天。

[3]怪来:难怪、怪不得。来:语助词。

【品鉴】

访人不遇,本是生活中经常遇到的事情,但在诗人笔下,它却充满了诗趣,尤其是后二句写出所访之人居住环境的幽雅静僻和他诗思的清空,历来为人们所称道。

滁州西涧[1]

独怜幽草涧边生,上有黄鹂深树鸣。春潮带雨晚来急,野渡无人舟自横。

【注释】

[1]滁州:今安徽省滁州市。西涧:在滁州城西,俗名上马河。

【品鉴】

前二句写日间所见,是近景,写出涧边深谷的空旷静寂。"独怜"二字,感情色彩十分浓重,表现了诗人恬静的情趣,闲适的襟怀;"深树鸣",使人想到涧边林木葱郁,枝叶繁茂,黄莺在树丛深处鸣叫,莺啼更反衬出涧边深谷的空旷静寂,进一步渲染了"独"、"幽"的意境。后二句是远景,描写雨后荒郊的景象,充满幽情野趣。一个"急"字,写出了春潮带雨、潮水上涨的动态;一个"横"字,生动地描绘出一叶孤舟任凭潮逐雨打的景况。全诗语言质朴凝练,文笔简洁,动中有静,静中有动,犹如一幅绘声绘色的山水画。清人宋顾乐《唐人万首绝句选》评云:"写景清切,悠然意远,绝唱也。"

戎 昱 三首

戎昱(约744—约800),荆南荆门(今湖北江陵一带)人。少举进士,不中,后漫游湖湘多年。大历元年(766)入蜀,见岑参于成都。大历二年(767),经云安至江陵,荆南节度使卫伯玉辟为从事。建中三年(782),曾任侍御史,次年出为辰州刺史,后转官多次。晚年流寓于桂州而终。

戎昱诗风沉郁,多伤乱、述怀之作,后代有人认为他的诗在精神上与杜甫相接。

《全唐诗》录存其诗一卷。《全唐诗外编》及《全唐诗续拾》补诗二首。

别离作

手把杏花枝,未曾经别离。[1] 黄昏掩门后,寂寞自心知。[2]

【注释】

[1]手把:手握。

[2]掩门:关门。

【品鉴】

诗写作者第一次与人离别的心情,十分细腻。

旅次寄湖南张郎中

寒江近户漫流声,竹影当窗乱月明。[1] 归梦不知湖水阔,夜来还到洛阳城。[2]

　　[1]当:对。

　　[2]湖水:指洞庭湖水。

【品鉴】

　　前二句写旅次中所闻所见,着墨不多却写景如画,透出一种凄清落寞的气氛;后二句承上而来,语气似豪而实悲,表现出对友人深切的同情。有人认为此二句乃写自己之思乡之情,从字面上看固然可通,但却有一个矛盾无法解释:戎昱是荆南人而非洛阳人,他一生从未去过洛阳,因此与诗中情事明显不合。《删订唐诗解》载吴昌祺的话云:"戎生于楚,宦于楚,俱与洛阳无与。归梦乃代张言之,言当江声竹影之际,意君必有乡梦也。"信哉斯言!

移家别湖上亭

　　好是春风湖上亭,柳条藤蔓系离情。黄鹂久住浑相识,欲别频啼四五声。

【品鉴】

　　此诗不仅感情真挚,而且颇富画意,故为后人所激赏。关于此诗,孟棨《本事诗》说是戎昱为浙西妓作,并有一段爱情故事,但从诗题和诗意看来,这个说法恐怕是根据诗篇臆造出来的,似不可信。此处姑且录出,以供参考:"韩晋公镇浙西,戎昱为部内刺史。郡有酒妓,善歌,色亦烂妙,昱情属甚厚。浙西乐将闻其能,白晋公,召置籍中。昱不敢留,饯于湖上,为歌词以赠之,且曰:'至彼令歌,必首唱昱词。'既至,韩为开筵,自持杯命歌之,遂唱昱词。曲既终,韩问曰:'戎使君名士,留情郡妓,何故不知而召置之,使余之过!'乃十笞之。命妓与白缣,即时归之。其词曰:'好是春风湖上亭,柳条藤蔓系离情。黄莺久住浑相识,欲别频啼四五声。'"

于　鹄 二首

于鹄,生卒年、籍贯不详,代宗大历、德宗建中年间居长安,应举未第,归隐汉阳(今湖北武汉)山中。贞元中曾为诸府从事,卒于宪宗元和九年(814)前。

于鹄有诗名,张籍与之友善,籍有《伤于鹄》诗。较工绝句,诗风颇为清丽,张为《诗人主客图》将鹄列为清奇雅正主人入室。

《全唐诗》录存其诗一卷。

江南曲[1]

偶向江边采白蘋,还随女伴赛江神。[2]众中不敢分明语,暗掷金钱卜远人。[3]

【注释】

[1]江南曲:《古今乐录》中《江南弄》七曲之一。

[2]赛江神:迎江神庙会,祈求降福。江神:旧时人们认为江神主宰大江,故在江边建有江神庙定期祀奉。

[3]分明语:明白地说。

【品鉴】

唐代闺怨题材的佳作极多,而此诗是同类作品中的上乘之作,其特点是通过人物的动作来展示人物的心理变化,描摹细腻,形象生动。作者用词看似随便,其实颇有讲究,如"偶向"、"还随"正写出女主人公心不在焉、心神不定的神态,为后面的描写作了富有诗意的铺垫;再如一个"暗"

字,写出了女主人公既怀念远方情人,又怕别人取笑的细微心理,十分传神。

巴女谣[1]

巴女骑牛唱竹枝,藕丝菱叶傍江时。[2]不愁日暮还家错,记得芭蕉出槿篱。[3]

【注释】

[1]巴:指今四川东部,春秋时有巴国,秦有巴郡。

[2]竹枝:即竹枝词,巴渝一带的民歌。

[3]槿:即木槿,落叶灌木。

【品鉴】

此诗犹如一幅小小的风俗画,诗人以平易清新的笔触,把巴地女孩儿放牛归来的情景写得既生动活泼又情趣盎然。

灵　澈　一首

灵澈（746—816），本姓汤，字源澄，赵州会稽（今浙江绍兴）人。少从严维学诗，后为云门寺僧，常与皎然游。自大历初年起，即名播一时。贞元末，因僧徒所嫉，被诬获罪，徙居汀洲，后遇赦北归。

长于律学，著有《律宗引源》二十一卷，今不存。尤善诗文，其诗多送别酬寄之作，代表作有《东林寺酬韦丹刺史》、《归湖南作》、《天姥岑望天台山》等。平生作诗约二千首，由其门人删取三百篇，编为诗集十卷，另取其从大历到元和与人唱和之作，编为《酬唱集》十卷。二集今均不存，甚为可惜。

《全唐诗》录存其诗十六首。

天姥岑望天台山[1]

天台众峰外，华顶当寒空。[2]有时半不见，崔嵬在云中。

【注释】

［1］天姥：天姥山，在浙江新昌县东。天台山：在浙江天台县北，天姥山东南。

［2］华顶：即华顶峰，天台山之最高峰。当：横出。

【品鉴】

这首小诗生动地描绘出天台山的高峻，笔力雄浑，清人黄生《唐诗摘抄》评云："浑沦空旷，极似太白笔兴。"首句突兀而起，写出天台高出众峰之上的气势；次句承上，写华顶横亘寒空，进一步突出天台山之高大。后二句一张一合，"半不见"，直叙中似有疑问；"在云中"，又像是暗含回答，从而曲折含蓄地描绘出云雾缭绕着的天台山，十分形象。

卢 纶 二首

卢纶(约748—约799),字充言,河中蒲(今山西省永济市)人。大历初年,数次考进士不第,因得宰相元载看中,才补阌乡尉,迁监察御使,不久因病辞。大历十一年(776)元载被杀,卢纶亦受牵连,四年后才出任昭应县令。后在河中节度使府任判官,终检校户部郎中。

卢纶凤负诗名,为"大历十才子"之一。其诗多为送别赠答、奉陪游宴之作,也有反映军中生活的作品,如《和张仆射塞下曲》便是历来为人传诵的名篇。卢纶工于叙事,兼擅各体,尤长于五七言近体,《晚次鄂州》是其代表作。七言古诗亦有佳作,如《腊月观咸宁王部曲擒虎歌》等,亦为人称道。清管世铭《读雪山房唐诗钞》云:"大历诸子兼长七言古诗,推卢纶、韩翃,比之王摩诘、东川,可称具体。"在"大历十才子"中,地位较为突出,王士禛认为他是"十才子冠冕"(《分甘馀话》)。

有《卢户部诗集》。《全唐诗》录存其诗五卷。

塞下曲六首(选二)[1]

林暗草惊风,将军夜引弓。[2]平明寻白羽,没在石棱中。[3]
月黑雁飞高,单于夜遁逃。[4]欲将轻骑逐,大雪满弓刀。[5]

【注释】

[1]塞下曲:乐府旧题。

[2]引弓:拉弓。

[3]白羽:尾部带有羽毛的箭。没:隐,指箭镞嵌了进去。石棱:石块表面突起的

棱角,这里指石缝。

[4]单于:本义是匈奴的国王,后用作北方少数民族首领的代称。

[5]将:率领。轻骑:轻装疾行的骑兵。逐:追击。

【品鉴】

卢纶的《塞下曲》写得有声有色,格调高劲,在中唐边塞诗中甚为突出,其中尤以这里选的两首最为出色。前一首借用汉代名将李广的故事,赞美了将军的神勇;后一首描写将军率兵雪夜追敌的情状,表现出唐军将士所向披靡的气概。明代许学夷评曰:"纶五言绝'月黑雁飞高'一首,气魄音调,中唐所无。"(《诗源辨体》)清人贺裳亦云:《塞下曲》六首,俱有盛唐之音。'平明寻白羽,没在石棱中'一章尤佳。"(《载酒园诗话又编》)

李 益 五首

李益（748—829），字君虞，陇西姑臧（今甘肃武威）人。大历四年（769）进士及第，授华州郑县尉，后又登制举科，擢郑县主簿。约在德宗建中二年（781），入朔方节度使李怀光幕府任职，从军边塞。后以书判登拔萃科，授侍御史。贞元元年（785）入灵州大都督、西受降城天德军灵盐丰夏等州节度使杜希全幕，再次从军边塞。贞元十三年（797）入幽州节度使刘济幕。后返回长安，曾任都官郎中、中书舍人、秘书少监、集贤殿学士，官至右散骑常侍。大和元年（827），加礼部尚书衔致仕。

李益诗名早著，其诗题材广泛，尤以边塞之作最为人们所称赏，当时便被谱入管弦歌唱。其代表作有《夜上受降城闻笛》、《寒下曲》、《从军北征》等。古近各体均有佳作，而以七言绝句成就最高，明代胡应麟《诗薮》评云："七言绝，开元以下，便当以李益为第一。"并认为他的一些绝句"皆可与太白、龙标竞爽，非中唐所得有也"。他的律诗，亦不乏名篇，如《喜见外弟又言别》、《过五原胡儿饮马泉》、《同崔邠登鹳雀楼》等均属佳作。

有《李益集》。《全唐诗》录存其诗二卷，《全唐诗续拾》补诗一首。

喜见外弟又言别

十年离乱后，长大一相逢。问姓惊初见，称名忆旧容。别来沧海事，语罢暮天钟。[1]明日巴陵道，秋山又几重。[2]

【注释】

[1]沧海事：用"沧海桑田"之典。

149

【品鉴】

此诗用白描手法和质朴的语言,写出亲友间聚散离合的复杂感情,具有很强的艺术感染力。首句写一"别"字,次句写一"见"字,表达了诗人与表弟离别十年后又偶然相逢的无限感慨。颔联叙写见面相认的情形,生动而细腻。清人章燮《唐诗三百首注释》云:"四句一气,情词恳切,悲喜交集,读之令人凄然。"颈联叙兄弟相认之后,二人一直畅谈至日暮的情事,章燮所言极有道理:"情之殷殷,言之絮絮,方始休声,不觉已闻暮天之钟,此夜情词苦况,不能一语尽矣。"(同上)末联写"言别",以饱蕴深情的景语结全诗,显得含蓄自然,悠然不尽。

江南曲[1]

嫁得瞿塘贾,朝朝误妾期。[2]早知潮有信,嫁与弄潮儿。[3]

【注释】

[1]江南曲:乐府《相和歌辞·相和曲》名。

[2]瞿塘贾(gǔ):泛指往来于长江三峡的行商。瞿塘:长江三峡之一。期:相会的日子。

[3]潮有信:潮水定期涨落叫潮信。弄潮儿:乘涨潮于潮头表演泅(qiú)水技艺的人。

【品鉴】

这首小诗通过一位商人妇的心理活动,写出她对丈夫外出经商长期不归的不满,后二句由愁苦中忽发奇想,曲折而传神地表达了这位少妇的怨情,"嫁与弄潮儿",既是痴语、天真语,更是无可奈何时的怨恨语。

夜上受降城闻笛[1]

回乐烽前沙似雪,受降城外月如霜。[2]不知何处吹芦管,一夜征人尽望乡。[3]

[1]受降城:唐高宗时修筑三座受降城,此指西城,在今内蒙古乌加河北岸。

[2]回乐烽:回乐县附近的烽火台。回乐县故址在今宁夏灵武西南。

[3]芦管:乐器名,是北方少数民族的一种乐器。

【品鉴】

此为唐人七绝名篇,沈德潜称之为"绝唱"。前二句用两个比喻,写出大漠的荒寒和月色的凄冷,渲染出一种凄苦的意绪。后二句描写在这荒凉凄寒的环境中,士兵们自然产生的无限乡思。李锳《诗法易简录》云:"征人望乡,只加一'尽'字,而征戍之苦,离乡之久,胥包孕在内矣。"因此诗意境浑成,音节响亮,故在当时便被谱入弦管,天下传唱。

从军北征

天山雪后海风寒,横笛偏吹行路难。[1]碛里征人三十万,一时回向月中看。[2]

【注释】

[1]海风:指从蒲昌海(即今罗布泊)吹来的风。行路难:乐府《杂曲歌辞》。

[2]碛(qì):沙漠。月中看:回头望月。

【品鉴】

此诗描绘出艰苦环境中一次行军场面,意境苍凉而又悲壮。雪后风寒,可见环境之艰苦;夜间行军,更可想见条件之艰辛,而此时此地,横笛偏又吹出《行路难》,这怎不令人触耳惊心、触景生情呢? 故而三十万人一时回首望月,不由感慨万千。李益对边塞景物和军中生活有亲身体验,从诗题看,他也参加了这次"北征",故能写出这首有特殊感染力的名篇。

边　思

腰垂锦带佩吴钩,走马曾防玉塞秋。[1]莫笑关西将家子,只将诗思入凉州。[2]

【注释】

　　[1]吴钩:古时吴地产的一种弯形宝刀。玉塞:玉门关的别称。防秋:北方游牧民族每到秋高马肥的季节,常进扰边境,故需特别加以防卫,称为"防秋"。

　　[2]关西将家子:《后汉书·虞翻传》:"谚曰:'关西出将,关东出相。'"关西,指华山以西,即函谷关以西。李益是姑臧人,故自称"关西将家子"。凉州:借指边塞前线。

【品鉴】

　　这是一幅诗人的自画像,形象生动,写出了一位从军诗人的精神风貌。陆游《剑门道中遇微雨》也是一幅自画像:"衣上征尘杂酒痕,远游无处不销魂。此身合是诗人未? 细雨骑驴入剑门。"情调与此诗不同,可以参看。

韩 翃 二首

韩翃(生卒年不详),字君平,南阳(今属河南)人。天宝十三载(754)进士,官驾部郎中、中书舍人。

韩翃为"大历十才子"之一,久在军幕,诗多写送别唱和题材,当时便颇有诗名。高仲武《中兴间气集》云:"韩员外诗,匠意近于史。兴致繁富,一篇一咏,朝士珍之。"其代表作有《题僧房》《送故人归鲁》《送客水路归陕》《送孙泼赴云中》《寒食即事》等,诗风富丽华美,语言洗练清逸,是"十才子"中颇有特色的一位诗人。

有《韩君平诗集》。《全唐诗》录存其诗三卷。

寒食即事[1]

春城无处不飞花,寒食东风御柳斜。[2]日暮汉宫传蜡烛,轻烟散入五侯家。[3]

【注释】

[1]寒食:节令名,清明前一日或两日。

[2]御柳:宫苑里的杨柳。

[3]汉宫:借喻唐宫。传蜡烛:唐时制度,清明日皇帝宣旨,取榆柳之火赐给近臣,以示恩宠,破例亦可将宫中的燃烛送给近臣之家。五侯:《后汉书·单超传》载,桓帝封单超、徐璜、左悺、具瑗、唐衡为新丰侯、武原侯、上蔡侯、东武阳侯、汝阳侯,世称"五侯"。此处代指唐朝的高官显宦。

此诗含蓄而有情韵,在唐代以寒食节为题材的作品中,是一首为人们所推许的佳作。前二句描绘出京城落花飞舞、杨柳摇曳的暮春景色,写花用一"飞"字,写柳用一"斜"字,均极为工巧传神。后二句写出寒食日宫廷生活里的一个插曲,颇有意趣。有人认为作者通过这种描写是在讽喻皇宫的特权以及宦官的专宠,似过于求深了。此诗在当时便广为流传,据《本事诗》载,当时中书缺人,德宗任命韩翃为中书舍人,因为江淮刺史也叫韩翃,宰相请问是哪一个韩翃,德宗批道:"写'春城无处不飞花'韩翃。"一时传为佳话。

宿石邑山中[1]

浮云不共此山齐,山霭苍苍望转迷。[2]晓月暂飞高树里,秋河隔在数峰西。[3]

【注释】

[1]石邑:古县名,故址在今河北获鹿东南。石邑县有西屏山,高数百丈,又称石邑山。

[2]山霭:指晚霞。

[3]秋河:银河。

【品鉴】

此诗被后人评为是"高华明秀"之作,它生动地描绘了石邑山变幻多姿的迷人景象,笔触简练,自然流畅,如名家手下的一幅素描,虽仅仅勾勒了几笔,却胜过俗手的浓描重抹。陈子昂《春夜别友人》有"明月隐高树,长河没晓天"之句,与此诗后二句意境相近,可以参看。

刘 商 二首

　　刘商(生卒年不详),字子夏,徐州彭城(今江苏徐州)人。大历间进士,初任合肥令。贞元中历官汴州观察判官、检校虞部郎中。去官为道士,隐湖州武康山中,炼药求仙。卒于元和九年(814)前。

　　能文善画,性嗜酒。工诗,长于歌行,代表作为《胡笳十八拍》。武元衡在《集序》中称其诗"皆思入窅冥,势含飞动,滋液琼瑰之朗润,濬发绮绣之浓华,触境成文,随文变象,是谓折繁音于孤韵,贯清济于洪流者也"。

　　有《刘虞部诗集》。《全唐诗》录存其诗二卷,《全唐诗续拾》补诗一句。

乌夜啼[1]

　　绕树哑哑惊复栖,含烟碧树高枝迷。月明露湿枝亦滑,城上女墙西月低。[2]愁人出户听乌啼,团团明月堕墙西。月中有桂树,日中有伴侣。[3]何不上天去,一声啼到曙。

【注释】

　　[1]乌夜啼:乐府西曲歌名,内容多写男女分离的痛苦。

　　[2]女墙:城墙上的矮墙。

　　[3]伴侣:古代神话传说日中有乌。

【品鉴】

　　诗用乐府旧题,写闺妇情思。前四句写一片夜色,是思妇所处的环境;后四句写思妇望月光、闻乌啼所产生的奇妙幻想,思妇的孤独与寂寞,均由言外见之。此诗颇有民歌的韵味,语言浅显平易却准确生动,如"惊复栖"三字,既写乌之活动,又暗示出思妇一刻不能安宁的思绪,可谓细致入微;"何不上天去"的想象,自然生动而无雕琢的痕迹,见出诗人构思的巧妙。

行营即事[1]

万姓厌干戈,三边尚未和。[2]将军夸宝剑,功在杀人多。

【注释】

[1]行营:军队出征临时驻扎的地方叫"行营"。

[2]三边:泛指边塞地区。

【品鉴】

此诗讽刺开边衅以邀功者,可谓言少而意多,"夸"字用得尤为精当,形象而生动地写出将军手持宝剑夸耀于人、自视杀人多功劳大的神态,千馀年后读之,仍使人惊心动魄,感慨万千。

冷朝阳　一首

冷朝阳(生卒年不详),金陵(今南京)人。大历四年(769)进士及第,曾为泽潞节度使薛嵩从事。与钱起、韩翃、李端等均有交往。

朝阳长于五言律,擅长景物描写,在大历间诗人中成就较低,严羽云:"冷朝阳在大历才子中为最下。"(《沧浪诗话》)

《全唐诗》录存其诗十二首,《全唐诗外编》补诗一首。

送红线[1]

采菱歌怨木兰舟,送客魂销百尺楼。[2]还似洛妃乘雾去,碧天无际水东流。[3]

【注释】

[1]红线:据《唐诗纪事》载,潞州节度使薛嵩有个侍女,因"手纹隐起如红线",故称"红线"。在袁郊《甘泽谣》中,红线成为一个有异术的女侠形象。

[2]采菱歌:南方民间采菱时唱的歌。魂销:即销魂。

[3]洛妃:即洛水女神。

【品鉴】

前二句写红线高歌乘舟而去,歌声中自有离别的感伤,送行者在高楼之上,心中亦有无限惆怅。"怨"、"魂销",分别写出行者和送行者的惜别情怀,耐人品味。"百尺楼",既写出楼台之高,也暗示出送行者极目远眺、久久不愿离去的心情。第三句将红线比为洛妃乘着雾气远去,写出其人风姿之美丽、行踪之飘忽。末句以景结全诗,别情暗寓其中,与李白《黄鹤楼送孟浩然之广陵》造意相似。俞陛云评曰:"诗为送红线而作,不专写离别之情,而拟以洛妃之灵迹,情韵殊长。"

杨 凭 一首

杨凭(生卒年不详),字虚受,一字嗣仁,虢州弘农(今河南灵宝)人。大历九年(774)登进士第。历佐使府,贞元中累迁太常少卿。后出任湖南观察使,元和二年(807)入为左散骑常侍,因事贬临贺尉,徙杭州长史。卒于长庆元年(821)前。

杨凭是柳宗元的岳父,工诗,与弟凝、凌均有文名,时称"三杨"。

《全唐诗》录存其诗一卷。

雨中怨秋

辞家远客怆秋雨,千里寒云与断蓬。[1]日暮隔山投古寺,钟声何处雨濛濛。

【注释】

[1]怆:悲伤。

【品鉴】

杨凭不是著名的诗人,可此诗却为人们广泛传诵,究其原因,全在此诗具有含蓄蕴藉的特点,所谓"言有尽而意无穷"是也。诗中虽未明写愁绪,但诗人的满怀羁旅之愁却在那生动的画面中自然而然地流露出来……

杨 凌 一首

杨凌(生卒年不详),字恭履,虢州弘农(今河南灵宝)人。大历十一年(776)登进士第,历协律郎,官终大理评事。

工诗,与兄凭、凝齐名,时称"三杨"。柳宗元《杨评事文集后序》称其"少以篇什著声于时。其炳耀尤异之词,讽诵于文人,盈满于江湖,达于京师。晚节遍悟文体,尤邃叙述,学富识远,才涌未已。其雄杰老成之风,与时增加。"

《全唐诗》录存其诗一卷。

秋原野望

客雁秋来次第逢,家书频寄两三封。[1]夕阳天外云归尽,乱见青山无数峰。

【注释】
[1]次第:依次。

【品鉴】
这是一首思乡诗。频寄家书,已见思乡情之切切,但作者偏不就此抒写,反而宕开一笔,后二句字字写景,不用一字写乡愁,此处真是"一切景语皆情语"的最好体现,作者对故乡家人的思念,尽在不言之中。一个"乱"字,既写出了群山耸立的形象,又暗示出诗人对遮住自己望眼的山峰的怨恨与厌恶,恰当地表现出诗人此时心绪不宁的情态,可谓"诗眼"。

李 约 一首

李约(751—约801),字存博,自号萧斋,陇西成纪(今甘肃天水)人。唐宗室,德宗宰相李勉之子。能诗,善书画。德宗贞元后期,曾入浙西观察使李锜幕。宪宗元和年间,曾为兵部员外郎。后弃官归隐。

《全唐诗》录存其诗十首。

观祈雨[1]

桑条无叶土生烟,箫管迎龙水庙前。[2]朱门几处看歌舞,犹恐春阴咽管弦。[3]

【注释】

[1]祈雨:指求雨仪式。

[2]箫管:指笛箫一类管乐。水庙:即龙王庙。

[3]朱门:红漆的大门,此处指富贵人家。咽:发音不响亮。

【品鉴】

此诗写观祈雨的感慨,通过描写大旱时两种不同的生活场面和思想感情,深刻揭露了封建社会尖锐的阶级矛盾。首句由"桑条"和"土"着笔,用"无叶"和"生烟"写出了久旱的严重情况;次句承上而来,写农民求雨的活动,见出他们急迫的心情。后二句镜头一转,伸进了"朱门",表现出另一个世界里人们的所思所为。诗人将农民祈雨和"朱门"厌阴的两种不同的心理和行为对照着描写,曲折委婉地表达了诗人对豪门贵族腐化奢侈的讽刺与鞭挞,耐人寻味。

孟　郊　四首

　　孟郊(751—814),字东野,湖州武康(今浙江德清)人。少年时隐居嵩山,贞元十二年(796)近五十岁才中进士,为溧阳县尉。元和元年(806),郑余庆为河南尹,奏为水陆转运判官,试协律郎,后因母丧去职。元和九年(814),郑余庆任山南西道节度使,荐孟郊为兴元军参谋,孟郊携家赴任,病卒于途中。张藉私谥为贞曜先生。

　　孟郊与韩愈交谊颇深,唱酬甚多。与贾岛齐名,有“郊寒岛瘦”之称。他作诗态度严谨,苦思力锤,探求奇险,形成了一种硬语盘空、拗折险僻的风格。韩愈称赞他诗才“雄鸷”,能够做到“横空盘硬语。妥帖力排奡”(《荐士》),比之为“天葩吐奇芬”(《醉赠张秘书》)。其代表作有《游子吟》、《征妇怨》、《寒地百姓吟》等。存诗五百馀首,多为五古,没有律诗,其诗一扫大历以来的靡弱诗风,李观《上梁补阙荐孟郊、崔宏礼书》中认为孟郊五言诗“高处在古无二”,评价相当高。唐末张为作《诗人主客图》,以他为“清奇僻苦主”。

　　有《孟东野集》。《全唐诗》录存其诗十卷。

游子吟[1]

　　慈母手中线,游子身上衣。临行密密缝,意恐迟迟归。谁言寸草心,报得三春晖。[2]

【注释】

　　[1]题下原有小注:“迎母溧上作。”此时作者为溧阳(今属江苏)尉。

[2]寸草:小草。三春:春季三月的合称。晖:阳光。

【品鉴】

此诗借平常的琐事描写游子对母亲的深切怀念,歌颂了母爱的深沉与博大,因为自然而真切地表达了为人子女者人人心中所有而又笔下所无的共同感受,故成为历代传诵的名作。前四句描写出一位正在针连线引的母亲形象,她把对儿子的关怀和爱抚,一针针、一线线地融入儿子的冬衣里,"密密缝"三个字,凝聚着母亲对儿女的无限深情,读之令人感叹;"意恐"二字,写出母亲的担忧,见出母亲的疼爱。此处虽未写母亲一句叮咛的话,但那深沉的母爱,却在这无声的场面中形象地表达出来了。最后二句以"寸草"喻子女,以"春晖"喻母亲的恩泽,抒发了深长的感慨。孟郊的诗歌追求奇险,后人常用一个"寒"字来概括他力避平庸的诗风,但这首诗却写得自然流畅,毫无藻绘。母亲对儿女的慈爱,表现在许多方面,此诗却只选取了母亲为即将远行的儿子赶制衣衫这样一个细节来描写,可谓以小见大,以微见著,把母爱写得具体形象,真挚感人。

怨 诗

试妾与君泪,两处滴池水。看取芙蓉花,今年为谁死?[1]

【注释】

[1]看取:即验看。

【品鉴】

这首小诗构思巧妙,设想奇特,写出了闺中少妇的相思痴情。全诗围绕着一个"泪"字,写出了一个"怨"字,虽仅有二十个字,其含意却相当丰富。黄叔灿《唐诗笺注》评云:"不知其如何落想,得此四句,前无可装头,后不得添足,而怨恨之情已极。此天地间奇文至文。"评价可谓高矣,但大体是中肯的。

古别离[1]

欲别牵郎衣,郎今到何处? 不恨归来迟,莫向临邛去。[2]

　　[1]古别离:乐府旧题。

　　[2]临邛(qióng):古县名,即今四川邛崃,是汉代司马相如在客游中与卓文君相识相恋之处。这里借喻男子觅得新欢之处。

【品鉴】

　　这首小诗语言质朴,情真意蕴,把一个女子在丈夫离别时的心理活动生动地刻画了出来。同时,从一个侧面反映了封建时代妇女完全依附男子的可悲处境。在写法上,此诗也颇有特色,第三句先放开一笔,似不合常理,但却使结句显得更加情深意挚,令人回味。

洛桥晚望[1]

　　天津桥下冰初结,洛阳陌上行人绝。[2]榆柳萧疏楼阁闲,月明直见嵩山雪。[3]

【注释】

　　[1]洛桥:即天津桥,在今河南洛阳西南洛水之上。

　　[2]陌:这里指洛阳的街道。

　　[3]闲:雅静。嵩山:在今河南省登封市北。

【品鉴】

　　此为写景名篇,四句诗写了四种景致,前三句用力描摹初冬的萧瑟气氛,结句以明月、高山、积雪相映衬,给人以鲜明的印象,它笔力遒劲,气象壮阔,意境高远,为沉寂的画面增添了无限生机,颇有画龙点睛之妙。

陈　羽 一首

陈羽(753—?)，江东(今南京市一带)人，贞元八年(792)中进士，曾官东宫卫佐。

工诗，《唐才子传》评曰："写难状之景，了了目前；含不尽之意，皎皎言外。如《自遣》诗……二十八字，一片图画。"张为《诗人主客图》列其为瑰奇美丽升堂者之一。

有《陈羽诗集》。《全唐诗》录存其诗一卷。

从军行

海畔风吹冻泥裂，枯桐叶落枝梢折。[1]横笛闻声不见人，红旗直上天山雪。[2]

【注释】
　[1]海：西北人称内陆湖泊为"海"。
　[2]横笛：即笛子。天山：横贯今新疆的山脉。

【品鉴】
这首诗犹如一幅豪迈壮观的风雪行军图。前两句写从军将士面对环境之恶劣，以反衬唐军不畏严寒艰险、勇往直前的精神风貌。"冻泥裂"状海风之寒；"枝梢折"写海风之猛，均极为具体生动。后两句在对环境作了充分渲染以后才写到唐军将士，却又不正面描写，反而更引人遐想：在行军的队伍里，只能听见笛声却看不见吹笛人；举头远望，只见先头部队的红旗在天山的白雪间飘扬。"直上"二字极富动态美，把唐军士气高昂、一往无前的精神和风雪行军的壮观场面生动地表现了出来。

杨巨源　二首

杨巨源(755—?),字景山,后改名巨济,河中(今山西永济)人。贞元五年(789)进士。由秘书郎擢太常博士,累迁至礼部员外郎、国子司业,后以河中少尹致仕。

杨巨源在当时以能诗著称,作诗讲究声律,其诗具有平易流畅的特色。《唐诗纪事》云:"杨巨源以'三刀梦益州,一箭取辽城'得名,故乐天诗云:'早闻一箭取辽城,相识虽新有故情。清句三朝谁是敌? 白须四海半为兄。'"胡应麟《诗薮》亦云:"杨巨源'炉烟添柳重,宫漏出花迟',语极精工,而气复浓厚,置初、盛间,当无可辨。又'岩廊开凤翼,水殿压鳌身',奇丽不减六朝。此君中唐格调最高,神情少减耳。"

有《杨少尹诗集》。《全唐诗》录存其诗一卷。《全唐诗续拾》补诗三首。

城东早春

诗家清景在新春,绿柳才黄半未匀。[1]若待上林花似锦,出门俱是看花人。[2]

【注释】

[1]诗家:诗人。

[2]上林:上林苑,故址在今西安市。

【品鉴】

此为吟咏早春的名篇之一。前二句写出早春景色清新的特征,抒发了作者对早春景色的喜爱。"绿柳才黄",写出柳叶新萌,其色嫩黄的色彩;"半未匀",是说绿枝上刚刚露出几颗嫩黄柳眼。后二句是诗人的感慨:若等到繁花似锦时再来游赏,那时游人如云,环境喧嚷若市,就没有清新的景色可赏了。全诗格调轻快,用语自然,仔细品味,颇富理趣,亦可看做是诗人的一种文学见解:诗人应该有敏锐的感觉,努力去发现新的东西,写出新的境界,不能总是跟在别人后面亦步亦趋。

折杨柳[1]

水边杨柳曲尘丝,立马烦君折一枝。[2]惟有春风最相惜,殷勤更向手中吹。

【注释】

[1]折杨柳:乐府《横吹曲辞》。

[2]曲尘丝:指柳丝。曲尘是粉状酒曲,色淡黄,故用以喻初春嫩柳之色。立马:驻马。

【品鉴】

前二句平平叙来,写远行者见水边初生嫩柳,请人为他代折一枝。这里暗示出此人独自远行,无人送别。后二句说,春风是最怜惜杨柳的,它虽然被人折下拿在手里,春风仍殷勤地吹拂着它。"殷勤"二字,赋春风以人的感情和品性,颇为传神。宋代谢枋得指出:"杨柳已折,生意何在,春风披拂,如有殷勤爱惜之心焉,此无情似有情也。"(《唐诗绝句注解》)这首诗情景交融,婉曲多致,据《鹤林玉露》载,朱熹十分喜欢这首诗,"每喜诵之"。而此诗的精彩之笔全在后二句,在诗人笔下,无知无觉的春风似乎变得有情有意,更反衬出独自远行者的孤寂与落寞,反复吟咏,余韵悠然。

武元衡　一首

　　武元衡(758—815),字伯苍,河南缑氏(今河南偃师)人。建中四年(783)进士,历仕德宗、顺宗、宪宗三朝,曾官比部员外郎、御史中丞等职。元和二年(807)任门下侍郎、同中书门下平章事,后以宰相身份出任剑南节度使、西川节度使。元和八年(813)召还,复为宰相。元和十年(815),被平卢节度使李师道遣刺客刺死。

　　武元衡前期诗较多抒发嗟贫叹病、牢骚不平之气,如《寒食下第》等是此期代表作;后期仕宦显达,故其诗多为官场酬赠之作,也有少数作品内容充实,感情深厚,《送崔判官使太原》等为其代表作,尤其是《酬严司空荆南见寄》,胡应麟认为是"中唐妙唱"(《诗薮》)。总的看,其诗藻思绮丽,琢句精妙,故张为《诗人主客图》将其奉为"瑰奇美丽主"。魏泰《临汉隐诗话》认为武元衡"律诗胜古诗,五字句又胜七字",大体是精当的评论。

　　有《临淮集》。《全唐诗》录存其诗二卷。

春　兴

　　杨柳阴阴细雨晴,残花落尽见流莺。东风一夜吹乡梦,又逐东风到洛城。[1]

【注释】

　　[1]洛城:指洛阳。

168

【品鉴】

这是一首抒写思乡之情的佳作,感情真挚,构思巧妙,颇为后人所赞赏。清人黄叔灿评曰:"旅情黯黯,春梦栩栩,笔致入妙。"(《唐诗笺注》)前两句照应题目,勾勒出一幅暮春图画,"阴阴",写出细雨洒洗后杨柳由嫩绿转为深绿的色彩,十分传神;"残花落尽",既切合暮春景色,又暗寓光阴流逝、家乡难归的感叹,耐人寻味。后两句出语平易自然,而想象却很奇妙,将强烈的乡思形象化了,仿佛"乡梦"可以像柳絮一样,被春风吹送到故乡去。其中"又"字用得很精确,不仅写出诗人思乡之情切,而且还写出梦中归乡之频繁。

王　播 二首

王播(759—830),字明扬,太原人,后家扬州。贞元十年(794)进士及第,历任刑部侍郎、盐铁转运使,长庆元年(821)拜中书侍郎、平章事,后出为淮南节度使,不久入朝为左仆射同平章事,封太原郡开国公,卒谥敬。

《全唐诗》录存其诗三首。

题木兰院二首[1]

三十年前此院游,木兰花发院新修。[2]如今再到经行处,树老无花僧白头。[3]

上堂已了各西东,惭愧阇黎饭后钟。[4]三十年来尘扑面,如今始得碧纱笼。[5]

【注释】

[1]木兰院:即扬州惠昭寺木兰院。

[2]发:开放。

[3]经行处:旧游之处。

[4]上堂:指上斋堂吃饭。已了:已经结束,指已吃过饭。阇黎(shélí):梵语,指高僧。

[5]尘扑面:指所题之字被灰尘所污。碧纱笼:用碧纱笼罩保护。

【品鉴】

此诗写旧地重游时所见,言外有无限感慨。前二句写昔日之窘迫,后二句写今日之得意,通过讽刺僧人前倨后恭,表现出世态炎凉,令人深思。

170

窦　群　一首

窦群(765—814),字丹列,京兆(今西安)人。贞元十八年(802)征为左拾遗,迁侍御史、膳部员外郎。后历任唐州刺史、御史中丞,出为黔中观察使,又贬开州刺史,元和九年(814)召还朝,卒于路。

《全唐诗》录存其诗二十二首。

初入谏司喜家室至[1]

一旦悲欢见孟光,十年辛苦伴沧浪。[2]不知笔砚缘封事,犹问佣书日几行?[3]

【注释】

[1]谏司:谏院,即谏官官署。家室:家眷。

[2]孟光:东汉梁鸿之妻,史书说她十分贤慧,此处代指自己的妻子。沧浪:水色,代指贫寒的生活环境。

[3]封事:古代大臣的奏章,用袋封缄以保机密,称为封事。佣书:抄书挣钱。

【品鉴】

此诗作于作者初任左拾遗、家眷迁京之时。前二句写出诗人当时复杂而喜悦的心情,后二句选取生活细节,描绘出妻子可爱的性格和朴实的神态,十分真切生动。

韩　愈　五首

韩愈(768—824),字退之,河南河阳(今河南孟州)人。郡望是昌黎,故后人亦称之为"韩昌黎"。德宗贞元八年(792)进士及第。历任监察御史、阳山令、河南令、考功郎中、中书舍人、刑部侍郎等职,因上书谏迎佛骨,贬潮州刺史。穆宗长庆时,官至吏部侍郎,谥文,故后世又称"韩吏部"、"韩文公"。

韩愈是唐代著名的文学家、思想家,他与柳宗元一起倡导了古文运动,使中国古代散文得到了新的发展。他的诗歌创作,以其对社会现实较为深刻的反映和艺术手法上的独特创造,在中国诗歌发展史上亦占有重要的地位,以至后人誉之为"唐诗之一大变"(叶燮《原诗》)。如《陆浑山火和皇甫湜用其韵》、《月蚀诗效玉川子作》等,历来被评为是奇特雄伟、光怪陆离之作;其他如写景之作《南山诗》、《岳阳楼别窦司直》亦颇受后人的赞赏。韩诗虽以奇险见长,但亦多有朴素无华之作,如《山石》、《答张十一功曹》等。另外,韩愈常以古文之章法句式为诗,诗中较多议论,且喜用辞赋家铺张雕绘的手法为诗,形成了"以文为诗"的特点,这对宋诗的散文化、议论化有很大影响,后人贬之者称其诗为"压韵之文耳"、"终不是诗"(释惠洪《冷斋夜话》);誉之者亦由此着眼,如清叶燮论韩诗曰:"其力大,其思雄,崛起特为鼻祖。宋之苏、梅、欧、苏、王、黄,皆愈为之发其端,可谓极盛。"(《原诗》)陈三立《题程学恂韩诗臆说》云:"不能病其以文为诗,而损偏胜独至之光价。"

有《昌黎先生集》。《全唐诗》录存其诗一卷。

山 石

　　山石荦确行径微,黄昏到寺蝙蝠飞。[1]升堂坐阶新雨足,芭蕉叶大栀子肥。[2]僧言古壁佛画好,以火来照所见稀。[3]铺床拂席置羹饭,疏粝亦足饱我饥。[4]夜深静卧百虫绝,清月出岭光入扉。[5]天明独去无道路,出入高下穷烟霏。[6]山红涧碧纷烂漫,时见松枥皆十围。[7]当流赤足踏涧石,水声激激风生衣。[8]人生如此自可乐,岂必局束为人靮。[9]嗟哉吾党二三子,安得至老不更归![10]

【注释】

　　[1]荦(luò)确:险峻不平之状。微:狭窄。

　　[2]升堂:登上客堂。坐阶:坐在台阶上。

　　[3]稀:看不真切。

　　[4]疏粝:粗糙的饭食。

　　[5]绝:停止鸣叫。扉:门。

　　[6]出入高下:犹言"处处"。穷:尽。烟霏:云雾。

　　[7]烂漫:光彩四射貌。枥:同"栎",落叶乔木。围:量词,一抱称一围。

　　[8]激激:水流声。

　　[9]局束:拘束。靮:马缰绳。为人靮:犹云"受制于别人"。

　　[10]吾党:指和自己情投意合的人。归:归去,指离开山寺。

【品鉴】

　　此为纪游诗,全诗可分为四个部分。前四句为第一段,写黄昏到寺所见。"山石"二句写出道路的崎岖和古寺的荒凉。"升堂"二句写入寺坐定后所见阶下之景物。"僧言"以下六句为第二段,写夜间留宿景况。诗人写出僧人的热情招待,殷勤好客。"疏粝"一句见出僧人生活之简朴和诗人的满足。"夜深"二句交代了时间的推移,"百虫绝"反衬出古寺虫鸣之盛,直到夜深之后才渐渐停息。"天明"以下六句写诗人天明独去,迫不及待地去游山,甚至不择路径。一个"穷"字写出烟消云散后诗人的喜悦;"山红"二句写脱离雾区,在一片晴朗中所见到的秀丽山景;"当流"二句写出诗人在新雨后的山涧行进时的快感和兴奋的心情。最后四句写诗人的感慨,是对景抒情。阅读此诗,犹如展读一幅游山水长卷,获得美好的享受。

听颖师弹琴[1]

昵昵儿女语,恩怨相尔汝。[2]划然变轩昂,勇士赴敌场。[3]浮云柳絮无根蒂,天地阔远随飞扬。喧啾百鸟群,忽见孤凤凰。[4]跻攀分寸不可上,失势一落千丈强。[5]嗟余有两耳,未省听丝篁。[6]自闻颖师弹,起坐在一旁。[7]推手遽止之,湿衣泪滂滂。[8]颖乎尔诚能,无以冰炭置我肠![9]

【注释】

[1]颖师:来自天竺的一位僧人,善琴,李贺有《听颖师弹琴歌》。

[2]昵:亲热。恩:恩爱。尔汝:你我,挚友间不讲客套,以你我相称,表示关系亲昵。

[3]划然:忽然。轩昂:高昂。

[4]喧啾:众鸟喧闹的声音。

[5]跻攀:攀登,此处形容琴声越弹越高。失势:下降。千丈强:千丈有馀。

[6]省:懂得。丝篁:即丝竹、弦管。

[7]起坐:忽起忽坐,激动不安。

[8]遽:急。滂滂:水流貌。

[9]诚能:真高明。以:用。

【品鉴】

全诗可分成两个部分。前十句作者以生动形象的语言,新颖贴切的比喻,绘声绘色的描写,使变化丰富的琴声,跃然纸上。从而使难以捕捉的听觉形象,通过通感,转化为人们易于接受的视觉形象。后八句作者从侧面烘托出琴声的优美和颖师琴艺的高超。作者自称"未省听丝篁",但是听了颖师的琴声,却"起坐在一旁"、"湿衣泪滂滂"。结尾两句说琴声荡人心魄,自己感情时喜时悲,随着琴声变化强烈,已经受不住了,所以劝颖师快快罢手,"无以冰炭置我肠"! 全诗戛然而止,余韵袅袅,耐人回味。

左迁至蓝关示侄孙湘[1]

一封朝奏九重天,夕贬潮阳路八千。[2]欲为圣明除弊事,肯将衰朽惜残年![3]云横秦岭家何在? 雪拥蓝关马不前。[4]知汝远来应有意,好收吾骨瘴江边。[5]

【注释】

[1]蓝关:即蓝田关,在今陕西省蓝田县东南。

[2]一封:指《论佛骨表》。

[3]肯:岂肯。

[4]秦岭:陕西南部山岭的总称。

[5]瘴江:泛指岭南河流,岭南多瘴气,潮阳地处岭南,故此处指潮州。

【品鉴】

唐朝中期,宪宗崇奉佛教,迎凤翔法门寺佛骨入宫,供奉三日。一时间,京城里掀起了崇佛热潮。韩愈对这种情况极为不满,毅然上了《论佛骨表》,极言直谏,触怒了宪宗,险些被定成死罪,由于宰相崔群等人相救,才由吏部侍郎贬为潮州刺史。这首诗就是韩愈赴潮州途中写给前来送行的侄孙韩湘的。首联突兀而起,用"朝奏"与"夕贬"相呼应,表明意外获罪之速;"路八千",由贬谪之远说明获罪之重。颔联用流水对,委婉地表明自己一心为国反而被贬的怨情和愤慨。"弊事",即指迎佛骨之事,因其有害于国计民生,故称之为"弊事";韩愈被贬之时已经五十有二,故云"残年"。颈联就景抒情,进一步写出诗人对非罪远谪的不平和悲愤。"家何在",写出诗人内心的痛苦;"马不前",写出道路的艰难,衬托出诗人深沉的悲愤之情。尾联情调凄楚,含蓄地表达了诗人的激愤和愁苦。

早春呈水部张十八员外二首(选一)[1]

天街小雨润如酥,草色遥看近却无。[2]最是一年春好处,绝胜烟柳满皇都。[3]

【注释】

　　[1]张十八:即诗人张籍。员外:官名,即员外郎。

　　[2]天街:御街,即皇城中的街道。酥:新鲜的奶酪。

　　[3]春好处:指早春。绝胜:远远超过。皇都:京城。

【品鉴】

　　此诗咏早春,能摄早春之魂,言人所未言,把早春雨中景色描绘得清新生动,因而成为千古绝唱。首句用一"润"字来写"天街小雨",写出了小雨的微细和滋润;次句写草色:刚冒芽的小草,远看呈一片娇绿之色,而一走近却似有若无。清代黄叔灿评云:"'草色遥看近却无',写照工甚。正如画家设色在有意无意之间。"(《唐诗笺注》)的确,诗人的观察十分细致,而描写又异常准确生动,把初春细雨中草色的隐隐约约、似有似无的景象,逼真而传神地描绘了出来。三、四两句即景生情,赞美一年中最美好的时候是这早春时节,这时候大地回春,充满生机,远胜于烟柳繁盛的暮春景色。这种感受颇有代表性,杨巨源的《城东早春》诗意与此相似。

榴　花

　　五月榴花照眼明,枝间时见子初成。[1]可怜此地无车马,颠倒青苔落绛英。[2]

【注释】

　　[1]照眼明:指见榴花开放眼前一亮。子:指石榴。

　　[2]可怜:可爱。无车马:意为无人前来观赏。颠倒:杂乱。绛英:红花,指石榴花。

【品鉴】

　　此诗写榴花自开自落,暗寓一种清高的人格。后二句中的"可怜"二字,有人解作"可惜",故理解全诗为感叹榴花虽开却无人欣赏,但将其解作"可爱"似乎更妥当。陈迩冬《韩愈诗选》云:"末二句正是爱其无游人来赏,爱其满地'青苔'、'绛英';倘有人来赏,则车辙马蹄践踏得不堪了。此正是意调新而笔锋偏出处。"

王 建 五首

　　王建(约768—约830),字仲初,颍川(今河南省许昌市)人。早年曾从军幽州,元和长庆年间,曾为昭应(今陕西临潼)县丞、渭南(今属陕西)尉、秘书郎,晚年为陕州司马,世称王司马。后卜居咸阳原上,家境贫困。

　　王建擅长乐府诗,与张籍齐名,世称"张王乐府"。其乐府题材广泛,生活气息浓厚,多写田家、蚕妇、织女、水夫等,用以针砭时弊,表达其爱憎之情,代表作有《田家行》、《促刺词》、《海人谣》。其诗用语简括,善于运用比兴、白描、对比、映衬等手法来表现和反映现实,具有描写细致、语意含蓄的特点。清人王士禛将元、白、张、王并称,云:"草堂乐府擅惊奇,杜老衰时托兴微。元白张王皆古意,不曾辛苦学妃豨。"(《戏仿元遗山论诗绝句三十二首》)王建的绝句,清新婉约,亦多佳作。其《宫词》百首,以帝王宫禁生活为题材,是研究唐代宫廷生活的重要材料。因其描绘生动,故流传广泛,影响深远,后世效之者众。魏庆之《诗人玉屑》引《唐王建宫词旧跋》说,后世"效其体者虽有数家,而建为之祖"。

　　有《王司马集》。《全唐诗》录存其诗六卷。

新嫁娘词三首(选一)

　　三日入厨下,洗手作羹汤。[1]未谙姑食性,先遣小姑尝。[2]

【注释】

　　[1]三日:婚后的第三天。古代女子嫁后第三天,俗称"过三朝",依照习俗要下厨房做菜。洗手:表示慎重。羹汤:菜肴。

[2]谙:熟悉。姑:此处指婆母。食性:口味。小姑:丈夫的妹妹。

【品鉴】

　　此诗通过典型细节,写出封建家庭里新媳妇小心侍奉婆母的心理状态,真是惟妙惟肖,生动传神。作者仅用了二十个字,便描绘出一个细心、聪明,甚至带几分狡黠的新嫁娘的形象。这首小诗的成功之处,还在于它虽然明白通俗,却有丰富的含意,能使人产生许多联想,如今人喻守真《唐诗三百首详注》认为此诗说明:"我们初入社会,一切情形不大熟悉,也非得就教于老练的人不可。"还有人认为,此诗是提醒初入仕途的人,在不了解上司的习性前,要小心谨慎,多向同僚请教。这些说法未必准确,却又都能讲得通,这恰好说明此诗虽十分短小,却有丰富的内涵,故耐人寻味。这些意思若是直白地写出来,难免透出几分俗气,而在这首诗里,却只使人感到新媳妇的巧思慧心,并由此去作不同的理解,作者构思运笔的巧妙,由此见出。

十五夜望月寄杜郎中[1]

　　中庭地白树栖鸦,冷露无声湿桂花。[2]今夜月明人尽望,不知秋思落谁家?[3]

【注释】

　　[1]十五夜:指中秋之夜。郎中:官职名。
　　[2]中庭:院子中间。地白:满地月光。
　　[3]人尽望:指人们都在赏月。秋思:秋天的思念。

【品鉴】

　　此诗含意婉曲,抒写了对友人的怀念之情。前二句用月光皎洁、栖鸦不惊、露湿桂花三个特征,写出中秋独特的夜景,幽美而传神。后二句不从正面抒情,而是用委婉的疑问语气,从而把自己对月怀远的感情表达得更加深沉蕴藉,含蓄有味。

宫人斜[1]

　　未央墙西青草路,宫人斜里红妆墓。[2]一边载出一边来,更

178

衣不减寻常数。[3]

【注释】

[1]宫人斜：埋葬宫人的墓地，以在宫墙西边斜路上而得名。

[2]未央：汉宫名。红妆：妇女的别称。

[3]更衣：换衣服，此处意为侍奉皇帝。寻常：平常。

【品鉴】

此诗写出宫女的悲惨遭遇，揭露了封建帝王的残酷和荒淫。封建帝王为了满足自己的淫逸生活，经常大量挑选民女入宫，她们入宫以后实际上便成了囚徒，不能出宫，不能婚配，最后往往老死宫中，而一边把死者运出来，一边又把新选的宫女送进来，反正平日侍奉皇帝的宫女是不能减少的。此诗只摆事实，不说道理，而其沉痛悲愤的感情却充溢在字里行间。

雨过山村

雨里鸡鸣一两家，竹溪村路板桥斜。妇姑相唤浴蚕去，闲着中庭栀子花。[1]

【注释】

[1]妇姑：姑嫂。浴蚕：即浴种，就是用盐水选蚕种。栀子：常绿灌木，夏天开白花。

【品鉴】

此诗是一首田园佳作。前二句描绘雨中山村景色，生动如画；后二句写农家繁忙的劳动情况，充满了朴素的山村生活气息。

江陵使至汝州[1]

回看巴路在云间，寒食离家麦熟还。[2]日暮数峰青似染，商人说是汝州山。[3]

【注释】

［1］江陵:郡名,故址在今湖北江陵县。汝州:郡名,故址在今河南省汝州市。

［2］巴路:指通向江陵、巴东一带的道路。

［3］青似染:山呈翠绿,好似是染过的一样。

【品鉴】

　　王建家居颍川(今河南许昌),离汝州很近,所以出使归来行近汝州时很兴奋。前二句感叹出使道路遥远、离家日久;后二句看似写景,其实却含蓄地表达出诗人即将归家时的喜悦与激动。宋顾乐《唐人万首绝句选》评云:"布置匀净,情味悠然,此是七绝妙境。"俞陛云《诗境浅说续编》曰:"游子远归,未见家园,先见天际乡山一抹,若迎客有情,宜欣然入咏也。"

张 籍 三首

张籍(约768—830),字文昌,原籍吴郡(今江苏扬州),生长在和州乌江(今安徽和县)。贞元十四年(798)进士,历任太常寺太祝、水部员外郎、主客郎中、国子司业等职,故世称"张司业"或"张水部"。

张籍曾从学于韩愈,世称韩门弟子,又与白居易友善,其文学观念亦与白居易相近,为写作新乐府较早的诗人之一,与王建齐名,并称"张王乐府"。其诗广泛而深刻地反映了当时各种社会矛盾,对黑暗现实作了尖锐的批判,代表作有《塞下曲》、《凉州曲》、《筑城词》等,还有一些描写农村生活和劳动妇女的诗篇,如《采莲曲》、《江村行》等,亦是难能可贵之作。张籍乐府多用口语,精警凝练而又平易自然,具有很强的感染力,在他生前即已为人们所称赏,白居易《读张籍古乐府》云:"张君何为者,业文三十春。尤工古乐府,举代少其伦。"姚合在《赠张籍太祝》中说他"古风无手敌,新语是人知"。后世称誉者甚多,如宋代许𫖮《彦周诗话》说:"张籍、王建乐府皆杰出。"沈德潜《重订唐诗别裁集序》说:"张王乐府,委折深婉,曲道人情,李青莲后之变体也。"

有《张司业集》。《全唐诗》录存其诗五卷,《全唐诗续拾》补诗一首。

秋 思

洛阳城里见秋风,欲作家书意万重。[1]复恐匆匆说不尽,行人临发又开封。[2]

[1]意万重:形容要表达的意思很多。

[2]行人:捎信的人。临发:即将出发的一刹那。

【品鉴】

张籍诗在艺术上的突出特点是通俗自然,王安石《题张司业》诗云:"看似寻常最奇崛,成如容易却艰辛。"此诗便是一首看似寻常而实际构思巧妙,颇有"奇崛"特色的作品,它通过把家书封上又打开的细节,描绘出诗人心有千言万语,叮咛唯恐不至,踟蹰凝想的情态,自有绵绵不尽之意。此诗与岑参《逢入京使》可谓异曲同工,二诗对读,自有情味。沈德潜《唐诗别裁集》云:"亦复人人胸臆语,与'马上相逢无纸笔'一首同妙。"

送蜀客

蜀客南行祭碧鸡,木棉花发锦江西。[1]山桥日晚行人少,时见猩猩树上啼。[2]

【注释】

[1]祭碧鸡:《汉书·王褒传》载,方士言益州"有金马、碧鸡之宝,可祭祀而致也。宣帝使褒往祀焉"。木棉:常绿乔木,生长于四川、岭南一带,高干红花,又称英雄树。

[2]时见:常常看见。

【品鉴】

此诗所抒写的虽为唐诗中常见的送别之情,但写法却颇有特色,它既不写送别时的景色,又不写送别时的离情,而是集中笔墨描绘友人所去之处的景致,可谓别具一格。

与贾岛闲游

水北原南草色新,雪消风暖不生尘。[1]城中车马应无数,能解闲行有几人?[2]

【注释】

[1]水:指曲江池,是唐代长安最大的风景区。原:指乐游原,在长安东南,也是当时长安士女常来登赏之地。

[2]能解闲行:能理解闲游的乐趣。

【品鉴】

此诗写出作者的闲适心境,同时讽刺了京城中追名逐利之辈,"城中车马,皆争名竞利之人,其心无闲时,岂复知闲行之乐"(谢枋得《唐诗绝句注解》)？全诗用语自然平易而含意深刻,颇能表现出张籍诗的风格。

张仲素　三首

　　张仲素(约 769—819),字绘之,河间(今属河北)人,贞元十四年(798)进士,又中博学宏辞科。曾为司勋员外郎,宪宗时,官翰林学士,迁中书舍人。

　　张仲素以诗文著称于时,《唐才子传》说他"善诗,多警句,尤精乐府"。其诗善于描写妇女情思,《春闺思》、《秋闺思》均刻画细腻,委婉动人。《燕子楼诗三首》咏关盼盼事,白居易因爱其"词甚婉丽",作和诗三首。边塞诗《塞下曲》,以其语壮意豪而为人们称道。胡应麟《诗薮》评曰:"江宁(王昌龄)之后,张仲素得其遗响,《秋闺》、《塞下》诸曲俱工。"

　　《全唐诗》录存其诗三十九首。

秋闺思二首

　　碧窗斜月霭深晖,愁听寒螀泪湿衣。[1]梦里分明见关塞,不知何路向金微。[2]

　　秋天一夜净无云,断续鸿声到晓闻。[3]欲寄征衣问消息,居延城外又移军。[4]

【注释】

　　[1]霭:掩映。寒螀(jiāng):寒蝉,秋日鸣于日暮,鸣声幽抑。

　　[2]金微:山名,即今新疆阿尔泰山。

　　[3]断续:时断时续。

　　[4]居延城:一名居延塞,在今内蒙古额济纳旗东南。移军:换防。

184

【品鉴】

张仲素以写闺情见长,此二诗是其代表作。前一首写思妇之怨,语婉情深,运笔曲折巧妙,与孟郊《征妇怨》"生在绿萝下,不识渔阳道。良人自戍来,夜夜梦中到"有异曲同工之妙。后一首写思妇之愁,刻画细腻,含蓄委婉。黄叔灿《唐诗笺注》评此诗曰:"戍无定所,消息难凭,感北雁之南征,悲寒衣之莫寄,秋天夜永,闺思情长。有风人之旨,亦太白、少伯之遗。"

汉苑行[1]

回雁高飞太液池,新花低发上林枝。[2]年光到处皆堪赏,春色人间总不知。[3]

【注释】

[1]汉苑:指上林苑,本为秦苑,汉武帝开辟扩大,据说周围有三百里,苑内放养禽兽,供皇帝射猎,并有离宫、观馆数十处。

[2]回雁:雁到春天便北飞,称"回雁"。太液池:在汉建章宫内。

[3]年光:时光。

【品鉴】

前二句写出上林苑春日景色,描绘生动,"风韵绝佳";后二句借景抒情:苑中的春光,处处都值得游赏,但民间百姓又哪里知道人间还有这么美的地方啊!言外有无限感慨,颇耐人寻味。

薛　涛　二首

薛涛(约770—832),字洪度,长安人。幼年随父流寓成都,父死后因家贫入乐籍,成为乐伎,因有文才,"以诗受知","历事十一镇",剑南西川节度使韦皋曾拟奏请朝廷授以秘书省校书郎之衔,格于旧例,未得朝廷同意,但当时人仍称之为"女校书"。后世称歌伎为校书,即由薛涛开始。王建《寄蜀中薛涛校书》曰:"万里桥边女校书,枇杷花里闭门居。扫眉才子于今少,管领春风总不知。"后因事被罚赴松州,获释后即脱离乐籍,回到成都,定居浣花溪。

薛涛为中唐著名女诗人,她通音律、工诗词,与当时著名诗人元稹、白居易、张籍、王建、刘禹锡、杜牧都有唱和。晚年好做女道士装束,自造深红小彩笺,后人仿制,称作"薛涛笺"。其诗不仅有以清韵丽词见长的《送友人》、《题竹郎庙》,还有反映现实的《筹边楼》等作品。《历朝名媛诗词》评曰:"涛诗颇多才情,轶荡而时出闲婉,女中少有其比。然大都言情之作,娓娓动人。"杨慎《升庵诗话》评其诗"有讽喻而不露,得诗人之妙"。

《全唐诗》录存其诗一卷。

送友人

水国兼葭夜有霜,月寒山色共苍苍。[1]谁言千里自今夕,离梦杳如关塞长。[2]

【注释】

　　[1]水国:多水的地方。兼葭:芦苇之类植物。

186

[2]杳:无影无声。

【品鉴】

诗人所送友人绝非泛泛之交,故而诗中抒发的离别之情才显得如此情真意切。首句化用《诗经·秦风·蒹葭》"蒹葭苍苍,白露为霜"语意,点明分别的地点、季节和时间;次句将月、山与水、蒹葭交织在一起,构成一种迷蒙苍茫的景况,暗寓彼此依依不舍的离情,可谓景中蕴情。后二句直写别后之相思,与李白《长相思》中"天长地远魂飞苦,梦魂不到关山难"的诗句立意正相反,可以参看。

筹边楼[1]

平临云鸟八窗秋,壮压西川四十州。[2]诸将莫贪羌族马,最高层处见边头。[3]

【注释】

[1]筹边楼:在四川成都西郊。

[2]四十州:《新唐书·地理志》记剑南道:"为府一,都护府一,州三十八。"

[3]羌族:指党项族,唐时散居陇右及西川一带。

【品鉴】

此为忧心国事之作,议论极精,感慨深长,而在艺术上又融叙述与描写为一体,这在中唐诗歌中是不多见的,故后人评价极高。《四库全书总目提要》云:"涛《送友人》及《题竹郎庙》诗,为向来传诵,然如《筹边楼》诗云云,其寄托深远,有鲁嫠不恤纬,漆室女坐啸之思,非寻常裙屐所及,宜其名重一时。"此诗前二句写出楼的高峻和壮观,后二句抒发感慨。《旧唐书·党项羌传》载:"大和、开成之际,其藩镇统领无绪,恣其贪惏(lín),不顾危亡,或强市其牛马,不酬其值,以是部落苦之,遂相率为盗。"《资治通鉴·唐纪》亦云:"上颇知党项之反,由边帅利其羊马,或妄诛戮,党项不胜愤怒,故反。"了解了这些史实,无疑有助于对此诗的理解。

刘禹锡 六首

刘禹锡(772—842),字梦得,洛阳(今属河南)人。贞元九年(793)登进士第,又中博学宏词科,授太子校书,后为淮南节度使杜佑掌书记、渭南主簿、监察御史。顺宗即位(805),任用王叔文改革弊政,刘禹锡时任屯田员外郎,为革新的核心人物。同年八月,宪宗即位,废新政,刘禹锡贬郎州(今湖南常德)司马,元和十年(815)召回,后又任连州、夔州、和州刺史,官至检校礼部尚书兼太子宾客。世称"刘宾客"、"刘尚书"。

刘禹锡是中唐时期杰出的文学家,《郡斋读书志》说他"早与柳宗元为文章之友,称'刘柳',晚与白居易为诗友,号'刘白'"。存诗约八百馀首,其中传诵之作甚多,杨慎云:"元和以后,诗人全集之可观者数家,当以刘禹锡为第一。其诗入选及人所脍炙,不下百首矣。"最为人们称道的是反映重大社会问题的政治诗,寄托身世、咏怀古迹和表现下层生活的诗作,代表作品有《竹枝词》、《浪淘沙词》、《聚蚊谣》、《贾客词》、《西塞山怀古》、《金陵五题》等,他最擅长的是七言乐府小诗和绝句,他这一类诗写得流畅自然,成就甚高。翁方纲《石洲诗话》认为中唐"堪与盛唐方驾者,独刘梦得、李君虞两家之七绝"。刘禹锡诗在唐代流传极广,后世诗人亦多受其影响。

有《刘宾客文集》、《刘禹锡集》。《全唐诗》录存其诗十二卷,《全唐诗外编》及《全唐诗续拾》补诗六首。

潇湘神[1]

斑竹枝,斑竹枝,泪痕点点寄相思。楚客欲听瑶瑟怨,潇湘深夜月明时。[2]

【注释】

[1]潇湘神:即舜妃。潇湘:因为潇水在湖南零陵西北与湘水会合,故称潇湘。

[2]瑶瑟怨:相传舜妃溺而死,成为湘水之神,经常鼓瑟来抒发自己的哀怨之情。

【品鉴】

作者曾贬官江湘之间的郎州,此诗便抒发了他当时的愁怨之情。前三句用简洁的词语,高度概括了"湘妃斑竹"的古代神话,形象地描写出两个妃子对舜的刻骨相思。后二句借斑竹的相思之痕,抒写了诗人内心的哀怨。其心情是沉重的,从而使全诗显得颇为沉郁,今天读之,还能由那斑竹、湘灵的美好传说中,从作者的淡淡愁怨里,得到一种美的享受。

竹枝词二首(选一)[1]

杨柳青青江水平,闻郎江上唱歌声。东边日出西边雨,道是无晴却有晴。[2]

【注释】

[1]竹枝词:原是民歌,本出巴渝(今四川、重庆一带)。

[2]晴:与"情"同音,"无晴"、"有晴"是"无情"、"有情"的隐语。

【品鉴】

唐穆宗长庆二年(822),刘禹锡被贬出京,任夔州刺史,这不仅使他对下层百姓的生活有了更深入的了解,而且也给他创造了学习民间歌谣的好机会,从而写出了许多新鲜活泼、富于民歌色彩的诗篇,此诗即是其中之一。首句以景起兴,交代了时令和环境,"青青"二字,写出杨柳碧绿、柔条长垂的形象;"平"字写出江中春潮水涨、波交平似镜的景象,充满诗情画意。次句写女子忽然听到江上传来情郎的歌声,虽然只是闻其声而未见其人,但她却很容易从那熟悉的歌声中,判断出歌者正是自己的情人。后二句写女子听到情人歌声后的内心活动。"无晴"是她的担心和疑虑;"有晴"是她对现实的判断,是男子歌声传达出来的信息。诗人巧用"晴"和"情"的谐音,一语双关,明确而又含蓄地描写出一位初恋少

189

女微妙而又复杂的感情,自然而有趣味。

石头城[1]

山围故国周遭在,潮打空城寂寞回。[2]淮水东边旧时月,夜深还过女墙来。[3]

【注释】

[1]石头城:故址在今南京清凉山一带。

[2]山围:山峦环绕。故国:即旧城。周遭:周围。

[3]淮水:即秦淮河。女墙:城上短墙。

【品鉴】

刘禹锡在任和州(治所在今安徽和县)刺史时,写下了《金陵五题》,用联章形式分咏金陵(今南京)五处古迹。金陵的名称始于战国,三国时吴国孙权改名为石头城,曾是东吴、东晋、宋、齐、梁、陈六朝的国都。《金陵五题》在咏叹六朝的兴亡之中,寄寓了对唐王朝日见式微的感慨,是一组怀古伤今的名作。此诗是组诗的第一首,它用侧面烘托的方法,只着笔于今昔之山水明月,而昔盛今衰之感,自由言外见之。俞陛云《诗境浅说续编》曰:"石头城前枕大江,后倚钟岭,前二句'潮打'、'山围',确定为石城之地;兼怀古之思,并特用对句起,笔势浑厚也。后二句谓六代繁华,灰飞烟灭,惟淮水畔无情明月,夜深冉冉西行,过女墙而下,清辉依旧,而人事全非。"

乌衣巷[1]

朱雀桥边野草花,乌衣巷口夕阳斜。[2]旧时王谢堂前燕,飞入寻常百姓家。[3]

【注释】

[1]乌衣巷:在今南京市东南。[2]朱雀桥:秦淮河上的一座浮桥,《六朝事迹》云:"晋咸康二年(336)作朱雀门,新立朱雀浮航,在县城东南四里,对朱雀门,南渡淮

水,亦名朱雀桥。"

[3]王谢:即指东晋宰相王导、谢安两大家族。寻常:平常。

【品鉴】

此为《金陵五题》中的第二首,是一首抚今伤古、婉而托讽之作。前二句写出乌衣巷荒凉衰败的景象,"夕阳斜",透出一种萧条之感,具有象征意味。后二句借写燕子,表现出乌衣巷的巨大变化,作者通过背景的转换,借燕子的命运暗示出人世的变迁,表述了诗人对人世沧桑的无限感慨。此诗虽为怀古之作,但却不作议论,诗人只是从侧面落笔,选取了野草、夕阳、飞燕三种景物进行描写,可谓融情于景,以小喻大,用今日之衰败反衬昔时之繁华,含蓄深沉,意味无穷。

杨柳枝词九首(选一)[1]

塞北梅花羌笛吹,淮南桂树小山词。[2]请君莫奏前朝曲,听唱新翻杨柳枝。

【注释】

[1]杨柳枝词:即《杨柳枝》,乐府"近代曲辞"名。

[2]塞北:指长城以北地区。梅花:指汉乐府中《梅花落》曲。淮南:汉初王国名。桂树:淮南王刘安门客小山所作《招隐士》篇首句即为"桂树丛生兮山之幽"。

【品鉴】

《杨柳枝词》是刘禹锡写的乐府小章,共九首,这是第一首。此为整个组诗的序曲,体现了诗人向民歌学习、自制新词的创新精神。后二句为全诗的精华所在,不仅可以将其理解为是作者文学创新的主张,而且那些在各个领域不墨守成规、希望创新的人,都可以借这两句诗来表达自己的心怀和志愿,因为它含有特别丰富的意蕴,带有哲理的意味,所以特别为人们所赞赏、所传诵。

和乐天《春词》

新妆宜面下朱楼,深锁春光一院愁。[1]行到中庭数花朵,蜻

蜓飞上玉搔头。^[2]

【注释】

[1]新妆宜面：指刚刚打扮以后，脂粉和脸色匀称、协调。

[2]玉搔头：玉制成的簪类首饰。

【品鉴】

　　此为与白居易唱和之作，白之《春词》云："低花树映小妆楼，春入眉心两点愁。斜倚阑干背鹦鹉，思量何事不回头？"刘作与白作一样，亦写闺中少妇的春愁，但构思更为巧妙，诗意更为含蓄。前二句写出少妇心绪的落寞和她所处环境之孤寂。"一院愁"三字，下得沉痛。后二句写出少妇的无聊意绪，而"怨"与"愁"自在其中。"数花朵"，传达出少妇心中极度的愁苦与寂寞；"蜻蜓飞上玉搔头"，不仅写出少妇若有所思的专注神情，更有"新妆宜面"而无人欣赏，只有蜻蜓偏爱的含意，耐人寻味。

李　绅　二首

李绅（772—846），字公垂，润州无锡（今江苏无锡）人。排行二十，时称李二十。元和元年（806）中进士，长庆年间，穆宗召为右拾遗、翰林学士，后因触怒权贵下狱。武宗时拜相，封赵郡公。出为淮南节度使。卒后赠太尉，谥文肃。

绅善为歌诗，早年其诗即广为流传，与白居易、元稹友善，是新乐府运动中的重要诗人，曾作有《新题乐府》二十首，惜已失传。元稹赞其"雅有所谓，不虚为文"，"病时""尤急"。元稹和白居易先后仿效，分别写作了《和李校书新题乐府十二首》和《新乐府》五十首。其诗感慨颇深，耐人寻味。

《全唐诗》录存其诗四卷。

悯农二首

春种一粒粟，秋收万颗子。[1]四海无闲田，农夫犹饿死。[2]
锄禾日当午，汗滴禾下土。[3]谁知盘中餐，粒粒皆辛苦。[4]

【注释】

[1]粟：泛指谷类。

[2]四海：即四海之内，意指全国。闲田：荒置的土地。

[3]禾：庄稼。

[4]餐：此指饭食。

【品鉴】

据《唐诗纪事》载,元和元年(806),李绅到长安参加进士考试,他向吕温献上这两首诗,吕温读后曾对人说:"吾观李二十秀才之文,斯人必为卿相。"可见时人对此诗的嘉许。这两首小诗均用笔直率,言辞质朴,富有民歌风味。

白居易 七首

白居易(772—846)，字乐天，号香山居士、醉吟先生，先世为太原人，后迁居下邽(今陕西渭南)，本人出生于新郑(今属河南)，后又迁居荥阳。贞元十六年(800)登进士第，曾为秘书省校书郎。元和元年(806)，中才识兼茂明于体用科，任周至(今属陕西)尉。后为翰林学士，授左拾遗，又任太子左赞善大夫。元和十年(815)，因得罪执政，贬为江州司马，三年后改任忠州刺史。长庆二年(822)为杭州刺史，转苏州刺史。后为太子少傅分司东都，终刑部尚书。

白居易是唐代最杰出的诗人之一，与元稹、刘禹锡等交往甚密，故有"元白"、"刘白"之称。白居易十分强调诗歌的现实内容和社会作用，主张"文章合为时而著，歌诗合为事而作"，反对"嘲风雪，弄花草"而别无寄托的作品，指出："为诗意如何？六义互铺陈；风雅比兴外，未尝著空文。"(《读张籍古乐府》)所谓"为时"、"为事"，就是指"救济人病，裨补时阙"，所谓"六义"、"风雅比兴"，则是指诗歌指陈时政的作用。与其理论相适应，白居易创作了《秦中吟》、《新乐府》等讽喻名篇。这些作品较广泛地表现了当时社会的黑暗，反映了社会的不平，表现了爱憎分明的进步倾向，从而成为新乐府运动的倡导者和参加者。除讽喻诗外，其《长恨歌》、《琵琶行》亦独具特色，在当时便已"童子解吟"、"胡儿能唱"，受到人们广泛的喜爱。其他如闲适诗《观稼》、《归田三首》，杂律诗《赋得古原草送别》、《暮江吟》、《问刘十九》等，均为千古传诵的名篇。白居易诗的基本风格是平易自然，明畅通俗，不露雕琢痕迹。赵翼《瓯北诗话》云："其笔快如并剪，锐如昆刀，无不达之隐，无稍晦之词；工夫又锻炼至洁，看是平易，其寮精纯。"白诗风格，后世多有訾议，或言其"浅"，或言其"俗"；或讥之曰"轻率",或讥之曰"力屈",这些评论自有一定道理,但都不足以正确概括白居易诗的基本风格和诗歌成就。明江进之《雪涛小书》这样评价白居易在文学史上的地位:"前不照古人样,后不照来者议。意到笔随,景以意随,世间一切都着并包裹入我诗内。诗之境界,到白公不知开阔多少。较诸秦皇、汉武,开边启境,名曰'广大教化主',所自来矣。"白居易诗因其内容深刻和风格平易而在当时便受到人们的喜爱,以至"禁省观寺邮候墙壁之上无不书,王公妾妇牛童马走之口无不道,至于缮写模勒,街卖于市井,或持之以交酒茗者,处处皆是。"(元稹《元氏长庆集序》)。白居易诗对后世影响巨大,许多诗人如晚唐的皮日休、罗隐,宋代的梅尧臣、苏轼,清代的吴伟业、黄遵宪等人都或多或少地受到他的诗风的启示,从而写出了大量为人称道的名篇。

有《白氏长庆集》。《全唐诗》录存其诗三十九卷,《全唐诗外编》及《全唐诗续拾》补诗三十八首。

赋得古原草送别[1]

离离原上草,一岁一枯荣。[2]野火烧不尽,春风吹又生。远芳侵古道,晴翠接荒城。[3]又送王孙去,萋萋满别情。[4]

【注释】

[1]赋得:指限定某一诗题来作诗。

[2]离离:分披繁茂状。

[3]芳:指青草。

[4]王孙:《楚辞·招隐士》:"王孙游兮不归,春草生兮萋萋。"后常用"王孙"来指游子。萋萋:草盛貌。

【品鉴】

前六句写春草之形象,是咏物;后二句写送别时心情,是抒情。颔联着重赞美了春草顽强的生命力,细细品味,蕴含着一种深刻的哲理,读之使人产生丰富的联想,因而成为千古名句。据张固《幽闲鼓吹》载,白居易初至京城,带着诗文去拜见当世名流顾况,"顾睹姓名,熟视白公,曰:'米价方贵居尔弗易。'乃披卷首篇曰:'离离原上草,一岁一枯荣。野火烧不尽,春风吹又生。'即嗟叹曰:'道得个语,居即易矣。'因为之延誉,声名大振。"

长恨歌

汉皇重色思倾国,御宇多年求不得。[1]杨家有女初长成,养在深闺人未识。[2]天生丽质难自弃,一朝选在君王侧。[3]回眸一笑百媚生,六宫粉黛无颜色。[4]春寒赐浴华清池,温泉水滑洗凝脂。[5]侍儿扶起娇无力,始是新承恩泽时。[6]云鬓花颜金步摇,芙蓉帐暖度春宵。[7]春宵苦短日高起,从此君王不早朝。承欢侍宴无闲暇,春从春游夜专夜。[8]后宫佳丽三千人,三千宠爱在一身。[9]金屋妆成娇侍夜,玉楼宴罢醉和春。[10]姊妹弟兄皆列土,可怜光彩生门户。[11]遂令天下父母心,不重生男重生女。骊宫高处入青云,仙乐风飘处处闻。[12]缓歌慢舞凝丝竹,尽日君王看不足。[13]渔阳鼙鼓动地来,惊破霓裳羽衣曲。[14]九重城阙烟尘生,千乘万骑西南行。[15]翠华摇摇行复止,西出都门百馀里。[16]六军不发无奈何,宛转蛾眉马前死。[17]花钿委地无人收,翠翘金雀玉搔头。[18]君王掩面救不得,回看血泪相和流。黄埃散漫风萧索,云栈萦纡登剑阁。[19]峨嵋山下少人行,旌旗无光日色薄。[20]蜀江水碧蜀山青,圣主朝朝暮暮情。行宫见月伤心色,夜雨闻铃肠断声。[21]天旋地转回龙驭,到此踌躇不能去。[22]马嵬坡下泥土中,不见玉颜空死处。[23]君臣相顾尽沾衣,东望都门信马归。[24]归来池苑皆依旧,太液芙蓉未央柳。[25]芙蓉如面柳如眉,对此如何不泪垂?春风桃李花开日,秋雨梧桐叶落时。西宫南内多秋草,落叶满阶红不扫。[26]梨园弟子白发新,椒房阿监青娥老。[27]夕殿萤飞思悄然,孤灯挑尽未成眠。[28]迟迟钟鼓初长夜,耿耿星河欲曙天。[29]鸳鸯瓦冷霜华重,翡翠衾寒谁与共?[30]悠悠生死别经年,魂魄不曾来入梦。[31]临邛道士鸿都客,能以精诚致魂魄。[32]为感君王展转思,遂教方士殷勤觅。[33]排云驭气奔如电,升天入地求之遍。上穷碧落下黄泉,两处茫茫皆不见。[34]忽闻海上有仙山,山在虚无缥缈间。楼阁玲珑五云起,其中绰约多仙子。[35]中有一人字太真,雪肤花貌参差是。[36]金阙西厢叩玉扃,转教小玉报双成。[37]闻道汉家天子使,九华帐里梦魂惊。[38]揽衣推枕起徘徊,珠箔银屏迤逦开。[39]云鬓半偏新睡觉,花冠不整下堂来。[40],风吹仙袂飘飖举,犹似霓裳羽衣舞。[41]玉容寂寞泪阑干,梨花一枝春带雨。[42]含情凝睇谢君王,一别音容两渺茫。[43]昭阳殿里恩爱绝,蓬莱宫中日月长。[44]回头下望人寰处,不见长安见尘雾。[45]惟将旧物表深情,钿合金钗寄将去。[46]钗留一股合一扇,钗擘黄金合分钿。[47]但教心似金钿坚,天上人间会相见。临别殷勤重寄词,词中有誓两心知。七月七日长生殿,夜半无人私语时。[48]在天愿作比翼鸟,在地愿为连理枝。[49]天长地久有尽时,此恨绵绵无绝期。[50]

【注释】

[1]汉皇:此处指唐玄宗。倾国:指绝代美女。御宇:统治天下。

[2]杨家有女:杨贵妃小名玉环,本是蜀司马杨玄琰之女。

[3]丽质:美好的姿质容貌。一朝:有一天。君王:指玄宗。

[4]眸:眼珠。百媚:种种媚态。六宫:后妃等人居住的地方。粉黛:脂粉和画眉用的青黑色颜料。此处代指后妃宫女。无颜色:黯然失色。

[5]华清池:唐玄宗所建温泉浴池名,在今陕西临潼骊山上。凝脂:指白嫩柔润的皮肤。

[6]承恩泽:受恩得宠。

[7]云鬓:乌云般的头发。步摇:钗一类的首饰,上有悬珠,随行步而颤摇。芙蓉帐:绣有芙蓉花的帐子。

[8]专夜:指杨贵妃独得玄宗的宠幸。

[9]佳丽:美女。

[10]金屋:指杨贵妃住的宫室。据《汉武故事》载,汉武帝幼时,喜欢表妹阿娇,曾表示若娶阿娇作妻子,就造一座金屋供她居住。玉楼:豪华的宫殿。醉和春:醉意连着春情。

[11]列土:分封土地和爵位。可怜:可羡。

198

［12］骊宫:即指骊山上的华清宫。

［13］丝竹:泛指音乐。

［14］渔阳:此处泛指范阳一带,为安禄山管辖的地区。鼙鼓:战鼓。渔阳鼙鼓:指天宝十四载(755)冬安禄山在范阳起兵叛乱一事。霓裳羽衣曲:唐代著名的舞曲名。

［15］九重城阙:指京城长安。烟尘:指战火烽烟。

［16］翠华:用翠羽装饰的旗,是皇帝的仪仗。"西出"句:言唐玄宗一行走到了离长安一百馀里的马嵬驿(在今陕西省兴平县境)。

［17］六军:皇帝的禁军。不发:不肯前进。宛转:指贵妃临死前哀婉缠绵的情景。蛾眉:代指美女,此处指杨贵妃。

［18］花钿:镶嵌珠宝的首饰。委地:抛弃在地上。翠翘:像翠鸟尾上的长羽毛一样的首饰。金雀:金钗名。玉搔头:玉簪。

［19］黄埃:黄灰尘。散漫:迷漫貌。云栈:高入云霄的栈道。萦纡:萦回曲折貌。剑阁:即剑门关。

［20］峨嵋山:在今四川省峨嵋山市,玄宗入蜀未经此,这里借指蜀山。日色薄:日光暗淡。

［21］行宫:皇帝外出时的临时住处。铃:指栈道铁索上挂的铃铛。

［22］天旋地转:此指郭子仪收复长安。回龙驭:指玄宗由蜀还京。龙驭:皇帝的车驾。

［23］玉颜:美丽的容颜。

［24］信马归:让马随意散漫地行走。

［25］太液:汉代池名,在建章宫北。未央:汉代宫名。此处太液、未央代指唐代宫殿池苑。

［26］西宫:指太极宫。南内:指兴庆宫。皇宫内叫大内,简称内。

［27］梨园:唐玄宗亲自教习乐工的地方。梨园弟子:指玄宗过去亲自训练过的一批艺人。白发新:头上新添了白发。椒房:后妃所住的宫殿,以椒和泥抹墙,称为椒房。阿监:宫中女官。青娥:指年轻美貌的宫女。

［28］思悄然:情思凄凉寂寞。

［29］钟鼓:指报时的钟声和鼓声。耿耿:明亮的样子。星河:银河。

［30］鸳鸯瓦:一俯一仰配合在一起构成双对的瓦。霜华:霜花。翡翠衾:绣着翡翠鸟的被子。

［31］悠悠:长远,指岁月漫长。经年:已过一年。魂魄:贵妃的亡魂。

［32］临邛:今四川省邛崃县。鸿都:洛阳宫门名,此指长安。精诚:至诚。致:招致,招来。

［33］感:被感动。展转思:翻来覆去地痛苦相思。方士:有术的人,指临邛

199

道士。

[34]穷:尽。碧落:道家对天的称呼。黄泉:地下。

[35]五云:五色云,即彩云。绰约:美好轻盈貌。

[36]太真:杨贵妃曾被度为女道士,号太真。参差:仿佛。

[37]金阙:金碧辉煌的仙宫门楼。玉扃:指玉作的宫门。小玉、双成:都是神话中的人物,此指太真的侍女。

[38]九华帐:华美的帷帐。

[39]珠箔:用珠子穿成的帘子。银屏:银制屏风。迤逦:接连不断。

[40]觉:醒。

[41]袂:袖子。举:飘起。

[42]阑干:眼泪纵横貌。

[43]凝睇:凝视。谢君王:请道士转告唐玄宗。

[44]昭阳殿:汉代宫殿名,此指杨贵妃住过的宫殿。蓬莱宫:指蓬莱仙山上的宫殿,此代指贵妃所居仙境。

[45]人寰:人间。

[46]旧物:生前与玄宗的定情之物。钿合:镶嵌珠宝的盒子。寄将去:托道士带给玄宗。

[47]"钗留"二句:把金钗分作两股,指钿盒分为两扇,每人各留一半。擘:分开。

[48]长生殿:骊山华清宫内祭神的宫殿。

[49]比翼鸟:传说中一种雌雄并飞的鸟。连理枝:两树的枝或干连生在一起,称为连理。

[50]绵绵:连绵不断貌。

【品鉴】

元和元年(806)十二月的一天,正任盩厔(今陕西周至)县尉的白居易与陈鸿、王质夫一道游仙游寺,谈起唐玄宗与杨贵妃的爱情故事,三人同声感叹,白居易遂写下这首长诗,陈鸿又就歌作《长恨歌传》。这篇长诗不拘泥于历史真实,运用浪漫主义的笔法,通过对李杨爱情悲剧全过程的描绘,联系唐代社会由盛到衰的巨大转折,概括了丰富而深刻的历史内容,虽然对玄宗的荒淫误国作了一定程度的批判与讽刺,但主要还是对李杨爱情表示了同情。此诗为白居易的代表作之一,当时就万口流传,为诗人带来了巨大声誉,唐宣宗在《吊白居易》里即有"童子解吟《长恨歌》"之句,白居易也曾自负地说:"一篇《长恨》有风情。"(《编集拙诗成一十五卷,因题卷末,戏赠元九李十二》)从艺术角度观之,此诗情节生动,波澜起伏,在情节的发展过程中,又将叙事、抒情、写景融合在一起,人物的心理刻画细致、传神,达到了出神入化的境界。语言精练优美,以律调融入长篇歌行,显得和谐流畅,富于情韵,耐人讽咏。

池 上

小娃撑小艇,偷采白莲回。[1]不解藏踪迹,浮萍一道开。[2]

【注释】

[1]小娃:儿童。小艇:小船。

[2]不解:不懂。

【品鉴】

此诗描绘出儿童的一副憨态,十分生动,刘永济《唐人绝句精华》评云:"此二十字写小娃天真如在眼前,有画笔所不到者。"

问刘十九

绿蚁新醅酒,红泥小火炉[1]晚来天欲雪,能饮一杯无?[2]

【注释】

[1]绿蚁:指新酿米酒上的浮渣、泡沫,此处指酒。醅:没有过滤的酒。[2]无:相当于"否",问话的语气词。

【品鉴】

这首小诗写得亲切有味,表现出对友人的真挚情意。居易又有一首《招东邻》云:"小榼二升酒,新簟六尺床。能来夜话否? 池畔欲秋凉。"二诗在意境上有相似之处,可以参看。

暮江吟

一道残阳铺水中,半江瑟瑟半江红。[1]可怜九月初三夜,露似真珠月似弓。[2]

201

【注释】

[1]瑟瑟:本是珠宝名,碧色,这里指碧色的水。

[2]怜:爱。

【品鉴】

长庆二年(822),白居易由中书舍人出任杭州刺史,此诗即作于江行途中。前二句写夕阳落照中的江水,见出诗人观察的细致敏锐和用笔的精细准确。后二句移步换形,转而描绘秋夜清幽的景色。此处连用两个比喻,不仅形象地状出眼前之景,而且更突出地表现了诗人在俯仰之间内心的愉悦。《唐宋诗醇》评此诗"写景奇丽,是一幅着色秋江图",可谓知音。

同李十一醉忆元九[1]

花时同醉破春愁,醉折花枝作酒筹。[2]忽忆故人天际去,计程今日到梁州。[3]

【注释】

[1]李十一:即李建,字杓直。元九:即元稹。

[2]花时:指春暖花开的时节。酒筹:饮酒时用以记数的工具。

[3]天际:天边。计程:估计所走的路程。梁州:今陕西汉中、城固等地唐时为梁州。

【品鉴】

这是一首触景生情的怀友之作,以极为浅显、朴素的语言,表达了极为真挚深厚的感情。据白行简《三梦记》的记载,白居易对元稹的行程计算得很准确,当他写此诗时,元稹正在梁州,并且梦中与白、李等人同游曲江,醒后写了《梁州梦》,自注云:"是夜宿汉川驿,梦与杓直、乐天同游曲江,兼入慈恩寺诸院,倏然而寤,则递乘及阶,邮吏已传呼报晓矣。"正与白居易诗中所写之事相吻合,由此可见二人友情之深厚,故一时传为佳话。

舟中读元九诗

把君诗卷灯前读,诗尽灯残天未明。[1]眼痛灭灯犹暗坐,逆风吹浪打船声。

【注释】

[1]把:手捧。

【品鉴】

唐宪宗元和十年(815),白居易被贬为江州司马,此诗即作于赴任途中。旅途中足以安慰孤寂之心的,唯有老友的诗卷,故展卷夜读,读罢天色未明而自己心潮澎湃,只得灭灯暗坐,以待黎明。此时,逆风吹浪,叩击船舷,正与汹涌的心潮互相应和。这首诗以极其朴素、极其浅显的语言,写出了作者在贬谪途中对老友的怀念和舟行中复杂的感情,末句以景结情,使全诗更显余味无穷。

窦　巩　一首

窦巩(772？—831)，京兆金城（今陕西兴平）人。元和二年（807）登进士第，为滑州节度从事。历佐山南、荆南、平卢节度幕。宝历元年（825）入为侍御史，转司勋员外郎、刑部郎中。后元稹为浙东观察使，奏为副使，并从镇武昌。

工诗，有诗名，白居易称赏其绝句，收入所编《元白往还集》中。褚藏言《窦巩传》说他"遇境必言诗，言之必破的，佳句不泯，传于人间"。

《窦氏联珠集》收其诗一卷。《全唐诗》录存其诗三十九首。

南游感兴[1]

伤心欲问前朝事，惟见江流去不回。[2]日暮东风春草绿，鹧鸪飞上越王台。[3]

【注释】

[1]南游：指游历广州。

[2]伤心：感伤。前朝：前代。

[3]越王台：南越王赵佗所筑的台，故址在今广州越秀山上。

【品鉴】

此诗抒写了千古兴亡之感，读之令人感慨万千。宋代谢枋得《唐诗绝句注解》评云："此诗只四句，无限情思。故国旧都，人更物换，过而览者，莫不踌躇而凄怆，非巧心妙手，不能模写。王介甫词云：'六朝旧事随流水，但衰草寒烟凝绿。'从此诗变化。"

柳宗元 四首

柳宗元(773—819),字子厚,河东(今山西永济)人,后人因称"柳河东"。贞元九年(793)进士及第,后又中博学宏词科,授集贤殿正字,三年后调蓝田尉,后迁监察御史里行。顺宗即位,任礼部员外郎,与刘禹锡同为王叔文集团核心人物。宪宗即位,被贬为永州司马,十年后又改为柳州刺史,故后人又称"柳柳州"。

柳宗元是中唐卓越的文学家,他和韩愈是古文运动的两个主要倡导者。在文学理论方面,他强调道与文的主次关系,主张"文者以明道",因而十分重视文学的社会功能。同时,他又很重视艺术形式的作用,并特别强调作家道德修养的重要性。柳宗元的诗文理论代表了当时文学运动的进步倾向。虽然他的文学创作、文学成就高于诗,但他的诗题材广泛,风格丰富多彩,在文学史上也有极高的地位,其诗最为后人所称道的,是那些描写贬谪生活而较为闲适之作,如《溪居》、《饮酒》、《雨后晓行独至愚溪北池》等,这一类诗被人们评为"外枯而中膏,似淡而实美"(《东坡题跋》)、"发纤秾于简古,寄至味于淡泊"(苏轼《书黄子思诗集后》),因而人们将他与王维、孟浩然、韦应物并称为"王、孟、韦、柳"。其他如反映农民疾苦的《田家三首》、讥刺时政的《行路难》、抒写离乡去国后一腔哀怨之情的《登柳州城楼寄漳汀封连四州》、《与浩初上人同看山寄京华亲故》等,都是为人们广为传诵的名篇。对柳诗之评价,历来莫衷一是,誉之者认为乃"诗之圣也"(袁宏道《与李龙湖》),贬之者认为他"边幅太窄"(袁宏道《诗法萃编》)、"近体卑凡"(王世贞《艺苑卮言》)。

有《柳河东集》。《全唐诗》录存其诗四卷,《全唐诗续拾》补诗三首。

江　雪

千山鸟飞绝,万径人踪灭。[1] 孤舟蓑笠翁,独钓寒江雪。[2]

【注释】

[1]径:路。踪:脚印。灭:消失。

[2]蓑笠翁:穿着蓑衣戴着笠帽的渔翁。

【品鉴】

此诗以白描手法,勾勒出一幅天寒地冻、人鸟绝迹的图景,并描绘出一位隐居于山水之间的渔翁形象,其中寄托了诗人自己耿介、清高的品格,反映了他当时孤寂和幽冷的心境。前二句虽未着一"雪"字,却写出了大雪后千山万径的寂寥景象。清人李锳云:"前二句不着'雪',而确是雪景,可称空灵。"(《诗法易简录》)后二句点题,写到江中雪景。"孤舟"与"独钓",表现出渔翁的孤独和耿介,也曲折地反映出诗人当时的孤独情绪和兀傲不屈的性格。因为这是一首押仄韵的五言绝句,所以显得峭陡挺拔,具有"骨力豪上"的特点。

登柳州城楼寄漳汀封连四州[1]

城上高楼接大荒,海天愁思正茫茫。[2] 惊风乱飐芙蓉水,密雨斜侵薜荔墙[3] 岭树重遮千里目,江流曲似九回肠。共来百越文身地,犹自音书滞一乡。[4]

【注释】

[1]柳州:即今广西柳州。漳:漳州,今福建龙溪一带,当时韩泰任刺史。汀:汀州,今福建省长汀县一带,当时韩晔为刺史。封:封州,今广东省封开县一带,当时陈谏为刺史。连:连州,今广东省连州市、阳山县一带,当时刘禹锡为刺史。

[2]大荒:荒僻的远野。

[3]飐:吹动。芙蓉:荷花。薜荔:一种蔓生灌木。

[4]百越:即"百粤",泛指五岭以南的少数民族。滞:滞留。一乡:一方。

【品鉴】

永贞革新失败后,柳宗元被远放柳州,有一天他登上城楼极目眺望,不由百感交集,写下此诗寄给其他四位同贬远州的老友,以抒幽愤。此诗的特点是景中有情,情中有景。首联写诗人登楼所见景物,此二句有情有景,总领全篇,诗人将抒情与写景结合起来,写出百虑熬煎的胸怀,为全诗奠定了凄凉怨叹的基调。颔联写望中近景,描画出南方所特有的迅风急雨的景象。"风"以"惊"状之,写出诗人的主观感受;"跞"以乱状之,则写出狂风劲吹、芙蓉摇曳不定的情景。"密雨"说明雨极急极猛;"斜侵"承上句之"风"字,风大而雨斜,故云"斜侵",形象十分鲜明。此联写景有强烈的感情色彩,沈德潜评云:"惊风、密雨,言在此而意不在此。"(《唐诗别裁集》)的确,这二句象征着险恶的政治形势,寄寓着作者的身世之感,因而具有极强的感染力。颈联写望中远景,一腔忧愤之情,自由言外见之。尾联叙事抒情,表现出诗人孤寂的心境和对友人的殷切思念之情,读之令人感慨无限。

与浩初上人同看山寄京华亲故[1]

海畔尖山似剑芒,秋来处处割愁肠。[2]若为化得身千亿,散向峰头望故乡。[3]

【注释】

[1]浩初:潭州(今湖南省长沙市)人,当时他从临贺到柳州会见柳宗元。上人:对和尚的尊称。京华:京城长安。亲故:亲属与朋友。

[2]海畔:海边。剑芒:剑锋。

[3]若为:如果能够。千亿:极言其多。故乡:指长安。

【品鉴】

此诗抒写作者久谪僻地,对长安亲友的怀念之情和被贬荒远的悲苦愁绪,想象奇特,感情沉痛。苏轼诗云:"割愁还有剑芒山。"(《白鹤峰新居欲成夜过西邻翟秀才》)陆游诗云:"何方可化身千亿,一树梅花一放翁。"(《梅花绝句》)这都是在柳诗影响下产生的佳句。

柳州榕叶落尽偶题[1]

　　宦情羁思共凄凄,春半如秋意转迷。[2]山城过雨百花尽,榕叶满庭莺乱啼。[3]

【注释】

　　[1]榕:榕树。

　　[2]宦情:指被贬到荒远之地作官的心情。羁思:指长久寄居异地的心情。意转迷:指心中有一种难于言传的感情。

　　[3]山城:指柳州城。

【品鉴】

　　此诗通过描绘柳州二月特有的自然景色,抒写了诗人贬谪中的凄苦心境。刘永济《唐人绝句精华》评曰:"此诗不言远谪之苦,而一种无可奈何之情,于二十八字中见之。"

陈　翊　一首

陈翊(生卒年不详),一作陈诩,字载物,福州闽县(今福建福州)人。贞元十三年(797)进士及第,元和九年(814)为江西从事,后官终户部郎中知制诰。与欧阳詹等友善。

《全唐诗》录存其诗七首。

送别萧二

桔花香覆白蘋洲,江引轻帆入远游。[1]千里云天风雨夕,忆君不敢再登楼。

【注释】

[1]引:送。

【品鉴】

这首小诗,颇有诗味,而细细品评,诗味全出在结句。前三句无非是说友人远行的季节、地点和时间,并没有什么特别巧妙之处,而有了第四句,前三句便放出了光彩,从而使此诗成为送别诗中的佳作。诗人不说友人走后,自己如何地思念,而只用"不敢再登楼"这一生活细节便把千言万语一笔写出:一登高楼便会想到朋友乘舟远去的情景,那份相思之情,自己怎么承受得了呢? 因此还是别上高楼,去勾引那一份离情吧! 清人刘熙载《艺概》中说:"诗中固须得微妙语,然语语微妙,便不微妙。须得一路坦易,忽然触著,乃足令人神远。"此诗正是这类构思巧妙、令人神远的作品。

卢 仝 一首

卢仝(约775—835)，自号玉川子，范阳(今河北省涿州市)人。曾隐居少室山，家境贫寒，终生不仕。韩愈为河南令时，仝正卜居洛阳，二人遂有交往。大和九年(835)"甘露之变"发生时，因留宿宰相王涯家，与王同时被害。与贾岛、孟郊、马异亦友善。

仝治经学，专精《春秋》，性格高古狷介，其诗风格奇特，类于散文，可谓自成一家，被严羽称为"卢仝体"，谓"玉川之怪，长吉之瑰诡，天地间自欠此体不得"(《沧浪诗话》)。宋代韩盈序其集，评其诗"为体峭挺严放，脱略拘维，特立群品之外"。代表作有《走笔谢孟谏议寄新茶》、《月蚀》等，后为韩愈所推重，并仿之而作《月蚀诗效玉川子作》，前人认为不如卢仝原作"雄快"。但所谓"卢仝体"，也并没有得到一致认可，如张表臣《珊瑚钩诗话》便批评云："韩愈文、李白诗，务去陈言，多出新意，卢仝、贯休辈效其颦，张籍、皇甫湜辈学其步，则怪且丑，僵且仆矣。"

有《玉川子集》。《全唐诗》录存其诗二卷，《全唐诗外编》及《全唐诗续拾》补诗一首。

走笔谢孟谏议寄新茶

日高丈五睡正浓，军将打门惊周公。[1]口云谏议送书信，白绢斜封三道印。开缄宛见谏议面，手阅月团三百片。闻道新年入山里，蛰虫惊动春风起。天子须尝阳羡茶，百草不敢先开花。[2]仁风暗结珠琲瓃，先春押出黄金芽。摘鲜焙芳旋封裹，至精至好且不奢。至尊之馀合王公，何事便到山人家。柴门反关无俗客,纱帽笼头自煎吃。[3]碧云引风吹不断,白花浮光凝碗面。一碗喉吻润,两碗破孤闷。三碗搜枯肠,唯有文字五千卷。四碗发轻汗,平生不平事,尽向毛孔散。五碗肌骨清,六碗通神灵。七碗吃不得也,唯觉两腋习习清风生。蓬莱山,在何处?玉川子,乘此清风欲归去。[4]山上群仙司下土,地位清高隔风雨。安得知百万亿苍生命,堕在巅崖受辛苦!便为谏议问苍生,到头还得苏息否?

【注释】

　　[1]周公:孔子曾说:"甚矣吾衰也,久矣,吾不复梦见周公!"后世因以见周公代指睡梦。

　　[2]阳羡:古属常州。

　　[3]纱帽笼头:指用纱巾一类物品来裹头,是普通的燕居服饰。

　　[4]玉川子:卢仝自号玉川子。

【品鉴】

　　这首长诗,奔放洒脱,语言自然流畅,近乎口语,在浩繁的唐诗中,可谓别具特色。在幽默诙谐之中,又凝聚着严肃的人生主题和作者深长的感慨。其中对品茶的特殊感受以及煎制过程的描写,对于了解茶与中国文化的特点,颇有帮助。

姚　合　二首

　　姚合(约775—约846),陕州(今河南陕县)人。元和十一年(816)进士及第,授武功主簿,官终秘书少监,故世称"姚武功"、"姚少监"。

　　姚合在当时诗名甚盛,与刘禹锡、李绅、张籍、王建等人均有往来唱酬。与贾岛齐名,有"姚贾"之称,且为晚唐苦吟一派诗人的宗主。其诗善于摹写自然景物及萧条官况,但题材显得较为单薄。喜为五律,刻意求工。代表作为《武功县中作》三十首。诗风与贾岛相近,但较贾岛更为平浅淡远。明胡震亨评其诗云:"洗濯既净,挺拔欲高。得趣于浪仙之僻,而运以爽亮,取才于籍、建之浅,而媚以蒨芬。殆兼同时数子,巧撮其长者。但体似尖小,味亦微醨。故品局中驷耳。"(《唐音癸签》)其诗对后世有一定影响,尤为南宋四灵派诗人所推崇。

　　有《姚少监诗集》。《全唐诗》录存其诗七卷。

闲　居

　　不自识疏鄙,终年住在城。过门无马迹,满宅是蝉声。带病吟虽苦,休官梦已清。何当学禅观,依止古先生。[1]

【注释】
　　[1]禅观:指佛教禅宗的一种修养方法。
【品鉴】
　　这是作者自述其志、明心见性的五言律诗,写出作者虽然生活清苦,但却淡泊自守的生活情趣,其中寓含着一定的哲理,颇能见出姚合诗的风格特点。全诗层次分明,转换自然,风格峻峭,在平淡的文句中表现出作者的精思密构,正如唐代皎然《诗式》中所说的:"取境之时,须至难至险,始见奇句。成篇之后,观其气貌,不思而得,此高手也。"

穷边词[1]

将军作镇古汧州,水腻山春节气柔。[2]清夜满城丝管散,行人不信到边头。[3]

【注释】

[1]穷边:荒远的边地。

[2]作镇:亲自镇守。汧州:即今陕西千阳。水腻:水润滑如油。

[3]丝管:泛指乐器。边头:边疆。唐自天宝以后,西北疆土大半陷于吐蕃,汧州虽离长安不远,却已是"边头"了。

【品鉴】

此诗通过对边地升平景象的生动描绘,赞扬了边镇守将的防守之功,诗意颇为含蓄。有人认为此诗是"讽刺边将生活的腐化,语意很微婉",可以参考。

贾　岛 五首

贾岛(779—843),字阆仙,一作浪仙,范阳(今河北省涿州市)人。早年落拓为僧,因诗成名,元和年间在洛阳以诗文投谒韩愈,深得韩愈赏识,后还俗屡举进士不第。文宗时,为长江(今四川蓬溪)主簿,人称"贾长江",又改普州司仓参军,卒于任所。

贾岛在韩门,常从张籍、孟郊游,又与姚合等人友善,多有唱和之作。其诗喜写荒凉枯寂之境,表现愁苦幽独之情。以苦吟著称,尝自谓"一日不作诗,心源如废井"(《戏赠友人》)、"二句三年得,一吟双泪流"(《题诗后》)。代表作有《送无可上人》、《题长江》等,这类诗给人以清奇峭直的感觉,体现出贾岛诗的主体风格。其诗题材范围较小,多为寄赠酬和之作,偏重于铸字炼句而忽视创造完整的艺术境界,形成了有句无篇的缺陷,故司空图《与李生论诗书》云:"贾浪仙诚有警句,视其全篇,意思殊馁。"清许印芳评其风格形成的原因说:"生李杜之后,避千门万户之广衢,走羊肠鸟道之仄径,志在独开生面,遂成僻涩一体。"(《诗法萃编》)贾岛诗在晚唐影响很大,唐代张为《诗人主客图》列为"清奇雅正"升堂七人之一。晚唐李洞等人对贾岛十分尊崇,南宋四灵更奉之为"唐宗"。

有《长江集》。《全唐诗》录存其诗四卷。

寄韩潮州愈[1]

此心曾与木兰舟,直到天南潮水头。[2]隔岭篇章来华岳,出关书信过泷流。[3]峰悬驿路残云断,海浸城根老树秋。一夕瘴烟风卷尽,月明初上浪西楼。[4]

[1]韩潮州愈:即韩愈,时贬潮州刺史,故称。

[2]木兰舟:用木兰树制作的船。

[3]华岳:即华山,此借指长安。泷流:即泷水,源出湖南省临武县,流入广东省北江。

[4]浪西楼:在潮州境内。

【品鉴】

贾岛与韩愈交谊颇深,感情甚笃。韩愈因上《论佛骨表》而触怒宪宗,被贬为潮州刺史,在赴任途中,其侄孙韩湘赶来同行,韩愈悲歌当哭,写下了《左迁至蓝关示侄孙韩湘》一诗。贾岛在京师闻之,心绪难以平静,遂有感而作此诗。贾岛向以苦吟诗人闻名,但这首诗却既无刻意雕琢之迹,又显得自然而音节铿锵,在格局上亦一扫窄小局促之习,而富有奇丽壮美之气。

寻隐者不遇[1]

松下问童子,言师采药去。[2]只在此山中,云深不知处。[3]

【注释】

[1]隐者:隐居的人。不遇:没有遇见。

[2]童子:指隐者的弟子。师:师父。

[3]不知处:不知道在什么地方。

【品鉴】

诗写访友不遇,通过问答的形式,从侧面烘托出隐者如孤云野鹤、行踪无定的形象。王文濡《唐诗评注读本》评此诗云:"一问一答,四句开合变化,令人莫测。"此诗的突出特点就是寓问于答,独出心裁运用问答体,首句是问,其他三句是答。在短短的二十字中,有人物,有情节,有环境;既抒情,又写景,蕴含着丰富的内容。全诗没有华丽的辞藻,又未用典,因而显得淡而有味,情趣盎然。特别是诗人大胆剪裁,取舍得当,诗以问答构成全篇,却舍去三句问话,只取答话,便显得言少而意多,看似平淡无奇,其实却是诗人精心构思的结果,故而读之令人有一种悠然不尽的感受。

剑　客[1]

十年磨一剑,霜刃未曾试。[2]今日把示君,谁有不平事?[3]

【注释】

[1]剑客:精于剑术的人。

[2]霜刃:指锋利的剑刃寒光闪闪,犹如秋霜。

[3]把示:拿出展示。

【品鉴】

诗中抒发了作者胸中郁积的愤懑不平,颇为慷慨豪迈,读之令人振奋。

题兴化寺园亭[1]

破却千家作一池,不栽桃李种蔷薇。[2]蔷薇花落秋风起,荆棘满亭君自知。

【注释】

[1]兴化寺园亭:唐文宗时权臣裴度任中书令修建的一处有水池亭阁的憩园。

[2]破却:毁坏。

【品鉴】

对裴度肆意修造园亭的行为,贾岛是十分愤慨的,孟棨《本事诗》说:"岛《题兴化寺园亭》以刺裴度。"《韩诗外传》卷七云:"春种桃李夏得阴其下,秋得其实;春种蒺藜者,夏不可采其叶,秋得其刺焉。"这便是此诗题旨所本。前二句用笔简约,却写出了裴度的豪纵奢侈;后二句表面是写秋后将出现的园景,其实却指出了权臣聚敛和骄奢必然会带来的可悲后果,用语蕴藉含蓄,讽喻之意,溢于言表。

三月晦日送春[1]

三月正当三十日,风光别我苦吟身。[2]共君今夜不须睡,未到晓钟犹是春。[3]

【注释】

[1]晦日:旧历每月的最后一天。

[2]风光:春光。苦吟:指作者竭尽心力。

[3]晓钟:报晓的钟声。

【品鉴】

此诗表现了诗人流连光景、爱惜韶华的情怀,立意别致,饶有情趣。首二句点明时间,照应题目,委婉地表达惜春之情;后二句中"不须睡"、"犹是春",突出表明了春光之可贵,写出了诗人眷恋春天的情怀,诗句平易浅明,而含意却颇为含蓄和丰富。

元 稹 四首

元稹(779—831),字微之,别号威明,洛阳(今属河南)人。贞元九年
(793)明经及第。贞元十五年(799),在河中府任职。元和元年(806),登
才识兼茂明于体用科,授左拾遗。后任监察御史,勇于弹劾,得罪宦官权
贵,贬为江陵府士曹参军。后转通州司马,调虢州长史。晚年依附宦官,
获致高位,曾任同州刺史、浙东观察使、尚书左丞、武昌节度使。

元稹与白居易同为唐代新乐府运动的提倡者,二人诗风相近,并称
"元白"。在其诗歌创作中,乐府诗占有重要的地位,代表作有《田家词》、
《织妇词》《估客乐》等,这些作品"有虽用古题,全无古义者","或颇同
古义,全创新词者"。大多内容丰富,思想深刻。除此之外,元稹诗中最有
特色的还有艳体诗和悼亡诗,代表作有《赠双文》、《春晓》、《莺莺诗》、
《杂忆五首》、《会真诗三十韵》、《遣悲怀三首》等。评者往往在比较中评
价元诗,如赵翼《瓯北诗话》云:"中唐诗以韩、孟、元、白为最。韩、孟尚奇
警,务言人所怕不敢言;元、白坦易,务言人所共欲言。……此元、白较胜
于韩、孟。"元白二人相较,则认为:"白自成大家,而元稍次。"所论极为
允当。

有《元氏长庆集》。《全唐诗》录存其诗二十八卷,《全唐诗外编》及
《全唐诗续拾》补诗十首。

行 宫[1]

寥落古行宫,宫花寂寞红。[2]白头宫女在,闲坐说玄宗。[3]

218

　　[1]行宫:皇帝巡行外地时居住的宫舍。

　　[2]寥落:荒寂、冷落。

　　[3]玄宗:指有关玄宗的故事。

【品鉴】

　　此诗通过对行宫今昔盛衰的对比,倾诉了宫女无穷的哀怨之情,含意颇为丰富。刘永济《唐人绝句精华》评云:"首句宫之寥落,次句花之寂寞,已将白头宫女所在环境景象之可伤描绘出来,则末句所说之事,虽未明说,亦必为可伤之事。二十字中于开元、天宝间由盛而衰之经过,悉包含在内矣。此诗可谓《连昌宫词》之缩写,白头宫女与《连昌宫词》之老人何异!"

闻乐天授江州司马^[1]

　　残灯无焰影幢幢,此夕闻君谪九江。^[2]垂死病中惊坐起,暗风吹雨入寒窗。

【注释】

　　[1]乐天:白居易的字。江州:即今江西省九江市。司马:州郡辅佐官。

　　[2]幢幢:昏暗、摇曳貌。九江:唐代江州,隋时为九江郡。

【品鉴】

　　此诗表现了元白二人在坎坷不幸时情感共鸣和互相激励的情景,具有浓郁的悲剧色彩。元和五年(810),元稹因仗义执言而得罪宦官,被连连贬官,白居易闻之,曾作诗描写从梦中惊起急切阅读元稹来信的情景:"枕上忽惊起,颠倒着衣裳。"但不久白居易亦因事被贬为江州司马,消息传到染重病的元稹那里,犹如一波未平,一波又起,带着满腔的愁苦悲慨,他写下了这首诗作。白居易在江州收到元稹此诗后,激动不已,致书给元稹说:"此句他人尚不可闻,况仆心哉!至今每吟,犹恻恻耳。"

得乐天书^[1]

　　远信入门先有泪,妻惊女哭问何如。^[2]寻常不省曾如此,应是江州司马书！[3]

【注释】

　[1]书:信。

　[2]远信:远方来的使者。何如:为何。

　[3]寻常:平常。不省:不记得。江州司马:指白居易。

【品鉴】

　　此诗构思工巧,有场面,有情节,虽没有直接抒情,但作者与白居易之间的深厚友谊却在"先有泪"三字中充分地表现了出来。后二句是妻子的忖度,可见元稹常与妻子谈及这位沦落江州的老友,故而妻子能马上发现丈夫感情上的秘密,元稹对白居易的思念及二人的深厚友情尽在言外。

菊　花

　　秋丛绕舍似陶家,遍绕篱边日渐斜。[1]不是花中偏爱菊,此花开后更无花。[2]

【注释】

　[1]秋丛:指一丛丛秋菊。陶家:指陶渊明宅。

　[2]偏爱:更爱。

【品鉴】

　　此诗将体物言情融为一体,自然流转而又不落俗套,较好地体现了元白诗体的特点。

刘 皂 一首

刘皂(生卒年不详),贞元间诗人,事迹不详。《全唐诗》录存其诗五首。

旅次朔方[1]

客舍并州已十霜,归心日夜忆咸阳。[2]无端更渡桑乾水,却望并州是故乡。[3]

【注释】

[1]旅次:旅行途中暂住的地方。朔方:北方荒僻之地。

[2]并州:治所在今山西太原。十霜:十年。

[3]无端:无来由,无缘无故。桑乾水:即桑乾河,为永定河上游。

【品鉴】

此为抒写羁旅之思的名作,前二句写自己客居并州的情况和心情,后二句写诗人北渡桑乾河时的情绪变化。谢枋得《唐诗绝句注释》云:"旅寓十年,交游欢爱,与故乡无殊,一旦别去,岂能无眷恋之怀,渡桑乾而望并州,反以为故乡,此亦人之至情也。"这里的分析是很有道理的。的确,"却望并州是故乡",恰切地写出了久客他乡的人们的共同感受,故《桃灯诗话》曰:"非东西南北之人,不能道此。"

皇甫松 二首

皇甫松(生卒年不详),字子奇,自号"檀栾子"。睦州新安(今浙江建德)人,散文家皇甫湜之子。

皇甫松是词的早期作者之一,多绮艳之作。《花间集》称为"皇甫先辈"。

《全唐诗》录存其诗十三首,《全唐诗续拾》补诗三首。

采莲子二首[1]

菡萏香连十顷陂,小姑贪戏采莲迟。[2]晚来弄水船头湿,更脱红裙裹鸭儿。

船动湖光滟滟秋,贪看年少信船流。[3]无端隔水抛莲子,遥被人知半日羞。

【注释】

[1]采莲子:唐教坊曲名,后用为词牌。

[2]菡萏:荷花。陂:水池。

[3]滟滟:水面闪光的样子。信船流:任凭船儿随水漂流。

【品鉴】

此二诗均清新爽朗,音调和谐,颇有民歌风味。前一首描绘出采莲少女的娇憨神态,极富生活气息;后一首表现采莲女对爱情的追求和初恋时的羞涩心情。"莲"与"怜"谐音,莲子即寓"怜你"、"爱你"之意,这是江南地区常用的双关隐语之一,故而向对方抛去莲子即是表示爱慕之情。

当别人察觉后,她又十分后悔和羞愧。"无端"二句,恰切地表现出少女自悔自责的心理状态,颇为细腻而传神。刘永济《唐五代两宋词简析》云:"此二首采莲女子之生活片段,非常生动,有非画笔所能描绘者。"

杨敬之 一首

杨敬之(生卒年不详),字茂孝,虢州弘农(今河南灵宝)人,约生活于贞元、会昌间。元和二年(807)进士及第。文宗时,为国子祭酒,兼太常少卿。后转大理卿,检校工部尚书。

杨敬之颇有文名,喜与士人交接,李贺、项斯均为其忘年交,《赠项斯》一诗正表现出他热情推荐后辈的情怀。

《全唐诗》录存其诗二首,《全唐诗外编》及《全唐诗续拾》补诗七首。

赠项斯[1]

几度见诗诗总好,及观标格过于诗。[2]平生不解藏人善,到处逢人说项斯。[3]

【注释】

[1]项斯:唐代诗人。

[2]标格:仪容气度。

[3]藏人善:隐瞒别人的长处。

【品鉴】

据唐李绰《尚书故实》载,项斯在未成名的时候,曾向杨敬之献诗,请求引见,敬之很欣赏他的才华,多次对别人称赞他,"斯因此名振,遂登高科"。此诗便写出了诗人发现人才的喜悦和推荐人才的热忱。首句写项斯"诗总好",由"几度"见出诗人的谨慎、负责;次句用"过于"递进一层,称赞项斯的精神气质。后二句明快活泼,表现出诗人奖掖后进、揄扬人善的热情。"平生不解",透出几分自负和自得。这首小诗自然流畅,在后世广泛流传,并且逐渐形成了"说项"、"说项斯"的成语。

刘采春 四首

刘采春(生卒年不详),淮甸(今江苏淮安、淮阴一带)人。歌妓,乃伶工周季崇之妻。善歌,极为元稹所赏识。

《全唐诗》录存其诗六首。

啰唝曲六首(选四)[1]

不喜秦淮水,生憎江上船。[2] 载儿夫婿去,经岁又经年。[3]

莫作商人妇,金钗当卜钱。[4] 朝朝江口望,错认几人船。

那年离别日,只道住桐庐。[5] 桐庐人不见,今得广州书。

昨日胜今日,今年老去年。黄河清有日,白发黑无缘。

【注释】

[1]啰唝曲:唐范摅《云溪友议》卷下《艳阳词》说:"金陵有楼,乃陈后主所建,刘采春所唱《啰唝曲》一百二十首,皆当代才子所作五、六、七言绝句,一名《望夫歌》。元稹《赠刘采春》诗:'更有恼人断肠处,选词能唱望夫歌。'采春一唱是曲,闺妇行人莫不涟泣。"方以智《通雅》卷二十九《乐曲》云:"啰唝犹来罗。""来罗"有盼望远行之人回来之意。

[2]秦淮水:指金陵(今南京)秦淮河水。

[3]儿:少妇自谓。

[4]金钗:妇女的首饰。卜钱:占卜用的金钱。

[5]桐庐:今属浙江。

【品鉴】

《啰唝曲》抒写了闺中少妇对远行丈夫的思念之情,这组小诗有浓厚的民歌风味,在语言上脱口而出,不事雕琢,感情真挚质朴。第一首用白描手法,委婉地表达出少妇的相思之情。第二首写少妇盼归不归所产生的怨情,李锳《诗法易简灵》云:"此首方明写其望归之情。卜掷金钗,望穿江上,而终不见其归。'错认'者,望之切也;'几人'者,无定之数,望之久也。所以如此者,则以夫婿为商人,重利轻别离故也。'莫作'者,怨之至也。怨之至而但曰'莫作',则既作商人妇,又分当如是矣。"柳永《八声甘州》"想佳人妆楼颙望,误几回天际识归舟"即由此诗化出。第三首写丈夫行踪不定,越走越远,少妇心中思念之苦,自在言外,虽"只淡淡叙事",而其"深情无尽"。第四首写在丈夫久去不归的情况下,少妇只能空闺独守,一任流年似水,青春空度,其心境自然十分凄凉。"白发黑无缘",蕴藏多少感慨和企盼!

张　祜　三首

张祜(约785—约859),字承吉,清河(今属河北)人。举进士不第。元和、长庆年间,诗名颇著,曾受到天平节度使令狐楚的赏识,并上表向皇帝推荐,但却未被任用。陆龟蒙《和过张祜处士丹阳故居》谓祜"受辟诸侯府,性狷介不容物,辄自劾去"。晚年归居丹阳曲阿。

张祜诗之佳者,首推宫词,据云传入禁中,宫女亦能谱唱,有《宫词二首》等尤传诵人口。宫词之外,描绘山水、抒发感慨之作亦多佳篇,如《题金陵渡》、《喜闻收复河陇》等都是为人们称道的作品。其诗风格纯熟自然,虽多写人人习见之景,但往往情趣盎然,虽平易而不流于浅俗。杜牧评其诗曰:"七子论诗谁似公,曹刘须在指挥中。"(《酬张祜处士见寄长句四韵》),虽然所评有些过誉,但却可以看出时人对他的推崇。

有《张承吉文集》。《全唐诗》录存其诗二卷,《全唐诗外编》及《全唐诗续拾》补诗一百五十五首。

宫　词

故国三千里,深宫二十年。[1]一声何满子,双泪落君前。[2]

【注释】

[1]故国:故乡。

[2]何满子:唐代乐工谱制的曲调。

【品鉴】

此诗生动地抒写了宫人的悲凉心酸,在宫中曾广泛传唱。前半分别从空间、时间着笔,写出宫人幽闭深宫的不幸遭遇;后半写出宫人内心的悲哀,感情深沉强烈。此诗颇受杜牧赏识,曾有"可怜故国三千里,虚唱歌词满六宫"(《酬张祜处士见寄长句四韵》)之句。

赠内人[1]

禁门宫树月痕过,媚眼惟看宿燕窠。[2]斜拔玉钗灯影畔,剔开红焰救飞蛾。[3]

【注释】

[1]内人:唐代选入宫中宜春院的歌舞伎。亦泛指宫女。

[2]禁门:宫门。媚眼:指宫女的双眼。

[3]剔:挑拨。红焰:指灯芯。

【品鉴】

这是一首别具特色的宫怨诗,通过几个生活细节,表现出宫女幽闭深宫的不幸遭遇和凄苦心境。因为百无聊赖,才特别注意树梢的月光和梁上的燕窝,也许还由燕有窝安身想到自己有家难归,心中难免凄然异常;因为想到自己的不幸,故而对灯蛾产生了怜悯和同情,于是挑开灯芯,使灯蛾保住性命,其中自有对自己命运的感伤和自我哀怜。

题金陵渡[1]

金陵津渡小山楼,一宿行人自可愁。[2]潮落夜江斜月里,两三星火是瓜州。[3]

【注释】

[1]金陵渡:渡口名,当在今江苏省镇江市附近。

[2]津:渡口。小山楼:作者寄寓的地方。行人:在外旅行之人。可:合,当。

[3]星火:形容远处三三两两像星星一样闪烁不定的灯光。瓜州:在今江苏邗江南,与镇江隔江相对。

【品鉴】

　　此诗通过夜宿津渡山楼所见夜景的描写,表现出诗人羁旅的愁思和落拓失意的情怀,大概作于诗人至京求官不遂后漫游江南时期。首句写渡口小楼,点题轻灵,不着痕迹;次句由"小山楼"写到寄居此楼之人,表明诗人夜宿山楼,旅怀萧索,满腹羁愁旅意,无法排遣,只用一"可"字,而愁绪自见。三四两句承上而来,转入对长江夜景的描写。前一句中的"斜"字用得精当,不仅绘出当时之景,更点明此时为将晓而未晓的落潮之际,与上句之"一宿"正相呼应。结句可谓神来之笔,把江上动人而清丽的夜景生动地描绘了出来。此诗描绘如画,风格清新,字里行间又透出几分孤寂,颇耐人讽咏,故为后世所传诵。清人宋顾乐评曰:"情景悠然。"(《唐人万首绝句选》)

施肩吾 一首

施肩吾(生卒年不详),字希圣,号栖真子。睦州分水(今浙江桐庐西北)人。元和十五年(820)进士及第,后以洪州(今江西南昌)西山为道家十二真君羽化之所,慕其真风,遂栖止以终。

施肩吾为人风流少检,其诗多为冶游香艳之作,用词秾丽而韵味不足,故胡震亨说其诗"章句尚艳硕,乏韵致"(《唐音癸签》)。

《全唐诗》录存其诗一卷,《全唐诗外编》及《全唐诗续拾》补诗十首。

望夫词

手爇寒灯向影频,回文机上暗生尘。[1]自家夫婿无消息,却恨桥头卖卜人。[2]

【注释】

[1]爇(ruò):点燃。回文机:织回文锦的织机。暗生尘:指无心织布,停机已久。

[2]卖卜人:占卦算命的人。

【品鉴】

前二句为常人皆可道语,后二句却出人意表,自己的丈夫久出不归,音信杳然,不去责怪,反怪那桥头卖卜的先生算得不准,一个"恨"字十分传神,把思妇的热望和无可奈何的心情形象生动地表现了出来,可谓无理有情之极。其实,她真正该"恨"的是自己的丈夫,可思妇时时盼望着他的归来,怎么恨得起来呢? 这看似明白如话的两句诗里,内含的感情是相当丰富和复杂的。

崔　郊　一首

崔郊（生卒年不详），大约生活在宪宗元和前后。
《全唐诗》录存其诗一首。

赠　婢

公子王孙逐后尘，绿珠垂泪滴罗巾。[1]侯门一入深如海，从此萧郎是路人。[2]

【注释】

　[1]逐后尘：意为竞相追求。绿珠：西晋石崇爱妾。

　[2]侯门：指权豪势要之家。萧郎：古代诗词中常用以指女子所爱恋的男子。

【品鉴】

据《云溪友议》载，元和年间秀才崔郊的姑母有一个婢女，长得相当美丽，与崔郊互相爱恋，后来却被卖给显贵于頔。崔郊对这个婢女十分思念，一次，两人在郊外相遇，崔郊便写了这首诗赠给她。后来于頔读了这首诗，便让崔郊把婢女领走了。此诗寓意深刻，不仅表达了对权门势要的不满和对弱女子不能左右自己命运的同情，而且也抒写了诗人所爱者被劫夺的悲哀，在表现手法上具有怨而不怒、含蓄委婉的特点。首句用"逐后尘"三字，从侧面写出婢女之美丽；次句写她将入豪门的怨恨。后二句言此女一去，从此形同路人。诗人心中无限悲愤之情，尽在不言之中，读之令人感慨万千。因为"侯门"一句比喻生动，含意丰富，逐渐形成了"侯门似海"的成语，被人们广泛运用，至今仍有生命力。

李敬方 一首

李敬方(生卒年不详),字中虔。郡望陇西(今甘肃临洮)人。长庆三年(823)进士,大和年间作过歙州、台州刺史。开成五年(840)官长安令。

工诗,顾陶《唐诗类选后序》评其诗"才力周备,兴比之间,独与前辈相近"。

《全唐诗》录存其诗八首,《全唐诗外编》及《全唐诗续拾》补诗二首。

汴河直进船[1]

汴水通淮利最多,生人为害亦相和。[2]东南四十三州地,取尽脂膏是此河。[3]

【注释】

[1]汴河:亦名汴渠,又名通济渠,在开封(即汴梁)境内。直:即"值",遇到。进船:载运贡赋的船。

[2]生人:即生民,有利于民。唐时避李世民讳,故称"民"为"人"。相和:相等。

[3]四十三州:《新唐书·食货志》:"元和中,供岁赋者浙西、浙东、宣歙、淮南、江西、鄂岳、福建、湖南八道。"东南八道共四十三州。

【品鉴】

唐代开元年间,汴河重新得到疏导,成为当时洛阳与各地水上交通的要道。中唐时期,藩镇割据十分严重,他们不仅拥兵对抗中央,而且税赋不入朝,朝廷财政来源都仰给于江南诸州,残酷压榨百姓取得的财富,均由汴输送出来。此诗即有感于此而作。首句肯定了汴河通畅的好处,"利最多"，突兀而来，引人思索；次句进而指出"通淮"有利有弊，"相和"二字下得慎重；后二句专从"为害"着笔，字面是指责"此河"，其实是指责利用汴河搜刮民脂民膏的统治者。皮日休《汴河怀古》立意相似："尽道隋亡为此河，至今千里赖通波。若无水殿龙舟事，共禹论功不较多。"二诗均言统治者利用汴河而害民，但李诗直接指责统治者搜刮的残酷，感情更为沉痛。

韩 琮 二首

韩琮(生卒年不详),字成封,一字代封。长庆四年(824)进士及第,初任陈许节度使王茂元判官,历任司封员外郎、户部郎中、中书舍人。后为湖南观察使,因事被逐。咸通中仕至右散骑常侍。

韩琮工诗,当时即有诗名,韦庄《又玄集》、韦縠《才调集》皆选其诗。胡震亨称其"咏物七字,着色巧衬,是当行手"(《唐音癸签》)。

《全唐诗》录存其诗一卷,《全唐诗续拾》补诗四首。

晚春江晴寄友人

晚日低霞绮,晴山远画眉。[1]春青河畔草,不是望乡时。

【注释】

[1]霞绮:美丽的晚霞。"晴山"句:远山望去犹如女子之眉黛。

【品鉴】

这首小诗前三句绘出一幅春日晚景图,明丽而动人,末一句收笔言情,从反面运笔,写出思乡之惆怅与不能还乡之无奈,自然而有韵味。

暮春浐水送别[1]

绿暗红稀出凤城,暮云宫阙古今情。[2]行人莫听宫前水,流尽年光是此声。[3]

【注释】

[1]浐水：源出陕西蓝田西南秦岭山中，北流会库裕、石门裕、荆裕诸水，至西安市东入灞水。

[2]绿暗：指叶茂枝繁，绿阴渐浓。红稀：指花卉凋落，红芳萎谢。凤城：指京城长安。《事原》云："秦缪公女吹箫，凤降其城，因号丹凤城。其后言京都之城曰凤城。"

[3]行人：将要远行之人。宫前水：即指浐水。浐水与灞水合流后绕大明宫而过，再入渭水东去，故云。

【品鉴】

首句写出暮春景色，渲染出离别时的沉郁气氛。"绿暗红稀"，写景如画。次句点出"古今情"，尤为含蓄。后二句劝慰友人不必留恋争名逐利之京城，可谓语重心长。此诗色彩暗淡，气氛萧瑟，给人一种哀婉之感，这种情绪与作者所生活的时代有着密不可分的联系。刘永济先生在《唐人绝句精华》中说："此诗因送客出城，忽睹暮霭苍茫中之宫阙，觉其中消逝了无限兴亡往事，乃感于人间光阴，皆从无形无迹中流尽，故有三四句。读之知诗人对此感慨甚深，与李商隐登乐游原而伤好景难常，可谓异曲同工。盖晚唐衰微景象，激刺着诗人心情，而有此反映也。"大体说来，这里的分析是有道理的。

朱庆馀　二首

朱庆馀(生卒年不详),名可久,字以行,越州(今浙江绍兴)人。宝历二年(827)进士,官秘书省校书郎。曾客游边塞,在仕途上颇不得意。与张籍、姚合、僧无可等友善,时有唱酬。

工诗,其诗风格清新,描摹细腻,各体中尤为擅长五律,绝句亦多佳作,《宫词》《闺意献张水部》是其代表作。

有《朱庆馀诗集》。《全唐诗》录存其诗二卷。

闺意献张水部[1]

洞房昨夜停红烛,待晓堂前拜舅姑。[2]妆罢低声问夫婿,画眉深浅入时无?[3]

【注释】

[1]张水部:即张籍。

[2]洞房:新房。停:放置。舅姑:公婆。

[3]入时无:合不合时宜。

【品鉴】

这是朱庆馀在应进士科考前呈献给张籍的一首诗,故题一作《近试上张水部》。当时张籍名望为时所重,许多读书人便把自己的诗文呈献给他,以求得他的赏识和推荐,这种行为称作"行卷"。朱庆馀早已向张籍呈献过诗文作品,也得到了张籍的赞扬,但临近考试,他还担心自己的文章不合主考官的要求,因此又写了此诗呈给张籍,征求他的意见。如果直白地表达自己的意思,不仅于考试者有诸多不便,就是张籍本人也可能产生反感,所以朱庆馀便借女子的口吻写新婚后的情事,来隐寓自己的本意,便显得十分得体而又富有诗味。此诗纯用比体,可谓妙造自然。诗人以新妇自比,以新郎比张籍,以公婆比主考官,所咏在此而寄意在彼,意在言外。读此诗后,张籍同样用比拟手法写了《酬朱庆馀》:"越女新妆出镜心,自知明艳更沉吟。齐纨未是人间贵,一曲菱歌敌万金。"诗中暗示朱庆馀不必为这次考试担心,凭他的才华,是一定会榜上有名的。朱庆馀的原作与张籍的答诗,可谓珠联璧合,妙趣天成,对照读来,更觉韵味悠然不尽。

宫　词

寂寂花时闭院门,美人相并立琼轩。[1]含情欲说宫中事,鹦鹉前头不敢言。

【注释】

[1]花时:花开时节,指春天。美人:指宫女。相并:并肩而立。琼轩:华丽的长廊。

【品鉴】

这是一首别开生面的宫怨诗,作者未加一字议论,只是写两个宫女并立轩前,很想说说宫中事,可又怕架上鹦鹉学舌,给自己招来祸患,于是只好沉默无言。全诗言浅意深,将皇宫深院里阴森黑暗的恐怖气氛生动地渲染了出来,从而揭示出宫女完全失去自由的悲惨命运。俞陛云《诗境浅说续编》曰:"此诗善写宫人心事,宜为世所称。"

李 贺 九首

　　李贺(790—816)，字长吉，福昌昌谷(今河南宜阳)人，后人因称"李昌谷"。元和年间，往来于洛阳、长安间，应试求仕，但当权者以父讳为由，加以阻挠，未能中进士第。曾为奉礼郎。后辞官归昌谷。

　　李贺一生困顿不得志，但却以全力为诗，在长安时，常偕诗友出游，有一小奴骑驴相随，背一破锦囊，得句即投其中，归家后足成完篇，其母常说："是儿当呕出心乃已尔!"贞元末即以乐府歌诗与前辈李益齐名，时称"二李"。其诗内容丰富：其一，抒发感时伤逝、怀才不遇的情绪，代表作有《浩歌》、《天上谣》、《天愁歌》；其二，反映社会现实的黑暗、表达削平藩镇的愿望，代表作有《秦王饮酒》、《雁门太守行》；其三，咏物及描绘音乐和其他题材，代表作有《李凭箜篌引》、《听颖师弹琴歌》、《马诗二十三首》。各类诗作，以古体歌行为多，而无七言律诗，表明了他对当时诗风不满的态度。李贺特别善于写作短篇，如《梦天》、《湘妃》等，是后人称作"长吉体"的代表作。在艺术上务求新奇，想象丰富，词采瑰丽，极富浪漫特色，被后世称为"鬼才"、"奇才"。后人评价李贺诗，褒贬不一，杜牧誉之为"骚之苗裔"(《李贺集序》)，王夫之说他"真与供奉(李白)为敌"(《唐诗评选》)；贬之者，则认为贺诗"无天真自然之趣"(李东阳《麓堂诗话》)、"牛鬼蛇神太甚"(张表臣《珊瑚钩诗话》)。

　　有《李长吉歌诗》。《全唐诗》录存其诗五卷。

雁门太守行[1]

　　黑云压城城欲摧，甲光向日金鳞开。[2]角声满天秋色里，塞上燕脂凝夜紫。[3]半卷红旗临易水,霜重鼓寒声不起。[4]报君黄金台上意,提携玉龙为君死。[5]

【注释】

[1]雁门太守行:乐府旧题。

[2]甲:铠甲。

[3]角:军中号角。燕脂:即胭脂。

[4]易水:在今河北西部。

[5]黄金台:战国时,燕昭王筑台,上置千金,以招纳天下贤士,旧址在今河北易县。玉龙:指宝剑。

【品鉴】

　　此诗借用乐府旧题,描绘边塞的一场战斗,歌颂了边塞将士慷慨赴难的英雄气概。前二句写出战前严重危急的气氛和唐军士兵整装待发的情景,"黑云"一句如高山坠石,最为精警。三、四两句分写唐军将士途中的所见与所闻,展示出边塞战场的广阔画面。最后四句描绘战斗场面和唐军之气势。全诗风格悲壮豪放,想象奇异独特,语言瑰丽多彩,是李贺诗中的一篇代表作。据《幽闲鼓吹》载,李贺去拜见韩愈,韩愈刚刚送走客人十分疲倦,门人呈上李贺的诗卷,韩愈随意翻看,为此诗所吸引,急忙命人请李贺入内面谈。

马诗二十三首(选四)

　　龙脊贴连线,银蹄白踏烟。[1]无人识锦鞯,谁为铸金鞭?[2]
　　此马非凡马,房星本是星。[3]向前敲瘦骨,犹自带铜声。[4]
　　大漠沙如雪,燕山月似钩。[5]何当金络脑,快走踏清秋。[6]
　　内马赐宫人,银鞯刺麒麟。[7]午时盐坂上,蹭蹬溘风尘。[8]

【注释】

[1]龙:龙马,古代称八尺以上的马为龙马。贴连线:指马背上斑点状如连线。

[2]鞯(chàn):即障泥,垂在马腹左右以遮挡泥土的织物。

[3]房星:二十八宿之一。《瑞应图》云:"马为房星之精。"

[4]瘦骨:良马多半瘦骏。

[5]燕山:指河北省北部的燕山。

[6]何当:安得。金络脑:用黄金装饰的马络头。

[7]内马:宫禁中养的马。鞯:即马鞍垫。刺:刺绣。

[8]盐坂:即虞坂,在今山西省平陆县东北中条山,因为骐骥驾盐车困于虞坂,故称其为"盐坂"。蹭蹬:遭遇挫折。溢:依傍。

【品鉴】

《马诗》二十三首,名为咏马,实则借物抒怀,故大都有寓意,艺术上也很有特色。王琦《李长吉歌诗汇解》说这组诗:"俱是借题抒意,或美或讥,或悲或惜,大抵于当时所闻见之中各有所比,言马也意初不在马矣。又每首之中皆有不经人道语。人皆以贺诗为怪,独朱子以贺诗为巧。读此数章,知朱子论诗真有卓见。"此处选了最有代表性的四首,或借咏马,来抒怀才不遇的感慨;或借咏马,抒写自己希望获得知遇、有所作为的情怀;或借咏马,暗寓对贤愚颠倒的黑暗现实的讽刺和对当权者重内宠、轻人才的抨击……

南园十三首(选四)[1]

花枝草蔓眼中开,小白长红越女腮。[2]可怜日暮嫣香落,嫁与春风不用媒。[3]

男儿何不带吴钩,收取关山五十州。[4]请君暂上凌烟阁,若个书生万户侯?[5]

寻章摘句老雕虫,晓月当帘挂玉弓。[6]不见年年辽海上,文章何处哭秋风?[7]

长卿牢落悲空舍,曼倩诙谐取自容。[8]见买若耶溪水剑,明朝归去事猿公。[9]

【注释】

[1]南园:李贺在家乡福昌昌谷(今河南宜阳)故居读书之处。

[2]草蔓:指长茎的草本花。小白长红:白少红多,即粉红色。

[3]嫣香:指花的娇艳和芳香。嫁与春风:指风吹花落。

241

[4]吴钩：吴地出产的一种稍微弯曲的刀。收取：收复。五十州：指当时藩镇割据的黄河南北五十多个州郡。

[5]暂：且。凌烟阁：唐朝皇宫内的殿阁。若个：哪个。万户侯：食邑万户的侯，指高官。

[6]寻章摘句：犹言谋篇琢句、咬文嚼字。老雕虫：老于雕虫的生活。雕虫篆刻指琐碎小事，后人多用以指词章之学。玉弓：指下弦残月的形状好似一张弓。

[7]辽海：即辽东，今河北北部和辽宁南部一带地区，隋唐时期这里经常发生战争。哭秋风：即悲秋的意思，此处借指悲秋的文章。

[8]长卿：司马相如字长卿。牢落：潦倒落魄。空舍：一无所有。曼倩：即东方朔，汉武帝弄臣。诙谐取自容：指东方朔说话逗人发笑，以博取汉武帝的欢心，方能容身于朝廷。

[9]见买：打算买、准备买。若耶溪：在今浙江绍兴南若耶山下。猿公：《吴越春秋》载，有一只白猿幻化成老翁，自称猿公，与一善剑的处女以竹竿比试剑术。

【品鉴】

　　《南园》共十三首，除一首为五言律诗外，其馀均为七言绝句，内容大体可分两类，一类主要描写南园一带的田园风光，风格大多清爽明快；另一类抒写诗人怀才不遇的感慨，风格大多慷慨激昂。此选其四首。第一首借咏落花表达了诗人对盛颜难久、年华易逝的感慨。后二句想象奇特，写落花可谓生动传神之极。第二首抒发了渴望建功立业的豪情，全诗以问句作结，含蓄而有馀味。第三首主题与上一首相同，表现了诗人希望投笔从戎、为国立功的志向，同时含蓄地抒发了怀才不遇的苦恼和文才无补于世的感叹，颇为深沉。王琦《李长吉歌诗汇解》云："夫书生之辈，寻章摘句，无间朝暮，当晓月入帘之候，犹用力不歇，可谓勤矣。无奈边场之上，不尚文词，即有才如宋玉，能赋悲秋，亦何处用之！念及此，能无动投笔从戎之思，而驰逐于鞍马间耶？"第四首亦是述怀之作，俞陛云《诗境浅说续编》评曰："此长吉自伤身世也。文章既不为世用，不若归买若耶宝剑，求猿公刺击之术，一吐抑塞之气。诗因愤世而作，故前首有'文章何处哭秋风'句，乃其本怀也。"

徐 凝 二首

徐凝(生卒年不详),睦州(今浙江建德)人。长庆初曾至长安应试,失意而归。

其诗朴实古拙,为时人所称赏。方干曾从之学诗。张为《诗人主客图》以白居易为广大教化主,徐凝为及门。

《全唐诗》录存其诗一卷,《全唐诗外编》及《全唐诗续拾》补诗三首。

庐山瀑布

虚空落泉千仞直,雷奔入江不暂息。[1]今古长如白练飞,一条界破青山色。[2]

【注释】

[1]仞:古代七尺或八尺为一仞。

[2]白练:白绢。界破:一划为二。

【品鉴】

此诗是徐凝的得意之作,在唐代曾受到白居易的赞赏,但宋代苏轼游庐山,见到李白咏瀑布之诗,写了一首绝句,对徐凝此诗力加批评:"帝遣银河一派垂,古来唯有谪仙词。飞流溅沫知多少,不为徐凝洗恶诗。"葛立方认为白居易未见李白诗,所以才对徐凝大加赞扬:"或谓乐天有'赛不得'之语,独未见李白诗耳。"(《韵语阳秋》)其实,徐凝此诗虽然写得有些粗率,表现出中晚唐诗较为刻露的特点,但它想象奇特,刻画亦工,仍不失为一首咏庐山瀑布的佳作,过分贬损是不够公允的。

忆扬州

　　萧娘脸薄难胜泪,桃叶眉头易得愁。[1]天下三分明月夜,二分无赖是扬州。[2]

【注释】

　　[1]萧娘:南朝以来,诗词中男子所恋女子常称萧娘,女子所恋男子则称萧郎。桃叶:晋王献之爱妾名桃叶。

　　[2]无赖:原义是狡猾,此处意为可爱。

【品鉴】

　　此诗回忆在扬州的冶游生活,表现了诗人对扬州佳人的怀念,"语自奇辟",耐人品味。前二句追忆当年与佳人离别时的情景,"难胜泪"、"易得愁",写当年分别时佳人的音容。由往日情人之多情,反衬自己今日思念之深切,从而更进一层地表现出怀人的情思。后二句写扬州月色之美,进一步抒发了对扬州的忆念,对佳人的忆念之情便自在其中了。将明月一分为三,而扬州独占其二,可谓奇思妙想,夸张中自有艺术的真实,故为后人所赞赏;用"无赖"二字来写明月也十分巧妙,故宋顾乐云:"月明无赖,自是佳句,与扬州尤切。"(《唐人万首绝句选》)

刘　叉　二首

刘叉(生卒年不详),河朔(今河北一带)人,家世贫困,性刚直尚义。早年流浪在焦、蒙之间(在今山东东南部至河南北部一带),以屠宰捕鸟为业。后杀人犯法,隐名逃亡,"会赦出,更折节读书"(《新唐书》本传)。虽然改志从学,但他仍然过着浪迹江湖的生活。约在宪宗元和年间,曾为韩愈门客,后辞别韩愈,浪游齐鲁,不知所终。据说,刘叉在韩愈门下为客时,看到桌上有人送给韩愈写墓志铭的酬金,拿了就走,并对人说:"此谀墓中人所得,不若与刘君为寿。"由此可见他的豪爽和不拘礼法的品性。

其诗风格豪放,不受传统格式的限制,颇有特色。

有《刘叉诗集》。《全唐诗》录存其诗一卷。

姚秀才爱予小剑因赠

一条古时水,向我手中流。[1]临行泻赠君,勿报细碎仇。[2]

【注释】

[1]古时水:指剑。古人常用明澈的秋水来比喻闪闪发亮的剑光。

[2]细碎:细小琐屑。

【品鉴】

全诗以水比剑,设想奇妙,"流"、"泻"二字下得精巧,颇有趣味,结句劝友人用此剑去建功立业,而不要用它去报私仇,作者之胸襟于此可以想见。白居易《李都尉古剑》云:"愿快直士心,将断佞臣头;不愿报小怨,夜半刺私仇。劝君慎所用,无作神兵羞。"立意相似,可以参看。

偶 书

日出扶桑一丈高,人间万事细如毛。[1]野夫怒见不平事,磨损胸中万古刀。[2]

【注释】

[1]扶桑:神话传说中的大树,相传日出其下。

[2]野夫:作者自指。

【品鉴】

此诗立意奇警,风格粗犷,只求达意而不假雕饰,一种豪侠犷悍之气涌动在字里行间,令人称奇。尤其是以"万古刀"来比自己的正义感,不仅新颖奇特而且十分性格化,正显示出刘叉诗的独特风格。

许　浑　三首

许浑(生卒年不详),字用晦,一作仲晦,润州丹阳(今属江苏)人。大和六年(832)进士。大中时,官虞部员外郎,睦州、郢州刺史,世称许郢州。

其诗长于律体,多登高怀古之作,风格大多清新凝练,韦庄《题许浑诗卷》云:"江南才子许浑诗,字字清新句句奇。"其诗偶对整密、诗律纯熟,因此有"声律之熟,无如浑者"(田雯《古欢堂集》)的评价。代表作有《咸阳城东楼》、《金陵怀古》、《故洛城》等。后人对其诗有褒有贬,褒之者誉其诗"整密"、"不减王右丞";贬之者认为他"专对偶","工有馀而味不足"(方回《瀛奎律髓》)。

有《丁卯集》。《全唐诗》录存其诗十一卷,《全唐诗外编》及《全唐诗续拾》补诗四首。

塞上曲

夜战桑乾北,秦兵半不归。[1]朝来有乡信,犹自寄寒衣[2]

【注释】

　　[1]桑乾:河名,源出山西北部,流经河北,入海河。秦兵:代指唐兵。半:半数。

　　[2]寒衣:冬装。

【品鉴】

　　这首小诗用叙事的方法,描写了发生在桑乾河北的一次夜战,这次夜战唐军伤亡惨重,有一半士兵没有生还,其中有些士兵,在他们牺牲的次日清晨还有家信寄来,信中告诉他们御寒的冬衣已经寄出。诗人并未明确表明自己对战争的态度,但正是在那看似纯客观的叙事中,表现出他反对侵略战争、同情士兵悲惨命运的思想感情。诗的风格显得平淡、质朴、自然,而感情却很沉痛。后二句与沈彬《吊边人》中"白骨已枯沙上草,家人犹自寄寒衣"的诗句意思一样,感情也相似。

咸阳城东楼[1]

一上高城万里愁,蒹葭杨柳似汀洲。[2]溪云初起日沉阁,山雨欲来风满楼。[3]鸟下绿芜秦苑夕,蝉鸣黄叶汉宫秋。[4]行人莫问当年事,故国东来渭水流。[5]

【注释】

[1]诗题一作《咸阳城西楼晚眺》

[2]蒹葭:芦苇。汀洲:水边的平地。

[3]阁:指慈福寺阁。

[4]绿芜:绿野。秦苑:咸阳古为秦都,至唐时仍保留了许多秦时的古建筑。汉宫:指长安汉代的宫殿。

[5]故国:指秦汉王朝。渭水:黄河主要支流之一,源出甘肃,经陕西,横贯渭河平原,东流至潼关,入黄河。

【品鉴】

首联先声夺人,落笔便点明自己登楼后的第一感受——心中充满万里乡愁,一个"似"字,含意无限。中间两联在写景中融入了对历史与人生的感喟,诗人在此绝不仅仅是在描写秋风萧瑟的衰败景象,更有对历史兴亡、人事代谢的无限感叹,也是对唐王朝日薄西山、危机四伏的没落局势的形象化勾勒,从而使人感受到诗人的"万里愁"绝不仅仅是思乡之愁,而具有更深广的内容。尾联写诗人在百般愁绪中,欲言不能,欲罢不忍,唯存感慨而已的心情。"莫问"二字,并非劝诫之辞,实乃促人思索之语。结句可谓神完气足,把自己所见所感最后均归之于流水,既暗寓自己感慨不尽,又与开篇之"万里愁"相呼应,确有悠悠不尽的韵味。

谢亭送别[1]

劳歌一曲解行舟,红叶青山水急流。[2]日暮酒醒人已远,满天风雨下西楼。[3]

【注释】

[1]谢亭:即谢公亭,故址在今安徽宣城北面,南齐诗人谢朓任宣州太守所建。

[2]劳歌:本指在劳劳亭(旧址在今南京市南面)送客时唱的歌,后来代指送别之歌。[3]西楼:即送别之地。

【品鉴】

此为送别名作,虽无一字直接写离别时的感伤,但这种感伤情绪却从诗人描绘的画面中自然而然地流露出来,因而显得尤为含蓄委婉,前二句用青山红叶的明丽反衬出别绪之难堪,即所谓"以乐景写哀,以哀景写乐,一倍增其哀乐"(王夫之《姜斋诗话》),耐人寻味。后二句写友人去后的凄黯景色,衬托出离别时的迷惘感伤之情。明人敖英《唐诗绝句类选》评曰:"后二句可与'阳关'竞美,'西出阳关',写行者不堪之情;'酒醒人远',写送别不堪之情。大抵送别诗妙在写情。"

杜　牧　九首

杜牧(803—852),字牧之,京兆万年(今西安市)人。祖居长安下杜樊乡(今陕西长安),因称"杜樊川"。大和二年(828)登进士第,授弘文馆校书郎,后赴江西观察使沈传师幕,为江西团练巡官,转淮南节度使牛僧孺幕。出任黄州刺史,后又任池州、睦州刺史。大中三年(849)回朝廷任司勋员外郎、史馆修撰,复出为湖州刺史,一年后又内调为考功郎中、知制诰。官终中书舍人。

杜牧是晚唐著名诗人,与李商隐齐名,后世为区别于李白、杜甫,称之为"小李杜"。杜牧主张:"凡为文以意为主,以气为辅,以辞采章句为之兵卫。"(《答庄充书》)其古体诗受杜甫、韩愈影响,题材广泛,笔力峭健,代表作有《郡斋独酌》、《感怀诗》;近体则以词丽情婉著称,七律代表作有《早雁》、《九日齐山登高》等,而绝句尤多佳作,如《泊秦淮》、《秋夕》、《赤壁》、《华清宫绝句三首》等均是脍炙人口的名作。杜牧诗的突出特点是感情充沛,俊爽圆纯,胡应麟《诗薮》用"俊爽"二字来概括其诗之风格;刘熙载《艺概》将他与李商隐的诗加以比较,指出:"杜樊川诗雄姿英发,李樊南诗深情绵邈。"诗歌之外,文章、书法、绘画,杜牧皆有相当高的造诣。

有《樊川文集》。《全唐诗》录存其诗八卷,《全唐诗外编》及《全唐诗续拾》补诗九首。

题宣州开元寺水阁阁下宛溪夹溪居人[1]

六朝文物草连空,天澹云闲今古同。[2]鸟去鸟来山色里,人歌人哭水声中。深秋帘幕千家雨,落日楼台一笛风。惆怅无因见范蠡,参差烟树五湖东。[3]

【注释】

[1]开元寺:建于东晋,初名永安寺,唐开元二十六年(738)改名开元寺。宛溪:又名东溪,源出宣城东南峰山。

[2]六朝:指东吴、东晋、宋、齐、梁、陈。

[3]无因:无由。范蠡:春秋时越国大夫。五湖:太湖及其相属的四个小湖,因而也作为太湖的别称。

【品鉴】

此诗作于开成三年(838),时杜牧正任宣州团练判官。开元寺是宣州的名胜之一,杜牧有四首诗吟咏开元寺,可见他在宣州时常来此处游赏赋诗。此诗先写登临开元寺水阁骋目览景所勾起的古今联想,以六朝文物不在、风景依然如旧寄托了自己的无限感慨,造成一种笼罩全诗的气氛。中间两联融情于景,寄情以慨,表现出诗人独特的时空观念。尾联写从水阁遥望远方所兴起的追慕古人的感情,含意十分丰富。此诗写得工整流畅,是杜牧的七律名篇。

江南春绝句

千里莺啼绿映红,水村山郭酒旗风。[1]南朝四百八十寺,多少楼台烟雨中?

【注释】

[1]绿映红:意为绿叶映衬着红花。山郭:山边的城镇。酒旗风:指酒旗迎风飘舞。

【品鉴】

此诗绘出一幅江南春景图,意境开阔而深邃,层层布景,色彩明丽,是唐代写景七绝中的一篇优秀作品,清人宋顾乐评曰:“二十八字中写出江南春景,真有吴道子于大同殿画嘉陵山水手段,更恐画不能到此耳。”(《唐人万首绝句选》)诗中仅描绘出明媚绚丽的江南春色,同时也对南朝迷信佛教、广修佛寺作了讽刺。对首句中的“千里”二字,明代杨慎提出质疑:"千里莺啼,谁人听得?千里绿映红,谁人见得?若作十里,则莺啼绿红之景,村郭、楼台、僧寺、酒旗,皆在其中矣。"(《升庵诗话》)清人何文焕对此作了反驳:"余谓即作十里,亦未必尽听得着,看得见。题云《江南春》,江南方广千里,千里之中,莺啼而绿映红焉,水村山郭,无处无酒旗,四百八十寺,楼台多在烟雨中焉。此诗之意既广,不得专指一处,故总而命曰《江南春》。"(《历代诗话考索》)何氏之说似较可取,所谓"千里",是一种夸张的写法,是艺术概况的需要,若过分拘泥于字面,便不能真正读懂这首诗。

赤　壁[1]

折戟沉沙铁未销,自将磨洗认前朝。[2]东风不与周郎便,铜雀春深锁二乔。[3]

【注释】

[1]赤壁:山名,在今湖北武昌西长江南岸,是三国时吴蜀联军大破曹魏军队的地方。

[2]折戟:折断的戟(一种兵器)。沉沙:埋没在沙石之中。铁未销:指断戟尚未锈蚀烂掉。自将:亲自拿起。认前朝:认出是前朝赤壁之战的遗物。

[3]与:给。周郎:即周瑜,因其二十四岁为建威中郎将,吴中称为"周郎"。便:方便。铜雀:铜雀台,曹操所建,故址在今河北省临漳县。二乔:即大乔、小乔,《三国志·吴书·周瑜传》:"孙策欲取荆州,以周瑜为中护将,领夏太守,从攻皖,拔之。时得乔公二女,皆国色也,策自纳大乔,瑜纳小乔。"

【品鉴】

这是一首怀古咏史名作,作者以小见大,借一枝"残戟",引发了对历史的追忆,抒发了深长的感慨。前二句写由前朝遗物而引发历史的联想,其中"认"字用得精当,清人黄叔灿《唐诗笺注》云:"'认'字妙,怀古深情,一字传出,下二句翻案,亦从'认'字生出。"后二句议论,表达了诗人对赤壁之战这一历史事件的看法:一个英雄要成就某种事业,需要各种条件,否则将一事无成。

泊秦淮[1]

烟笼寒水月笼沙,夜泊秦淮近酒家。商女不知亡国恨,隔江犹唱后庭花![2]

【注释】

[1]秦淮:秦淮河,长江下游支流,横贯今江苏省南京市而入长江。

[2]商女:以卖唱为生的歌女。江:指秦淮河。后庭花:即《玉树后庭花》,是南朝陈后主所作的乐曲。

【品鉴】

秦淮河畔从南朝起即以"金粉"之地闻名于世,在一个月色迷蒙的夜晚,诗人泊舟于此,但见秦淮河在寒烟冷月的笼罩下,给人一种萧瑟冷寂之感,此时此刻,江岸上传来阵阵靡靡之音,诗人自然由陈代亡国悲剧联想到民困国衰的现实,对江河日下的唐王朝的前途充满了忧虑。诗中用《后庭花》的典故,对那些达官贵人醉生梦死的荒淫生活作了尖锐的讽刺。此诗构思巧妙,语言凝练,后人评价极高,沈德潜甚至誉之为"绝唱",李锳评云:"首句写秦淮夜景,次句点明夜泊,而以'近酒家'三字引起后二句。'不知'二字,感慨最深,寄托甚微。通首音节神韵,无不入妙,宜沈归愚(德潜)叹为绝唱。"(《诗法易简录》)

寄扬州韩绰判官

青山隐隐水迢迢,秋尽江南草未凋。[1]二十四桥明月夜,玉人何处教吹箫?[2]

【注释】

[1]隐隐:隐约模糊貌。

[2]二十四桥:唐代扬州城内有二十四座桥。玉人:指韩绰,古代常用玉人、美人来称誉男性。教吹箫:教歌女吹箫。

【品鉴】

杜牧在离开扬州后,仍眷恋扬州的繁华绮丽,想念昔日的老朋友,此诗便表达了他的这一份感情。前二句犹如一幅水墨画,画出江南山清水秀、绮丽多姿的秋日景色,流露出思念江南的一片深情;后二句本是问候友人近况,却故意用扬州典故相调侃,颇为生动风趣。此诗之写景,能用最简单的语言写出最富有特色的景物;此诗之抒情,表现得尤为含蓄蕴藉。宋顾乐《唐人万首绝句选》评曰:"深情高调,晚唐中佳作,可以媲美盛唐名家。"

遣 怀

落魄江南载酒行,楚腰肠断掌中轻。[1]十年一觉扬州梦,赢得青楼薄幸名。[2]

【注释】

　　[1]落魄:失意无聊。楚腰:细腰。古时楚灵王好细腰,故"楚腰"指女子的细腰。
　　[2]青楼:妓女住所。薄幸:薄情、负心之意。

【品鉴】

诗人曾在扬州任职,时作风流冶游,此诗既是对这段生活的追忆,又是对这段风流浪漫生活的忏悔。今人喻守真《唐诗三百首详析》曰:"这是牧之繁华梦醒忏悔艳游的诗。……首句是追叙到扬州,二句是指扬州妓女,三句'十年'言留恋美色之久,至今始觉其非,四句即承一意反结。十年艳游,所赢者只青楼薄幸之名,则其他所输者可想而知。言下满露悔恨之意。亦即佛家所谓放下屠刀,回头是岸之意。才子之笔可以感人。毋怪吴公见此诗,即予以荐引。"

山 行

远上寒山石径斜,白云生处有人家。[1]停车坐爱枫林晚,霜叶红于二月花。[2]

【注释】

　　[1]寒山:指深秋时节的山。

　　[2]坐:因为。霜叶:经霜的枫叶。

【品鉴】

　　诗写山行途中所见景色,犹如一幅深山秋色图。前二句写远望,绘出秋山远景。首句写出时令、山色、石径。"远"字写出山路的绵长,"斜"字写出高而缓的山势。次句写出一种自然而奇妙的景致,引人遐想。后二句写近观,传出枫叶之神韵。因为"霜叶"句不仅准确地描绘出枫叶经霜后的艳丽之色,而且还包含着丰富的哲理,传达出一种生机活泼、乐观向上的精神,能引发人们许多联想,遂成为千古名句。

秋　夕

　　银烛秋光冷画屏,轻罗小扇扑流萤。[1]天阶夜色凉如水,坐看牵牛织女星。[2]

【注释】

　　[1]银烛:白蜡烛。

　　[2]天阶:指皇宫中的石阶。

【品鉴】

　　诗写宫女的幽怨之情,"诗中不着一意,言外含情无限"(宋顾乐《唐人万首绝句选》)。此诗自夜初写至夜深,层层描绘出宫女的心境。一、三句写时间的变化,而二、四句顺应时间写出宫女心境的变化:夜初时,宫女还以扇扑打流萤来消遣,而至深夜满天星斗时,七夕渡河相会的牵牛、织女深深地刺痛了她的心,一种哀怨之情油然而生……诗人从侧面烘托出宫女的愁思,生动而传神。

清　明

　　清明时节雨纷纷,路上行人欲断魂。[1]借问酒家何处是,牧童遥指杏花村。[2]

【注释】

　　［1］断魂:指愁苦、伤心到极点。

　　［2］借问:请问。

【品鉴】

　　此诗最早见于南宋谢枋得所编的《千家诗》,题为杜牧作,但杜牧的《樊川诗集》、《别集》却没有收录,《全唐诗》也没有收录。因此此诗是否为杜牧所作,后人意见不统一。且不管作者是谁,这首诗以其通俗自然、不加雕琢的语言和鲜明生动的艺术形象以及优美动人、情景交融的意境,为人们所喜欢,长期以来被广泛传诵。首句交代时令与天气,"雨纷纷",写出细雨蒙蒙的情景。次句点明羁旅之人愁苦、伤心的情绪。三、四两句以问话的细节写"行人"欲以酒浇愁的心理活动,而牧童的回答,又将人们的视线引向远方,给读者留下了充分想象的余地。此二句犹如一幅生动的人物画,有人物,有情景,生动传神,饶有趣味。

雍　陶　三首

雍陶(805—?)字国钧,成都人。大和年间进士,历任侍御史、国子毛诗博士。大中八年(854),出任简州刺史。与张籍、王建、贾岛、姚合等人多有唱和。

工诗,其诗清丽婉转。

《全唐诗》录存其诗一卷,《全唐诗外编》及《全唐诗续拾》补诗三首。

题情尽桥

从来只有情难尽,何事名为情尽桥。[1]自此改名为折柳,任他离恨一条条。

【注释】

[1]何事:为何。

【品鉴】

据说,雍陶任简州刺史时,有一次送客至城外情尽桥,向身边的人问起桥名的来历,左右答曰:"送迎之地止此。"雍陶听了很不满意,随即在桥上题写了"折柳桥"三字,并写下了这首直抒胸臆的即兴之作。前二句明白如话,提出问题。"从来"二字看似不经意,其实却有极为丰富的含蕴,说出了古今至理;"何事"二字表示疑问。写出对"情尽"二字的反感。后二句化实为虚,以有形之柳条写无形之离恨,十分生动形象。古人离别时有折柳相赠的习俗,据说是取"柳"、"留"音谐,有挽留之意。以此为桥命名,正符合诗人"只有情难尽"的看法。全诗自然流畅,一气呵成,具有质朴浑成的艺术特色。

和孙明府怀旧山[1]

五柳先生本在山,偶然为客落人间。[2]秋来见月多归思,自起开笼放白鹇。[3]

【注释】

[1]和:唱和。明府:古代对县令的美称。

[2]五柳先生:即陶渊明。

[3]白鹇(xián):略似锦鸡,产于我国南方。

【品鉴】

孙明府在外为官,思念家乡,便写了一首《怀旧山》诗赠给雍陶,雍陶很理解他对故乡的思念之情,遂作此诗和之。作者通过"开笼放白鹇"这一细微的动作,突出表现了孙明府身受官职约束,思乡而不能归的愁绪。俞陛云评曰:"因思归而放白鹇,推己及物,与'剔开红焰救飞蛾',同一慈惠之思。"(《诗境浅说续编》)可谓知音。

天津桥望春[1]

津桥春水浸红霞,烟柳风丝拂岸斜。[2]翠辇不来金殿闭,宫莺衔出上阳花。[3]

【注释】

[1]天津桥:在洛阳西南洛水上。

[2]烟柳:柳绿如烟。

[3]翠辇:皇帝所乘车驾。上阳:宫名,故址在洛阳西南。

【品鉴】

这是一首怀古诗,却通篇写景,不言史事,不发议论,但正是在这看似冷静的描绘中,抒发了诗人吊古伤今的盛衰兴亡之感。洛阳是唐代的东都,在开元、天宝年间,洛阳是皇帝车驾常来常往的地方,但在安史之乱后,帝王不再东幸,旧日宫苑逐渐荒废。诗人站在天津桥上,放眼望去,昔日宏伟的宫阙今日已一片残破,不由感慨万千,于是留下了这篇传世之作。

赵 嘏 三首

赵嘏(806—852?),字承佑,楚州山阴(今江苏淮阴)人。会昌四年(844)进士及第,大中元年(847)来长安求仕,后任渭南(今陕西省渭南市)尉,郁郁不得志,四十余岁便卒于任上。世称赵渭南。

其诗内容较为单薄,题献应酬之作颇多,故园乡土之恋,流落不第之悲,也是其诗的主要内容。嘏诗以七律造诣较为突出,属于律切工稳、清圆熟练一路,《全唐诗》称其"为诗赡美,多兴味"。

有《渭南集》。《全唐诗》录存其诗二卷,《全唐诗外编》及《全唐诗续拾》补诗五首。

寒 塘

晓发梳临水,寒塘坐见秋。[1]乡心正无限,一雁度南楼。[2]

【注释】

　[1]坐:因。

　[2]度:飞越。

【品鉴】

这首小诗虽只有二十个字,但却层次分明地写出了诗人的羁旅愁思,见出诗人构思之巧妙:先写临寒塘而感秋意,再写乡心无限,最后又在情绪不堪时添上新的刺激——"一雁度南楼"。通过这样层层叙写,诗人内心的思绪便一一展露出来了。结局景中含情,引人遐思。

江楼感旧

独上江楼思渺然,月光如水水如天。[1]同来玩月人何在? 风景依稀似去年。[2]

【注释】

[1]思渺然:怅惘无聊之意。

[2]玩月:赏月。依稀:隐隐约约。

【品鉴】

此诗情味浓郁,自然洗练,抒写了对友人的忆念及独登江楼时的惆怅之情。前二句写诗人夜登江楼,所见只有江天月色。"独上"透露出寂寞的心境;"思渺然"写出凝神沉思的情态。次句用叠字回环的句法,连用两个"水"字,描绘出一幅极其空灵明丽的江天一色的图景。后二句由今思昔,写出风光依旧而人事已非的感慨。"同来"与首句"独上"相呼应,"去年"与今夜相比对,巧妙地暗示出今昔不同的情怀。俞陛云《诗境浅说续编》评曰:"唐人绝句,有刻意经营者,有天然成章者。此诗水到渠成,二十八字,一气写出。月明此夜,风景当年,后人之抚今追昔者,不能外此。"

西江晚泊[1]

茫茫霭霭失西东,柳蒲桑村处处同。[2]戍鼓一声帆影尽,水禽飞起夕阳中。[3]

【注释】

[1]西江:长江从今九江市到南京一段古时称为"西江"。

[2]霭霭:浓云密布的样子。

[3]戍鼓:驻军营垒中的乐鼓。

【品鉴】

此诗写日暮时分江上空阔萧寥景色,犹如一幅江上日暮图,所谓"诗中有画",此诗足以当之。俞陛云《诗境浅说续编》云:"凡江行入暮时,上下舟樯,次第卸帆收港,江空无人,烟水迷茫中,唯有水禽翔泊。此诗诚善写江天入暮、空阔萧寥之状。"

李 昂 一首

李昂(809—840),即唐文宗,长庆元年(821)封江王,宝历二年(826)十二月即帝位。开成五年(840)卒,谥元圣昭献皇帝。

善诗,尤好五言,古调清峻,喜与宰相论诗之工拙,常吟杜甫《曲江》诗。每试进士,多自出题目,及试卷呈进,常披览吟咏,终日忘倦。

《全唐诗》录存其诗六首。

宫中题

辇路生春草,上林花满枝。[1]凭高何限意,无复侍臣知。[2]

【注释】

[1]辇路:即辇道,指帝王车驾所经之路。辇:人推拉的车,后特指君后所乘的车。上林:即上林苑,古宫苑名,秦都咸阳时置,汉初荒废,汉武帝时扩建,周围至二百馀里。故址在今陕西省西安市。此处泛指宫苑游猎场所。

[2]凭高:登高。

【品鉴】

文宗即位以后,力图改变中唐以来宦官专权的状况,在太和九年(835)与翰林侍讲学士李训、太仆卿郑注谋诛宦官,事败,李、郑与宰相王涯被诛,史称"甘露之变"。此后宦官更加猖狂,专权恣横,文宗心中异常苦闷,此诗便是他这种心境的写照。前二句是文宗眺望所见景象,帝居萧索,游幸稀少,耐人品味。后二句是作者之感慨,说明文宗身边没有可以信赖的臣子,其心境之落寞凄苦,自在言外。

温庭筠 四首

温庭筠(约812—866),原名岐,字飞卿。太原祁(今山西祁县)人。少负才华,苦心学文,才思敏捷,每与试,八韵一篇,据说他叉手一吟便成一韵,人称"温八吟";又谓其八叉手成八韵,又称"温八叉"。但因好讥讽权贵,故一生不得志,屡试进士不第,直到晚年才得做方城尉、国子助教之类的小官。

其诗与李商隐齐名,时称"温李",温诗秾艳精巧,给人以绮错婉媚之感。各体中尤长五、七言古诗和近体诗,后者佳作更多,如《过陈琳墓》、《经五丈原》、《商山早行》,历来受到人们的称赏。温庭筠是较早大量写词的文人,其词内容多写妇女生活,风格秾丽绵密,多用比兴,对词的发展产生过很大的影响,故五代后蜀赵崇祚编《花间集》把他的词列于首位。

有《温飞卿诗集》。《全唐诗》录存其诗九卷,《全唐诗外编》补诗一首。

商山早行[1]

晨起动征铎,客行悲故乡。[2]鸡声茅店月,人迹板桥霜。槲叶落山路,枳花明驿墙。[3]因思杜陵梦,凫雁满回塘。[4]

【注释】

[1]商山:亦名楚山,在今陕西商洛东南。

[2]铎:大铃。

[3]槲:落叶乔木。枳:花叶灌木。

［4］杜陵:在长安南郊,作者曾寓居于此。凫:野鸭一类飞禽。回塘:曲折的池塘。

【品鉴】

这是一首著名的以羁旅行役为题材的诗篇,作于诗人离开长安赴襄阳路经商山之时。首联概述了诗人启程的时间、情景和早行时的情绪。"动征铎",写人们套车备马准备远行;"悲故乡",不仅写出诗人当时的心情,也概括了羁旅之人的共同感受。颔联写诗人初离驿站时所见所闻,写出出行之早、旅途之艰。此二句只排列"鸡声"、"茅店"、"月"、"人迹"、"板桥"、"霜"等六种景物,便自然构成了一幅北方山村春日早行图,十分生动。这一联受到欧阳修的激赏,沈德潜甚至说:"早行名句,尽此一联。"(《唐诗别裁集》)颈联写早行一路所见景物,同时再次暗示季节、时间和地点(商山多槲树、枳树)。诗人写枳花用一"明"字,生动地描绘出枳花之繁盛、色彩之鲜亮醒目,尾联继上联写来,追述早行之前夜晚所得梦境,以"杜陵梦"回应首联之"悲故乡",含蓄委婉地表达了诗人难以排遣的思乡之情。

碧涧驿晓思

香灯伴残梦,楚国在天涯。[1]月落子规歇,满庭山杏花。[2]

【注释】

［1］香灯:灯的美称。楚国:指长江中下游地区,古时为楚国。

［2］子规:杜鹃鸟。

【品鉴】

这首小诗写残梦初回时恍惚迷离的情景,被后人誉为"格高味永"之作。前半说梦中醒来,只见孤灯荧荧,想到自己作客楚地,不由感到无限惆怅。后半转写诗人起步闲庭,但见斜月西沉,子规啼罢,只有满庭山杏,挹晨露而争开……诗人心中所思所感,均在言外。宋顾乐《唐人万首绝句选》评曰:"写得情景悠扬婉转,末句更含无限寂寥。"

瑶瑟怨[1]

冰簟银床梦不成,碧天如水夜云轻。[2]雁声远过潇湘去,十二楼中月自明。[3]

【注释】

[1]瑶瑟:精美光洁的瑟。

[2]冰簟:凉席。银床:饰有白玉的华丽的床。

[3]十二楼:神话中仙人居住的地方,此处代指女子所居之楼。

【品鉴】

这是一首描写闺怨的作品,写一女子秋闺独处、美梦难成的所闻所见。"碧天"句写其所见,暗暗透露出她清冷寂寞的意绪;"雁声"句写其所闻,从侧面写出她凝神屏息、倾听雁声南去而若有所思的神情。此诗表面看均为写景,而其怨情却寓于景中,显得空灵委婉,生动有味。宋谢枋得评云:"此诗铺陈一时光景,略无悲怆怨恨之辞,枕冷衾寒,独寐寤叹之意,在其中矣。"(《唐诗绝句注解》)

蔡中郎坟[1]

古坟零落野花春,闻说中郎有后身。[2]今日爱才非昔日,莫抛心力作词人。[3]

【注释】

[1]蔡中郎:即东汉末年著名文人蔡邕,他曾任左中郎将。

[2]"闻说"句:据殷芸《小说》记载,张衡死的那一天,蔡邕的母亲刚好怀孕,蔡邕与张衡相貌十分相似,"时人云邕是衡之后身"。

[3]抛:浪费。词人:文人。

【品鉴】

作者一生怀才不遇,遭际困厄异于常人,故过蔡邕坟而感慨系之,写下了这首词意悲凉、感情沉痛的诗作。刘永济《唐人绝句精华》评云:"此感已不为人知而作,以蔡邕曾语王粲,欲以藏书赠之,伤今日无爱才如蔡者,故有'莫抛心力'之句。"

李商隐 三首

　　李商隐(约812—858),字义山,号玉谿生,又号樊南生,原籍怀州河内(今河南沁阳),自祖父起迁居荥阳(今河南郑州)。文宗大和三年(829),布衣入天平节度使令狐楚幕,为天平节度使巡官。后曾入兖海观察使崔戎幕。开成二年(837)登进士第,开成三年(838),入泾原节度使王茂元幕,娶其女。后入京为秘书省校书郎,调弘农(今河南灵宝北)尉。会昌二年(842),书判拔萃科及第,授秘书省正字。宣宗时,先后入桂州、徐州、梓州幕府。后罢官闲居郑州,病逝。

　　李商隐是晚唐著名诗人和骈文作家,与杜牧并称"小李杜",与温庭筠并称"温李"。其诗多忧怀国运、感慨时事之作,代表作有《行次西郊作一百韵》、《有感二首》、《重有感》;这些诗反映面广,开掘有深度;亦多抒发怀抱、感叹身世之作,代表作有《安定城楼》、《晚晴》。除此之外,李商隐的咏史诗、无题诗、咏物诗都有很高的成就,名篇有咏史诗《北齐二首》、《华清宫》;无题诗"相见时难别亦难"、"昨夜星辰昨夜风";咏物诗《高松》、《蝉》。各体均有佳作,尤其是七律和七绝成就更高。李商隐的诗歌具有独特的风格,他的诗歌语言绮丽,对仗工巧,想象丰富,尤善于运用比兴寄托的方法,往往情致深蕴,馀味无穷,具有一唱三叹的曲折情韵。其诗渊源甚广,而对后世之影响亦相当深远,他以后的许多诗人都从他的诗歌中大获裨益。此外,从晚唐五代兴起的词,从一开始就深受商隐诗风的沾溉,哀怨深婉,绮丽秾鲜,后来始终是词家之正宗。

　　有《李义山诗集》。《全唐诗》录存其诗三卷,《全唐诗外编》及《全唐诗续拾》补诗四首。

无 题

相见时难别亦难,东风无力百花残。春蚕到死丝方尽,蜡炬成灰泪始干。晓镜但愁云鬓改,夜吟应觉月光寒。[1]蓬山此去无多路,青鸟殷勤为探看。[2]

【注释】

[1]云鬓:指女子如云的头发。

[2]蓬山:即传说中的海上仙山之一蓬莱山。青鸟:传说中为西王母传递消息的仙鸟。

【品鉴】

这是一首著名的爱情诗,表现出诗人对爱情的忠贞和对爱人极为殷切的思念。首句写的是离别相思之情,两个"难"字,前一个是难见,后一个是难离,均含有无限的哀愁。次句用春光将逝、百花已残来象征主人公与爱人的爱情生活的结束,字里行间蕴蓄着惆怅哀怨之情。颔联用春蚕和蜡烛来比喻主人公对爱情的态度,既深刻透彻又贴切自然。"丝"与"思"谐音,暗喻相思,构思十分巧妙。颈联是主人公的设想之辞,想象丰富,意境优美动人,写出双方分别后的孤独与凄寂。"应觉"二字既表现了女子吟诗不觉月冷的情痴状态,又透露出诗人对爱人的关心,耐人回味。尾联运用神话传说,写出主人公深切的相思之情,虽然二人不得不分离,但主人公仍希望有人往来传递彼此的消息,以慰朝思暮想的痴情。诗人用了"蓬山"、"青鸟"两个神话传说,把对方居处比为仙境,把对方比为神仙中人,既表现出主人公对爱人的爱慕之深,又为全诗增添了浪漫气息,使之更富有诗情画意。李商隐的《无题》诗大都写得婉转含蓄,曲折隐晦,有一种迷离恍惚之美,此诗同样具有这种风格,尤其是"春蚕"一联,同其他《无题》诗中的佳联如"身无彩凤双飞翼,心有灵犀一点通"、"春心莫共花争发,一寸相思一寸灰"等一样,都是缠绵悱恻、娓娓动人的千古名句。

乐游原[1]

向晚意不适,驱车登古原。[2]夕阳无限好,只是近黄昏。

【注释】

[1]乐游原:在今西安南郊。是当时著名的游览区。

[2]向晚:傍晚。意不适:心情不舒畅。

【品鉴】

此诗写诗人意有不适,为了排遣忧愁,便驱车登上古原,在古原上看见落阳,伤感之情却更加浓重。短短四句,一唱三叹,曲折有致,尤其是后二句情景相涵,韵味无穷,是历来为人们传诵的名句。这首小诗所描写的情景十分单纯,但却包孕着极其丰富的内容。其思想意蕴,历来众说纷纭,或以为此诗是感叹时光易逝,劝人爱惜光阴;或以为此诗是比喻人生晚景虽好,但难长久;更有人认为此诗隐寓大唐帝国走向衰落的命运。种种说法均有一定的道理,或许第一种意见更接近作者的原意?

夜雨寄北[1]

君问归期未有期,巴山夜雨涨秋池。[2]何当共剪西窗烛,却话巴山夜雨时。[3]

【注释】

[1]诗题一作《夜雨寄内》。

[2]君:指妻子。巴山:泛指四川东部的山,当时作者滞留于巴蜀一带。

[3]何当:何时。

【品鉴】

诗写羁旅情思。首句不写自己而从对方写起,"君问归期",托出了妻子的深情探问;"未有期",见出诗人的羁旅之愁、思归之苦。寥寥七字之中,一问一答,有虚有实,跌宕有致。次句写眼前之景,点明作诗的时间、地点和环境,淅沥沥的秋雨、涨满的池塘,这样的环境气氛正衬托出诗人愁苦的情思。三四两句另辟新境,由写眼前,忽然转到对将来的向往,用未来剪烛夜话的温馨,反衬今夜的孤寂情怀,进而想到归家以后可以把今天雨夜不眠的苦况作为夫妻长谈的一个话题。归期未定而已想到见面后谈话的内容,正反映出诗人盼望归去的急切心情。清代桂馥《札朴》评云:"眼前景反作日后怀想,此意更深。"

崔 珏 一首

崔珏(生卒年不详),字梦之,郡望清河东武城(今山东武城西北)人。大中进士。曾为崔铉幕僚,被荐入朝,任校书郎,后为淇县令。官终侍御史。

诗风工丽华艳,与李商隐为诗友,亦与赵光远等人有唱和。因赋《和友人鸳鸯之什》而获名,时人号之曰"崔鸳鸯"。

《全唐诗》录存其诗一卷。

哭李商隐二首(选一)

虚负凌云万丈才,一生襟抱未曾开。鸟啼花落人何在,竹死桐枯凤不来。良马足因无主踠,旧交心为绝弦哀。[1]九泉莫叹三光隔,又送文星入夜台。[2]

【注释】

[1]踠(wǎn):屈,曲。

[2]三光:指日、月、星。此指人世。夜台:墓穴。

【品鉴】

此为悼念亡友之作,感情悲怆,风格沉郁,具有撼人心魄的艺术感染力。首联用强烈对比的方法,写出李商隐作为一代才人的悲剧遭遇,从而对埋没人才的黑暗世道给以无情的鞭挞。颔联借用鸟啼花落,竹死桐枯,凤鸟不来,抒发了斯人已逝的悲哀。颈联在悲痛之馀,深刻地揭示了当时社会趋慕权势不重人才的风气,尾联强自慰藉,字里行间透出浓郁的哀伤情绪。它不仅没有拂去全诗笼罩的悲伤气氛,反而增强了诗作的悲剧力量,这是诗人的匠心独运之处。

陈　陶　三首

陈陶(约812—约885),字嵩伯,鄱阳(今江西鄱阳)人,又作剑浦(今福建南平)人。自称"三教布衣"。大中时,游学长安,举进士不第,遂浪游江湖,后隐居南昌西山而终。

工诗,尤工乐府。《陇西行》写征戍之苦及征人思妇的怨恨之情,刻画细致,凄婉动人,为人们广泛传诵。

有《陈嵩伯诗集》。《全唐诗》录存其诗二卷。

续古二首[1]

秦家无庙略,遮虏续长城。[2]万姓陇头死,中原荆棘生。[3]
战地三尺骨,将军一身贵。[4]自古若吊冤,落花少于泪。[5]

【注释】

[1]续古:即拟古。

[2]秦家:秦朝。庙略:指帝王或朝廷对国家大事的筹划。遮虏:防止外族入侵。

[3]万姓:指被征修筑长城的人。陇头:即陇山,在今陕西陇县西北。荆棘生:指田地荒芜,野草丛生。

[4]三尺骨:极言战死士兵之多。贵:显贵。

[5]吊冤:凭吊冤魂。

【品鉴】

此二诗语言朴拙平易,颇有新意。其一讽刺秦始皇只知修筑长城,不管民生疾苦,给百姓带来了深重的灾难,具有借古讽今的意味。其二描写出封建时代"一将功成万骨枯"的现实,抒发了对士兵不幸命运的同情。"落花少于泪",比喻极新鲜,感情极沉痛。

陇西行四首(选一)[1]

　　誓扫匈奴不顾身,五千貂锦丧胡尘。[2]可怜无定河边骨,犹是春闺梦里人。[3]

【注释】

　　[1]陇西行:乐府《相和歌辞·瑟调曲》旧题。

　　[2]扫:扫荡。貂锦:汉代羽林军穿的一种服装。胡尘:指北部边塞。

　　[3]无定河:由今内蒙古流入陕西北部的一条河流。犹是:还是。春闺:此指闺中少妇。

【品鉴】

　　这是一首著名的边塞诗,它设想奇特,既写出了战争的残酷,又写出了思妇的一片痴情,发人深省,令人震惊。首句豪气夺人,慷慨悲壮,赞颂了唐军将士的英勇和无畏。"誓扫"二字表现出他们勇往直前的气概,"不顾身"则进一步写他们报国杀敌的精神。次句写战争的残酷、伤亡的惨重,"五千"极言其多。后二句用意工妙,十分警策,把战争带给广大妇女的痛苦形象而生动地描绘了出来。此二句写得十分沉痛,使全诗产生了震撼人心的悲剧力量。喻守真《唐诗三百首详析》云:"'可怜'一转,逼出正意,战死将士已成为无定河边的枯骨,不知春闺少妇的梦里还是一个健全的人,想他们归来呢。陈陶的边塞诗喜作苦语,较之'一将功成万骨枯'句,尤其深痛。本诗跌宕之处,全在'可怜''犹是'四字。"读此诗,使人想到许浑的《塞下曲》,其诗云:"夜战桑乾北,秦兵半不归。朝来有乡信,犹自寄寒衣。"两诗立意相似,有异曲同工之妙。

崔 橹 二首

崔橹(生卒年不详),一作崔鲁。大中时进士,曾为州司马。

其诗略似杜牧,多写景抒怀之作。《唐摭言》称其"才情丽而近荡"、"尤能咏物"。

《全唐诗》录存其诗十五首。

华清宫四首(选二)[1]

草遮回磴绝鸣銮,云树深深碧殿寒。[2]明月自来还自去,更无人倚玉栏干。

门横金锁悄无人,落日秋声渭水滨。[3]红叶下山寒寂寂,湿云如梦雨如尘。

【注释】

[1]华清宫:旧址在今陕西临潼南骊山上。

[2]回磴:山上回环曲折的盘道。銮:皇帝所乘的马车的铃铛。云树:树高入云。

[3]渭水:源出甘肃,流经长安,至渭南入黄河。

【品鉴】

中晚唐诗常以华清宫为题材,抚今怀古,抒发心中深长的感慨。崔橹此诗共四首,均极写天宝之乱以后华清宫的荒凉孤寂,"而昔盛今衰与荒淫召乱之故,皆可以言外得之"。后人对这一组诗评价甚高,有人认为其精练奇警胜过李商隐、杜牧等人同类题材的作品,也许不无道理。此选二首。前一首语言冷静,而感情却相当深痛,读之令人生出无限感叹。后一首写出一片寥落荒凉的景象,透出几分凄凉,其浓重的感伤情绪自在不言之中。

曹 邺 六首

　　曹邺(生卒年不详),字邺之,广西桂林阳朔人。早年在京城应考十年,九次落第,后得权贵引荐,于大中四年(862)进士及第,受辟为天平节度使推官,后来作过祠部郎中、洋州刺史、吏部郎中等官,后辞官南归,隐居以终。

　　曹邺诗内容较为丰富,代表作有《捕鱼谣》、《官仓鼠》、《筑城》等。《全唐诗》录存其诗二卷。

四怨诗四首[1]

美人如新花,许嫁还独守。[2]岂无青铜镜,终日自疑丑。

庭花已结子,岩花犹弄色。[3]谁令生处远,用尽春风力。

短鬓一如蟭,长眉一如蛾。[4]相共棹莲舟,得花不如他。[5]

手推呕哑车,朝朝暮暮耕。[6]未曾分得谷,空得老农名。

【注释】

　　[1]四怨诗:曹邺有《四怨三愁五情诗十二首》,这是其中的前四首"怨诗"。

　　[2]许嫁:已经许配与人。

　　[3]弄色:开花。

　　[4]蟭:虫名,似蝉而小。蛾:蚕蛾的眉(即须角),细长而曲,而人的眉以长为美,故用蛾眉作比。

　　[5]棹:船具,此处意为"划船"。

　　[6]呕哑:小车推动时发出的声音。

【品鉴】

这一组诗作于诗人中举之前,其共同特点是运用比兴手法,抒发了怀才不遇的感慨。第一首以美人自比,以其不为人迎娶比自己累举不第,以至于怀疑自己的才能;第二首以岩花自比,以其迟开喻自己无人赏识和扶持;第三首仍以美女自比,感叹自己才能并不比别人差,可结果却总不如人;第四首自比没有收获、只有耕耘的老农,说自己劳而无功,言外有国事已不可为的感慨。这组诗体现出曹邺诗质朴无华、文笔简洁、通俗冷峭的艺术风格。

官仓鼠

官仓老鼠大如斗,见人开仓亦不走。[1]健儿无粮百姓饥,谁遣朝朝入君口?[2]

【注释】

[1]走:避开。

[2]健儿:指军中士兵。君:指鼠。

【品鉴】

此诗借官仓老鼠的形象,讽刺了那些只知吸吮百姓血汗的贪官污吏,感情激愤、强烈,却又含蓄深沉。诗人采用了民间口语,然而譬喻贴切,词浅意深。蒋冕在《曹祠部集序》中称赞曹邺"公忠刚直,能言人之所不敢言",由此诗观之,此言确非虚誉。

早秋宿田舍

涧草疏疏萤火光,山月朗朗枫树长。[1]南村犊子夜声急,应是栏边新有霜。[2]

【注释】

[1]疏疏:稀疏。朗朗:明亮的样子。长:指秋月斜照,树影细长。

[2]犊子:小牛。栏:牛栏。

【品鉴】

　　这是一首清新的田园诗。前二句写田园的秋夜景象,是作者所见;后二句写作者夜宿农舍所闻。全诗有声有色,生动自然。

薛 能 一首

薛能(817—?),字大拙,汾州(今山西汾阳)人。会昌六年(846)进士及第。曾为剑南西川节度副使摄嘉州刺史、京兆尹、工部尚书。广明元年(880),为徐州节度使,军乱被逐,不知所终。

有《薛许昌诗集》。《全唐诗》录存其诗四卷,《全唐诗续拾》补诗一首。

黄蜀葵[1]

娇黄新嫩欲题诗,尽日含毫有所思。[2]记得玉人初病起,道家妆束厌禳时。[3]

【注释】

[1]黄蜀葵:一年或多年生草本,夏季开花。

[2]含毫:润笔。

[3]玉人:美人。厌禳:道家的一种祭祷消灾的仪式。

【品鉴】

此诗写作者见花而思人,"尽日含毫"四字,深思情态跃然纸上;后半由葵色娇黄,联想到美人病后身着道家妆束时的姿容,自然贴切,形象生动。

郑　畋　一首

郑畋（824—882），字台文，谥文诏，荥阳（今属河南）人。会昌二年（842）中进士，曾任校书郎、中书舍人、梧州刺史等职。僖宗、昭宗朝两次入相。卒于陇州，赠太尉。

《全唐诗》录存其诗十六首。

马嵬坡

玄宗回马贵妃死，云雨难忘日月新。[1]终是圣明天子事，景阳宫井又何人？[2]

【注释】

[1]回马：指唐玄宗自蜀还京。云雨：旧称男女欢合为"云雨"。日月新：指肃宗即位后有中兴之望。

[2]终是：终究是。天子：指玄宗。景阳宫井：在今南京玄武湖边。南朝陈后主听说隋兵已经攻进金陵城，便与他的宠妃张丽华、孔贵嫔藏在景阳宫井内，最后还是作了隋军的俘虏。

【品鉴】

唐人咏"马嵬之变"的诗作很多，此诗是其中较有特色的一首。前二句将"玄宗回马"和"贵妃死"这两件相距很久的事并提，一存一殁，意味深长，而"云雨难忘"与"日月新"对举，又写出了玄宗复杂而矛盾的心情，耐人回味。后二句，作者用陈后主来反衬唐玄宗，说他在危急关头，能识大体、顾大局，忍痛割舍杨贵妃，比之陈后主，终究还是圣明天子。从字面上看,作者确实是对玄宗的行为表示了赞美,但将他与历史上最荒唐的亡国之君陈后主作对比,其中便自有几分微婉的讽刺意味,引人思索。

罗邺 二首

罗邺（约831—约896），苏州吴县（今江苏苏州）人。曾于咸通中数次应进士，不第，后从军入塞，从边塞归来后，先后入幕于池州、江西、东川等州郡，晚年归吴县闲居。

诗与罗隐、罗虬齐名，时称"三罗"。与方干、贯休友善，诗风亦大体相似，《唐摭言》评他"才清而绵致"。

有《罗邺诗集》。《全唐诗》录存其诗一卷，《全唐诗外编》及《全唐诗续拾》补诗三首。

秋　怨

梦断南窗啼晓乌，新霜昨夜下庭梧。不知帘外如珪月，还照边城到晓无？[1]

【注释】

[1]珪：圆玉。

【品鉴】

诗写秋夜闺思。前二句不仅点出节令、时间，更写出一种凄清的气氛，衬托出女主人公孤独寂寞的心境；后二句写思妇醒后望月所想。思妇与征夫互相思念，只能万里共对一轮明月，所以思妇关心圆月是否能为征人所见，其真正含意是在担心丈夫是否也在思念自己。但这一层意思并不明白说出，便显得情意委婉，缠绵无限。俞陛云评云："深闺绝塞，天远书沉，所空际寄情者，惟万里外共对一轮明月，已属幽渺之思。作者更言

秋闺夜午,月渐西沉,不知塞外月斜,可还照征人铁甲? 愈见思曲而苦矣。"(《诗境浅说续编》)

雁

　　暮天新雁起汀洲,红蓼花开水国秋。[1]想得故园今夜月,几人相忆在江楼。

【注释】

　　[1]新雁:新从北方来的大雁。红蓼(liǎo):即水蓼,又称水红,生于水边,秋日开花。

【品鉴】

　　此为触景生情、托物起兴之作,诗人借咏雁抒发了故乡之思。前二句借"暮天新雁"和"红蓼花开",写出一片秋日景象,生动传神;后二句从对面着笔写思乡之情,不言己之思乡,却写家人思己,更见其情真挚深切。唐人写思乡诗,常用从对方着笔的写法,如韦应物《寒食寄京师诸弟》云:"把酒看花想诸弟,杜陵寒食草青青。"白居易《邯郸至除夜思家》云:"想得家中夜深坐,还应说着远行人。"这些诗句在构思上有共同之处,可以参看。

贯 休 二首

贯休(832—912),唐末诗僧,俗姓姜,字德隐,婺州兰溪(今属浙江)人。七岁出家,一生游历过许多地方,曾依吴越王钱镠,后定居西蜀,受到蜀王王建的礼遇,赐号"禅月大师"。

贯休善书法,工篆隶,尤以诗著名,与陈陶、方干、罗隐、韦庄等皆有唱酬。其诗题材较广泛,不仅有讽刺统治者骄奢淫逸的《公子行》等,亦有气势雄放的边塞诗。吴融评曰:"上人之作,多以理胜,复能创新意,其语往往得景物于混茫自然之际。"(《西岳集序》)又曰:"其旨归必合于道。"(《禅月集序》)

有《禅月集》。《全唐诗》录存其诗十二卷,《全唐诗外编》及《全唐诗续拾》补诗十七首。

公子行

锦衣鲜华手擎鹘,闲行气貌多轻忽。[1]稼穑艰难总不知,五帝三皇是何物。[2]

【注释】

[1]鲜华:鲜艳华丽。擎:举。鹘:即鹰。闲行:闲逛。气貌:神态。轻忽:傲慢。

[2]稼穑:泛指农业劳动。

【品鉴】

据说贯休入蜀后,蜀王王建很欣赏他的才华。有一天,王建举行宴会,令贯休朗诵自己的近作。此时显宦贵戚均在场,贯休有意要讽刺他们,便背诵了这首诗。王建听了很高兴,而贵戚们却如坐针毡,对贯休怀恨在心。诗中刻画了一个毫无本领、游手好闲的贵族子弟的形象,可谓惟妙惟肖。前二句描写"公子"的衣服、行为、神气,形象逼真。"鲜华"写其"锦衣"的华贵;"闲行"状其无所事事之貌;"轻忽"二字传出"公子"浅薄之神,透出诗人的蔑视与讽刺。后二句直率坦诚,谴责"公子"们不仅不懂稼穑之艰难,对一些历史常识也毫无所知,令人感到可恶而又可憎。聂夷中《公子行》也是讽刺贵公子的作品,可以参看:"种花满西园,花发青楼道。花下一禾生,去之为恶草。"

马上作

　　柳岸花堤夕照红,风清襟袖辔璁珑。[1]行人莫讶频回首,家在凝岚一点中。[2]

【注释】

　　[1]辔:马缰。璁珑(cōng lóng):明洁的样子。

　　[2]讶:惊奇。凝岚:浓岚。岚:山林中的雾气。

【品鉴】

　　远行之人恋恋不舍之情态,尽在此二十八字之中。黄叔灿《唐诗笺注》云:"'家在凝岚一点中',入神之笔。然首二句写马上神情,已注末句。"

于 濆 一首

于濆(生卒年不详),字子漪。咸通二年(861)登进士第,仕途不达,官终泗州判官。

工诗,尤善古风,颇多反映现实之作。代表作有《古宴曲》、《田翁叹》、《里中女》等。在艺术上,于濆诗亦有特点,《唐才子传》说他"患当时作诗者拘束声律而入轻浮,故作《古风》三十篇,以矫弊俗"。故其诗质朴无华,有其独特的地位。

有《于濆诗集》。《全唐诗》录存其诗一卷。

里中女[1]

吾闻池中鱼,不识海水深。吾闻桑下女,不识华堂阴。贫窗苦机杼,富家鸣杵砧。[2]天与双明眸,只教识蒿簪。[3]徒惜越娃貌,亦蕴韩娥音。[4]珠玉不到眼,遂无奢侈心。岂知赵飞燕,满髻钗黄金。[5]

【注释】

[1]里:乡间。

[2]机杼:织布工具。杵砧:捣衣的工具。

[3]明眸:明亮的眼睛。教:让许之意。

[4]越娃:泛指越地一带的美女。韩娥:古代传说中一个善于唱歌的女子。

[5]赵飞燕:汉成帝的皇后。

【品鉴】

　　于濆曾写过不少刚健朴质、反映社会现实的作品,此诗即是其中的一篇代表作。作者在里中女与"赵飞燕"一类贵妇人的对比描写中,形象地揭示出贫富悬殊的社会现实。起首四句用池鱼不识海水来兴起贫家女子不理解富贵生活,十分自然贴切,富于民歌的比兴特色。

罗　隐　四首

罗隐(833—909),字昭谏,余杭(今属浙江)人,一作新登(今浙江桐庐)人。本名横,以十举进士不第,遂更名为隐。咸通十一年(870),入湖南观察使幕,为衡阳主簿。光启三年(887)入镇海军节度使钱镠幕,后迁节度判官、给事中等职,世称罗给事。

罗隐与罗虬、罗邺齐名,称江东"三罗"。其诗多应酬赠答、登临写景之作,亦有不少抒发怀才不遇感慨的作品;风格与元白相近,在晚唐属于浅易明畅一路,述事真切,通俗俊爽,有些诗句如同白话,成为人们常用的谚语和格言,如"时来天地皆同力,运去英雄不自由"(《筹笔驿》)、"今朝有酒今朝醉,明日愁来明日愁"(《自遣》),至今传为口语。各体中尤擅七律和绝句,佳作颇多。清洪亮吉《北江诗话》评曰:"七律至唐末造,惟罗昭谏最感慨悲凉,沉郁顿挫,实可远绍浣花(杜甫)、近俪玉溪(李商隐)……迥非他人所及。"罗隐的小品文多讽世之作,成就甚高。

有《罗昭谏集》。《全唐诗》录存其诗十一卷,《全唐诗逸》补诗一首。

雪

尽道丰年瑞,丰年事如何?[1] 长安有贫者,为瑞不宜多。[2]

【注释】

[1]尽道:都说。瑞:好兆头。

[2]为瑞:指下雪。宜:应当。

　　生活中有这样一种常见的现象:同一样自然景物,由于地位与身份的不同,人们会有不同的感受。此诗即摄取雪后人们迥然有异的态度,无情地揭示了当时社会的阴暗面,寓含着深刻的哲理。全诗从小处着眼,来反映深刻的社会主题,诗人的感情寓藏于冷静的分析与说理之中,收到了很好的艺术效果。

蜂

　　不论平地与山尖,无限风光尽被占。采得百花成蜜后,为谁辛苦为谁甜?

【品鉴】

　　此诗语言与风格明白流畅,清新易晓,但含意却十分丰富,耐人寻味。旧注或以为以蜂喻劳动者,言其收获所得皆为剥削者掠夺;或以为以蜂喻追名逐利者,言其一生追逐而最终成空。两种说法均有道理,可以从不同的层面上去理解。

自　遣[1]

　　得即高歌失即休,多愁多恨亦悠悠。今朝有酒今朝醉,明日愁来明日愁。

【注释】

　　[1]自遣:自抒怀抱。

【品鉴】

　　此诗是作者自我表白其生活态度的作品。从字面上看,读者也许会为作者得过且过、苟且偷生的人生态度所震惊。其实,只要更深入地了解诗人和他所处的时代,读者就会由诗的字面意思体会出它的真正含意,从而得出这样的结论:此诗正表现出作者对唐末社会黑暗、民不聊生、动乱将至的忧郁与恐惧。它既是社会大动乱前夕封建知识分子特定心态的真实写照，又是一个朝代行将结束前一个普通士子的悲鸣。今天的读者应当把作品放在一定的历史条件下去理解、去感受，否则，便不能真正读懂这首诗。

感弄猴人赐朱绂[1]

十二三年就试期，五湖烟月奈相违。[2]何如学取孙供奉，一笑君王便着绯。[3]

【注释】

[1]感弄猴人：有感于养猴子的人。朱绂(fú)：红色制服，唐朝州官一级的服饰。

[2]就试：参加科举考试。期：期限。五湖：指太湖及附近四湖。此处代指罗隐的家乡。烟月：烟雾迷蒙的月色。奈：无奈，不得已。相违：相离，指无暇领略家乡的美好风光。

[3]孙：猴子名猢狲，"孙"、"狲"谐音，故称养猴人"孙供奉"。供奉：因有某种技艺而在宫廷里侍奉皇帝的人。绯：红色，这里指朱绂。

【品鉴】

据《全唐诗》所引《幕府燕闲录》载，广明元年(880)，黄巢农民起义军攻战长安，唐僖宗李儇惶惶然逃往成都，一路上，有一个耍猴的艺人也随同前往。此人驯猴有方，他驯养的猴子乖巧异常，能够按照礼仪的规定，像大臣一样地站班朝见皇帝。李儇很欣赏这个养猴人，就赐给他一件绯袍，让他做了官，称"孙供奉"。罗隐有感于这件事，便写了这首诗，诗中用自己屡试不中的遭遇与养猴人因为能博取君王一笑便一步登天的强烈对比，深刻地揭露出封建王朝的黑暗与腐败，抒发了作者心中愤慨沉痛的心情，读之令人感慨万千！

陆龟蒙　三首

陆龟蒙(？—约881)，字鲁望，自号江湖散人、甫里先生，又号天随子。姑苏(今江苏苏州)人。累试进士不中，一度任苏、湖二郡从事，后归隐松江甫里，常泛舟太湖。后以高士召，不赴，去世后，唐昭宗于光化三年(900)追赠右补阙。

陆龟蒙与皮日休齐名，并称"皮陆"。诗风富有变化，古体多铺张奇崛而近体则往往神清韵远。但在苏州与皮日休的唱和之作，往往夸多斗险，被后人讥为"以笔墨相娱乐"(赵执信《谈龙录》)。

有《甫里集》。《全唐诗》录存其诗十四卷，《全唐诗外编》及《全唐诗续拾》补诗三首。

月成弦[1]

孤光照还没，转益伤离别。[2]妾若是嫦娥，长圆不教缺。[3]

【注释】

[1]月成弦：指半圆月。

[2]孤光：指缺月的光，含有孤独冷寂的意思。益：更加。

[3]妾：古代妇女的自称。

【品鉴】

此诗构思巧妙，写出了思妇的一种美好愿望。古人常用月圆比人的团圆，用月缺比人的离别，此诗便由此立意。前二句写思妇见到缺月忽有忽无的光亮，不禁更加伤感于与丈夫的离别；后二句写出思妇的一片痴情,理虽乖而情极深、极真。

新　沙[1]

渤澥声中涨小堤,官家知后海鸥知。[2]蓬莱有路教人到,亦应年年税紫芝。[3]

【注释】

[1]新沙:海边新涨成的沙洲。

[2]渤澥(xiè):古时对渤海的别称。小堤:指小沙洲。

[3]蓬莱:传说中仙人居住的海岛。税:征税。紫芝:仙草。

【品鉴】

这是一首颇为别致的政治讽刺诗。前二句以海鸥与“官家”对比,表现出诗人对官府剥削触角无孔不入的讽刺;后二句夸张而冷峻,揭露了当时朝廷的横征暴敛和贪得无厌,寄托了作者对农民不幸遭遇的同情。此诗主题很严肃,讽刺也很辛辣,但语言幽默诙谐,使读者在会心一笑之后感到心情陡然有几分沉重。

别　离

丈夫非无泪,不洒离别间。杖剑对尊酒,耻为游子颜。蝮蛇一螫手,壮士即解腕。[1]所志在功名,离别何足叹。

【注释】

[1]螫:咬。解腕:斩断手腕。

【品鉴】

此诗虽叙别情但无小儿女之态,全诗格调高昂,气概不凡,读之,使人顿生丈夫之气,顿增豪迈之情。前四句写别离时的所见所感,后四句说明之所以不重离别的原因。此诗由离别而生发出精彩的议论,而议论又不离生动的形象,尤以“蝮蛇”一联最为生动,从而使全诗充满了豪迈刚健之气,给人以壮美的享受。

韦 庄 三首

韦庄(约836—910),字端己,长安杜陵(今西安)人,为韦应物四世孙。乾宁元年(894)进士,时年已近六十岁。曾任校书郎、左补阙,天复元年(901)入蜀,任掌书记。唐亡,王建称帝,韦庄官至右部侍郎兼平章事。

韦庄是晚唐著名的诗人和词人,诗与词均有佳作。其诗多写自己流离漂泊的经历和忧时伤乱的情绪,代表作有《悯耕者》、《喻东军》、《古离别》等,而尤以《秦妇吟》最为著名,此诗是现存唐诗中最长的一首叙事诗,韦庄因此诗而被称为"秦妇吟秀才"。韦庄诗风格清丽飘逸,尤以近体诗见长。律诗圆稳整赡,后人称曰"条畅"、"秾丽";七绝含蓄隽永,耐人回味,在晚唐诗人中,接近杜牧和李商隐。韦庄词多写男欢女爱、离愁别恨,风格清新流畅,与温庭筠齐名,史称"温韦",为花间派中成就较高的一位词人。

有《浣花集》。《全唐诗》录存其诗六卷,《全唐诗外编》补诗二首。

台 城[1]

江雨霏霏江草齐,六朝如梦鸟空啼。[2]无情最是台城柳,依旧烟笼十里堤。[3]

【注释】

[1]台城:一名苑城,古代建康宫旧址,在今南京市玄武湖边。

[2]霏霏:形容雨点细密。六朝:指吴、东晋和南朝的宋、齐、梁、陈。

［3］烟:柳绿蒙蒙貌。

【品鉴】

台城是六朝古都南京最繁华的皇宫所在地,也是当时政治经济中心,因而它也就成为六朝兴废的历史见证。诗人至此,睹物伤情,不由感慨万端。前二句通过着意描绘江南春天的迷蒙雨景,抒发了六朝绮华如梦的感慨;后二句写自然界的亘古绵延与人事的瞬息短暂,言外有无限伤感喟叹。此诗通过凭吊六朝古迹,寄寓了深长的历史兴亡之感,在淡淡的惆怅哀伤中,传达了作者内心的凄凉惨恻,反映出晚唐文人的一种普遍存在的心理状态。

古别离

晴烟漠漠柳毵毵,不那离情酒半酣。[1]更把玉鞭云外指,断肠春色在江南。[2]

【注释】

［1］柳毵毵(sān sān):形容柳叶下垂的样子。不那:无奈。

［2］玉鞭:马鞭之美称。云外指:指远处。

【品鉴】

历来的送别之作,往往借渲染风光景色的黯然,以衬托离别之感伤,但此诗却将离别放在优美动人的景物中来夹述描写,更突出了别情的缠绵悠长,正所谓"以乐景写哀,一倍增其哀乐"。宋顾乐《唐人万首绝句选》评曰:"觉字字有情有味,得盛唐馀韵。"

金陵图[1]

谁谓伤心画不成,画人心逐世人情。[2]君看六幅南朝事,老木寒云满古城。[3]

【注释】

［1］金陵图:绘有金陵(今南京)史迹的图画。

[2]谁谓:谁说。心逐世人情:与世人一样具有伤心之感。

[3]老木寒云:枯树阴云。

【品鉴】

有一位画家分别画了六幅图画,表现了先后建都于金陵的六朝的故事,其中融入了画家的感伤情绪。韦庄看了这六幅图以后,联想到晚唐社会动乱,封建王朝正处于风雨飘摇中的现实,提笔写下了这首观画而吊古伤今的名作。宋顾乐《唐人万首绝句选》评曰:"翻高蟾意高唱而入,已得机得势,次句又接得玲珑,末句一点,画意已足,经营入妙。"

钱 珝 九首

钱珝,字瑞文,吴兴(今浙江湖州)人,钱起曾孙。乾宁六年(899)登进士第。先后任京兆府参军、蓝田县尉、集贤校理等职,后因宰相王溥举荐,知制诰,进中书舍人。王溥得罪,钱珝亦被贬为抚州(今江西临川)司马。

《全唐诗》录存其诗一卷。

江行无题百首(选八)

翳日多乔木,维舟取束薪。[1] 静听江叟语,尽是厌兵人。[2]
山语夜来涨,喜鱼跳满江。岸沙平欲尽,垂蓼入船窗。[3]
月下江流静,村荒人语稀。鹭鸶虽有伴,仍共影双飞。[4]
岸草连荒色,村声乐稔年。[5] 晚晴贪获稻,闲却采菱船。[6]
见底高秋水,开怀万里天。[7] 旅吟还有伴,沙柳数枝蝉。[8]
兵火有馀烬,贫村才数家。[9] 无人争晓渡,残月下寒沙。[10]
岸绿野烟远,江红斜照微。[11] 撑开小渔艇,应到月明归。[12]
咫尺愁风雨,匡庐不可登。[13] 只疑云雾窟,犹有六朝僧。[14]

【注释】

[1]翳:遮蔽。乔木:高树。维舟:拴住小船。薪:柴。

[2]江叟:江边老翁。兵:指战乱。

[3]蓼:水蓼,又称红蓼。

[4]共:与。

[5]稔(rěn)年:丰收年景。

[6]闲却:闲着。

[7]开怀:心情舒畅。

[8]旅吟:旅途中吟咏诗篇。

[9]烬:火烧后剩下的灰。

[10]晓渡:清晨乘船过江。

[11]野烟:暮霭。斜照:夕阳。微:暗淡。

[12]渔艇:渔船。

[13]咫尺:古时长度单位。匡庐:即庐山。

[14]云雾窟:云雾笼罩的山洞。

【品鉴】

《江行无题》共一百首,是钱珝自中书舍人谪赴抚州司马任途中所作。这一组诗描绘了大江两岸的自然风光、战乱后的残破景象以及自己的所闻所感,内容丰富,题材广泛,在一定程度上反映了唐末社会的风貌。有人认为这组诗是钱起所作,胡震亨辩驳十分有力:"旧作钱起诗。今考诗系迁谪途中杂咏,起无谪宦事,而珝自中书谪抚州,其《舟中集》自序云:'秋八月,从襄阳浮江而行。'诗中岘山、沔、匡庐、鄱湖、浔阳诸地,经途所历,一一吻合,而秋半、九日,尤为左验,其为珝诗无疑。"

未展芭蕉

冷烛无烟绿蜡干,芳心犹卷怯春寒。[1]一缄书札藏何事,会被东风暗拆看。[2]

【注释】

[1]冷烛:形容芭蕉未抽叶时茎干似烛。绿蜡:承"冷烛"而来。芳心犹卷:指芭蕉新叶未展。

[2]一缄:一卷。书札:书信。

【品鉴】

首句中"冷烛"二字下得极为精当,"绿蜡"承"冷烛"而来,一个"绿"字,表达出诗人独特的感受。《红楼梦》第十八回中,宝玉写芭蕉不知如何下笔,宝钗便用这句诗来启发他,才使他茅塞顿开。可见此句诗留给人们的印象是很深的。次句遗貌取神,用拟人化手法来写芭蕉,说它之所以不敢舒展其"芳心",是因为"怯春寒"。在这里,芭蕉具有了少女所具有的感情和品性,给人一种清新奇隽的美感。后二句想象可谓奇妙,角度可谓新颖,不仅传出未展芭蕉之神,而且写出自然规律不可抗拒之理,令人叹赏。此诗之咏物,确实做到了"不即不离",句句是写芭蕉,而又处处关合人事。

来　鹄 一首

来鹄(？—883)，豫章(今江西南昌)人。咸通间才名颇著，但却屡试不第，后隐居山泽。中和年间，客死扬州。

工诗，诗风清丽，多愤世嫉俗之作，因而受到权贵嫉妒。

《全唐诗》录存其诗一卷。《全唐诗外编》及《全唐诗续拾》补诗二首。

云

千形万象竟还空，映山藏水片复重。[1]无限旱苗枯欲尽，悠悠闲处作奇峰。

【注释】

[1]竟：居然、最终。

【品鉴】

此诗之主旨，有人认为是通过描写旱云，反映出诗人为庄稼盼雨的急切心情，这当然是不错的。但仔细玩味全诗，就会感到这种说法似乎又不够深入和准确。作者在这里确实表现了盼雨的急切心情，但又并不是只有这一层意思。作者实际上是借盼雨表达对社会观察的一种结果：有些人，正像那变幻不定的夏云，他们总是作出一副可以助人救难的样子，可却只是做做表面文章，便悠然而去了。生活中这种言行不一的人，不正可以从这首诗中看见自己的影子吗?!

聂夷中 二首

聂夷中(837—约884),字坦之,河东(今山西永济)人。家境贫寒。咸通十二年(871)进士,补华阴县尉,仕途颇不得意。

其诗多为关心民生及反映现实之作,风格平易,在晚唐靡丽诗风中可谓独树一帜。长于五言古诗和乐府,代表作有《咏田家》、《公子行》等。胡震亨说晚唐时"以五言古诗鸣者,曹邺、刘驾、聂夷中、于濆、邵谒、苏拯数家,其源似并出孟东野。洗剥到极净极真,不觉成此一体"(《唐音癸签》)。

《全唐诗》录存其诗一卷。

田 家

父耕原上田,子劚山下荒。[1]六月禾未秀,官家已修仓。[2]

【注释】

[1]劚:与锄相似的一种农具,此处指开垦。

[2]秀:指庄稼吐穗。

【品鉴】

聂夷中长期生活在农村,比较接近劳动人民,故其诗多反映农民惨遭剥削的痛苦。此诗即表现了当时劳动人民虽然终日劳作,但最后仍然不能获得自己劳动成果的黑暗现实。诗人并未发一字议论,只是用简洁的笔触,勾画出对立的两幅图画:一幅是农家辛勤耕作图,另一幅是官家修仓图。在这种鲜明的对比中,诗人对农民的同情,对官府的愤慨,便自然而然地表现出来了。此诗语言朴素,明白如话,在直率之中另有婉转曲折的韵致,可谓以小见大,故发人深思。

公子行

种花满西园,花开青楼道。[1]花下一禾生,去之为恶草。[2]

【注释】

[1]西园:指豪门贵族家的花园。青楼道:华美楼房旁边的通道。

[2]禾:指稻苗。去:拔。

【品鉴】

此诗虽然只写了一个富家子弟一个细小的动作,但却写出了他好恶异于常人的品性,反复品味,其中当寄寓了诗人对当时社会政治昏暗、贤愚不辨的感慨。

司空图 三首

司空图(837—908),字表圣,自号"知非子"、"耐辱居士"。河中虞乡(今山西永济)人。咸通十年(869)进士及第,曾入宣歙观察使王凝幕,复召为殿中侍御史,因赴阙迟留,责授光禄寺主簿,后又任礼部员外郎、中书舍人。朱温篡唐,召司空图为礼部尚书,不起,后闻哀帝被弑,不食而卒。

司空图论诗发展了殷璠、皎然之说,强调"韵外之致"、"味外之旨",极推重王维和韦应物的诗作,《二十四诗品》是其论诗专著。其诗多抒写闲情逸趣,亦有伤时感怀之作,诗风淡雅,偏于静美,苏轼《书黄子思诗集后》评其"诗文高雅,犹有承平之遗风"。

有《司空表圣诗集》。《全唐诗》录存其诗三卷,《全唐诗外编》及《全唐诗续拾》补诗四首。

退居漫题七首(选一)

燕语曾来客,花催欲别人。莫愁春已过。看着又新春。[1]

【注释】

[1]看着:言新春很快便会来到。

【品鉴】

诗写暮春之感,但却别有怀抱,并不使人感到消沉。前二句从字面上是正对,对得十分工整;在意思上是"过去"与"现在"对,对得也很巧妙。"曾"字用得极为精当,写出了诗人对春燕的留恋之情;"催"字也很传神,把诗人惜春的心情细致地表现出来了。后二句又起了一层波澜,抒发了诗人积极乐观的情怀。此诗固然可以被视为惜春之作，但它抒写的绝不仅仅是一般的惜春之情，如果仔细品味，我们无疑可以从诗中感受到某种哲理的启迪，只要怀着"莫愁春已过，看着又新春"的信念，就一定会对新的春天充满信心，积极乐观地行进在人生道路上……

华　下[1]

　　故国春归未有涯，小栏高槛别人家。五更惆怅回孤枕，犹自残灯照落花。[2]

【注释】

　　[1]华下：华州，即今陕西华县。

　　[2]回孤枕：独自躺回枕上。

【品鉴】

　　乾宁三年（896）到光化元年（898），唐昭宗被军阀李茂贞逼迫，曾离开长安出奔并在华州暂住。当时司空图在朝廷里任兵部侍郎，不久托病辞职。此诗即作于华州，是一首思乡怀归之作，有人认为诗中"殊有家国之感"，不无道理。前二句言故乡春已归尽，无影无踪，而自己旅居之地，虽有小栏高槛，环境优美，但毕竟是"别人家"。后二句写出诗人惆怅的情怀，结句以景结情，更见其心境之凄苦寂寞。俞陛云《诗境浅说续编》云："三四句明知颓运难回，犹冀一旅一成，倘能兴夏。不敢昌言，以残灯落花为喻。"可以参考。

河湟有感[1]

　　一自萧关起战尘，河湟隔断异乡春。[2]汉儿学得胡儿语，却向城头骂汉人。

【注释】

　　[1]河湟：即黄河与湟水。

　　[2]萧关：古关塞名，故址在今宁夏回族自治区固原市北。

302

【品鉴】

　　此诗感叹河湟沦陷日久,其地已判若异乡,全诗虽没有一字议论,但诗人希望早日收复失地的感情却溢于字里行间,颇为沉痛。南宋陆游《送范舍人归朝》云:"东都儿童作胡语,常时思此气生瘿。"感慨与此诗相近,只是过于直露了。

章　碣　二首

章碣(生卒年不详),钱塘(今浙江杭州)人。乾符年间进士,在咸通、乾符年间颇有诗名。唐亡后流落江湖,不知所终。

工诗,长于七律和绝句,诗中多有愤激之音。

有《章碣诗集》。《全唐诗》录存其诗一卷。

焚书坑[1]

竹帛烟销帝业虚,关河空锁祖龙居。[2]坑灰未冷山东乱,刘项原来不读书。[3]

【注释】

[1]焚书坑:即秦始皇焚书坑儒所用的土坑,相传在陕西临潼骊山下。

[2]竹帛:古时无纸,用竹简、白绢(帛)书写文字,后指书册。虚:虚弱、空虚,不存在。关河:指函谷关和黄河。锁:指戍守。祖龙:指秦始皇。祖龙居:指秦都咸阳。

[3]山东:战国秦汉时称崤山或华山以东为山东。刘项:刘邦、项羽。

【品鉴】

这是一首著名的咏史诗,它用犀利冷峻的笔锋,讽刺了秦始皇焚书坑儒的愚蠢行为。前二句用"竹帛烟销"与"帝业虚"相映衬,用"关河"之险与"祖龙居"之空锁相比照,突出了焚书坑儒无救于秦亡的主题,见出构思的巧妙。第三句以"坑灰未冷"与"山东乱"并列,极言从焚书到秦乱之间的时间之短。结句与首句相呼应,使"竹帛烟销"与"不读书"形成强烈的反差,耐人回味。后二句在看似调侃的语气中,包含着极为辛辣的讽刺与嘲笑。此诗的构思与笔法颇有特色,故后人多有模仿之作,明人敖英《唐诗绝句类选》云:"近人咏长城云:'谁知削木为兵者,尽是长城里面人!'又咏博浪沙云:'如何十二金人外,犹有民间铁未销?'皆从此诗翻出。"

东都望幸[1]

懒修珠翠上高台,眉目连娟恨不开。[2]纵使东巡也无益,君王自领美人来。[3]

【注释】

[1]东都:指洛阳。望幸:盼望皇帝幸临。

[2]修:打扮、佩戴。珠翠:首饰。连娟:形容眼眉俊美的样子。

[3]纵使:即使。

【品鉴】

此诗从字面上看是一首宫怨诗,写得是东都宫女对君王的怨恨之情。但是,此诗实际是一首政治讽刺诗,讽刺的对象是当时名重一时的高湘。据王定保《唐摭言》载,高湘从南方回长安,路过连江,邵安石把自己的诗文呈献给他,高湘看了很赏识邵安石,便将他带到长安。后来,高湘以礼部侍郎主持进士考试,邵安石很容易就及第了,"诗人章碣赋《东都望幸》诗刺之"。诗中以宫女喻一般士子,以"美人"喻邵安石,以君王喻高湘,比拟切至,含蓄有味,虽然没有明言,却使人心领神会,一目了然。

秦韬玉　一首

　　秦韬玉(生卒年不详),字中明,京兆(今西安)人。出身寒素,累举不第,中和二年(882)特赐进士及第,中和四年(884),官至工部侍郎,为田令孜十军司马。

　　工诗,时有佳作,《贫女》一诗,最为人们所传诵。

　　《全唐诗》录存其诗一卷,《全唐诗续拾》补诗一首。

贫　女

　　蓬门未识绮罗香,拟托良媒益自伤。[1]谁爱风流高格调? 共怜时世俭梳妆。[2]敢将十指夸针巧,懒把双眉斗画长。[3]苦恨年年压金线,为他人作嫁衣裳![4]

【注释】

　　[1]蓬门:蓬茅编扎的门户。

　　[2]格调:风度,品格。俭梳妆:当时较为时髦的一种打扮。

　　[3]斗:比。

　　[4]苦恨:深恨。压金线:用金线绣花。压:刺绣时用手指按压。

【品鉴】

　　此诗采用白描手法,从无媒自伤着笔,层层深入,塑造了栩栩如生的贫女形象,赞扬了她俭朴、勤劳的品德。在贫女的形象里,寄托了诗人地位低下,才华为别人所利用而自己却不遇于时的感慨和对当时社会重富轻贫、重势轻才的不合理现象的愤懑之情。俞陛云曰:"此篇句句皆贫女自伤,而实为贫士不遇者写牢愁抑塞之怀。"(《诗境浅说》)这是很中肯的评论。全诗含蕴丰富,语意双关,尤其是最后两句,因为具有很强的概括性,所以历来为人们所传诵。

韩　偓　三首

　　韩偓(844—923),字致尧,一作致光,自号"玉山樵人",京兆万年(今陕西西安)人。龙纪元年(889)进士及第,历任左拾遗、左谏议大夫、翰林学士、中书舍人、兵部侍郎等职。因受朱温排挤。避乱入闽依王审知而终。

　　其诗多为感时之作,毛晋《韩内翰别集跋语》说他"自辛酉迄甲戌凡十有四年,往往借自述入直、扈从、贬斥、复除,互叙朝廷播迁、奸雄篡弑,始末历然如镜,可补史传之缺"。代表作有《故都》、《伤乱》、《感事三十四韵》等。其他怀古、咏物、写景、抒情之作,大多构思新巧,情景交融,可诵之作不少。而其《香奁集》中抒写男女之情、风格绮丽纤巧的作品,也有一些名篇,如《已凉》、《夜深》、《重游曲江》等,均笔意深曲,清丽可诵。

　　有《韩内翰别集》。《全唐诗》录存其诗四卷。

新上头[1]

　　学梳蝉鬓试新裙,消息佳期在此春。[2]为爱好多心转惑,遍将宜称问旁人。[3]

【注释】

　　[1]上头:按古代社会风俗,女子十五岁时要通过一定的仪式,以簪束发,表示成年,名"加笄",俗称上头。

　　[2]蝉鬓:古代妇女的一种发型,两鬓薄如蝉翼。佳期:指婚期。

　　[3]宜称:合适,此处意为"是否合适"。

【品鉴】

此诗描写将婚女子的表现与心情极为工细,读来如见其人,如闻其声。前二句写少女婚期已定,所以她学梳新发型、试穿新衣服,少女的喜悦之情与忐忑之态,尽在不言之中。后二句写少女爱好心切,看来看去,反而疑惑起来,担心自己打扮的是否合适,因为没有把握,便去遍问旁人。此二句刻画入微,少女神态宛在眼前。俞陛云《诗境浅说续编》云:"迨吉有期,新妆乍试,明知梳裹入时而犹问旁人者,一生爱好,不厌详求,作者善状闺人性情也。"

已 凉

碧阑干外绣帘垂,猩色屏风画折枝。[1]八尺龙须方锦褥,已凉天气未寒时。[2]

【注释】

[1]猩色:红色。折枝:花卉画中的一种画法,只画花枝。

[2]八尺龙须:用龙须草织成的席子。

【品鉴】

此诗通过室内外景物的描绘,写出秋末冬初天凉未寒时的感觉,笔意颇为含蓄。首句先写外室景物,翠绿的栏杆外已悬挂上彩绣的门帘,这既表明是一个富贵人家,又暗示出天气已凉;次句写室内,猩红的画屏,色彩鲜艳,而屏风上还画着美丽的花卉,进一步烘托出卧室的华贵;第三句将镜头转向床上的铺设,龙须席、方锦褥,既营造出一种富丽豪华的气氛,又透出阵阵秋意;结句正面点出"已凉天气",又给人一种欲言又止、馀音袅袅的感觉。此诗构思精巧,设色浓丽,借助环境景物的描写来点染人的情思。全诗虽无一字言"情",亦无一字写"人",但人自在其中,其情自在心中,是韩偓许多表现男女情爱作品中最为人们传诵的名篇之一,尤其是后二句写出了对气候变化的敏锐感觉,十分细腻准确,暗示出女主人公在深闺寂寞中渴望爱情生活的心态。孙洙在《唐诗三百首》中说:"通首布景,并不露情思,而情愈深远。"

深　院

鹅儿唼喋栀黄嘴,凤子轻盈腻粉腰。[1]深院下帘人昼寝,红蔷薇映碧芭蕉。

【注释】

[1]唼喋:形容水禽或鱼类吃东西的声音。栀黄:正黄色。凤子:大蝴蝶。

【品鉴】

韩偓的诗作往往辞藻富艳,色彩浓烈,对形象、色彩有特别细腻的体味和表现,此诗便体现了他的这种艺术特色,虽然只有四句,但却构成厂一幅充满生机的春日图画:黄嘴的"鹅儿"在呷食嬉戏,美丽的大蝴蝶飞来飞去,红色的蔷薇与绿色的芭蕉交相辉映。色彩更加鲜丽动人……景物的热闹和色彩的浓烈却正反衬出庭院的幽静冷落,从而写出了帘内人无聊昼寝的落寞情怀。前二句于鹅雏,只写其"栀黄嘴",则其呷食之声可闻;于蝴蝶仅写其"粉腻腰",则其轻盈舞姿可见;后二句有很强的画面感,结句尤为色彩浓郁,为全诗增添了奇情异韵。

杜荀鹤　四首

杜荀鹤(846—907),字彦之,号九华山人,池州石埭(今属安徽)人。早岁家贫,曾读书于九华山,十七岁时已露头角,但数次上京应考,均不第而归。后漫游浙江、福建、江西、湖南等地,复归隐山中十五年,过着"文章甘世薄,耕种喜山肥"(《乱后山中作》)的生活。四十六岁才中进士。田頵镇宣州,辟为从事。后受田頵派遣入梁,得到朱温的赏识,被任为翰林学士,仅五日而卒。

杜荀鹤曾自言"乍可百年无称意,难教一日不吟诗"(《秋日闲居寄先达》),以诗为业的情状,于此可见。其诗最有代表性的是那些同情人民苦难的诗作,这一类诗在精神上与元白相通,如《再经胡城县》、《山中寡妇》等确实表现出他"诗旨未能忘救物"(《自叙》)的追求。荀鹤诗虽多律诗和绝句,但不受声律的束缚,语言浅近通俗,喜用白描手法,具有很强的感染力,誉之者认为其诗自成一家,后人称作"杜荀鹤体"(《沧浪诗话》);贬之者则认为其诗"鄙俚近俗"、"亦殊浅易",是"晚唐之下者"。贬抑之辞,显然是不公允的。

有《唐风集》。《全唐诗》录存其诗三卷。

再经胡城县[1]

去岁曾经此县城,县民无口不冤声。今来县宰加朱绂,便是生灵血染成。[2]

311

【注释】

    [1]胡城:唐县名,故址在今安徽省阜阳市。

    [2]县宰:县官。朱绂:为唐时四、五品的官服。生灵:指百姓。

【品鉴】

    这是一首反映封建吏治黑暗的名作,写的是作者前后两次经过胡城县的所见所感。前二句写一年前所闻,"无口不冤声",描绘出百姓凄凉悲惨的景况,反映了县官压迫百姓的残酷与狠毒。按正常的推理,这种酷吏理当受到朝廷的制裁,但事实却出人意料。第三句写一年后所见,县官不仅没有受到朝廷的惩罚,反而受到鼓励。县官一般在六品以下,通常不能穿"朱绂",所以"加朱绂"便是朝廷对县官破格提升、以资奖赏的表示。结句深化题旨,抒发了诗人沉重的感慨:县官的朱绂是百姓的鲜血染成的!作者将其批判的锋芒直指唐末的地方官吏,同时也充分揭露了官场的黑暗、朝廷的腐败,反映出唐末一片混乱的社会现实。

闽中秋思[1]

    雨匀紫菊丛丛色,风弄红蕉叶叶声。[2]北畔是山南畔海,只堪图画不堪行。[3]

【注释】

    [1]闽中:郡名,辖境在今福建。

    [2]风弄:风吹。

    [3]北畔:北边。

【品鉴】

    这是一首客居福建、感秋思乡之作。前二句写闽中秋景,犹如一幅有声有色的南国秋色图,一个"匀"字,一个"弄"字,写出了闽中秋风秋雨的清爽和轻柔,非常传神。后二句先写闽中山势,继写自己的感慨,诗意与王粲《登楼赋》中"虽信美而非吾土兮,曾何足以少留"之句相似,但却写得更为含蓄。诗人并未明言怀乡之意,而只是用力描写客居所见之景和对这种景致的感叹,让读者从字面之外去体会他的思乡之情,从而使全诗具有了回环曲折、景中含情的特点。

溪　兴[1]

　　山雨溪风卷钓丝,瓦瓯篷底独酌时。[2]醉来睡着无人唤,流到前溪也不知。

【注释】

　　[1]溪兴:水溪中的即兴之作。

　　[2]瓦瓯:瓦罐。

【品鉴】

　　此诗用语自然、简练,犹如一幅素描画,写出了诗人任其自然、随遇而安的一种生活态度。拙堂《绝句类选评本》云:"适甚快甚。"李宏熙《唐诗真趣》云:"与'罢钓归来不系船'一样说话,比较挺健。"

小　松

　　自小刺头深草里,而今渐觉出蓬蒿。[1]时人不识凌云木,直待凌云始道高。[2]

【注释】

　　[1]刺头:指小松长满松针的枝叶。

　　[2]凌云:指树木高大。道:评论。

【品鉴】

　　这是一首咏物之作,诗人借物寓意,说明了一个生活中常见的现象:有些新生事物,在它刚刚出现时,一般人并不注意它,以为它太普通了;可是当它显示出不同一般时,人们又忙不迭地赞叹它,而只要是新生事物,就迟早要表现出它的不同寻常来。此诗言浅意深,颇有理趣,耐人品味。

郑 谷 三首

郑谷（约851—910），字守愚，袁州宜春（今属江西）人。光启三年（887）进士及第，后授鄠县尉，摄京兆参军，迁右拾遗、右补阙。乾宁三年（896）为都官郎中，人称"郑都官"，旋告归。寓居云台道舍，自编歌诗集《云台编》三卷。

少颖悟，七岁即能诗，曾受到前辈诗人司空图的称赞，在唐末诗坛颇有盛名。其《鹧鸪》诗为时人传诵，因有"郑鹧鸪"之称。与许棠、张蠙、张乔等唱答往还，号"芳林十哲"。其诗反映的内容不够丰富，但笔调清新，思致婉转，《唐才子传》用"清婉明白，不俚而切"来概括其诗风。欧阳修《六一诗话》称"其诗极有意思，亦多佳句，但其格不高。以其易晓，人家都以教小儿"。代表作有《淮上与友人别》、《席上贻歌者》、《鹧鸪》等。

《全唐诗》录存其诗四卷，《全唐诗续拾》补诗三首。

感 兴

禾黍不阳艳，竞栽桃李春。[1]翻令力耕者，半作卖花人。[2]

【注释】

[1]阳艳：艳丽。竞：竞相。

[2]翻令：反使。力耕者：指农民。

【品鉴】

此诗虽然短小，却形象地描绘出生活中的一种现象：世俗之人往往盲目追求一些浮华而实用的事物，而真正有价值的东西却得不到足够的重视。诗人对这种现象未加任何评论,也没有明确表达自己的态度,但读者无疑会从诗中的具体描写里获得哲理的启发。

淮上与友人别[1]

扬子江头杨柳春,杨花愁杀渡江人。[2]数声风笛离亭晚,君向潇湘我向秦。[3]

【注释】

[1]淮上:即扬州。

[2]扬子江:长江下游入海一段的别称。

[3]离亭:古人常在驿亭送别,故称之为"离亭"。潇湘:此处代指湖南。秦:指长安一带。

【品鉴】

此诗通过江头春色、杨花柳丝、离亭宴饯、风笛暮霭等物象情景反复渲染离情,写得情真意切,令人叹绝。前两句实写扬子江北岸送别的情景,点明地点、时令,犹如一幅清新秀雅的水墨画,寓情于景,含蕴丰富。"愁杀"二字写出送别时的感受,耐人回味。后两句由江头景色收转到离亭别宴,写出各奔前程的情景,含蓄而有情致。结句出语平淡,似乎只是点出二人南北分携,但其离情之浓烈、难堪,自在不言之中。沈德潜评曰:"落句不言离情,却从言外领耳。"(《唐诗别裁集》)晚唐绝句一般喜欢抒发议论,而此诗却以情景交融、富于风韵见长,因而极受后人推重。清人宋宗元《网师园唐诗笺》说此诗"笔意仿佛青莲,可谓晚唐中之空谷足音矣"。可谓知音。

雪中偶题

乱飘僧舍茶烟湿,密洒歌楼酒力微。[1]江上晚来堪画处,渔人披得一蓑归。[2]

【注释】

[1]茶烟湿:意为煮茶的烟雾遇雨而湿。

[2]堪画处:最值得描画的地方。

【品鉴】

前二句写出雪花飞舞的景象,"为三四句作陪耳"(刘永济《唐人绝句精华》);后二句在"堪画"的雪景中,点缀了一个暮归的渔人,使整个画面活了起来,充满生意,遂成为千古传诵的佳句。此诗在当时及后来均受到人们的赞扬,郑谷《予尝有雪景一绝,为人所讽吟,段赞善小笔精微,忽为图画,以诗谢之》中说:"爱予风雨句,幽绝写渔蓑。"柳永《望远行》词多用其语:"乱飘僧舍,密洒歌楼,迤逦渐迷鸳瓦。好是渔人,披得一蓑归去,江上晚来堪画。"

王 驾 一首

王驾(851—?),字大用,自号守素先生,河中(今山西永济)人。大顺元年(890)进士,官至礼部员外郎。后弃官归隐。

与郑谷、司空图友善,诗风亦相近。其绝句构思巧妙,自然流畅,为司空图所推崇,司空图在《与王驾评诗书》中称赞其五言诗"长于思与境偕,乃诗家之所尚者"。

《全唐诗》录存其诗六首。

社 日[1]

鹅湖山下稻粱肥,豚栅鸡埘半掩扉。[2]桑柘影斜春社散,家家扶得醉人归。[3]

【注释】

[1]社日:古代祭祀土神和五谷神的日子,有"春社"和"秋社"。

[2]湖山:在今江西。豚栅:猪圈。豚:小猪。鸡埘:鸡窝。

[3]柘(zhè):树名。

【品鉴】

社日时乡间是很热闹的。此诗构思颇为巧妙,它没有正面描写社日的各种仪式,而是"画出山村社日风景"(李锳《诗法易简录》),从侧面烘托出社日的喜庆气氛。前二句写乡村风光,描绘出一片富庶、太平的景象。"稻粱肥",写出庄稼长势很好,丰收在望的景况;"半掩扉",不仅暗示村民都去参加社日活动了,更写出民情之淳朴。后二句写村人社散归来的情景,"桑柘影斜",说明夕阳西下,天色向晚;"醉人归",写出人们的欢乐情绪。此二句平易自然,把社日的欢快、祥和的气氛充分地渲染了出来,具有浓厚的生活气息。

郑　遨 二首

郑遨(866—939)，字云叟，滑州白马(今河南滑县)人。昭宗时，曾举进士不第，遂入少华山为道士，屡召不赴，与道士李道殷、罗隐之为友，世称"三高士"。

其诗除写日常生活外，亦有涉及社会内容者，《富贵曲》简洁深刻，尤为后人所称赏。

有《逍遥先生集》。《全唐诗》录存其诗十七首。

富贵曲

美人梳洗时，满头间珠翠。[1]岂知两片云，戴却数乡税。[2]

【注释】

　[1]间：相杂。

　[2]两片云：两个发髻，因其卷曲如云，又称"云髻"。戴却：戴掉。

【品鉴】

这首小诗语言平易而讽旨颇深，通过渲染富家女子发饰的华美、昂贵，揭露出权门贵族的穷奢极侈。前二句看似平淡无奇，但后二句一出，则使全诗的意蕴得到了明显的深化。由美人头上珍珠、翠玉做的首饰，进而联想到"数乡"之税，字面是说首饰贵重，实际上却暗示出富贵人家的首饰来自劳动者的租税，富家女子所挥霍的，是广大农民的血汗！后二句与白居易《买花》中"一丛深色花，十户中人赋"的诗意相近，却更为凝练而警策，发人深省。清人袁枚《随园诗话》云："'美人梳洗时'四语，是《小雅》正风。"所言极是。

伤　农

一粒红稻饭,几滴牛颔血。^[1]珊瑚枝下人,衔杯吐不歇。^[2]

【注释】

[1]红稻:一种特殊的粳米,呈红色,又称红霞米。颔:下巴颏。

[2]珊瑚枝下人:指达官贵人。衔杯:饮酒,此处指饮宴。

【品鉴】

此诗与李绅《悯农》有异曲同工之妙。前二句由红粳米之红色联想到耕牛拉犁时下巴被套绳磨破滴下的鲜血,农民之艰辛自在言外;后二句写达官贵人之家,在纵酒行乐时,任意吐弃米饭,毫不珍惜农民的劳动成果。

金昌绪　一首

金昌绪(生卒年不详),余杭(今属浙江)人。
《全唐诗》录存其诗一首。

春　怨

打起黄莺儿,莫教枝上啼。啼时惊妾梦,不得到辽西。[1]

【注释】

[1]辽西:辽河以西,闺中少妇的丈夫征戍之地。

【品鉴】

　　此诗写闺中少妇在春日里思念远征辽西、久戍不归的丈夫,取材单纯而含蓄丰富,语言生动活泼,具有民歌色彩,它揭示思妇的心理活动细腻准确,层次重叠,极尽曲折之妙。王世贞《艺苑卮言》卷四评此诗"不惟语意之高妙而已,其篇法圆紧,中间增一字不得,着一意不得,起结极斩绝,而中自纡缓,无馀法而有馀味"。这是十分中肯的评论。

张　泌　一首

张泌(生卒年不详),字子澄,淮南(今江苏扬州)人。南唐后主时,登进士第,授句容尉,曾任临察御史,官至中书舍人。入宋,居史馆。

工诗词,徐铉《送张泌郭贲二先辈序》称其"调高才逸"。

《全唐诗》录存其诗一卷,《全唐诗外编》补诗一首。

寄人二首(选一)

　　别梦依依到谢家,小廊迴合曲栏斜。[1]多情只有春庭月,犹为离人照落花。[2]

【注释】

　　[1]依依:恋恋不舍。谢家:代指所思之人的居处。唐人常用东晋才女谢道韫借指妻子或情人。

　　[2]犹为:还为。离人:离别之人,作者自指。

【品鉴】

　　此诗抒写别后相思之情,清李良年《词坛纪事》云:"张泌仕南唐为内史舍人。初与邻女浣衣相善,作《江神子》词。……后经年不复相见,张夜梦之,写绝句云云。"起句写分离后索然独处,不由相思成梦,梦见自己到了情人家中,思念之深可以想见。次句写梦中所见景物,历历分明,这里的环境是那样熟悉,因为正是在这迂回的小廊里、曲折的画栏边,有情人曾经缠绵低语,互诉衷肠,可惜景物依旧,却独不见所思之人。后二句写梦醒后的惆怅:月光皎洁,仍为离人映照庭中落花,何等多情!但自己所思之人却一别而无音讯,这又怎不令人犹疑? 言外有对所思之人的埋怨与责备,却不直陈,只是就所见景色加以描写,以表达自己深沉曲折的思想感情,可谓含蓄委婉之至。

花蕊夫人徐氏 　一首

　　花蕊夫人徐氏(生卒年不详),五代后蜀主孟昶之妃,一说姓费,青城(今四川灌县)人,能文,蜀亡后入宋。又,据赵翼《陔余丛考》,名号为花蕊夫人者共有三人,世传《花蕊夫人宫词》(即《述国亡诗》),《全唐诗》系于孟昶妃徐氏名下,而有的研究者则认为此诗实为王建小徐妃(亦名"花蕊夫人")所作,可资参考。

述国亡诗

　　君王城上竖降旗,妾在深宫那得知?十四万人齐解甲,更无一个是男儿![1]

【注释】

　　[1]解甲:放下武器,指投降。

【品鉴】

　　据史书载,孟蜀亡后,徐氏入宋,宋太祖召她赋诗,徐氏当场朗诵了这首"述亡国之由"的诗。首句开笔即述亡国之事。据载,后蜀君臣在宋军压境时,并无抵抗而屈辱投降。"竖降旗"三字说得多么沉痛!次句转向自己,颇耐人寻味。后二句用语率直,感情激愤,"齐解甲"与首句相照应,带出诗人亡国的沉痛心情;"更无一人"与"十四万人"相对,对后蜀将士的无能和懦弱,作了辛辣的讽刺。此诗用语自然,风格豪爽而又不失委婉,因此,不仅当时就受到宋太祖的赞誉,而且为后人所称赏。

无名氏 六首

题红叶[1]

流水何太急，深宫尽日闲。[2]殷勤谢红叶，好去到人间。[3]

【注释】

[1]题：题诗。

[2]流水：指御沟之水。

[3]殷勤：恳切。谢：告诉。

【品鉴】

关于"红叶题诗"的故事，孟棨《本事诗》、范摅《云溪友议》、孙光宪《北梦琐言》等书中均有记载。虽然在朝代、人名、情节上有些出入，但基本故事是相同的：有一个书生到长安应举，从御沟流水中拾得一片红叶，上面题着一首诗，这书生作诗和之，从御沟上流送入宫墙。后来，那个在红叶上题诗的宫女被遣出宫，正巧嫁给了这位书生。据说这位宫女姓韩，所以一些选本标明此诗的作者为"宫人韩氏"。此诗抒写了宫女的真挚感情。前半看似只在责问流水太急，诉说深宫生活平淡无聊，并未明写怨情，而怨恨之情却溢满字里行间。后半借对红叶的嘱托，写出了宫女对幽禁生活的怨愤和对自由生活的向往。全诗词浅意深，凄婉动人，构思运笔颇为巧妙。

题玉泉溪

红树醉秋色,碧溪弹夜弦。佳期不可再,风雨杳如年。[1]

【注释】

[1]佳期:和情人欢会的日子。杳:悠久。

【品鉴】

此诗最早录载于《树萱录》,说是广东番禺人郑愚一次漫游湘中一带,夜宿驿楼,半夜遇见一女子,这女子向他朗诵了一首诗,即《题玉泉溪》。诗中抒写了一位女子失去了幸福的爱情生活的痛苦与悲哀,感情丰富,形象鲜明。前二句写出秋日夜景,生动如画。枫树经霜后像人喝醉了酒脸红似的,故云"醉秋色";溪水幽咽,好像琴弦上弹出的低沉的曲调,故云"弹夜弦"。此二句刻画工细,用词精当,在描绘景色的同时,刻画出一位徘徊月下溪畔、夜不能寐的怨女形象。后二句"言回首佳期,但觉沉沉风雨,绵渺如年。叹胜会之不常耶? 怅伊人之长往耶"?(俞陛云《诗境浅说续编》)写出了女子绝望的感情,十分沉痛。

杂诗四首[1]

两心不语暗知情,灯下裁缝月下行。[2]行到阶前知未睡,夜深闻放剪刀声。

劝君莫惜金缕衣,劝君须惜少年时。[3]有花堪折直须折,莫待无花空折枝。[4]

近寒食雨草萋萋,着麦苗风柳映堤。[5]早是有家归不得,杜鹃休向耳边啼。

无定河边暮笛声,赫连台畔旅人情。[6]函关归路千馀里,一夕秋风白发生。[7]

【注释】

[1]杂诗:因作者姓氏无考或题目遗失。故总称"杂诗",大部分是中晚唐人的作品。

[2]行:徘徊。

[3]金缕衣:金线织成的衣服。

[4]堪:能。直须:就须。

[5]近寒食雨:即雨近寒食。着麦苗风:即风着麦苗。着:吹拂之意。

[6]无定河:因河水"溃沙急流,深浅无定",而得名。赫连台:在今甘肃境内的支阳。

[7]函关:函谷关,故址在今河南省新安县境内。

【品鉴】

唐人作品作者无考或题目遗失者不少,此处所选四首均为后人传诵之作。第一首是质朴明快的爱情诗,写出了李商隐"身无彩凤双飞翼,心有灵犀一点通"的意境,语言自然流畅,很有民歌风味。第二首是中唐时期流行的一首歌词,据说元和年间镇海节度使李琦很喜欢它,常叫侍妾杜秋娘在酒宴上演唱。杜牧有《杜秋娘诗》,其中有"秋娘玉斝醉,与唱金缕衣"之句。所谓"金缕衣",指的便是此词。歌词的作者已不可考,有的选本径题为"杜秋娘作",是不确切的。这首歌词含意很简单,只是劝人不要过分看重财富,而要爱惜青春年华,有劝人及时行乐的意思,用"珍惜好时光"五字即可概括,但全诗写得回环婉转,耐人吟咏。第三首抒写乡思,语浅情深,含蓄蕴藉。前二句描绘出寒食前暮春景象,透出一种凄清冷寂的气氛;后二句在对杜鹃的责怪之中,更深一层地写出了思乡之情。古人认为杜鹃啼声凄厉,如呼"不如归去",所以听它啼叫,更会引发乡愁。第四首抒写的是旅人作客西北的思乡之情。前二句用"无定河边"、"赫连台畔"泛指西北边地,写出旅人闻暮笛而动乡思的情景;后二句说自己家在函谷关以东,乡路迢遥,有家难归,秋风一夕之中,头发都愁白了。结句用白发生长之迅速极写愁思之沉重,在夸张中表现出真实的感情。

327

宋词精选

前　言

词是一种可以配乐歌唱的新体抒情诗。在文学史上,词以其特有的抑扬顿挫的音乐美、错综复杂的韵律、长短参差的句法及其所抒发的真情实感,成为一种深受人们喜爱的文学样式。词最初产生、流行于民间,大约到了中唐,文人们才特别地注意到这一文体,并开始采用这一形式写作。经过五代和宋代,词成为最受人们喜爱的文体之一,同时产生了许多杰出的词人和优秀的作品,从而在文学史上产生了"唐诗宋词"的说法。宋以后,词这一体裁仍有新的发展,尤其是清代,词人之众,作品之多,呈现出一种繁盛景象,至于流派继出,各树旗帜,更是前代所未有。

词与诗最明显的区别就在于它与音乐有着更密切的联系,就其根本特性来说,词是一种倚乐而歌的诗体,是音乐语言与文学语言高度结合的产物。最初,词是配合"燕乐"而兴起的。所谓"燕乐",即隋唐之际伴随"胡部新声"大量涌进而盛行起来的新型民族音乐,它的特点是数目繁多、节奏灵活,当时的人们,根据燕乐的繁复变化,从择腔分调到句式变化、字声以及用韵都加以精心的安排,创制出数以千计的词调和体式,然后依据这种固定的格式来填词,这就是所谓"依声填词"。由于合乐的关系,词这种文体便具有了它独自具有的特点,大体说来,有以下几点:

第一,每首词都有表示音乐性的调名,如《浣溪沙》《水调歌头》《清平乐》,每一词调的句式、字数、平仄与押韵的位置,都与乐调相配合而有定规,即所谓"调有定句,句有定字,字有定声"。需要指出的是,每一个调名本来意味着一种词的格式,但也有两种特殊的情形:同调异名与同调异体。同调异名——同一个词调有几种不同的名称,如《长相思》又名《双红豆》《山渐青》,《蝶恋花》又名《一梦金》《鹊踏枝》。另外,还有两调不同但其别名却相同的情况,如《相见欢》和《锦堂春》的别名均为《乌夜啼》,《浪淘沙》与《谢池春》别名俱为《卖花声》,如仅闻名而不加辨认,往往就会发生误会。同调异体——同一词调有几种不同的体式。前人编《词谱》,往往以出现最早或影响最大的体式为"正体",而将其他与此词调相同而体式不同的列为"别体",称作"又一体"。其实,"别体"和"又一体"是相对"正体"而言的,意思是在字数、句式、用韵等方面二者存在着差别,但这种差别一般说来并不大。同时还应指出,词调是指写词时所依据的乐谱、乐调,它并不是词题。词在发展之初,调名和词的内容常常是一致的,因此调名也就是词名,就是词的题目。后来,随着词的发展,词调与词题越来越不一致,作者往往只按着原乐曲的曲调填写与原调内容不同的词,为了点明词旨,说明所写词的内容,便需要另有一个题目,如陆游的《卜算子·咏梅》、辛弃疾的《永遇乐·京口北固亭怀古》。

第二,一首词大多分为数片,分片也就是分段的意思,词每分一段就称"一片"。词的分片是由乐曲的分段而来的,音乐奏一遍为一段落,两段为一曲时,词就分两片。少数长调慢曲有三段、四段的,词也就有三片、四片的。初期的词一般只有一段,所以不分片,后来才有了二、三甚至四片的词,而以两片最为常见。通常习惯上,把只有一片的词称为"单调",两片的称为"双调",三片、四片的称为"三叠"、"四叠"。双调词一般说来上下两片的字数、押韵的位置和平仄格式相同或基本相同,但也有稍有出入或差别很大的。三叠、四叠的词较少见,都属于长调词(慢词)一类。

第三,词的句式以长短参差不齐为主要特色,这一点与诗很不同。近体诗以整齐的五七言为特色,乐府诗、古体诗虽然间有杂言,但一般也以大致整齐的句式为主,唯独词在句式上别开生面,从一字句到十一字句都有。这其中的原因还是要归结为词要配合燕乐演唱这一根本特点上来,也就是说,词体的长短句式是适应乐曲的需要而产生的。另外,词还有一种特殊句式,那就是领字句。所谓"领字句",就是以一个字、两个字或三个字领起全句,这种句式是与诗句的用法、句式完全不同的。如以一字领单句的:"对——长亭晚"。又如三字领二句的:"不如向——帘儿底下,听人笑语。"领字句在词句中起着调节语气、节奏以配合乐曲歌唱的作用,同时又限定着词意的表达,其作用是不应低估的。

第四，较之近体诗，词的声韵格律更加严密和复杂，这是因为词与音乐有密切的联系，每个词调都是以一种固定的格式来适应乐曲的节拍的，同时，词的句式是参差不齐的，词的韵位因此也就富有变化，而且词中所用的字除像诗一样遵守平仄、对仗的规律外，有些还要分四声和五音。这些严格的声韵格律的要求，使词比诗更具有音乐性和节奏感。当然，在有些方面，词又表现出相当的灵活性，如词的押韵与诗比较起来，可以通押、换韵甚至可以多次换韵，但是，规定押甲韵的地方，无论同一词调的词有多少首，也不能改为乙韵。由此可见，词之"灵活"，是在极其严格的束缚之下显示出的灵活，它看似无法，实则有法，表现出词与诗之不同及其优越性。

词也与其他一些文体一样，有许多"别名"，这些名称从不同的方面表现出词的文体特点。如：因为词与音乐有特殊关系，它又被称作"曲子词"、"乐府"、"乐章"、"歌曲"；因为词的句式参差不齐，它又有"长短句"之称；因为词是近体诗之后产生的一种新体抒情诗，更有人认为它是由近体诗变化而形成的，所以它还有"诗馀"的称谓，当然，这种名称也反映出看不起词体的倾向，认为词是诗的"下降"，是诗的"馀绪剩义"。这些不同的名称反映出词不同方面的特点，把它们综合起来，便可以对词的文体特点得出较为全面的认识。

早期词的代表是敦煌曲子词，从这些作品可以大体了解词在民间流传初期的形态。虽然与唐宋文人词比较，敦煌曲子词还显得不够完美和谐，语言也过于浅露，带有浓重的民间味道，但它在词的发展史上，仍具有重要的地位和意义。词的兴起引起了文人的注意，他们介入词的创作，使词体的面貌焕然一新。在唐、五代和北宋初期，文人们写作的体式多为小令，这是因为小令形式短小、句式参差，便于表现作者某一种情绪和感受。但因其篇幅狭小，不适合表现较为阔大的题材和复杂的情怀，故至晏殊、欧阳修以后，便出现了以大力填制长调而著称的张先和柳永，特别是柳永，他或将唐五代旧调旧曲敷衍加工为长调，或将唐代教坊曲中前人不曾用为曲调的乐曲度为新的词调，从而把词的发展带入一个新的阶段。其后，秦观、贺铸特别是周邦彦等人为长调的格律化作出了重要贡献，使长调与小令具有了平分秋色的地位。

词作为一种新体诗，在一般文人的观念中与传统意义上的诗是有区别的,即所谓"诗庄词媚"、"词别是一家"。因此,离愁别绪、男欢女爱便成了词的主要题材,温婉柔美也就成为词的突出风格,后人把这些词人的作品概括为"婉约"二字,称其为"婉约派"。另有一些词人打破了传统观念,他们扩大了词的题材范围,抒发了更复杂的感情,同时,对严格的音律限制有所突破,后人称这一派词人为"豪放派",因为其代表人物是苏轼和辛弃疾,人们又称之为"苏辛词派"。在苏、辛的同时或以后,确有一些词人以写作"豪放词"而著称,但更多的作者却仍然走着传统的老路,金元明清词坛可谓久盛不衰,但似乎"婉约"一派的影响更为明显。这种状况的形成,或许正说明了"婉约"的题材、"婉约"的艺术手法,与词这一文体的本质要求更接近;或许是因为"豪放词"的写作,需要具有如苏、辛那样的超世才华才能驾驭,而一般文人岂敢轻易尝试? 这是文学史上一个颇为有趣的现象,很值得研究。

词,作为中国古代的一种重要的文体,它的生命力是很旺盛的。至今,古代的优秀词作仍为人们所喜闻乐见。为了更好地欣赏前人的优秀词作,有一些关于词体的基本概念还是需要了解的。这里只能择其要者而介绍之——

令、引、近、慢。这是词的四种体式。令,又称小令、令曲,其名称来源于唐代的酒令。因唐代人往往于宴会上即席填词,利用时调小曲当做酒令,遂有令曲、小令的名称。从音乐节奏上看,令曲每片四拍;从篇幅上看,令曲一般比较短小,如《十六字令》。引,本来是古代乐曲的一种名称,"引"是"引歌"的意思,原是指唐代大曲的先头部分。宋人取唐五代小令,曼衍其声,别成新腔,称之为"引"。从音乐角度上看,引每片六拍;从字数上看,引少则二十余字,多则上百字,大约属于"中调"的范围。近,又称"近拍",每片六拍,字数在七十与百字之间,同"引"一样,是介于"令"和"慢"之间的体式。慢,是慢曲子的简称,与急曲子相对而得名,它每片八拍,从篇幅上看,它一般调长字多,节奏较为舒缓。令、引、近、慢的名称,其着眼点是音乐的节奏而不是篇幅的长短,虽然节奏与篇幅有着一定的联系,但二者并不是一回事,比如,慢曲一般都字多调长,但并不能反过来说凡长调都是慢曲。

长调、中调、小令。这是词调的三种体格,其出发点是词的字数多寡。长调,即长词,一般以一百字以上者为长调,如《念奴娇》、《六州歌头》等均是，最长的长调是《莺啼序》，共二百四十字。中调一般在五十至一百字之间，如《定风波》、《鹧鸪天》等均是。小令，即词之短小者，一般认为五十字以下者为小令，如《忆江南》、《清平乐》便是。长调、中调、小令与令、引、近、慢有重合之处，也有不同之处，其原因在于，前者是从篇幅长短而后者是从音乐节奏的快慢着眼的，它们之间的区别是不能忽视的。

换头、过片。这是两个词学名词。词最初是单片的小令，后来发展为分上、下两片的令词。开始，上、下两片句式完全相同，如《采桑子》、《卜算子》、《蝶恋花》等均是。以后，在下片开始的地方稍稍改变音乐的节奏，歌词的句式也相应的有所改变。凡是下片开始之处的句式与上片开始之处不相同的，称作"换头"。换头，又称作"过"、"过片"、"过变"、"过拍"。名称虽异，但意思相同，指的都是下片的起句。顺便说一句，词以一句为一拍，拍字可以代句字用，所以称换头为过拍，也就称上片的结句为"歇拍"，这也是一个读词作赏析文章经常遇到的词学名词。

减字偷声和摊破、添字。这是词的变格异体，也是词人们为了增损变化词调，使之更为丰富的方法。一首词的曲调本来是有定格的，但是为了更加动听，词人们往往对本调在音乐上缩短乐句或简化节奏，歌词也相应减少，从而成为一种新调。这称作"减字偷声"。相反，在本调的基础上，摊破一二声，增字衍声，另外成为一个新的曲调，但仍用原来调名，而加上"摊破"二字以为区别。"摊破"是从文字和音乐兼顾的角度而言，若仅从文字方面而言，则"摊破"就是"添字"。如《浣溪沙》词原为上、下片各三句，每句七言，而《摊破浣溪沙》则在上、下片末各增一个三言句。又有将原调每片第三句改为四言、五言各一句，成为七七四五句式的，这也是一种新调。

词学名词还有很多，如"促拍"、"转调"、"犯"、"遍"、"序"、"歌头"、"曲破"、"中腔"等等，在阅读和欣赏古代词作时，应该对它们的含义有较为明确的了解，从而提高我们的鉴赏水平。因为篇幅所限，这里就不对这些名词一一加以介绍了。

总之，词经过发展，到宋代出现了百花盛开、万紫千红的繁荣景象，唐圭璋先生所编《全宋词》收词有两万余首。为了便于读者阅读和欣赏，我们编辑了这册《宋词精选》，在篇目选择上力图把宋词中最有代表性的精华推荐给广大读者,对字词典故加以必要的注释,对每首词均有简要的"品鉴",以帮助读者更好地理解和欣赏作品。如有不当之处,敬请读者批评指正。

2011 年 5 月 9 日
改定于京东静思斋

陈尧佐 一首

陈尧佐(963—1044),字希元,北宋阆州阆中(今属四川)人。端拱元年(988)进士,历官同中书门下平章事、集贤殿大学士,以太子致仕。

踏莎行

二社良辰,[1]千家庭院。

翩翩又见新来燕。[2]

凤凰巢稳许为邻,[3]潇湘烟暝来何晚。[4]

乱入红楼,[5]低飞绿岸。

画梁时拂歌尘散。[6]

为谁归去为谁来,主人恩重珠帘卷。[7]

【注释】

　[1]二社:春社和秋社,古时春秋两次祭祀土神的日子。一般分别在立春、立秋后第五个戊日。燕子春社时来,秋社时去,故又称"社燕"。

　[2]翩翩:轻快飞行的样子。

　[3]许为邻:同意燕子来做邻居。

　[4]潇湘:湘江的别称,因湘江水深清得名。这里泛指南方,是燕子所来的地方。烟暝:暮霭弥漫。

　[5]乱入:纷纷飞入。红楼:指富贵人家。

　[6]画梁:有雕刻绘画的房梁。歌尘:梁上的尘土。据刘向《别录》说,汉代有一

个叫虞公的人,善于歌唱,其歌声能震散梁上灰尘。燕子栖于画梁之上,故用歌尘指梁上尘土。

[7]珠帘卷:卷起珠帘让燕自由出入。

【品鉴】

据释文莹《湘山野录》记载,当时宰相吕夷简因年老想让出相位,仁宗问谁可以替代他,吕夷简推荐了陈尧佐。陈尧佐拜相以后,"极怀荐引之德,无以形其意,因撰燕词一阕,携觞相馆,使人歌之"。由此可见,这首词是以燕自比,借以表达对吕夷简的谢意。词中虽句句是写燕子,但又处处关合作者自己。上片前三句写出了春社后燕子翩翩来归的情景,暗喻朝廷人才济济。"凤凰"两句暗喻吕夷简荐引让位,同时自责依附太晚,"来何晚"三字极有感情。下片前三句写出燕子自由纷飞的情景,十分生动。结拍两句再申足谢意。主人,即吕夷简。据《湘山野录》载,吕夷简听歌者唱到结句,感叹道:"自恨卷帘人已老。"陈尧佐应曰:"莫愁调鼎事无功。"可见,吕夷简是完全明白陈尧佐所要表达的意思的。这种对"荐引之德"的谢意,一经借咏燕传出,便显得委婉含蓄,饶有情趣,若是明白地说出,就没有意思了。

林　逋 一首

　　林逋(967—1029)，字君复，钱塘（今浙江杭州）人。曾浪游江淮之间，后隐居杭州西湖孤山二十年，种梅养鹤，吟诗自遣，终身不娶，人称"梅妻鹤子"。其咏梅诗最为著名。有《林和靖诗集》，存词三首。

长相思

　　吴山青，[1]越山青。[2]
　　两岸青山相对迎，谁知离别情？

　　君泪盈，妾泪盈。
　　罗带同心结未成，[3]江头潮已平。

【注释】
　　[1]吴山：在今浙江省杭州市钱塘江北岸。
　　[2]越山：指钱塘江南岸的山。
　　[3]同心：古人把带子打成同心结，象征彼此相爱。
【品鉴】
　　词写女子送别情人时的情景。

范仲淹　二首

范仲淹(989—1052),字希文,吴县(今江苏苏州)人,仁宗朝官至枢密副使、参知政事,又任陕西四路安抚使,知邠州,为北宋著名的政治家和文学家。有《范文正公集》,存词五首。

苏幕遮

碧云天,黄叶地,秋色连波,波上寒烟翠。
山映斜阳天接水。
芳草无情,更在斜阳外。

黯乡魂,[1]追旅思,[2]夜夜除非,好梦留人睡。[3]
明月楼高休独倚。
酒入愁肠,化作相思泪。

【注释】

　　[1]黯乡魂:因思乡而黯然伤情。

　　[2]追旅思:羁旅的愁思缠绵不断。追:紧随。

　　[3]好梦:归乡之梦。

【品鉴】

　　此词通过对秋日景色的描绘,抒发了作者的羁旅乡思。

340

渔家傲

塞下秋来风景异,[1]衡阳雁去无留意。[2]

四面边声连角起。[3]

千嶂里,[4]长烟落日孤城闭。

浊酒一杯家万里,燕然未勒归无计。[5]

羌管悠悠霜满地。[6]

人不寐,将军白发征夫泪!

【注释】

[1]塞下:边塞。

[2]衡阳:在今湖南省。传说秋天北雁南飞,到衡山回雁峰而止。

[3]边声:泛指边地的马声、笛声等。

[4]嶂:像屏障一样的山峦。

[5]燕然:山名,在今蒙古国境内。勒:刻,指刻石记功。据载,东汉窦宪大破北单于后登上燕然山,刻石记功而还。

[6]羌管:笛子。

【品鉴】

此词作于镇守西北边疆之时,表现了作者的英雄气概和边塞生活的艰苦,情调苍凉而悲壮,在北宋词坛是一篇杰作。

张　先　四首

张先(990—1078),字子野,乌程(今浙江湖州)人。历任吴江知县、嘉禾判官,渝州、虢州知州,以都官郎中致仕。词与柳永齐名,词风清丽,有"张三影"之称。

天仙子

时为嘉禾小倅,以病眠,不赴府会。[1]

水调数声持酒听,[2]午醉醒来愁未醒。
送春春去几时回?
临晚镜,伤流景,[3]往事后期空记省。[4]

沙上并禽池上暝,[5]云破月来花弄影。[6]
重重帘幕密遮灯,风不定。
人初静,明日落红应满径。[7]

【注释】

[1]嘉禾:秀州的别称,治所在今浙江嘉兴。小倅:小小的副职之官。作者时任秀州通判之职。倅:副职。府会:州衙的聚会。

[2]水调:曲调名。

[3]流景:流逝的年华。

[4]后期:日后的约会。记省:清楚记得。

342

[5]并禽:成双的禽鸟。暝:暮色。

[6]弄影:指花枝在月下摇摆。

[7]落红:落花。

【品鉴】

词写临老伤春之情,"云破"一句最为著名,王国维云:"著一'弄'字而境界全出矣!"(《人间词话》)

菩萨蛮

忆郎还上层楼曲,楼前芳草年年绿。

绿似去时袍,回头风袖飘。

郎袍应已旧,颜色非长久。

惜恐镜中春,[1]不如花草新。

【注释】

[1]镜中春:指镜中女子的年轻容貌。

【品鉴】

词写相思之情,最后二句语浅意深,尤耐人回味。

青门引

乍暖还轻冷,风雨晚来方定。

庭轩寂寞近清明,[1]残花中酒,[2]又是去年病。[3]

楼头画角风吹醒,[4]入夜重门静。[5]

那堪更被明月,[6]隔墙送过秋千影。

【注释】

[1]庭轩:庭院和走廊。

[2]残花中酒:因感花凋残而伤怀醉酒。

[3]病:病酒,因饮酒过量而不适。

[4]楼:用以瞭望的高楼。画角:涂有彩色的号角。

[5]重门:一层层门。

[6]那堪:怎能忍受。

【品鉴】

此词抒写了作者暮春时节的寂寞心情,沈际飞《草堂诗馀正集》评曰:"怀则自触,触则愈怀,未有触之至此极者。"所评极是。结拍二句景中有情,是历来传诵的名句。

木兰花
乙卯吴兴寒食[1]

龙头舴艋吴儿竞,[2]笋柱秋千游女并。[3]
芳洲拾翠暮忘归,[4]秀野踏青来不定。[5]

行云去后遥山暝,[6]已放笙歌池苑静。[7]
中庭月色正清明,无数杨花过无影。[8]

【注释】

[1]乙卯:宋神宗熙宁八年(1075)。吴兴:即今浙江湖州市。

[2]舴艋(zé měng):小船。吴儿:吴地少年。

[3]笋柱秋千:用竹竿支起的秋千架。并:成双成对。

[4]拾翠:采集花草。

[5]踏青:春天到郊野游玩,俗称踏青。

[6]行云:指游人。

[7]放:停止。池院:花园。

[8]杨花:柳絮。

【品鉴】

此词描绘出吴地人民寒食春游的欢乐景象。

晏　殊 七首

晏殊(991—1055),字同叔,抚州临川(今属江西)人。官至同平章事兼枢密使。死谥元献,世称晏元献。有《珠玉词》一卷,存词一百三十九首。词风雍容闲雅,多写闲愁闲绪。

浣溪沙

一曲新词酒一杯,去年天气旧亭台。
夕阳西下几时回?

无可奈何花落去,似曾相识燕归来。
小园香径独徘徊。[1]

【注释】

[1]香径:洒满落花的小路。

【品鉴】

此词写作者对时光流逝的怅惘和对春意衰残的惋惜之情,是千古传诵的名篇。

破阵子

燕子来时新社,[1]梨花落后清明。

池上碧苔三四点,叶底黄鹂一两声。
日长飞絮轻。[2]

巧笑东邻女伴,[3]采桑径里逢迎。
疑怪昨宵春梦好,元是今朝斗草赢。[4]
笑从双脸生。

【注释】

[1]新社:春社,春天祭祀土地神的日子。

[2]日长:春日渐长。

[3]巧笑:笑得很美。

[4]斗草:古代妇女用草来赌输赢的一种游戏。

【品鉴】

此词描写了采桑少女嬉戏的情景,笔调清新而富有生活气息。

蝶恋花

槛菊愁烟兰泣露,[1]罗幕轻寒,燕子双飞去。
明月不谙离恨苦,斜光到晓穿朱户。[2]

昨夜西风凋碧树,[3]独上高楼,望尽天涯路。
欲寄彩笺兼尺素,[4]山长水阔知何处?

【注释】

[1]兰泣露:兰花沾着露珠,如在哭泣。

[2]朱户:指闺中人所居之处。

[3]凋碧树:使树木绿叶枯落。

[4]彩笺:古人用来提诗的一种精美的纸张。尺素:古人用来书写的白色生绢,后代指书信。

【品鉴】

词写闺中女子临秋相思之情,可谓语浅情深之作。"昨夜"三句写出闺中人望眼欲穿的情态,王国维因以比喻成大学问者必须经过的三种境界的第一种境界。

踏莎行

祖席离歌,[1]长亭别宴。[2]

香尘已隔犹回面。[3]

居人匹马映林嘶,[4]行人去棹依波转。[5]

画阁魂消,高楼目断。

斜阳只送平波远。[6]

无穷无尽是离愁,天涯地角寻思遍。

【注释】

[1]祖席:于道路旁设的饯别筵席。

[2]宴:停、息,指已行过最后的别礼。

[3]香尘:美人身上的香气和行途中的尘土味儿。隔:隔离,指行人已登程离远。

[4]居人:送行之人。

[5]去棹:离去的船。

[6]只送:孤独地远送着孤舟。

【品鉴】

词写别情。

踏莎行

小径红稀,[1]芳郊绿遍。

高台树色阴阴见。[2]

春风不解禁杨花,濛濛乱扑行人面。

翠叶藏莺,珠帘隔燕。

炉香静逐游丝转。[3]

一场愁梦酒醒时,斜阳却照深深院。

【注释】

　　[1]红稀:红花稀疏。

　　[2]高台:楼台。

　　[3]游丝:空中漂浮的烟缕。

【品鉴】

　　词写晚春景象,抒发了作者的一腔愁绪。

玉楼春

绿杨芳草长亭路,年少抛人容易去。[1]
楼头残梦五更钟,花底离愁三月雨。[2]

无情不似多情苦,一寸还成千万缕。[3]
天涯地角有穷时,只有相思无尽处。

【注释】

　　[1]容易:轻易,随便。

　　[2]离:逢,遇。

　　[3]一寸:指心。千万缕:指千愁万恨。

【品鉴】

　　词写闺中相思之情。

少年游

重阳过后,西风渐紧,庭树叶纷纷。[1]
朱阑向晓,芙蓉妖艳,特地斗芳新。[2]

霜前月下，斜红淡蕊，明媚欲回春。[3]

莫将琼萼等闲分，留赠意中人。[4]

【注释】

[1]庭树：庭院里的树木。这三句写重阳过后自然景物的变化，渲染出一派秋日萧瑟的气氛。

[2]阑：栏杆。芙蓉：即木芙蓉，落叶灌木，被毛；秋冬季开花，花冠白色或淡红色；又称"拒霜"、"地芙蓉"、"木莲"。特地：有意地。这三句写秋日清晨，朱红栏干里的木芙蓉花朵鲜艳，好像是故意展示自己的芳姿。

[3]淡蕊：粉红色的花心。回春：使春天回转。

[4]琼萼：玉一样的花萼，这里指木芙蓉花。等闲：随便。分：摘下。

【品鉴】

木芙蓉花开时，正是百花凋残的秋季，词人紧紧扣住芙蓉花的这个特点，突出赞扬了它凌霜的品性，其中亦含有作者对坚贞高洁品格的追求。

张　昇　一首

张昇(992—1077),字杲卿,韩城(今属陕西)人。累官至参知政事、同中书门下平章事,以太子太师致仕。《青箱杂记》、《过庭录》各录其词一首。

离亭燕

一带江山如画,[1]风物向秋潇洒。[2]
水浸碧天何处断?
霁色冷光相射。
蓼屿荻花洲,[3]掩映竹篱茅舍。

云际客帆高挂,烟外酒旗低亚。[4]
多少六朝兴废事,[5]尽入渔樵闲话。[6]
怅望倚层楼,[7]寒日无言西下。

【注释】

[1]一带:指建康(今江苏南京)附近长江沿岸一带。

[2]风物:景物。潇洒:形容秋天景色爽朗清丽。

[3]蓼屿:开满蓼花的小岛。

[4]低亚:低垂。

[5]六朝:指先后建都于金陵的吴、东晋、宋、齐、梁、陈六个朝代。

[6]渔樵:渔人樵夫。

［7］怅望:若有所失、目光呆直而望的样子。层楼:高楼。

【品鉴】

此抒怀之作。作者在对秋日景色的描画当中,抒发了深长的人生感慨。

宋　祁 一首

宋祁(998—1061),字子京,安州安陆(今属湖北)人,曾官翰林学士、史馆修撰,主修《唐书》,死谥景文。赵万里《校辑宋金元人词》存其词六首。

玉楼春

东城渐觉风光好,縠绉波纹迎客棹。[1]
绿杨烟外晓寒轻,红杏枝头春意闹。[2]

浮生长恨欢娱少,[3]肯爱千金轻一笑。[4]
为君持酒劝斜阳,且向花间留晚照。[5]

【注释】

　[1]縠(hú)绉:带有绉褶的纱,此处用以形容水波。

　[2]闹:喧闹。

　[3]浮生:短促的一生。

　[4]肯:怎肯。

　[5]晚照:夕阳的余光。

【品鉴】

　此词上片写景,下片抒情,可谓情景交融。“红杏”一句尤为著名,作者因此被称为“红杏枝头春意闹尚书”。王国维认为“著一‘闹’字,而境界全出”(《人间词话》)。

梅尧臣　一首

梅尧臣(1002—1060),字圣俞,宣城(今属安徽)人。以门荫为河南主簿,后调河阳县主簿,累迁尚书都官员外郎。北宋诗文革新运动中的中坚人物。有《宛陵集》,存词仅二首。

苏幕遮
草

露堤平,烟墅杳。^[1]

乱碧萋萋,^[2]雨后江天晓。

独有庾郎年最少。^[3]

窣地春袍,^[4]嫩色宜相照。

接长亭,迷远道。

堪怨王孙,^[5]不记归期早。

落尽梨花春又了。^[6]

满地残阳,翠色和烟老。^[7]

【注释】

[1]墅:别墅。杳:幽暗,深远。

[2]乱碧:形容青草无处不在。萋萋:青草茂盛的样子。

[3]庾郎:庾信,南朝梁代作家,曾出使北朝被羁留异乡。此作者自指。

[4]窣地:拖到地面。春袍:即绿袍,指官服。庾信十五岁便做了昭明太子的"东宫讲读"。

[5]王孙:指贵胄子弟。

[6]了:结束。

[7]和:带,伴随。烟:暮霭。

【品鉴】

此词是作者立志超过别人同题之作的情况下产生的,宋吴曾《能改斋漫录》卷十七《乐府·咏草词》中说:"梅圣俞在欧阳公座,有以林逋《草词》'金谷年年,乱生春色谁为主'为美者,圣俞因别为《苏幕遮》一阕云云。欧公击节赏之。"这正体现了梅尧臣不肯随人说妍,在艺术上勇于进取的精神,而他这首词事实上也与林逋《草词》各有千秋,堪称双璧。上片首先描绘出开阔而迷离的景象,"乱碧"两句更用特定的环境点染出青草的精神,烘托出春天的繁丽风光;继而簇拥出一位翩翩少年,表现出作者对古人的倾慕之情,使全词的内容更丰富,意境更开阔。下片继续描绘春草繁茂的景况,"接长亭,迷远道",写出芊芊芳草直向天涯之势,自然地抒写了宦游客子春尽思归的情怀。"满地"两句,在一片春残景象中,写出了伤春、惜春之情,表现出词人对美好事物不能永驻不衰的惆怅和感慨。

欧阳修　八首

欧阳修(1007—1072),字永叔,号醉翁,晚号六一居士,北宋庐陵(今江西省吉安市)人。累官兵部尚书,以太子少师致仕。倡导文风诗风改革,为北宋一代文章宗师,其词与晏殊并称,风格和婉疏畅。有《六一词》和《近体乐府》,存词二百七十余首。

踏莎行

候馆梅残,[1]溪桥柳细。
草熏风暖摇征辔。[2]
离愁渐远渐无穷,迢迢不断如春水。

寸寸柔肠,盈盈粉泪。[3]
楼高莫近危栏倚。[4]
平芜尽处是春山,行人更在春山外。

【注释】

[1]候馆:接待宾客下榻等候召见的馆舍。

[2]草熏:花草的芳香。征辔:远行之人所乘的车马。

[3]粉泪:指女子的眼泪。

[4]危栏:高楼上的栏杆。

【品鉴】

此词写离情,语言生动,比喻贴切,是欧词中的代表作之一。

生查子

去年元夜时,[1]花市灯如昼。
月上柳梢头,人约黄昏后。

今年元夜时,月与灯依旧。
不见去年人,泪满春衫袖。

【注释】

[1]元夜:元宵节。

【品鉴】

词写一女子对爱情的追求与失落,语言清新自然,有民歌之韵味。

采桑子(十首选二)

其一

轻舟短棹西湖好,绿水逶迤。[1]
芳草长堤,隐隐笙歌处处随。[2]

无风水面琉璃滑,不觉船移。
微动涟漪,[3]惊起沙禽掠岸飞。[4]

其四

群芳过后西湖好,[5]狼藉残红。[6]
飞絮濛濛,垂柳阑干尽日风。

笙歌散尽游人去,始觉春空。[7]
垂下帘栊,[8]双燕归来细雨中。

【注释】

    [1]逶迤:曲折而绵延不断。

    [2]笙歌:歌唱和乐器演奏。

    [3]涟漪:细小的波纹。

    [4]沙禽:沙滩上的水鸟。

    [5]群芳过后:百花凋谢的时节。

    [6]狼藉:散乱貌。残红:落红。

    [7]春空:春意消失。

    [8]帘栊(lóng):此处指窗帘。

【品鉴】

    欧阳修早年曾被贬知颍州(今安徽阜阳),晚年又归隐于此,因而他对颍州的山水极有感情。在州城西北,有一天然湖泊,称作西湖,欧阳修常来此游玩,并写了十首《采桑子》加以咏赞。此处所选为其一、其四。

蝶恋花

庭院深深深几许?
杨柳堆烟,帘幕无重数。[1]
玉勒雕鞍游冶处,[2]楼高不见章台路。[3]

雨横风狂三月暮。
门掩黄昏,无计留春住。
泪眼问花花不语,乱红飞过秋千去。

【注释】

    [1]无重数:一重又一重数不清楚。

    [2]玉勒雕鞍:指华丽的车马。

    [3]章台:汉长安街名。此街多歌台酒馆,后代指游冶之地。

【品鉴】

    词写闺中思妇的愁苦心情,有人认为是一首有寓意的政治词,可以参考。

玉楼春

别后不知君远近,触目凄凉多少闷。
渐行渐远渐无书,水阔鱼沉何处问。[1]

夜深风竹敲秋韵,[2]万叶千声皆是恨。
故欹单枕梦中寻,[3]梦又不成灯又烬。[4]

【注释】

[1]鱼沉:指无书信。古代有鲤鱼传书的说法,故云。

[2]秋韵:秋声。

[3]欹:斜靠。

[4]烬:灯芯烧成灰烬,指灯灭。

【品鉴】

此词抒写闺中思妇深沉凄绝的离愁别恨。

望江南

江南蝶,斜日一双双。[1]
身似何郎全傅粉,心如韩寿爱偷香。
天赋与轻狂。[2]

微雨后,薄翅腻烟光。[3]
才伴游蜂来小院,又随飞絮过东墙。
长是为花忙。[4]

【注释】

[1]斜日:落日。

[2]何郎:何晏,《世说新语·容止》:"何平叔(晏)美姿仪,面至白,魏明帝疑其傅

粉,正夏日,与热汤饼,既啖,大汗出,以朱衣自拭,色转皎然。""身似"句写蝴蝶的外形美。韩寿:据史书记载,韩寿长得很美,贾充召之为司空掾,贾充的女儿见了韩寿便很喜欢他,不久两人悄悄相好。"后会诸吏,闻寿有异香之气,是外国所贡,一著人则历月不歇。充计武帝唯赐己及陈骞,馀家无此香,疑寿与女通……充乃取女左右婢考问,即以状对。充秘之,以女妻寿。"(《世说新语·惑溺》)本来,"韩寿偷香"常指男女私情,这里用以指蝴蝶吸吮花蜜。"身似"三句说:蝴蝶表面长着一层蝶粉,犹如精心涂粉装扮的美男子,它总是依恋着花丛,一会儿东,一会儿西,上天赋予了它轻狂的品性。

[3]这两句说:微雨过后,蝴蝶的粉翅沾着雨水,在夕阳映照下,像冰雪一样洁白细腻。

[4]飞絮:柳絮。长是:总是。这三句具体描写蝴蝶之"轻狂"本性。

【品鉴】

此词用拟人化手法,既描绘了蝶的形象,又写出了蝶的神韵,词中"何郎"、"韩寿"两个典故用得十分贴切自然,生动地表现出蝴蝶的外形美和内在品质,颇能引人思索,而"微雨"两句又充分表现出词人体物入微,观察细致和选词用字准确、生动的艺术功力。欧阳修的主要成就是散文和诗歌,但是他填的一些小词却清丽可喜,为读者所赞赏,这首词便体现了"清丽"的特点。

临江仙

柳外轻雷池上雨,雨声滴碎荷声。

小楼西角断虹明。

阑干倚处,待得月华生。[1]

燕子飞来窥画栋,[2]玉钩垂下帘旌。[3]

凉波不动簟纹平。[4]

水精双枕,[5]傍有堕钗横。

【注释】

[1]月华:月光。

[2]画栋:彩绘的中梁。

[3]帘旌:即帘子。

[4]簟(diàn)纹:细竹席的纹理。

[5]水精:即水晶。

【品鉴】

此词用优美、含蓄的笔触,描写一对恋人幽会的情景,是欧词中的名篇。上片一至三句写出夏日傍晚阵雨旋晴之景,诚为图画所难到之笔。歇拍二句写女主人公倚栏待月,笔致温丽明妙,意境极为幽美。下片写幽会,而并不正面着笔,却用燕子偷窥、"垂下帘旌"和"堕钗横"等细节暗暗写出幽会之事,显得尤为含蓄蕴藉。俞平伯先生《唐宋词选释》云:"下片只写景,不言人物情致,和晚唐韩偓《已凉》一篇写法亦相似。"可以参看。

摸鱼儿

卷绣帘、梧桐秋院落,一霎雨添新绿。

对小池闲立残妆浅,向晚水纹如縠。[1]

凝远目,恨人去寂寂,凤枕孤难宿。[2]

倚阑不足,看燕拂风檐,蝶翻露草,两两长相逐。

双眉促,可惜年华婉娩,[3]西风初弄庭菊。

况伊家年少,[4]多情未已难拘束。

那堪更趁凉景,追寻甚处垂杨曲。

佳期过尽,但不说归来,多应忘了,云屏去时祝。[5]

【注释】

[1]縠:绉纱一类的丝织品。

[2]凤枕:枕之美称。

[3]婉娩:天气温和。

[4]伊家:那人。

[5]云屏:绘有彩云图案的屏风。祝:指分别时立下的誓言。

【品鉴】

词写闺怨。上片一起写出一片秋日景色,而闺中人则在"卷绣帘"三字中轻轻逗出。以下二句写人兼写景，"闲立"二字含意丰富，"水纹如縠"反衬人之心绪难平，颇耐人回味。"凝远目"以下是闺中人"闲立"所见和所感。因为无聊而"闲立"，自然生出对情人一去而无音讯的怨恨，故"恨人去寂寂"便自然流出。带着这种情绪，再去看"两两长相逐"的燕子和蝴蝶，她心中之难堪，自在不言之中。下片更明白直露地表达对"伊家年少"的怀念之情。"可惜"二句，叹时光易逝，言简意赅。"况伊家"以下四句在对情人的怨恨中，透出一片深情。最后四句，言浅意深，"佳期过尽"，多少怨恨？"不说归来"，亦怨亦盼；"多应"二字，细微地写出闺中人一种复杂的心理状态，确有言已尽而意不穷的韵味。

柳 永 四首

柳永(约987—约1053),字耆卿,初名三变,行七,人称柳七,字景庄,崇安(今福建)人。仁宗景祐元年(1034)进士,官至屯田员外郎。柳永是词史上第一个大量写作慢词的人,他的词流传甚广,据说"凡有井水饮处,即能歌柳词"(《避暑录话》)。有《乐章集》,收词二百零六首。

雨霖铃

寒蝉凄切,对长亭晚,[1]骤雨初歇。
都门帐饮无绪,[2]留恋处、兰舟催发。[3]
执手相看泪眼,竟无语凝噎。[4]
念去去、千里烟波,暮霭沉沉楚天阔。[5]

多情自古伤离别,更那堪、冷落清秋节!
今宵酒醒何处?杨柳岸、晓风残月。
此去经年,[6]应是良辰、好景虚设。
便纵有、千种风情,[7]更与何人说。

【注释】

[1]长亭:路边供行人休息的亭子。

[2]都门:京城(汴京,今河南省开封市)。帐饮:在郊外张设帷帐,摆宴送别。无绪:没有心情。

[3]兰舟:对船的美称。

[4]凝噎:因悲伤而说不出话来。

[5]去去:走了又走,表示行程之远。楚天:泛指南方的天空。

[6]经年:年复一年之意。

[7]风情:柔情蜜意。

【品鉴】

　　词写别情。上片写一对恋人难舍难分的临别情景,下片写离去之人对离别后孤寂生活的种种设想。"此去径年"四句直抒胸臆,仍以离愁收束全词,极具动人的魅力。

凤栖梧

　　伫倚危楼风细细。[1]

　　望极春愁,黯黯生天际。[2]

　　草色烟光残照里。

　　无言谁会凭阑意。

　　拟把疏狂图一醉。[3]

　　对酒当歌,强乐还无味。[4]

　　衣带渐宽终不悔。[5]

　　为伊消得人憔悴。[6]

【注释】

[1]伫:久立。危楼:高楼。

[2]望极:望尽。黯黯:形容失落的情绪。

[3]疏狂:狂放不受约束。

[4]强乐:勉强作乐。

[5]衣带渐宽:衣带渐渐变得宽松起来,表示人逐渐消瘦。

[6]伊:她,第三人称代词。

【品鉴】

　　词写怀人之情。上片"草色"二句写出耐人寻味的一种意境;下片

"衣带"更写出对情的专一诚挚,真有余韵不绝之妙。

望海潮

东南形胜,三吴都会,[1]钱塘自古繁华。[2]

烟柳画桥,风帘翠幕,参差十万人家。[3]

云树绕堤沙,怒涛卷霜雪,[4]天堑无涯。[5]

市列珠玑,户盈罗绮,[6]竞豪奢。

重湖叠𪩘清嘉,[7]有三秋桂子,[8]十里荷花。

羌管弄晴,[9]菱歌泛夜,[10]嬉嬉钓叟莲娃。

千骑拥高牙,[11]乘醉听箫鼓,吟赏烟霞。[12]

异日图将好景,归去凤池夸。[13]

【注释】

[1]形胜:地理形势优越之处。三吴:旧称吴兴郡、吴郡、会稽郡为三吴,此泛指江浙地区。

[2]钱塘:即杭州。

[3]参差:形容楼阁高低不齐的样子。

[4]霜雪:指钱塘潮涨时波涛白如霜雪。

[5]天堑:天然的沟渠,形容江流险要。

[6]罗绮:绫罗绸缎。

[7]重湖:白堤将西湖分为里湖和外湖。叠𪩘(yǎn):重叠的山峰。

[8]桂子:桂花。

[9]弄晴:指笛声在晴空里悠扬不断。

[10]菱歌泛夜:采菱的歌声在月夜的湖面上荡漾。

[11]千骑:形容州郡长官出行时随从众多。牙:牙旗,军前的大旗,此指高官出行时的仪仗旗帜。

[12]烟霞:指山光水色。

[13]图将:画出。凤池:凤凰池,本皇帝禁苑池名,中书省机关近其地,后代称中书省,亦泛指朝廷。

【品鉴】

此词写出东南大都会杭州的繁荣景象与美丽风光,确实将"承平气象,形容曲尽"(陈振孙《直斋书录解题》)。作者通篇铺陈白描,都会豪华与山水景观融会一体,犹如一篇浓缩的都城赋。

八声甘州

对潇潇、暮雨洒江天,一番洗清秋。

渐霜风凄紧,关河冷落,[1]残照当楼。

是处红衰翠减,[2]苒苒物华休。[3]

惟有长江水,无语东流。

不忍登高临远,望故乡渺邈,[4]归思难收。

叹年来踪迹,何事苦淹留?[5]

想佳人、妆楼凝望,误几回、天际识归舟。

争知我、倚阑干处,正恁凝愁。[6]

【注释】

[1]关河:指关口和津渡。

[2]是处:处处。红衰翠减:花木凋零。

[3]苒苒:渐渐地。物华:美好的事物。

[4]渺邈:遥远渺茫。

[5]淹留:久留。

[6]争:怎。恁:这样,如此。

【品鉴】

此为客中思乡怀人之作,上片写景,气象凄清,视野宏阔;下片抒情,思乡怀人,愁绪纷纷,令人感叹。

王安石　二首

王安石(1021—1086)，字介甫，号半山，抚州临川(今江西抚州市)人。他是北宋著名政治家，同时也是著名的文学家，尤以散文和诗歌成就最高，其词数量不多，但意境颇为开阔，感慨颇为深沉，具有独特的风格，刘熙载评其词格"瘦削雅素，一洗五代旧习"(《艺概》)。有《临川集》，存词二十九首。

桂枝香

金陵怀古[1]

登临送目，[2]正故国晚秋，[3]天气初肃。[4]

千里澄江似练，[5]翠峰如簇。[6]

征帆去棹残阳里，[7]背西风、酒旗斜矗。[8]

彩舟云淡，星河鹭起，[9]画图难足。[10]

念往昔、繁华竞逐。[11]

叹门外楼头，[12]悲恨相续。

千古凭高对此，[13]漫嗟荣辱。[14]

六朝旧事随流水，[15]但寒烟、衰草凝绿。[16]

至今商女，时时犹唱，后庭遗曲。[17]

【注释】

[1]金陵:即今江苏省南京市。

[2]登临:登山临水。送目:远望。

[3]故国:旧都城,此处指金陵。金陵曾为六朝故都。

[4]肃:清肃爽朗。

[5]澄江似练:语本谢朓《晚登三山还望京邑》:"余霞散成绮,澄江静如练。"澄江:水色清澈的长江。练:白绸。

[6]簇:箭头。

[7]征帆去棹:指远去的客船。

[8]斜矗:倾斜地竖立。

[9]星河:银河,此处喻指长江。

[10]难足:难以充分表达出来。

[11]逐:追逐。

[12]门外楼头:化用唐代杜牧《台城》"门外韩擒虎,楼头张丽华"诗意。

[13]凭高:登高。

[14]漫嗟荣辱:徒然感叹历史兴废。

[15]六朝:指东吴、东晋、宋、齐、梁、陈六个朝代。

[16]但:只有。凝绿:凝聚着的绿色。

[17]此三句化用杜牧《泊秦淮》"商女不知亡国恨,隔江犹唱后庭花"诗意。商女:指卖唱的歌女。后庭遗曲:指陈后主陈叔宝所作的《玉树后庭花》,当时有人认为歌词中"玉树后庭花,花开不复久"的句子是陈亡的预兆,后人因此视此曲为亡国之音。

【品鉴】

此词约作于治平四年(1067)作者出知江宁府时,是一首写景兼怀古的名作。上片写金陵山川的壮丽景色,下片感叹历史兴亡,奇慨遥深。此词历来受到很高的评价。《增修笺注草堂诗馀·后集》卷上引《古今词话》云:"金陵怀古,诸公寄词于《桂枝香》凡三十馀首,独介甫最为绝唱。"

菩萨蛮

数间茅屋闲临水,窄袖短帽垂杨里。[1]
花是去年红,吹开一夜风。

梢梢新月偃，[2]午醉醒来晚。

何物最关情，[3]黄鹂三两声。

【注释】

[1]窄袖短帽:指便装衣帽。

[2]偃:息卧。

[3]关情:使人动情。

【品鉴】

词写作者隐居乡间的闲适生活。

晏几道 四首

晏几道(1038—1110),字叔原,号小山,抚州临川(今属江西)人,晏殊第七子。曾监许田镇、任开封府推官,其词多记悲欢离合,有《小山词》一卷,存词二百六十余首。

临江仙

梦后楼台高锁,酒醒帘幕低垂。
去年春恨却来时。[1]
落花人独立,微雨燕双飞。

记得小苹初见,两重心字罗衣。[2]
琵琶弦上说相思。
当时明月在,曾照彩云归。[3]

【注释】

[1]春恨:春日离别的愁恨。
[2]心字罗衣:用一种心字香熏过的罗衣。
[3]彩云:喻指小苹。

【品鉴】

此词写对歌女小苹的怀念之情。晏几道《小山词跋》云:"始时沈十二廉叔、陈十君宠家有莲、鸿、苹、云,品清讴娱客。每得一解,即以草授诸儿,吾三人持酒听之,为一笑乐。"由此可见,作者与歌女小苹是有很深的感情的。此词层次清晰,蕴藉含蓄,词语俊爽致密,对仗工整流畅,尤其是结拍二句,含不尽之意于言外,耐人回味。《白雨斋词话》认为这首词"既闲雅,又沉着,当时更无敌手",可谓知音。

鹧鸪天

彩袖殷勤捧玉钟,[1]当年拼却醉颜红。[2]
舞低杨柳楼心月,歌尽桃花扇底风。[3]

从别后,忆相逢,几回魂梦与君同。
今宵剩把银釭照,[4]犹恐相逢是梦中。

【注释】

　　[1]彩袖:指穿彩衣的舞女。玉钟:酒杯。
　　[2]拼却:甘愿。
　　[3]桃花扇:绘有桃花的扇子。
　　[4]剩把:尽把。银釭:灯。

【品鉴】

　　词写与一位歌女重逢时的情景,语言自然工丽,形象鲜明生动,当时曾广为传唱。

蝶恋花

醉别西楼醒不记。
春梦秋云,聚散真容易。
斜月半窗还少睡,画屏闲展吴山翠。[1]

衣上酒痕诗里字。
点点行行,总是凄凉意。
红烛自怜无好计,夜寒空替人垂泪。

【注释】

[1]吴山:指屏风上所绘的江南山景。

【品鉴】

词写离别之感,但却更广泛地慨叹于过去欢情之易逝,今日孤怀之难遣,将来重会之无期,所以情调比其他一些伤别之作,更加低徊往复,沉郁悲凉。

临江仙

斗草阶前初见,[1]穿针楼上曾逢。[2]
罗裙香露玉钗风。
靓妆眉沁绿,[3]羞脸粉生红。

流水便随春远,行云终与谁同?
酒醒长恨锦屏空。
相寻梦里路,飞雨落花中。

【注释】

[1]斗草:指民间斗草的一种游戏。《荆楚岁时记》:"五月五日,四民并踏百草。又有斗百草之戏。"

[2]穿针楼:民间习俗,每当七夕,女子在楼上对着牛郎、织女双星穿针引线,称为乞巧。

[3]绿:指眉间的翠黛。

【品鉴】

此为怀人之作,作者怀念的人是一位女子,也许是晏家过去的一个婢女。全词写得婉转而含蓄,是一篇佳作。上片一句一景,一景一情,可谓情景交融。"斗草"二句写与那女子的两次相逢,"阶前初见"、"楼上曾逢",无限深情,自在不言之中。"罗裙"以下三句追叙两次见面时女子的情态:花丛里的露水洒在她的罗裙上,玉钗在她的头上迎风颤动,刚画好的眉间透出一缕翠黛,见到了情人,她的粉面上不禁泛起了红色。末句中的一个"羞"字,生动而又细腻地描绘出女子的娇羞之态。

下片抒忆人之情，那人已如流水随春而去，此刻与谁温存？"行云"句用巫山神女的典故，表达了心中的无限惆怅。"酒醒"句写出人走而情在的感慨。结拍二句说自己在梦中沐浴着春雨飞花，四处寻找那位女子。其情之真、意之切，令人赞叹。

此词颇受后人的激赏，刘逸生先生具体分析道："词人正面写了与女子的初见、重逢，至于锦屏前的相叙，他更接近了，但词人却没有正面写，只是通过'锦屏空'来透露，这样写就更耐人寻味，更给人以深刻的印象。梦中相寻路上的'飞雨落花'，这句写得也很含蓄，不仅给梦境以迷蒙的色彩，而且含蓄地暗示出女子的遭遇和梦中的难寻，同时还透露出小晏无可奈何的情怀，抒发了自己生活中的真正哀愁。"这样的解说很有道理，可以参看。

苏 轼 十三首

苏轼(1037—1101),字子瞻,号东坡居士。北宋眉山(今属四川省)人。宋代著名文学家。其词洒脱豪纵,别树一宗,使天下耳目一新。有《东坡乐府》传世,收词三百多首。

定风波

红梅

好睡慵开莫厌迟,[1]自怜冰脸不时宜。[2]
偶作小红桃杏色,闲雅,尚馀孤瘦雪霜姿。[3]

休把闲心随物态,何事,酒生微晕沁瑶肌。[4]
诗老不知梅格在,吟咏,更看绿叶与青枝。[5]

【注释】

[1]慵(yōng):懒。

[2]冰脸:形容花色洁白纯净。不时宜:不合时尚。

[3]小红:浅红。雪霜姿:凌雪傲霜的风姿。“偶作”几句说:红梅担心颜色洁白不合时尚,故而偶作浅红,色如桃杏,以趋时风,但它毕竟是梅花,自有凌雪傲霜的品性。

[4]闲心:闲淡的心境。物态:指桃杏娇柔媚人的姿态。“酒生”句,言红色染上花瓣。

[5]诗老:指作者的前辈诗人石曼卿,他的《红梅》诗有这样的句子:“认桃无绿

叶,辨杏有青枝。"这几句说:石曼卿的《红梅》诗,只写出梅的颜色,没有写出红梅不同流俗的品格。

【品鉴】

《直方诗话》有一段记载很有意思:宋人王居卿认为林逋《梅花》诗中"疏影"、"暗香"二句"咏杏花与桃花皆可"。苏轼表示了不同的意见,"可则可,但恐李花不敢承当"。苏轼的见解是很高明的,因为林逋的诗句,描绘出了梅花的神态和风韵。如果林逋仅仅着眼于梅花的色彩、形状,可能写得会更细致、更逼真,但却会失去梅花的神韵,如石曼卿那样写梅花,便比林逋的诗逊色多了,难怪苏轼批评他不知"梅格"(梅花的品格与精神)所在。为了与石曼卿争奇斗胜,苏轼写下了《红梅》诗:"怕愁贪睡独开迟,自恐冰容不入时。故作小红桃杏色,尚馀孤瘦雪霜姿。寒心未肯随春态,酒晕无端上玉肌。诗老不知梅格在,更看绿叶与青枝。"很明显,这首《定风波·红梅》便是由此诗敷化而来。虽然因为体裁不同,笔意婉转了许多,但大体上没有什么区别。同诗一样,此词不仅写出了红梅的形象,更写出了梅花的神采和韵致,尤其是"偶作"以下三句更是生动地写出了红梅的美姿与丰神,同时也寄寓了词人对一种人生理想的追求。清人刘熙载《艺概》评道:"东坡《定风波》云:'尚馀孤瘦雪霜姿。'《荷华媚》云:'天然地别是风流标格。''雪霜姿'、'风流标格',学坡词者便可从此领取。"

水龙吟

次韵章质夫杨花词[1]

似花还似非花,也无人惜从教坠。[2]
抛家傍路,思量却是,无情有思。[3]
萦损柔肠,困酣娇眼,欲开还闭。[4]
梦随风万里,寻郎去处,又还被、莺呼起。[5]

不恨此花飞尽,恨西园、落红难缀。[6]
晓来雨过,遗踪何在,一池萍碎。[7]

春色三分，二分尘土，一分流水。^[8]

细看来，不是杨花，点点是、离人泪。^[9]

【注释】

[1]次韵：按别人原作的韵脚和诗或和词叫次韵。章质夫：章楶(jié)字质夫，苏轼的好友，作有咏杨花的《水龙吟》，是传诵一时的作品。

[2]花：指柳絮。"似花"句说杨花像花又不像花。从教：任使、任凭。坠：飘落。

[3]抛家傍路：离开枝头，飘落路旁。无情有思：杜甫《白丝行》："落絮游丝亦有情，随风照日宜轻举。"韩愈《晚春》："杨花榆荚无才思，惟解漫天作雪飞。"此处合用两诗，说杨花看起来似乎无情，其实却有愁思。

[4]萦：牵挂。损：坏。萦损柔肠：因牵挂愁思而毁坏了肠肚。娇眼：柳眼。柳叶初生，如人睡眼初展，称为柳眼。这三句用拟人化的手法来写柳。

[5]"梦随"三句化用唐金昌绪《春怨》诗意，暗写一女子对远在万里之外的丈夫的怀念。《春怨》诗云："打起黄莺儿，莫叫枝上啼。啼时惊妾梦，不得到辽西。"

[6]西园：泛指一般园林。落红：落花。缀：连接。

[7]遗踪：遗留下的踪迹，此处指雨后的杨花。一池萍碎：杨花落入水中，化成一池碎萍。作者自注："杨花落水为浮萍，验之信然。"其实这种说法并不符合实际情况。

[8]"春色"三句说：杨花原有三分春色，但三分之二飘落路旁，三分之一飘入流水。

[9]"细看来"三句：宋人曾季貍在《艇斋诗话》中说，这三句是化用唐人诗句："时人有酒送张八，惟我无酒送张八。君有陌上梅花红，尽是离人眼中血。"

【品鉴】

和韵填词，各个方面固然要受到限制，无论是命意还是用韵，均要有所依傍。但是从另一个方面看，它又为词人出奇制胜、一展文才提供了机会。要超过原作，就必须另辟新境，这往往能产生超过原作的优秀作品，此词便是如此，因而有人认为苏词"和韵而似原唱"，章词"原唱而似和韵"。为了比较，不妨把章质夫原作抄录于此："燕忙莺懒芳残，正堤上柳花飘坠。轻飞乱舞，点画青林，全无才思。闲趁游丝，静临深院，日长门闭。傍珠帘散漫，垂垂欲下，依前被风扶起。兰帐玉人睡觉，怪春衣，雪沾琼缀。绣床渐满，香毬无数，才圆却碎。时见蜂儿，仰粘轻粉，鱼吞池水。望章台路杳，金鞍游荡，有盈盈泪。"与章词明显不同，苏轼注意从虚处着笔，以丰富的想象和巧妙的构思，运用拟人化的手法，把咏物和写人巧妙地结合在一起,虽然句句是咏杨花,写得形态逼真,其实却刻画了一个伤感幽怨的思妇的形象,确实做到了"直是言情,非复赋物(沈谦《填词杂说》)。这首词受到后人的高度评价,如王国维《人间词话》说:"咏物自以东坡《水龙吟》为最工。"特别值得提出的是此词的一起一结,"似花还似非花",一起便出手不凡,它定下了全词的基调:既写物象,又写人言情;"细看来,不是杨花,点点是、离人泪",想象奇特,既出人意表,又在情理之中,与起始相照应,总收全词,令人回味无穷,可谓画龙点睛之笔。

洞仙歌

江南腊尽,早梅花开后。[1]

分付新春与垂柳。[2]

细腰肢、自有入格风流。[3]

仍更是、骨体清英雅秀。

永丰坊那畔,尽日无人。

谁见金丝弄晴昼?[4]

断肠是飞絮时,绿叶成阴,无个事、一成消瘦。[5]

又莫是、东风逐君来,便吹散眉间一点春皱。[6]

【注释】

[1]腊尽:腊月已尽。

[2]分付:交付。杨柳泛绿,是春天来临的象征,故说"分付新春与垂柳"。

[3]格:标格。这句说:柳枝婀娜,恰似少女的细腰,自有一种风流体态。杜甫《绝句漫兴》:"隔户杨柳弱袅袅,恰似十五女儿腰。"

[4]永丰坊:唐长安坊名。白居易原有妾名小蛮,后白居易年事已高又见到了小蛮,小蛮仍很年轻,白居易便写了一首诗,"为杨柳之词以托意,曰:'一树春风万万枝,嫩于金色软于丝。永丰南角荒原里,尽日无人属阿谁?'"(见孟棨《本事诗》)苏轼这里化用白居易诗意。金丝:柳枝。

[5]断肠:极言伤心。一成消瘦:必然日益瘦削。这几句说:最令柳树伤心的是飞絮时节,这时虽然绿叶繁茂,但它感到春日将尽,终日百无聊赖,必然日益瘦削

下去。

[6]又莫是：又没有。君：指柳。

【品鉴】

这首词刻画垂柳曲尽其风神，称得上是宋代咏物词中的佳作。上片主要描写柳的风流体态，"细腰肢"写其体态轻盈，风韵独特；"清英雅秀"见出精神。下片对杨柳的不幸遭遇表示感慨：虽然舞姿婀娜，但无奈"谁见金丝弄晴昼"，只能空风流；更伤心柳絮飞时，已日见消瘦，说起来只有东风的吹拂，能使蛾眉样的柳叶得以舒展，但"又莫是"便是无情的回答。细细品味，此词虽然句句刻画垂柳，但又绝不是呆滞于物的形似之作。词人写柳，其实是以柳喻人。描绘出一位仪容秀雅而命运不济的佳人形象，并抒发了词人对她不幸遭遇的同情，而这一切却又是在对柳的吟咏中自然完成的，只"永丰坊那畔"数句透露了个中信息。《莲子居词话》以为咏物"贵有不粘不脱"之妙，此词可以算得上是一篇"不粘不脱"的优秀之作。

满庭芳

蜗角虚名，[1]蝇头微利，算来著甚干忙。[2]

事皆前定，谁弱又谁强。

且趁闲身未老，[3]须放我、些子疏狂。[4]

百年里，浑教是醉，[5]三万六千场。

思量、能几许，[6]忧愁风雨，一半相妨。

又何须抵死，[7]说短论长。

幸对清风皓月，苔茵展、[8]云幕高张。

江南好，千钟美酒，[9]一曲满庭芳。

【注释】

[1]蜗角：蜗牛的触角，喻微不足道。白居易《对酒》五首之三："蜗牛角上争何事。"

[2]著甚干忙：为甚空忙。甚：什么。

377

[3]闲身:无官之身。

[4]些子:一点儿。

[5]浑:全。

[6]几许:人生几何。

[7]抵死:竭力。

[8]苔茵:以青苔作茵褥。

[9]钟:酒器。

【品鉴】

此为刺世抒怀之作,作者对互相倾轧的世态人情作了抨击,表达了自己的人生宗旨,抒写了超拔世俗、陶然自乐的情怀。作者率心而发,以议论入词,收到了很好的艺术效果。

临江仙

送王缄[1]

忘却成都来十载,因君未免思量。

凭将清泪洒江阳。[2]

故山知好在,[3]孤客自悲凉。

坐上别愁君未见,归来欲断无肠。

殷勤且更尽离觞。

此身如传舍,[4]何处是吾乡。

【注释】

[1]王缄:苏轼亡妻王氏之弟。

[2]凭:凭仗,烦请。

[3]好在:依旧。

[4]传舍:客店

【品鉴】

此词大约作于熙宁七年(1074)秋冬间,当时王缄从四川眉山来到杭州看望苏轼,亡妻之弟的到来,使苏轼感慨万千,故在送别王缄时写下了这首情感极为复杂的词作。上片主要写对亡妻的怀念和对故乡的思念。开始二句使人想起作者的《江城子》词中"十年生死两茫茫"的名句,见出苏轼对亡妻感情之真挚。"凭将"句写自己烦请王缄把一腔伤心之情带回家乡,"泪洒江阳",语浅而情深。歇拍二句表达了作者宦游他乡的悲哀,"孤客"二字透出一种凄凉之感。下片主要写送别的惆怅。"欲断无肠",词语十分沉痛,故有人评道:"出语之痛心彻骨,实无以复加。"(吴汝煜)"殷勤"句写作者借酒浇愁,透出一种无奈的情怀,读之令人感叹不已。结拍二句表达了作者的人生感慨,这两句与苏轼另一首《临江仙》中"人生如逆旅,我亦是行人"的含意相同,同样发人深省。对这两句词,顾随先生的分析颇为精辟,兹录于此:"人有丧其爱子者,既哭之痛,不能自堪,遂引石孝友《西江月》词句,指其子之棺而之曰:'譬似当初没你。'常人闻之,或谓其彻悟,识者闻之,以为悲痛之极致。此词结尾二句与此正同。"(《顾随文集》)

水调歌头

丙辰中秋,[1]欢饮达旦,大醉,作此篇兼怀子由。[2]

明月几时有? 把酒问青天。[3]
不知天上宫阙,今夕是何年?[4]
我欲乘风归去,[5]又恐琼楼玉宇,[6]高处不胜寒。
起舞弄清影,何似在人间。[7]

转朱阁,低绮户,照无眠。[8]
不应有恨,何事长向别时圆?[9]
人有悲欢离合,月有阴晴圆缺,此事古难全。
但愿人长久,千里共婵娟![10]

【注释】

[1]丙辰:宋神宗熙宁九年(1076)。

379

[2]子由:苏辙,字子由。

[3]把:持。

[4]"今夕"句:唐人传奇《周秦行纪》有诗曰:"香风引到大罗天,月地云阶拜洞仙。共道人间惆怅事,不知今夕是何年。"

[5]乘风:《庄子·逍遥游》:"夫列子御风而行,泠然善也,旬有五日而后返。"《列子·黄帝》:"列子师老商氏,友伯高子,进二子之道,乘风而归。"

[6]琼楼玉宇:指神仙居住的月宫。

[7]何似:何如,不如。

[8]朱阁:华丽的楼阁。绮户:雕花门窗。无眠:难以入睡。

[9]何事:为何。

[10]共:共赏。婵娟:美好的样子,此处指月亮。

【品鉴】

　　这是一首广泛传诵的名作,写出了作者对现实不满,希望逃避现实,而又不能断然离去的矛盾情怀;同时,借赏月写出了与胞弟的离别之情,令人感叹。南宋胡仔说:"'中秋词',自东坡《水调歌头》一出,馀词尽废。"

临江仙

夜归临皋[1]

夜饮东坡醒复醉,[2]归来仿佛三更。

家童鼻息已雷鸣。

敲门都不应,倚杖听江声。

长恨此身非我有,何时忘却营营?[3]

夜阑风静縠纹平。[4]

小舟从此逝,江海寄馀生。

【注释】

[1]临皋:地名,在黄州的江边。

[2]东坡:地名,在黄冈县东,苏轼曾在此筑"雪堂"居住,自号东坡居士。

[3]营营:指为名利而奔走和忙碌。

[4]夜阑:夜深。縠纹:指波纹。縠,一种有皱纹的纱。

【品鉴】

此词作于谪居黄州时期,当时作者正以罪人的身份被看管,故而借这首词表达了身处逆境的无可排遣的苦闷和不满。"长恨"二句化用《庄子·知北游》语意:"舜问乎丞曰:'道可得而有乎?'曰:'汝身非汝有也,汝何得有夫道?'舜曰:'吾身非吾有也,孰有之哉?'曰:'是天地之委形也。'"含意却更为丰富和深刻,成为一篇之灵魂。相传此词写成后在当晚便广为人们所传诵,有人从此词后三句推测说,苏轼已经挂冠江边长啸而去了。地方官得知此信,怕担责任,急忙去苏轼家探听虚实,却见苏轼鼻息如雷,正在酣睡呢(见叶梦得《避暑录话》卷二)。

念奴娇

赤壁怀古[1]

大江东去,浪淘尽、千古风流人物。[2]

故垒西边,人道是、三国周郎赤壁。[3]

乱石穿空,惊涛拍岸,卷起千堆雪。[4]

江山如画,一时多少豪杰。

遥想公瑾当年,小乔初嫁了,[5]雄姿英发。[6]

羽扇纶巾,[7]谈笑间、樯橹灰飞烟灭。[8]

故国神游,多情应笑我、早生华发。[9]

人生如梦,一樽还酹江月。[10]

【注释】

[1]赤壁:此指湖北黄冈城外赤壁矶,并非三国时"赤壁之战"的发生地。作者当时正贬居黄州,故有此游。

[2]大江:指长江。风流人物:杰出人物。

[3]故垒:古时的军营四周所筑的墙壁。周郎:周瑜,字公瑾,他二十四岁任建威中郎将,"吴中皆呼为周郎"。

[4]乱石穿空:嶙峋的礁石直插云霄。千堆雪:形容很多白色的浪花。

[5]小乔初嫁:吴国公小女儿嫁给周瑜。当时,乔公有两个女儿,人称大乔、小乔,大乔嫁孙策,小乔嫁周瑜。

[6]英发:英气勃发。

[7]羽扇:用长羽毛做成的扇子。纶巾:青丝所织丝巾。挥羽扇、佩纶巾是儒将打扮,此处用以刻画周瑜的儒雅形象。

[8]樯橹:桅杆和桨,代指曹操的军船。

[9]故国:旧地,指赤壁。华发:花白头发。

[10]酹:以酒洒地表示祭奠。

【品鉴】

此词作于元丰五年(1082)七月,作者正贬居黄州。词中描绘了雄伟壮丽的景色,抒发了对古代英雄人物的怀念,表达了自己功业难成的苦闷。全词大气磅礴,情调开朗,是苏轼词中的代表作。

江城子

密州出猎

老夫聊发少年狂。
左牵黄,右擎苍。[1]
锦帽貂裘,千骑卷平冈。[2]
为报倾城随太守,[3]亲射虎,看孙郎。[4]

酒酣胸胆尚开张。
鬓微霜,又何妨。[5]
持节云中,何日遣冯唐?[6]
会挽雕弓如满月,[7]西北望,射天狼。[8]

【注释】

[1]黄:黄犬。苍:黑鹰。

[2]锦帽貂裘:戴着华美的帽子,穿着貂皮袄。千骑:谓随从之众。

[3]"为报"句:为报答全城人跟随太守观看打猎的盛意。太守:作者自指。

[4]孙郎:指孙权。此处作者自指。《三国志·孙权传》记孙权"弃乘马射虎于庱

亭"。

[5]尚:更加。霜:白。

[6]"持节"二句:《史记·冯唐传》载,汉云中太守魏尚抵御匈奴有功,但上书报功,杀敌数字与实际情况稍有出入,获罪重罚,文帝便遣冯唐持节赦免魏尚,使其复任云中太守。

[7]会:当。挽:拉。雕弓:刻饰有图案的弓。

[8]天狼:星名,即天狼星。此处隐指西夏。

【品鉴】

此词为熙宁八年(1075)十月作于密州。作者通过描写出猎的场面,表现出其卫国杀敌的渴望。全词气势豪迈,感情奔放,是一首典型的豪放佳作。

浣溪沙

咏　橘

菊暗荷枯一夜霜,[1]新苞绿叶照林光。[2]
竹篱茅舍出青黄。

香雾噀人惊半破,清泉流齿怯初尝。[3]
吴姬三日手犹香。[4]

【注释】

[1]菊暗荷枯:苏轼《赠刘景文》诗:"荷尽已无擎雨盖,菊残犹有傲霜枝。"一夜霜:经霜之后,橘才变黄而味愈美。

[2]新苞:指新橘。

[3]噀(xùn):喷水。半破:指掰开橘皮。怯:害怕。因为新橘汁水凉冷而带有酸味,故而使人"怯初尝"。

[4]吴姬:吴地女子,这里亦指出新橘产地。吴中产橘,尤以太湖中洞庭山所产的橘最为著名,唐宋时为贡品。

【品鉴】

词人咏物,往往希望能在咏物中有所寄托,但也有一些咏物之作,"纯用赋体",只是对所咏之物作出精确的描绘与刻画,求其逼真,以达到曲尽

383

物之体态,写出物之神韵的目的,这首咏橘词便是此类作品。上片借写菊与荷经受不住寒霜的摧残,写出橘树耐寒的品性和它在屋前屋后生长的繁盛景况。下片写出品尝新橘的情状和橘果的清香,一个"惊"字,一个"怯"字,用得十分巧妙精当,颇能传出品尝者的神态。结句更以"三日手犹香"来夸张、突出橘果之香,令人赞叹。全词虽然没有什么高深的寓意,但描绘细致,可谓形神兼备,亦不失为一篇优秀的咏物词。

江城子

乙卯正月二十日夜记梦[1]

十年生死两茫茫。[2]
不思量,自难忘。
千里孤坟,[3]无处话凄凉。
纵使相逢应不识,尘满面,鬓如霜。

夜来幽梦忽还乡。
小轩窗,正梳妆。[4]
相顾无言,惟有泪千行。
料得年年肠断处,明月夜,短松冈。[5]

【注释】

[1]乙卯:宋神宗熙宁八年(1075)。
[2]十年:作者之妻逝世已十年。
[3]千里孤坟:之妻的坟墓远在千里之外。
[4]轩:有窗槛的小室。
[5]短松冈:栽种着矮松树的山冈,此指亡妻的坟地。

【品鉴】

此为悼亡之作,感情真挚,耐人品味,是苏轼词中的代表作之一。

蝶恋花

花褪残红青杏小。[1]

燕子飞时,绿水人家绕。

枝上柳绵吹又少,[2] 天涯何处无芳草。

墙里秋千墙外道。

墙外行人,

墙里佳人笑。

笑渐不闻声渐悄,[3] 多情却被无情恼。[4]

【注释】

[1]花褪残红:残花凋谢。

[2]柳绵:柳絮。

[3]声渐悄:谓墙外行人渐行渐远,听不到墙里女子的笑语了。

[4]多情:指墙外之人。无情:指墙里佳人。

[5]恼:引逗。

【品鉴】

词写暮春景象,抒发了伤春之情,透露出某种人生理趣,其中尤以"枝上柳绵吹又少,天涯何处无芳草"二句最为人们称道。

浣溪沙

游蕲水清泉寺,[1]寺临兰溪,溪水西流。

山下兰芽短浸溪,[2] 松间沙路净无泥。

萧萧暮雨子规啼。[3]

谁道人生无再少,[4] 门前流水尚能西。[5]

休将白发唱黄鸡。[6]

【注释】

[1]蕲水:旧县名,即今湖北浠水。清泉寺:在蕲水城外二里。

[2]浸:淹没。

[3]萧萧:雨声,同"潇潇"。子规:杜鹃鸟的别名。

[4]"谁道"句:古人有"花有重开日,人无再少年"之句。

[5]"门前"句:兰溪自东向西流入江。

[6]休将:不要。白居易诗云:"谁道使君不解歌,听唱黄鸡与白日。黄鸡催晓丑时鸣,白日催年酉前没。腰间红绶系未稳,镜里朱颜看已失。玲珑玲珑奈老何,使君歌了汝再歌。"(《醉歌示妓人商玲珑》)苏词反用其意。

【品鉴】

此词描绘了秀丽的春日景色,表达了一种积极乐观的人生态度,充满开朗色彩和豁达情绪,读之令人神往。

王 观 二首

王观(生卒年不详),字通叟,如皋(今属江苏)人。官至翰林学士。

卜算子

送鲍浩然之浙东[1]

水是眼波横,山是眉峰聚。
欲问行人去那边,眉眼盈盈处。[2]

才始送春归,[3]又送君归去。
若到江南赶上春,千万和春住。

【注释】

[1]浙东:浙江东南部。

[2]盈盈:神采流动的样子。

[3]才始:方才,刚才。

【品鉴】

此为送别之作,上片写友人别后之行程,写出江南春日山水景色之美;下片直抒胸臆,写出对友人的美好祝愿。

木兰花令

铜驼陌上新正后,[1]第一风流除是柳。[2]

勾牵春事不如梅，[3]断送离人强似酒。[4]

东君有意偏撋就，[5]惯得腰肢真个瘦。[6]
阿谁道你不思量，[7]因甚眉头长恁皱。[8]

【注释】

[1]铜驼陌:即铜驼街,在洛阳城南,此处的柳自汉代以来便很著名。新正:新春正月。

[2]除是:只有。

[3]勾牵:勾引。

[4]断送:送走。

[5]东君:春天之神。撋(ruán)就:温存,迁就。

[6]惯得:娇纵。

[7]阿谁:有谁。

[8]因甚:为什么。恁:如此。长恁皱:指风吹皱柳叶。

【品鉴】

　　这首咏柳词写得十分新丽,很能代表王观词的艺术风格。作者抓住柳的特点,使之人格化,故而能形神毕肖地将其描绘出来。"铜驼陌"两句以铜驼街为背景,突出了柳的风流特色,"第一风流"不仅指柳枝袅娜,姿态动人,同时亦有柳绿即是春来的意思。"勾牵"两句以梅柳争春立意,说柳虽然不如梅花鲜艳,但在人们送别的场合,它甚至胜过送别的美酒。这既是作者的客观评价,亦引出下文。"东君"两句紧紧扣住柳的袅娜身姿着笔,说是春神特别宠爱,才使它身材苗条,腰肢柔细。结拍两句,亦柳亦人,看似咏柳,又像是写人之离愁。"你",可以理解为指柳,"眉头"便是枝叶,因为古人有"柳叶如眉"的说法;也可以把"你"理解为指一个远行的女子,那么"眉头"便是指她那柳叶一样细长的秀眉了。这首词在艺术上还有一个特点,那就是作者善于运用宋时的民间俗语、词汇,如"勾牵"、"断送"、"撋就"、"惯得"等,收到了自然通俗、唯美生动的艺术效果。

李之仪　三首

李之仪（1038—1117），字端叔，自号姑溪居士，沧州无棣（今属山东）人，官至朝散大夫。有《姑溪词》，存词九十多首。

卜算子

我住长江头，[1]君住长江尾。[2]
日日思君不见君，共饮长江水。

此水几时休，[3]此恨何时已。[4]
只愿君心似我心，定不负相思意。

【注释】
　[1]头：上游。
　[2]尾：下游。
　[3]休：停，引申为干涸。
　[4]已：终结。

【品鉴】
　此词写一位女子对心上人的一片思念之情。全词清新流畅，语明意晓，富有民歌风味。

谢池春

残寒销尽，疏雨过，清明后。

花径残馀红,风沼萦新皱。[1]
乳燕穿庭户,飞絮沾襟袖。
正佳时,仍晚昼。
著人滋味,[2]真个浓如酒。

频移带眼,[3]空只恁、厌厌瘦。
不见又相思,见了还依旧。
为问频相见,何似长相守?
天未老,人未偶。[4]
且将此恨,分付庭前柳。[5]

【注释】

[1]风沼:风中的水池。

[2]著人:使人觉得。

[3]移带眼:收缩腰带,指腰身渐瘦。

[4]未偶:未在一起。

[5]分付:托付。

【品鉴】

词写别后相思之情,可谓语浅而情深。

临 江 仙

登凌歊台感怀[1]

偶向凌歊台上望,春光已过三分。
江山重叠倍销魂。
风花飞有态,烟絮坠无痕。[2]

已是年来伤感甚,那堪旧恨仍存!
清愁满眼共谁论?
却应台下草,不解忆王孙。[3]

【注释】

　　[1]凌歊(xiāo)台:即陵歊台,在今安徽当涂县。

　　[2]烟絮:柳絮飘落如烟。

　　[3]王孙:指游子。

【品鉴】

　　此春日登高抒怀之作。上片开始用"偶向"领起,见出心境之落寞,故望暮春景色而倍感"销魂",之所以突出一个"倍"字,那是因为李之仪当时因故被贬官到了太平州(州治在今当涂县),登高北望,但见"江山重叠",却不能望到汴京和故土。歇拍二句写景中言情,可谓情景交融。下片点明题意。过片二句写"旧恨",言少而意多,耐人品味。"清愁"句写新愁,感叹知音难寻。结拍二句化用淮南小山《招隐士》中"王孙游兮不归,春草生兮萋萋"的名句,抒发自己欲归而不能的苦闷与惆怅。前人评李之仪的小令"尤清婉、峭茜,殆不减秦观"(《四库全书总目·〈姑溪词〉提要》),由此词看来,这个评价还是很精当的。

舒　亶　二首

舒亶(1041—1103)，字信道，号懒堂，宋代明州慈溪(今浙江)人。治平二年(1065)进士，元丰五年(1082)知制诰，后累除龙图阁待制。善文工词，有文集传世。

一落索

长春花[1]

叶底枝头红小，天然窈窕。[2]
后园桃李漫成蹊，问占得春多少?[3]

不管雪消霜晓，朱颜长好。[4]
年年若许醉花间，待拼了花间老。[5]

【注释】

[1]长春花:即月季花。又名月月红、斗雪红、胜春。

[2]红小:浅红、粉红色。窈窕:美好貌，多用来形容女子，此处形容花姿绰约。

[3]桃李漫成蹊:化用关于李广的典故。《汉书·李广传赞》:"李将军恂恂如鄙人，口不能出辞，及死之日，天下知与不知，皆为流涕，彼其中心，诚信于士大夫也;谚曰:'桃李不言，下自成蹊。'此言虽小，可以喻大。"颜师古注曰:"蹊，谓径道也，言桃李以其华(花)实之故，非有所召呼，而人争归趣(趋)，来往不绝，其下自然成径，以喻人怀诚信之心，故能潜有所感也。"这个典故的本义是比喻实至名归，尚事实不尚虚声，此处只是用其字面意义，说桃李花开得茂盛，前来赏花的人很多。

［4］朱颜:红颜,指月季花。

［5］拼:不顾惜、豁出去。

【品鉴】

月季花的最大特点是四季常开,不分东西南北都可以生长,人们赞美它"花亘四时,月披一秀",从而赢得了"花中皇后"的美誉。此词紧紧扣住月季的特点着笔,不仅绘出了月季的形象,更写出了它的神韵。一起两句对月季花作了概括的描绘,"天然窈窕",十分传神。接着在与桃李的对比中,突出月季的特点。的确,春天的季节,桃李争艳,颇为热闹,但是春风一过,桃与李均归于寂寞,而月季呢,却四季长开,"占得春多少",一问有力。"不管"两句继续表现月季的特质,宋人徐积《长春花》诗云"曾陪桃李开时雨,仍伴梧桐落后风"即是"朱颜长好"之意。结尾两句以情结全词,表现出词人对月季花的喜爱,"拼了花间老",出语有趣,其情自见。

一落索
蒋园和李朝奉

正是看花天气,为春一醉。
醉来却不带花归,诮不解看花意。[1]

试问此花明媚,将花谁比?
只应花好似年年,花不似人憔悴。

【注释】

［1］诮:全,浑然。

【品鉴】

此词将人与花比照着描写,自有一种深长感慨。

黄庭坚　二首

　　黄庭坚(1045—1105),字鲁直,自号山谷道人,洪州分宁(今江西修水)人。治平四年(1067)进士。曾任秘书丞、著作郎。以诗受知于苏轼,为"苏门四学士"之一,有《豫章集》、《山谷词》,存词一百九十多首。

清平乐

春归何处?
寂寞无行路。
若有人知春去处,唤取归来同住。[1]

春无踪迹谁知?
除非问取黄鹂。
百啭无人能解,[2]因风飞过蔷薇。[3]

【注释】
　　[1]唤取:唤来。
　　[2]啭:鸟儿婉转的鸣声。
　　[3]因风:趁着风势。

【品鉴】
　　此词写惜春之情,耐人品味。全词写得颇为清浅明白,但表达的情绪却很深沉。

念奴娇

八月十七日,同诸甥步自永安城楼,[1]过张宽夫园待月。[2]偶有名酒,因以金荷酌众客。[3]客有孙彦立,善吹笛。援笔作乐府长短句,文不加点。

断虹霁雨,[4]净秋空、山染修眉新绿。[5]
桂影扶疏,[6]谁便道、今夕清辉不足。
万里青天,姮娥何处,[7]驾此一轮玉。
寒光零乱,为谁偏照醽醁?[8]

年少从我追游,[9]晚凉幽径,绕张园森木。
共倒金荷家万里,难得尊前相属。[10]
老子平生,[11]江南江北,最爱临风笛!
孙郎微笑,[12]坐来声喷霜竹。[13]

【注释】

[1]永安城:即白帝城,在今四川奉节。

[2]张宽夫:作者友人,生平事迹不详。

[3]金荷:金制的荷花形酒杯。

[4]断虹:彩虹消失。霁:雨后天气放晴。

[5]修眉:长眉。古人常用美人修眉来形容绿色的远山。

[6]桂影:指传说中月宫里桂树的影子。扶疏:形容桂树枝叶繁茂。

[7]姮娥:嫦娥,传说中月宫里的仙女。

[8]醽醁(líng lù):美酒名。

[9]年少:指诸甥。

[10]相属:相劝对饮。

[11]老子:犹言老夫,此作者自指。

[12]孙郎:即序文中的"孙彦立"。

[13]坐来:一时。喷:喷发。霜竹:指竹笛。

【品鉴】

这首词为初秋赏月之作,表现了作者不以远谪为怀、坦然自处的心情。上片写景,作者用生动的语言描画出月景之美;下片抒情,写出月下宴游的乐趣。因为此词在思想和艺术上很有特色,故当时有人认为它"可继东坡赤壁之歌"。

李元膺 一首

李元膺,东平人,曾为南京(今河南商丘)教官。

茶瓶儿

去年相逢深院宇,海棠下、曾歌金缕。
歌罢花如雨,翠罗山上,点点红无数。

今岁重寻携手处,[1]空物是人非春暮。
回首青门路,[2]乱红飞絮,相逐东风去。

【注释】
  [1]携手处:去年同游之处。
  [2]青门:古代长安城东南门名,因门色青,故俗称青门。此借指京师。
【品鉴】
  此词抒发了物是人非之感,读之令人感慨万千,尤其是结拍三句,情在景中,意在言外,历来为人们所传诵。

秦 观 四首

秦观(1049—1100),字少游,又字太虚,号淮海居士,高邮(在今江苏省)人。元丰八年(1085)进士。曾为国史馆编修,与黄庭坚等并列史馆,同游苏轼之门,为"苏门四学士"之一。北宋著名词人,有《淮海居士长短句》,存词七十馀首。其词风格婉约高雅,情辞兼胜。

虞美人

碧桃天上栽和露,不是凡花数。[1]
乱山深处水萦回,可惜一枝如画为谁开?[2]

轻寒细雨情可限,不道春难管。[3]
为君沉醉又何妨,只怕酒醒时候断人肠。[4]

【注释】

[1]碧桃:蔷薇科,桃的变种,春季开花,白色、粉红至深红,可供观赏和药用。古人常用"天上碧桃"来指仙桃。数:辈。"碧桃"两句说:碧桃如天上和露栽种的仙桃,不是世间那些凡花所能比拟的。

[2]萦回:盘旋弯曲。一枝:指碧桃。

[3]不道:无奈。春难管:意为春天不听人的支使,不愿久留。

[4]君:指花。

【品鉴】

这是一首托物寓怀之作。作者通过描绘碧桃的形象和神韵,表现了自己怀才不遇的感慨和惜春伤春的情怀。上片一起笔便出手不凡,"和露"二字写出了碧桃的勃勃生机和光艳的色泽,"不是"二字,斩钉截铁,不容置疑。"乱山"两句突然一转,如此超凡脱俗的仙桃,自然应该生长在相宜的环境里,但是谁想它却生长在荒僻的乱山深处,虽然它一枝如画,可是又有谁前来欣赏呢?暗伤身世之意自在言外。下片承上而来,"轻寒"两句写出碧桃在轻寒细雨中含情无限的神态和词人对春日不能长在的感叹。最后两句继续抒写词人惜花伤春的情怀:因为碧桃"一枝如画"而无人欣赏,已经令人惋惜,更何况"春难管","一枝如画"亦不会长久,所以词人便生出"为君沉醉又何妨"的想法。可是,欲饮未饮之际,词人又一转念:酒醒之时,面对着就要凋谢的碧桃,岂不更令人伤怀吗?至此,词人惜花伤春之情被表现得淋漓尽致,而他自伤身世、托物寓怀之意也自然溢于字里行间。

临江仙

千里潇湘挼蓝浦,[1]兰桡昔日曾经。[2]

月高风定露华清。

微波澄不动,冷浸一天星。

独倚危樯情悄悄,[3]遥闻妃瑟泠泠。[4]

新声含尽古今情。

曲终人不见,江上数峰青。

【注释】

[1]挼(ruó)蓝:原意为揉搓蓝叶取得青色以为染料,此处写水色之青。挼,揉搓。蓝,植物名,有多种,如蓼蓝、菘蓝、木蓝等,以堪作蓝靛、染青碧得名。

[2]兰桡(ráo):代指船。桡:船桨。

[3]危樯:高樯。樯:桅杆。

[4]妃瑟:传说的二妃娥皇、女英善于鼓瑟。《楚辞·远游》云:"使湘灵鼓瑟兮,令海若舞冯夷。"泠泠(líng líng):形容声音清越。

宋哲宗绍圣三年（1096），秦观被贬郴州，途径潇湘浦口写下了这首词。上片写泊舟情景。"挼蓝"，写水之青色；"兰桡"，指当年屈原所乘的木兰舟。"月高"以下三句写风平浪静，月高露清，在寂静的环境描写中，透出一种幽冷气氛，正反映了词人此时赴往贬所的黯然心境。下片写词人独倚桅杆时的所闻所见。"妃瑟泠泠"，是想象之辞，却给人一种缥缈之感。结拍二句虽唐人钱起《省试湘灵鼓瑟》诗中的成句，但秦观用在此处，显得十分自然贴切，如同己出。全词以景结情，余音袅袅，令人回味无穷。

鹊桥仙

纤云弄巧，[1]飞星传恨，[2]银汉迢迢暗度。[3]
金风玉露一相逢，[4]便胜却人间无数。

柔情似水，佳期如梦，忍顾鹊桥归路。[5]
两情若是久长时，又岂在朝朝暮暮。[6]

【注释】

[1]纤云弄巧：缕缕秋云变幻出各种巧妙的花样。

[2]飞星传恨：牛郎、织女二星被阻隔在银河两岸，时时闪现出因离别而愁恨的样子。

[3]银汉：银河。迢迢：遥远的样子。传说每年七夕牛郎、织女都要渡过银河相会一次。

[4]金风：秋风。玉露：指秋露。

[5]佳期：佳会之时。忍顾：总忍不住回头看。鹊桥：传说每年七夕，为让牛郎、织女渡银河相聚，喜鹊自动架成长桥。

[6]朝朝暮暮：朝夕不离。

【品鉴】

词借牛郎织女的故事，歌颂坚贞的爱情。结拍二句历来最为人们传诵："情长不在朝暮，化臭腐为神奇！"（《草堂诗馀》正集卷二）

行香子

树绕村庄,水满坡塘。
倚东风,豪兴徜徉。[1]
小园几许,收尽春光。
有桃花红,李花白,菜花黄。

远远围墙,隐隐茅堂。
飏青旗,[2]流水桥傍。
偶然乘兴,步过东冈。[3]
正莺儿啼,燕儿舞,蝶儿忙。

【注释】

[1]徜徉:自在悠闲地散步,游荡。

[2]飏:同"扬",飘扬。

[3]东冈:东边的小山头。

【品鉴】

此词以白描手法,描绘出作者游赏时所见的一派新春田园风光,透出一种勃勃的生机,见出作者轻松愉快的情绪,很能感染人。

贺　铸　四首

贺铸(1052—1125),字方回,原籍山阴(今浙江绍兴),生长于卫州(今河南汲县)。曾任泗州、太平州通判。晚年退居苏州,自号庆湖遗老。其词风格多样,兼具秾丽、豪壮的艺术特色。有《庆湖遗老诗集》、《东山词》,存词二百八十余首,数量仅少于苏轼。

青玉案

凌波不过横塘路,[1]但目送、芳尘去。[2]
锦瑟华年谁与度?[3]
月桥花院,[4]琐窗朱户,[5]只有春知处。

碧云冉冉蘅皋暮,[6]彩笔新题断肠句。
试问闲愁都几许?[7]
一川烟草,满城风絮,梅子黄时雨。[8]

【注释】

[1]凌波:形容女子步态轻盈。横塘:地名,在苏州胥门外九里,贺铸在此建有别墅。

[2]芳尘:原指美人行步带起的微尘,此代指美人踪影。

[3]锦瑟华年:指美好的青春年华。

[4]月桥:弯月形的拱桥。花院:花木掩映的庭院。

[5]琐窗:雕刻着连锁纹的窗子。朱户:朱红的大门,指官宦人家。

[7]都几许:共有多少。

[8]梅子黄时雨:即黄梅雨。

【品鉴】

此词在艺术上有鲜明的独创性,故颇受时人推重:黄庭坚曾亲手抄录此词放在案头,把玩吟咏;而贺铸也因此获得"贺梅子"的美称。

西江月

携手看花深径,扶肩待月斜廊。

临分少伫已怅怅,[1]此段不堪回想。

欲寄书如天远,难销夜似年长。

小窗风雨碎人肠,更在孤舟枕上。

【注释】

[1]怅怅:惆怅的样子。

【品鉴】

词写离别相思之情。

菩萨蛮

彩舟载得离愁动,无端更借樵风送。[1]

波渺渺夕阳迟,销魂不自持。

良宵谁与共,赖有窗间梦。

可奈梦回时,[2]一番新别离!

【注释】

[1]樵风:指顺风。据《会稽记》载,郑宏上山打柴有神人为他兴起顺风,对他运柴很有帮助。

［2］可奈:怎奈。梦回:梦醒。

【品鉴】

词写相思之情,比喻生动,语浅情深,堪称佳作。

踏莎行

杨柳回塘,[1]鸳鸯别浦,[2]
绿萍涨断莲舟路。
断无蜂蝶慕幽香,[3]红衣脱尽芳心苦。[4]

返照迎潮,[5]行云带雨,
依依似与骚人语。[6]
当年不肯嫁春风,[7]无端却被秋风误。[8]

【注释】

［1］回塘:回环曲折的水塘。

［2］别浦:大水另有小口别通曰浦,也称别浦。

［3］断无:绝无。幽香:指荷花的清香。

［4］红衣:荷花的红色花瓣。芳心苦:荷花落了,结出莲子,心有苦味,故云。

［5］返照:夕阳的回光。

［6］依依:形容荷花随风摇曳的姿态。骚人:因屈原作有《离骚》,后人称他为"骚人",这里指诗人。

［7］不肯嫁春风:韩偓《寄恨》:"莲花不肯嫁春风。"

［8］秋风误:秋风一起,荷花红衣落尽,芳华消逝,故云。

【品鉴】

此词在咏荷花中寄寓了深长的身世之感,通篇处处在咏荷,而又时时流露出作者怀才不遇的感慨。上片前三句写出荷花生长的环境,透露出它的寂寞;下二句更深一层,把荷花的孤寂与落寞写了出来,"芳心苦"三字恰切地写出了荷花的愁苦心情,言外自有词人怀才不遇的惆怅。下片起三句写出池塘傍晚的景色和荷花随风摇曳的情态。结拍二句是荷花向"骚人"所语的内容,它对秋风的抱怨,尽在一个"误"字之中,而词人自伤情怀之意亦在其中。

仲　殊 三首

仲殊(生卒年不详),字师利,名挥,俗姓张氏。曾举进士,后弃家为僧,改法号为仲殊,尝居苏州承天寺、杭州宝月寺。工诗词,有《宝月集》。

南柯子

忆　旧

十里青山远,潮平路带沙。
数声啼鸟怨年华。
又是凄凉时候在天涯。

白露收残月,清风散晓霞。
绿杨堤畔问荷花:
记得年时沽酒那人家?[1]

【注释】

[1]年时:年前。那人家:即那人,词人自指。

【品鉴】

词写忆旧怀人之情,颇为动人。

诉衷情

宝月山作[1]

清波门外拥轻衣,[2]杨花相送飞。
西湖又还春晚,水树乱莺啼。

闲院宇,小帘帏,晚初归。
钟声已过,篆香才点,[3]月到门时。

【注释】

　　[1]宝月山:在今杭州市南,上有宝月寺。

　　[2]清波门:在杭州西南临湖处,为宋时游赏胜地。

　　[3]篆香:盘香。

【品鉴】

　　这是一首暮春即兴之作。上片写湖畔春景,嫣然动人;下片写宝月寺寂静清幽的环境,空灵而远韵。

柳梢青

吴　中[1]

岸草平沙,吴王故苑,[2]柳袅烟斜。
雨后寒轻,风前香软,春在梨花。

行人一棹天涯。[3]
酒醒处,残阳乱鸦。
门外秋千,墙头红粉,[4]深院谁家?

【注释】

　　[1]吴中:即今苏州市,春秋时为吴国国都。

［2］吴王故苑:苏州西南灵岩山上有吴王夫差所建的宫殿旧址。

［3］一棹天涯:乘小船浪迹天涯。

［4］红粉:妇女化妆用的胭脂和白粉,此处代指美人。

【品鉴】

这首词上片描写吴中春天景色,一句一景,炼字遣意精炼含蓄。下片写酒醒后所见吴中暮景,结尾三句于自然景色中翻出新的意境,神韵悠然。

晁补之 二首

晁补之(1053—1110),字无咎,自号"归来子",山东钜野人。为"苏门四学士"之一。元丰二年(1079)进士,曾任吏部员外郎、泗州知州。有词集《晁氏琴趣外篇》,存词一百七十余首。

摸鱼儿
东皋寓居[1]

买陂塘、旋栽杨柳,[2]依稀淮岸江浦。[3]
东皋嘉雨新痕涨,[4]沙嘴鹭来鸥聚。[5]
堪爱处,最好是、一川夜月光流渚。
无人独舞。
任翠幄张天,[6]柔茵藉地,[7]酒尽未能去。

青绫被,[8]莫忆金闺故步,[9]儒冠曾把身误。[10]
弓刀千骑成何事,[11]荒了邵平瓜圃。[12]
君试觑,[13]满青镜、星星鬓影今如许。[14]
功名浪语。[15]
便似得班超,封侯万里,归计恐迟暮。[16]

【注释】

[1]东皋:指东山,在作者故乡山东济州巨野。皋:水边高地。

408

[2]陂塘:池塘。旋:很快地。

[3]淮岸江浦:淮水岸边和长江水滨。

[4]嘉雨:好雨。

[5]沙嘴:向水中伸出的沙地。

[6]翠幄:翠色的帐幕,此指杨柳。

[7]柔茵:柔软的嫩草。藉地:铺垫满地。

[8]青绫被:汉制,尚书郎值夜班时,官府提供新青缣白绫被。

[9]金闺:即金马门,汉宫门名,为诸文学侍从聚集处。

[10]儒冠:指读书进仕为官。曾把身误:此为作者晚年回乡之作,故追悔早年出仕,谓之为"误"。

[11]弓刀千骑:指高官出行时侍从众多。

[12]邵平瓜圃:据载,秦东陵侯邵平在秦灭后归隐,种瓜于长安城外,世俗谓之东陵瓜。

[13]觑:看。

[14]青镜:青铜镜。星星:形容鬓发花白。语出左思《白发赋》:"星星白发,生于鬓垂。"

[15]浪语:虚诞的空话。

[16]班超:东汉时人,少有大志,后投笔从戎,立功西域,封定远侯,在外三十馀年,回到京城已七十馀岁,不久便死了,故有"恐迟暮"之感。见《后汉书·班超传》。

【品鉴】

此词在对景物的描绘中,抒发了词人政治失意的感慨和对田园生活的向往。上片写景,情在景中;下片抒情,语浅情深。全词风格豪放俊逸,对后人影响很大。

临江仙

信州作[1]

谪宦江城无屋买,[2]残僧野寺相依。

松间药臼竹间衣。[3]

水穷行到处,云起坐看时。

一个幽禽缘底事,[4]苦来醉耳边啼?

月斜西院愈声悲。

青山无限好,犹道不如归。

【注释】

[1]信州:今江西上饶。

[2]谪宦:贬官。

[3]药臼:捣药用的器具。

[4]缘底事:为什么。

【品鉴】

宋元符二年(1099),晁补之被贬到信州,此词便表现了作者谪居异乡思归的情怀。上片描写谪居生活情形:因宋时不许罪臣居官舍,故只得依野寺托身;虽然平日能信步穷水,闲坐观云,但心境却十分寂寞凄清。下片写思归之情,借杜鹃苦啼,写人彻夜不眠,最后点出欲归旨意。"青山无限好,犹道不如归",欲归之情借杜鹃而出之,可谓委婉含蓄之至。

谢 逸 一首

谢逸(？—1113),字无逸,临川(今江西抚州)人,屡次参加科举考试而不中,一生未做过官,终身隐居,以诗文自娱,有《溪堂词》,存词六十余首。

江城子

杏花村馆酒旗风,水溶溶,[1]飏残红。
野渡舟横,杨柳绿阴浓。
望断江南山色远,人不见,草连空。

夕阳楼外晚烟笼,粉香融,淡眉峰。
记得年时,相见画屏中。
只有关山今夜月,千里外,素光同。[2]

【注释】
[1]溶溶:流动貌。
[2]素光:指洁白的月色。

【品鉴】
此暮春怀远之作。

周邦彦　五首

周邦彦(1056—1121),字美成,自号清真,钱塘(今浙江杭州)人。元丰七年(1084)献《汴都赋》,受到神宗赏识,为太学正。曾任校书郎、秘书监。性好音乐,词风别致,有《清真集》存词二百余首。为北宋末年重要词人。

水龙吟
梨　花

素肌应怯馀寒,艳阳占立青芜地。[1]
樊川照日,灵关遮路,残红敛避。[2]
传火楼台,妒花风雨,长门深闭。[3]
亚帘栊半湿,一枝在手,偏勾引、黄昏泪。[4]

别有风前月底,布繁英,满园歌吹。[5]
朱铅退尽,潘妃却酒,昭君乍起。[6]
雪浪翻空,粉裳缟夜,不成春意。[7]
恨玉容不见,琼英谩好,与何人比。[8]

【注释】

[1]素肌:喻梨花的洁白之色。梨花开在晚春,故云"应怯馀寒"。艳阳:艳丽的风光,多指春天。青芜地:长满青草的野地。

412

[2]樊川:汉代长安的一所梨园。照日:即日照。灵关:《汉书地理志》:灵关在越巂郡。灵关是一山名,其上多梨树,"树多遮路"。这三句说:"樊川"、"灵关",处处梨花,一片雪白,残春落红都敛迹躲避了。

[3]传火楼台:指寒食日。语本韩翃《寒食》:"日暮汉宫传蜡烛,轻烟散入五侯家。"寒食日按习俗要禁火,但汉、唐皇帝往往取榆柳之火赐近臣以示宠幸,称为"传火"。楼台:即指近臣权贵之家。妒花风雨:化用杜甫"风妒红花却倒吹"的语意。长门:汉长门宫的省称,汉武帝时陈皇后失宠后即幽居于此。刘方平《春怨》:"寂寞黄昏春欲晚,梨花满院不开门。"

[4]亚:即压。帘栊:指带帘子的窗户。勾引:引发。

[5]繁英:梨花盛开。满园歌吹:暗用唐玄宗在梨园教授艺人的典故。梨园是唐玄宗教练宫廷歌舞艺人的地方,一在长安(今西安市)光化门北禁苑中;一在蓬莱宫侧宜春院。唐玄宗曾选坐部伎子弟三百人和宫女数百人于梨园学歌舞,有时亲加教正,称为"皇帝梨园弟子"。

[6]朱铅:搽脸用的红粉。潘妃:史称南齐东昏侯潘妃颜色洁美。却酒:不饮酒,酒色不上脸,故脸色洁白。昭君:王昭君,西汉南郡秭归(今属湖北)人,名嫱,字昭君,又称明君或明妃。元帝时被选入宫,后匈奴呼韩邪单于入朝求和亲,她自请嫁匈奴。据说她是中国古代四大美女之一。乍起:起舞。这三句用历史人物为比,写出梨花之纯净、洁白的花色及其神韵。

[7]这三句以李花为比,说即使"雪浪翻空,粉裳缟夜"仍然"不成春意"。语本韩愈咏李花诗:"风揉雨练雪羞比,波涛翻空杳无涘。君知此处花何似?白花倒烛天夜明,群鸡惊鸣官吏起。"(《李花赠张十一署》)另有王安石诗:"积李兮缟夜,崇桃兮炫昼。"(《奇蔡氏女子》)缟夜:意为使黑夜变白,即"白花倒烛天夜明"之意。

[8]玉容:美女的容颜,此处似暗指杨贵妃,白居易《长恨歌》有"玉容寂寞泪阑干,梨花一枝春带雨"之句。琼英:指雪。谩(màn)好:亦为只有短暂的好景。

【品鉴】

这首咏梨花诗的突出特点是,词人运用许多有关梨花的典故和故事,来描绘梨花的形象和神韵。上片一起两句描绘出春日青草地上梨树亭亭玉立的身姿,领起全词。以下三句用"樊川"、"灵关"的典故,写出梨花的繁盛景象。"传火"三句写梨花开落的时间,意思虽然简单,但含意十分丰富。"亚帘栊"三句以情结上片,"黄昏泪"三字感情沉重,耐人回味。下片一起三句即以明皇梨园为喻,意境新奇。继而"朱铅"三句写出梨花的色彩和风韵,以花喻人,文笔曲折。"雪浪"三句以李花为比,表现出词人对梨花特殊的喜爱。结拍三句更以贵妃与白雪为比,见出词人推尊梨花之意。贵妃虽美惜不可再见,白雪虽白却不能在春日纷飞,"与何人比"一问中,显出梨花居高临下的几分自得,意韵不尽。词中多用四字句,笔法巧妙,所以近代学者乔大壮评此词时说:"四字句法,足资师守;转接处,动荡处,尤开无数法门。"

六 丑
蔷薇谢后作

正单衣试酒,怅客里、光阴虚掷。[1]
愿春暂留,春归如过翼,一去无迹。[2]
为问花何在,夜来风雨,葬楚宫倾国。[3]
钗钿堕处遗香泽。[4]
乱点桃蹊,轻翻柳陌。[5]
多情为谁追惜?
但蜂媒蝶使,时叩窗槅。[6]

东园岑寂,渐蒙笼暗碧。[7]
静绕珍丛底,成叹息。[8]
长条故惹行客,[9]似牵衣待话,别情无极。[10]
残英小、强簪巾帻。[11]
终不似、一朵钗头颤袅,向人欹侧。[12]
漂流处,莫趁潮汐。[13]
恐断红尚有相思字,何由见得。[14]

【注释】

[1]单衣:点明季节已至初夏。试酒:据《武林旧事》记载,宋代在阴历三月末四月初有尝新酒的习俗。怅:一作"恨"。光阴虚掷:指自己忙于俗务,忘记了赏花。

[2]如过翼:像鸟飞掠过去那么快。

[3]楚宫倾国:原指春秋时代楚国的宫女们。李商隐《梦泽》诗云:"梦泽悲风动白茅,楚王葬尽满城娇。"这里用楚王宫里的美女比喻蔷薇花。倾国:容华绝代的美

人。语出汉李延年歌:"北方有佳人,绝世而独立。一顾倾人城,再顾倾人国。"

[4]钿钿(diàn):妇女的首饰,此处指蔷薇花瓣。香泽:芳香的粉脂。

[5]乱点:纷乱地飘落。桃蹊:桃树下的小路。蹊:小路。柳陌:杨柳成荫的路上。

[6]为谁:谁为。但:只有。蜂媒蝶使:古代诗词里常称蜂、蝶为花的媒人和使者。窗槅:窗格子,这里指窗子。"多情"三句说:有谁多情地来追惜落花呢?只见蜜蜂蝴蝶在窗前飞过来又飞过去。

[7]岑寂:寂静,意为没有花便没有了赏花之人。蒙笼暗碧:草树繁盛,绿叶成荫,环境显得幽暗了。

[8]珍丛:指凋零的蔷薇花丛。叹息:表现出作者对已逝去的好景的惋惜和无可奈何的情绪。

[9]长条:指蔷薇花的枝条。

[10]待话:有话待说。无极:无限。这两句说蔷薇用它的尖刺拉着词人的衣袖,好像情意无限,要诉说一番情致缠绵的话。周济《宋四家词选》说这两句:"不说人惜花,却说花恋人。"

[11]残英:尚未飘落的残花。簪(zān):插戴。巾帻(zé):头巾。

[12]钗头:钗边。颤袅:轻轻颤动。欹:倾斜。

[13]趁:追逐、赶。潮汐:早潮叫潮,晚潮叫汐。

[14]"恐断红"两句说:只怕飘落的花片上题写着表示相思的诗句,如果随潮汐漂走就无人能看见了。这里借用了唐人红叶传诗的故事。《云溪友议》记载:唐代文人卢渥应试至长安,偶然在御沟附近拾得一片红叶,上面题有一位宫女的诗:"流水何太急,深宫竟日闲。殷勤谢红叶,好去到人间。"另外,唐代还有杏叶、梧桐叶传诗的故事。

【品鉴】

《六丑》是周邦彦创作的一个新调,据周密《浩然斋雅谈》记载,北宋末年,宋徽宗有一次在名妓李师师那里听到一支十分动听的新曲,便问这是一支什么曲子,作者是谁。李师师回答道:这支曲子叫《六丑》,撰曲人是周邦彦。后来宋徽宗召见周邦彦时,特意问起此事。周邦彦回答道:因为此曲是由六个宫调的声律合成的,那都是最好听的章段,不过十分难唱。从前高阳氏有六个儿子,都很有才而又长得都很丑,所以取名为《六丑》。这篇《六丑》细致地描绘了凋谢后的蔷薇,十分生动,其中自然融入了作者的身世之感。上片一起点明天时人事,写出惜春情怀,"为问花何在"以下数句描摹落花相当工细,尤其是"乱点"、"轻翻"两句,更是惟妙惟肖,而只有"蜂媒蝶使,时叩窗槅",好像在为片片落红哭泣送葬,透出几分凄凉。下片写花谢之后情景。因为花已凋谢,无人游赏,因而"东园岑寂",但词人仍对残花有所依恋,故"静绕珍丛底",蔷薇好像亦通人性,"长条惹行客",不忍词人离去。虽无一字言惜花,而惜花之情表现得可谓淋漓尽致。"残英小"以下四句,宕开一笔,更见深情。结尾处推进一层,幻想花瓣能像红叶一样代寄相思,"何由见得"一问,尤其缠绵,十分含蓄委婉。

满庭芳

夏日溧水无想山作[1]

风老莺雏,雨肥梅子,午阴嘉树清圆。[2]
地卑山近,衣润费炉烟。[3]
人静乌鸢自乐,[4]小桥外、新绿溅溅。[5]
凭栏久,黄芦苦竹,拟泛九江船。[6]

年年,如社燕,[7]飘流瀚海,来寄修椽。[8]
且莫思身外,长近尊前。[9]
憔悴江南倦客,不堪听、急管繁弦。[10]
歌筵畔,先安簟枕,[11]容我醉时眠。

【注释】

[1]溧(lì)水:今江苏属县。

[2]莺雏:幼莺。嘉树:树的美称。

[3]地卑:地势低下。衣润:衣服潮湿。

[4]鸢:鸱鹰。

[5]新绿:指绿水新涨。溅溅:水声。

[6]黄芦:芦苇。泛:乘船。

[7]社燕:江南一带,燕子于春社日来,秋社日去,称作社燕。

[8]修椽:长椽,指房屋。

[9]身外:古人称功名事业为身外之物。尊:酒器。

[10]江南倦客:词人自指。管:管乐器。弦:弦乐器。

[11]簟(diàn):竹席。

词写宦游羁思。前阕为凭栏所见,后阕为凭栏所思。"地卑"二句,意味深长。而"且莫思"二句又弦外有音,颇有转折跌宕的效果。

浣溪沙

楼上晴天碧四垂,[1]楼前芳草接天涯。
劝君莫上最高梯。

新笋已成堂下竹,落花都上燕巢泥。
忍听林表杜鹃啼。[2]

【注释】

[1]四垂:天的四周如同帐幕垂下。
[2]忍听:不忍听。杜鹃暮春啼声凄苦,如唤"不如归去"。林表:林外。

【品鉴】

词写羁旅迁客春日思乡之情,措辞蕴藉,情致婉转。

关河令

秋阴时晴渐向暝,[1]变一庭凄冷。
伫听寒声,云深无雁影。

更深人去寂静,但照壁孤灯相映。
酒已都醒,如何消夜永。[2]

【注释】

[1]暝:日暮。
[2]消夜永:消磨长夜。

【品鉴】

词写寂寞冷清的羁旅生活,抒发了深长的客愁旅思。

晁冲之　一首

晁冲之(生卒年不详),字叔用,济州巨野(今属山东)人。终生无功名,授承务郎。今词集不存,后人只辑得十六首。

临江仙

忆昔西池池上饮,[1]年年多少欢娱。
别来不寄一行书。
寻常相见了,[2]犹道不如初。

安稳锦屏今夜梦,月明好渡江湖。
相思休问定何如。
情知春去后,管得落花无?

【注释】

[1]西池:泛指西边池塘。

[2]寻常:寻常人,指不相干的外人。

【品鉴】

此词写暮春怀旧之情,上片一起二句用"忆昔"领起,写昔日畅欢的欢快情景,"别来"一句问得平易,言外有不尽之意。歇拍二句设想今日如果见面,当不如昔时那么亲密无间,忧谗畏讥的心情由此自然托出。下片从往事的回忆写到目前的处境与思绪。"相思休问",无奈情态,令人叹息。歇拍二句语浅情深,前人有极高的评价,清许昂霄《词综偶评》谓"情知春去后"二句:"淡语有深致,咀之无穷。"

毛 滂 二首

　　毛滂(1060—约1124)，字泽民，衢州江山(今属浙江)人。历官祠部员外郎，后知秀州。因自号"东堂"，其词集名为《东堂集》，收词近二百首。

临江仙

都城元夕[1]

闻道长安灯夜好，[2]雕轮宝马如云。
蓬莱清浅对觚棱。[3]
玉皇开碧落，银界失黄昏。[4]

谁见江南憔悴客，端忧懒步芳尘。[5]
小屏风畔冷香凝。[6]
酒浓春入梦，窗破月寻人。

【注释】

[1]元夕：即元宵节。

[2]长安：指汴京。

[3]蓬莱：指鳌山，即搭扎成传说中仙山形的灯山。觚(gū)棱：宫殿般的屋脊。

[4]此二句言花灯如海，京城犹如天宫一般灿烂。碧落：天宫。银界：天宫。

[5]端忧：深忧。

[6]冷香：指梅花。

【品鉴】

此词描写京城元夕景色,写出作者客居京城的困顿潦倒状况和寂寞凄清的心境。上片写京城元夕灯山灯海的壮观景象,用"闻道"二字领起,见出全非词人亲见而是想象之景。有此等佳景不去欣赏,其心绪落寞可以想见。"玉皇"二句写花灯如海,京城犹如天宫一般,花灯之盛,自然画出,颇见词人之艺术功力。下片写客愁,"憔悴客",词人自指;"懒步芳尘",见出心情之阑珊。结拍二句写梦写月,用语淡雅秀逸,意境清幽寂冷,被后人评为"何减'云破月来'风调"(吴梅《词学通论》)之句,可谓精当之论。全词写景为虚,抒情为实,以景托情,令人品味。

惜分飞

富阳僧舍作别语赠妓琼芳[1]

泪湿阑干花著露,愁到眉峰碧聚。
此恨平分取,[2]更无言语空相觑。

断雨残云无意绪,寂寞朝朝暮暮。
今夜山深处,断魂分付潮回去。[3]

【注释】

[1]富阳:今浙江省富阳市,在杭州西南。

[2]平分取:指二人所持相等。

[3]分付:托付。

【品鉴】

毛滂是北宋知名词人,苏轼称其词"闲暇自得,清美可口",其词具有清圆明润的特色,这首临别赠人之作便是他的一首代表作。

叶梦得 一首

叶梦得(1077—1148),字少蕴,苏州人。绍圣四年(1097)进士,累迁翰林学士,历知汝洲、颖昌府,后除户部尚书、尚书左丞,曾镇守建康府。致仕后退居湖州下山石林谷,号"石林居士",著有《石林诗话》,其《石林词》,存词百余首。

临江仙
与客湖上饮归

不见跳鱼翻曲港,^[1]湖边特地经过。
萧萧疏雨乱风荷。
微云吹散,凉月堕平波。

白酒一杯还径醉,归来散发婆娑。^[2]
无人能唱采莲歌。
小轩倚枕,檐影挂星河。

【注释】

[1]曲港:指曲折的湖边。

[2]婆娑:犹扶疏,形容枝叶纷披。此指头发散乱。

【品鉴】

此写饮罢归来的闲适情怀。上片开始二句写湖边饮罢,馀兴未尽,便特地来到湖边,想看一看"跳鱼翻曲港"的景象。"萧萧"三句写眼前景:

雨声疏朗,轻轻洒落在荷叶上;风过云散,一团月影沉入湖中。下片写湖上归来以后的心情,白酒人醉,散发婆娑,小轩倚枕,都是为了突出表现词人闲淡幽雅的生活情趣和平静的心境。此词语言自然流畅,格调飘逸疏放,是叶梦得词作中的代表作品之一。

汪 藻 一首

汪藻(1079—1154),字彦章,曾为翰林学士。

点绛唇

新月娟娟,夜寒江静山衔斗。[1]
起来搔首,梅影横窗瘦。

好个霜天,闲却传杯手。[2]
君知否,乱鸦啼后,归兴浓于酒。

【注释】
　[1]斗:星斗。
　[2]传杯:指饮酒时传递酒杯。

【品鉴】
　词写作者的秋夜闲适情怀。

曹　组　一首

曹组(？—1125)，字元宠。颍昌(今河南许昌)人。官至阁门宣赞舍人。

卜算子

松竹翠萝寒，^[1]迟日江山暮。^[2]
幽径无人独自芳，^[3]此恨凭谁诉？^[4]

似共梅花语，^[5]尚有寻芳侣。^[6]
着意闻时不肯香，^[7]香在无心处。

【注释】

[1]萝:即女萝，一种长在山中的植物。

[2]迟日:和煦的春日。

[3]幽径:僻静的小路。芳:开花。

[4]凭:依靠。

[5]共:与。

[6]寻芳侣:指赏花的人。

[7]着意:特意。

【品鉴】

兰花芳香幽淡、高洁出俗，人们将其与梅、竹、菊并称为"四君子"。兰花虽然有动人的花姿，却常常开在山坡溪畔，不与桃李杏梨争艳，不论在哪里,都默默地开花,悄悄地散发着淡淡的幽香,因而古人往往借兰花自喻、自励。这首词便在对兰花芳洁、高雅品格的赞赏之中,寄寓了作者的人生理想,是一首咏兰明志的佳作。上片先写兰花幽处深谷,与松竹翠萝为伴,在春天日暮时分默默地开放,继而代兰发出"独自芳"而无人欣赏的幽怨之情。下片写与兰花为伍者,只有山间梅花,可见兰花之高洁;何况人间自有"寻芳侣",也许他们能成为这"空谷幽兰"的知音?"着意"两句是全词的精华所在,写出了兰花即使无人欣赏亦绝不哗众取宠的高洁品格,暗寓着作者的一种人格追求,令人回味、思索。

王安中 一首

王安中(1075—1134),字履道,号初寮。南宋阳曲(今属山西)人。

蝶恋花
迎春花

雪霄花梢春欲到,饯腊迎春,一夜花开早。[1]
青帝回舆云缥缈,鲜鲜金雀来飞绕。[2]

绣阁纱窗人窈窕,翠缕红丝,斗剪幡儿小。[3]
戴在花枝争笑道:愿人常共春难老。

【注释】

[1]雪霄:即雪消。霄:通"消"。《墨子·经说上》:"霄尽,荡也。"毕沅注:"霄与消同。"饯腊:送走腊月,即送走冬天之意。饯:以酒食送行。腊:腊月,阴历十二月。

[2]青帝:春神。《尚书纬》:"春为东帝,又为青帝。"鲜鲜:活泼的样子。

[3]窈窕:美好貌。幡儿:即幡胜,旧时立春日戴的首饰。剪纸或绸绢等为旗幡形和彩胜,故称"幡胜";亦有剪作蝴蝶、金钱或其他形状的。孟元老《东京梦华录·立春》:"春日,宰执亲王百官皆赐金银幡胜,入贺讫,戴归私第。"

【品鉴】

此词咏花又写人,人与花交相辉映,颇有情趣。上片咏花。作者紧紧扣住迎春的特点,写出在春天欲到未到之时,它却"一夜花开"的形象。下片写人:闺中少女们见到迎春花开了,知道到了立春时节,故而用心剪成幡胜,当她们把幡胜戴在花枝上的时候,她们欢快地笑了,心中自然产生了一个美好的愿望:"愿人常共春难老!"在这里,作者用白描手法,描绘出一幅天真烂漫的少女与淡黄的迎春花相映成趣的图画,生动形象,充满了春意。

万俟咏 一首

万俟咏(生卒年不详),字雅言,自号大梁词隐。终生不第。精通音律,有《大声集》五卷,今已不存。现存词二十九首。

木兰花慢

恨莺花渐老,但芳草、绿汀洲。
纵岫壁千寻,[1] 榆钱万叠,难买春留。
梅花向来始别,[2] 又匆匆、结子满枝头。
门外垂杨岸侧,画桥谁系兰舟?

悠悠,岁月如流,叹水覆、杳难收。
凭画阑,往往抬头举眼,都是春愁。
东风晚来更恶,怕飞红、拍絮入书楼。
双燕归来问我,怎生不上帘钩。[3]

【注释】

[1]岫壁:山崖。

[2]向来:近来。

[3]上帘钩:指卷起窗帘。

【品鉴】

此词抒惜春怀人之情。

陈 克 一首

陈克(1081—1137),字子高,自号赤城居士,临海(今浙江临海)人。绍兴初为敕令所删定官。有《赤城词》,存词五十余首。

临江仙

四海十年兵不解,[1]胡尘直到江城。[2]
岁华销尽客心惊。
疏髯浑如雪,[3]衰涕欲生冰。

送老齑盐何处是,[4]我缘应在吴兴。[5]
故人相望若为情。
别愁深夜雨,孤影小窗灯。

【注释】

　[1]兵不解:指战争未结束。

　[2]胡尘:指金兵。江城:指建康(今江苏省南京市)。

　[3]浑:全。

　[4]送老:指养老,度过馀生。齑(jī)盐:指切碎了的腌菜,此指最基本的生活条件。

　[5]吴兴:今浙江省湖州市。

【品鉴】

　此词抒写战乱时的愁苦心情,是一首感时抒慨的佳作。自金人大举

429

南攻至此词写作的绍兴四年(1134),约有十年时间了,但战争仍在继续,故而上片一起便有"四海十年兵不解"之句,更有甚者,金兵一度进逼建康,"直到"二字,含意十分丰富。"岁华"三句写词人报国无门的感慨,"疏髯""如雪"、"哀涕""生冰",心境之悲哀沉痛尽在不言之中。下片写词人的归隐之志。一起二句说自己应该归隐于吴兴,"我缘应在",透出对隐居生活的向往。"故人"三句设想归隐前与友人难舍难分,使全词显得摇曳多姿。

朱敦儒　五首

朱敦儒(1081—1159)，字希真，号岩壑，洛阳人，曾任秘书省正字、鸿胪少卿。晚年罢职闲居，其词风格婉丽清畅。有《樵歌》，存词二百四十余首。

相见欢

金陵城上西楼，倚清秋。
万里夕阳垂地，大江流。

中原乱，簪缨散，[1]几时收？
试倩悲风吹泪，[2]过扬州。[3]

【注释】

[1]簪缨：古代贵族的帽饰，此代指官僚贵族。

[2]倩：请。悲风：秋风。

[3]扬州：当时扬州是金兵经常侵扰的地区。

【品鉴】

此词抒写了作者南渡后对故人的怀念和国破家亡后凄凉苦闷的心情。

鹧鸪天

西都作[1]

我是清都山水郎,[2]天教分付与疏狂。
曾批给雨支风券,累上留云借月章。[3]

诗万首,酒千觞,几曾着眼看侯王?[4]
玉楼金阙慵归去,[5]且插梅花醉洛阳。

【注释】

[1]西都:指北宋西京洛阳。

[2]清都:传说中天帝的宫阙。山水郎:管理山水的官员。

[3]累:屡次。上:向君主呈递。章:章奏。

[4]着眼:用眼。

[5]玉楼金阙:指朝廷。慵:懒。

【品鉴】

此为作者自述其志的作品,全词清隽谐婉,自然流畅。

感皇恩

一个小园儿,两三亩地,
花竹随宜旋装缀。[1]
槿篱茅舍,[2]便有山家风味。
等闲池上饮,林间醉。

都为自家,胸中无事。
风景争来趁游戏。
称心如意,剩活人间几岁。
洞天谁道在、尘寰外。[3]

432

【注释】

[1]随宜:按方位地势安排。旋:很快。

[2]槿篱:以槿树枝做成的篱笆。

[3]洞天:道教用以称神仙所居的洞府。尘寰:犹尘世。

【品鉴】

词写田园生活的闲适情趣。

临江仙

直自凤凰城破后,[1]擘钗破镜分飞。[2]

天涯海角信音稀。

梦回辽海北,[3]魂断玉关西。[4]

月解重圆星解聚,[5]如何不见人归?

今春还听杜鹃啼。

年年看塞雁,[6]一十四番回。

【注释】

[1]直自:自从。凤凰城:指汴京。破:指靖康元年(1126)金兵攻陷汴梁。

[2]擘钗、破镜:把钗分为两股、镜分为两半,夫妻各执其一,以作留念。擘:分。

[3]辽海北:指今东北一带。

[4]玉关西:指西北边地。

[5]解:懂得。

[6]塞雁:相传鸿雁来自北方边塞地区,故称塞雁。

【品鉴】

此为感事伤时之作,具有鲜明的时代性。上片一起"凤凰城破",写汴京沦陷;"擘钗破镜",写夫妻分别。"天崖"以下三句,写相思而不得见的惆怅和感叹,"梦回"、"魂断",令人感伤。下片承上而来,感情更进一层,"如何不见人归",问得直率,感情却极深。结拍二句,"年年"其频繁;"一十四番",见其刻骨铭心。有人认为此词是怀念被金国囚禁的徽宗、

433

钦宗二帝,细品词意,似也可通。

卜算子

旅雁向南飞,风雨群相失。[1]
饥渴辛勤两翅垂,独下寒汀立。[2]

鸥鹭苦难亲,[3]矰缴忧相逼。[4]
云海茫茫无处归,谁听哀鸣急!

【注释】

[1]群相失:失群而成为孤雁。

[2]汀:水中或水边的平地。

[3]苦难亲:难于亲近。

[4]矰(zēng):射鸟的短箭。缴:系在短箭上的丝绳。

【品鉴】

此词通篇只写旅雁,无一字言人,但写雁见人,人与雁完全融合在一起了。据历史记载,靖康元年(1126)十一月,金兵渡过黄河,进逼洛阳,朱敦儒加入了逃难的队伍,开始了长期的流离生活。这首词便用象征的手法,借旅雁的形象,写出了自己南奔途中的辛劳、忧虑和国破家亡后凄凉的心境。上片写旅雁南飞,因风雨而失群,这里的"风雨",就雁而言,是自然界的风雨,就作者而言,是社会动乱的风雨,语义双关,耐人品味。"饥渴"两句更写出词人路途中的艰辛和孤苦无依的境况,令人感叹。下片借写大雁难与鸥鹭相亲,且惧怕矰缴相逼,写出词人的仓皇心态和恐惧之感,反映出宋朝百姓在乱世中的悲哀与痛苦。"云海"两句不仅写出逃难者"流落安归"的感慨,更写出词人对国家命运的忧虑与担心,感情十分沉痛。

周紫芝　三首

周紫芝(1082—1155)，字少隐，自号竹坡居士，宣州(今安徽宣城)人。历右司员外郎、知兴国军。后退隐庐山。其《竹坡词》存词一百五十余首。

鹧鸪天

一点残红欲尽时，乍凉秋气满屏帷。
梧桐叶上三更雨，叶叶声声是别离。

调宝瑟，拨金猊，^[1]那时同唱鹧鸪词。^[2]
如今风雨西楼夜，不听清歌也泪垂。

【注释】

[1]金猊(ní)：古代的一种兽形香炉。

[2]鹧鸪词：指歌唱恋情的曲子。

【品鉴】

词抒秋日情思。

踏莎行

情似游丝，人如飞絮。
泪珠阁定空相觑。^[1]

一溪烟柳万丝垂,无因系得兰舟住。

雁过斜阳,草迷烟渚。

如今已是愁无数。

明朝且做莫思量,[2]如何过得今宵去。

【注释】

[1]阁定:不动。阁:通"搁"。

[2]且做莫思量:且不要去思量。

【品鉴】

词写离别相思之情。

临江仙

送光州曾使君[1]

记得武陵相见日,[2]六年往事堪惊。

回头双鬓已星星。

谁知江上酒,还与故人倾。

铁马红旗寒日暮,使君犹寄边城。

只愁飞诏下青冥。[3]

不应霜寒晚,[4]横槊看诗成。[5]

【注释】

[1]光州:今河南潢川县,当时是接近金国的边防要地。使君:州刺史的别称。

[2]武陵:湖南常德市。

[3]飞诏:此指皇帝驰诏还朝。

[4]不应:不顾。

[5]此句用曹操横槊赋诗的典故,赞扬曾使君有文才武略。

【品鉴】

光州地处淮河南侧,在南宋时这里是接近金国的边防要地,曾使君要去那里任州郡长官,作者遂写此词送行。上片由"记得"领起,见出二人早已相识,分别六年,都经历了许多惊心动魄的事件。"回头"一句写二人均已鬓发斑白,无限惆怅自在不言之中。歇拍二句写伤别之情,言浅而意深。下片一起二句想象友人即将开始的边城军事生活,"犹寄"二字用得准确生动,耐人回味。"只愁"以下三句,张相《诗词曲语辞汇释》云:"言只恐诏宣入朝,不顾使君在边塞,已有横槊之诗也。"这三句曲折地表达了词人对曾使君的鼓励,希望他在边塞建功立业,可谓情真意切。

李清照 十首

李清照(1084—1155),号易安居士,济南(今属山东)人。父李格非,"苏门后四学士"之一。清照十八岁,嫁赵明诚,后赵明诚罢官归乡,夫妇屏居青州十年。建炎三年(1129),明诚卒,清照辗转流离江浙等地。有《易安词》,不传。现存词四十五首。李清照是中国文学史上杰出的女词人,对后代词人影响很大。

如梦令

尝记溪亭日暮,沉醉不知归路。
兴尽晚回舟,误入藕花深处。[1]
争渡,[2]争渡,惊起一滩鸥鹭。

【注释】
　[1]藕花:荷花。
　[2]争渡:即"怎渡"之意。

【品鉴】
　词写作者酒后泛舟,兴尽而归时的情景,生动活泼,自然有趣,大约是李清照少女时期在故乡时所作。

如梦令

昨夜雨疏风骤,浓睡不消残酒。

试问卷帘人，[1]却道"海棠依旧"。[2]

知否？知否？应是绿肥红瘦！

【注释】

[1]卷帘人:指侍女。

[2]却道:仍说,竟说。

【品鉴】

词写惜花爱美之情,语言自然,新颖活泼,一问一答,耐人品味。

鹧鸪天

暗淡轻黄体性柔,情疏迹远只香留。[1]

何须浅碧深红色,自是花中第一流。[2]

梅定妒,菊应羞,画栏开处冠中秋。[3]

骚人可煞无情思,何事当年不见收。[4]

【注释】

[1]暗淡轻黄:形容桂花的颜色是暗黄、淡黄、轻黄。体性:本指人的体貌与性情,这里指桂花。疏:疏放。迹远:桂树多生长于深山中,故云。这两句描绘桂花的色彩、体貌和清香。"情疏"句是说它往往生长在深山中,对人来说显得迹远而情疏,但其香气却存人间。

[2]何须:何必。

[3]画栏:饰有彩绘的栏杆。这三句意为:梅花一定妒其美,菊花也应羞于与桂花争艳。桂花栽种在庭院画栏中,中秋始开,独占其时。

[4]骚人:指屈原,因其作《离骚》,故称其为"骚从",后泛指一般不得意的文人。可煞:可是,承转词。"骚人"两句意思是说,桂花虽然在百花中是"第一流"的,但是屈原对它却没有感情,要不为什么《离骚》中未咏桂花呢? 与宋陈与义《咏桂清平乐》"楚人未识孤妍,离骚遗恨千年"的意思一样。

【品鉴】

此词作于屏居乡里时期,在对桂花的赞颂之中,自然寓有词人以花自喻之意。上片紧紧扣住桂花的"色"来着笔,说它"暗淡轻黄"并不艳丽,是为了突出它"体性柔"的品性,最后还是为了突出其"情疏迹远"的品格和"只留香"的特色,进而发出议论:"何须浅碧深红色,自是花中第一流。"在词人笔下。仅仅以色美取胜的群花被用力推开,而色淡香浓、品格出众的桂花被簇拥出来,体现出作者重视内在品格美的一种审美观。下片继续议论,在与梅、菊的对比中描绘出作为中秋时节花中之冠的桂花。梅与菊,均为花中上品,李清照有不少词都对它们作了咏赞,在此处她运用扬此抑彼的方法,是为了反衬出桂花的超群不凡。结拍不再就花论花,而是宕开一笔,通过对屈原的责问,表达出自己对桂花的特殊的喜爱。宋人为了表示对某物的喜爱,常常运用这种评说古人的方法,如林逋《咏蝶》云"闲掩遗编苦堪恨,不并香草入《离骚》",对《离骚》中没有咏蝶的诗句表示遗憾,和李清照此处的用意相类似。

瑞鹧鸪

双银杏[1]

风韵雍容未甚都,尊前甘橘可为奴。[2]
谁怜流落江湖上,玉骨冰肌未肯枯。[3]

谁教并蒂连枝摘,醉后明皇倚太真。[4]
居士擘开真有意,要吟风味两家新。[5]

【注释】

[1]银杏:植物名,俗称白果,春季开花,花小。双银杏:并蒂连枝的两颗银杏果。

[2]风韵:形容风度姿态的优美。雍容:通常用以形容人的态度温和大方,这里用来形容银杏文雅大方。未甚都:不是特别漂亮华贵。尊前:酒杯之前。奴:木奴,指甘橘,《三国志·吴志·孙休传》:"衡(李衡)每欲治家,妻辄不听。后密遣客十人,于武陵龙阳泛州上作宅,种甘橘千株。临死,敕儿曰:'汝母恶吾治家,故穷如是。然吾州里有千头木奴,不责汝衣食,岁岁一匹绢,亦可足用耳。'衡亡后二十日,儿以白母,母曰:'此当是种甘橘。'"后人因称甘橘树为木奴。如元稹《酬乐天东南行一百韵》:"绿棕新菱实,金丸小木奴。"自注曰:"巴橘酸涩,大如弹丸。"

〔3〕流落江湖:指银杏不受人们的重视。玉骨冰肌:玉一样坚硬的骨,冰一样洁白的肌肤,形容银杏有高洁的品格。

〔4〕谁教:谁使。这里有责问的意思。明皇:指唐玄宗。太真:杨贵妃号太真。"醉后"句:典出五代王仁裕《开元天宝遗事》:"明皇与贵妃幸华清宫。因宿酒初醒,凭妃子肩同看木芍药。上(明皇)亲折一枝,与妃子同嗅其艳。"这两句借唐玄宗与杨贵妃相依相偎的形象,写出双银杏"并蒂连枝"被人摘下的情状,十分生动。

〔5〕居士:原指信奉佛道而并不出家的人,后来有些读书人亦自称"居士",如白居易自称"香山居士"。李清照自号"易安居士",因此这里的"居士"是自指。擘开:剖开。两家:夫妇双方。新:清新,又与"心"谐音,有夫妇心心相印的意思。

【品鉴】

此词作于李清照与丈夫屏居乡间时期,词人以银杏自喻,托物言志,借物抒情,是一首优秀的咏物词。上片泛写银杏。"风韵"两句一起便格调高雅,用拟人手法写出银杏虽然并不美丽却端庄典雅的风韵,更用甘橘为陪衬,写出银杏品性的高洁出众。"谁怜"两句不仅进一步写出银杏"玉骨冰肌"的性格特征,同时也表现出词人对银杏的同情与喜爱。"玉骨冰肌未肯枯",是咏银杏,但也正是李清照洁身自好、不甘沉沦的心态和品性的写照。下片具体描写双银杏,词人在这里借用了唐明皇与杨贵妃的典故,不仅写出了银杏并蒂连枝的形象,更引发了读者无穷的遐想。结拍两句,语带双关,既写出了词人品尝银杏时的感受,又寓有希望夫妇心心相印、爱情常新之意,十分含蓄而耐人回味。

凤凰台上忆吹箫

香冷金猊,被翻红浪,起来慵自梳头。
任宝奁尘满,[1]日上帘钩。
生怕离怀别苦,多少事、欲说还休。
新来瘦,非干病酒,不是悲秋。

休休,这回去也,千万遍阳关,[2]也则难留。
念武陵人远,[3]烟锁秦楼。[4]
惟有楼前流水,应念我、终日凝眸。[5]

凝眸处,从今又添,一段新愁。

【注释】

[1]宝奁(lián):精美的梳妆盒。

[2]阳关:阳关曲,唐诗人王维《宋元二使安西》有"西出阳关无故人"之句,后此诗被谱入乐府,成为送别歌曲。

[3]武陵人远:指所思念的人在很远的地方。陶渊明《桃花源记》说武陵有一个渔人曾到与世隔绝的桃花源。

[4]秦楼:指秦穆公为其女弄玉所建之楼,此代指词人的居所。

[5]凝眸:聚神注视。

【品鉴】

词写送别爱人时的心情,感情真挚婉曲,笔意流畅,是李清照的代表作之一。

一剪梅

红藕香残玉簟秋。[1]
轻解罗裳,独上兰舟。[2]
云中谁寄锦书来。[3]
雁字回时,[4]月满西楼。

花自飘零水自流。
一种相思,两处闲愁。
此情无计可消除。
才下眉头,却上心头。

【注释】

[1]红藕:红色的荷花。玉簟:华贵的竹席。

[2]罗裳:丝织衣裳。兰舟:木兰舟,此为舟的美称。

[3]锦书:对书信的一种美称。前秦苏惠曾织锦作《璇玑图诗》以寄其夫窦滔,后以"锦书"为书信的美称。

[4]雁字:雁飞成行,排成"一"字或"人"字,故称雁字。

【品鉴】

词写两地相思的深情,上片写丈夫离别后自己独处时的感受,下片写别后思念心态。全词用语浅近而感情真挚,是李清照词的名篇之一。

临江仙

庭院深深深几许?云窗雾阁常扃。[1]

柳梢梅萼渐分明。

春归秣陵树,人老建康城。[2]

感月吟风多少事,如今老去无成。

谁怜憔悴更凋零。

试灯无意思,[3]踏雪没心情。

【注释】

[1]扃(jiōng):关闭。

[2]秣陵、建康:均为今南京市。

[3]试灯:元宵节预赏春灯。

【品鉴】

靖康二年(1127)四月,金人攻陷汴京,北宋灭亡。赵构(高宗)即位于商丘,改元建炎。同年十二月金人又陷青州,李清照于建炎二年春抵建康,此词即作于这个时期。后人所辑《漱玉词》,此词题下有序云:"欧阳公(欧阳修)作《蝶恋花》有'深深深几许'之句,予酷爱之,用其语作'庭院深深'数阙,其声则旧《临江仙》也。"词的上片一起二句写自己深居简出,精神消沉,"深深"、"常扃",透出心境之落寞孤寂。"柳梢"以下三句感叹时光流逝,春归人间而人已老去。下片直抒胸臆。一起二句今昔对比,伤旧而感今,一腔愤慨之情自在言外。"谁怜"三句写想到中原恢复无望,而自己又流寓建业,平生所业尽付东流,不由百感交集,心境黯然,因而没有赏灯、踏雪的情趣了。国事之悲,家破之恨,尽在不言之中。

醉花阴

薄雾浓云愁永昼,[1]瑞脑销金兽。[2]
佳节又重阳,[3]玉枕纱厨,[4]半夜凉初透。

东篱把酒黄昏后,[5]有暗香盈袖。
莫道不销魂,帘卷西风,人比黄花瘦。[6]

【注释】

[1]永昼:漫长的白天。

[2]瑞脑:香料。金兽:兽形的金属香炉。

[3]重阳:阴历九月九日为重阳节,又称重九。

[4]玉枕:枕的美称。纱厨:即碧纱厨,夏季用以避蚊虫。

[5]东篱:陶渊明《饮酒》:"采菊东篱下,悠然见南山。"

[6]黄花:指菊花。

【品鉴】

此词抒写了重阳佳节对丈夫的思念之情,结拍三句言浅意深,最为人们称道。

武陵春

春　晚

风住尘香花已尽,日晚倦梳头。[1]
物是人非事事休,欲语泪先流。
闻说双溪春尚好,[2]也拟泛轻舟。
只恐双溪舴艋舟,[3]载不动、许多愁。

【注释】

[1]尘香:尘土里带着落花的香气。日晚:太阳早已出来。

[2]双溪:水名,在今浙江金华城南。

［3］舴艋舟:形似蚱蜢的小船。

【品鉴】

此词作于绍兴五年(1135)春,当时作者正在金华避难。词里抒写了作者无尽的愁苦之情,结拍二句最为凄婉劲直,遂成为写愁名句。

声声慢

寻寻觅觅,冷冷清清,凄凄惨惨戚戚。

乍暖还寒时候,[1]最难将息。[2]

三杯两盏淡酒,怎敌他、晚来风急?

雁过也,正伤心,却是旧时相识。

满地黄花堆积,憔悴损,如今有谁堪摘。

守着窗儿,独自怎生得黑。[3]

梧桐更兼细雨,到黄昏、点点滴滴。

这次第,怎一个愁字了得。[4]

【注释】

［1］乍暖还寒:指深秋天气忽冷忽暖,变化无常。

［2］将息:保养、休息。

［3］怎生:怎样。

［4］这次第:这光景、这情形。了得:概括得了。

【品鉴】

此词作于词人晚年,写尽了作者晚年的凄苦悲愁,语言新颖独特,感受细致入微,艺术上有很高的造诣。

吕本中 三首

吕本中(1084—1145),字居仁,号紫微,人称东莱先生。寿州(今安徽凤台)人。高宗绍兴六年(1136)赐进士出身。历官中书舍人,权直学士院。晚年居信州(今江西上饶)讲学。有《紫微词》,存词二十七首。

采桑子

恨君不似江楼月,南北东西。
南北东西,只有相随无别离。

恨君却似江楼月,暂满还亏。[1]
暂满还亏,待得团圆是几时?

【注释】

[1]满:圆满。亏:亏缺。

【品鉴】

词写别情,比喻生动,构思巧妙。

踏莎行

雪似梅花,梅花似雪。
似和不似都奇绝。

恼人风味阿谁知,^[1]请君问取南楼月。

记得去年,探梅时节。^[2]

老来旧事无人说。

为谁醉倒为谁醒,到今犹恨轻离别。

【注释】

[1]阿谁:何人。阿:发语词。

[2]探梅:于梅花初开而未尽放时赏梅。

【品鉴】

词写别后相思之情。

南歌子

驿路侵斜月,溪桥度晓霜。

短篱残菊一枝黄,正是乱山深处、过重阳。

旅枕元无梦,^[1]寒更每自长。

只言江左好风光,^[2]不道中原归思、转凄凉。^[3]

【注释】

[1]元:即"原"。

[2]江左:江南。

[3]中原:作者的故乡为安徽寿州,此时被金人所占。

【品鉴】

词写羁旅行役之感。

赵　鼎　一首

赵鼎(1085—1147),字元解,号得全居士,闻喜(今属山西)人。官至尚书左仆射、同中书门下平章事。有《得全居士词》,存词四十馀首。

蝶恋花

尽日东风吹绿树,向晚轻寒,数点催花雨。
年少凄凉天付与,^[1]更堪春思萦离绪!^[2]

临水高楼携酒处,曾倚哀弦,^[3]歌断黄金缕。^[4]
楼下水流何处去,凭栏目送苍烟暮。

【注释】

[1]年少:指青年时期。

[2]更堪:"更哪堪"的缩略语,犹言"怎更忍"。

[3]倚哀弦:伴随哀悲的琴声歌唱。

[4]黄金缕:词牌名,蝶恋花的别称。

【品鉴】

词写春日情思。

李持正 一首

李持正(生卒年不详),字季秉,官至朝请大夫。

人月圆

小桃枝上春风早,初试薄罗衣。
年年乐事,华灯竞处,人月圆时。[1]

禁街箫鼓,[2]寒轻夜永,纤手重携。
更阑人散,[3]千门笑语,声在帘帏。

【注释】

[1]人月圆时:人团圆、月圆满之时。

[2]禁街:皇都内城的街道,古时入夜后即戒严,只在元宵时解禁,故称。

[3]阑:尽。

【品鉴】

词描写出汴京元宵夜的热闹景象。

幼　卿　一首

幼卿(生卒年不详),宋代女词人,约为徽宗宣和时人,姓氏不详。

浪淘沙

目送楚云空,前事无踪。[1]
漫留遗恨锁眉峰。
自是荷花开较晚,孤负东风。

客馆叹飘蓬,聚散匆匆。
扬鞭那忍骤花骢。[2]
望断斜阳人不见,满袖啼红。[3]

【注释】

[1]前事:指二人相恋的往事。
[2]骤:驱马快跑。花骢:骏马。
[3]啼红:言泪尽继之以血。

【品鉴】

词写怀人之情。

蔡　伸　一首

蔡伸(1088—1156),字伸道,号友古居士,莆田(今属福建)人。徽宗政和五年(1115)进士,官至左中大夫。有《友古居士词》,存词一百七十余首。

苏武慢

雁落平沙,烟笼寒水,古垒鸣笳声断。
青山隐隐,败叶萧萧,天际暝鸦零乱。
楼上黄昏,片帆千里归程,年华将晚。
望碧云空暮,佳人何处,梦魂俱远。

忆旧游,邃馆朱扉,[1]小园香径,尚想桃花人面。[2]
书盈锦轴,[3]恨满金徽,[4]难写寸心幽怨。
两地离愁,一尊芳酒,凄凉危栏倚遍。
尽迟留,[5]凭仗西风,吹干泪眼。

【注释】

[1]邃馆:深宅。
[2]桃花人面:指美人娇艳的面容。
[3]锦轴:华丽的信笺。
[4]金徽:金制的琴上音位识点,此为琴的代称。

[5]迟留:滞留。

【品鉴】

　　词写羁旅伤别之情。

李重元　一首

李重元,生卒年不详。

忆王孙

春　词

萋萋芳草忆王孙,[1]柳外高楼空断魂。
杜宇声声不忍闻。[2]
欲黄昏,雨打梨花深闭门。

【注释】
　[1]王孙:原指王侯之孙,后泛指女子所爱恋的对象。
　[2]杜宇:即杜鹃鸟。
【品鉴】
　词写春愁闺怨。

李 玉 一首

李玉,生卒年不详。

贺新郎
春 情

篆缕销金鼎。[1]
醉沉沉、庭阴转午,画堂人静。
芳草王孙知何处,惟有杨花糁径。[2]
渐玉枕、腾腾春醒。
帘外残红春已透,镇无聊、殢酒厌厌病。[3]
云鬓乱,未忺整。[4]

江南旧事休重省。
遍天涯寻消问息,断鸿难倩。
月满西楼凭阑久,依旧归期未定。
又只恐、瓶沉金井。[5]
嘶骑不来银烛暗,枉教人、立尽梧桐影。
谁伴我,对鸾镜。[6]

【注释】
[1]篆缕:形容旋绕如古代篆字形的香烟。

［2］糁径:飘落在路面上。糁:本指米和肉汁掺和在一起,古代诗词多指柳絮铺在路面上。

［3］镇:全、都。殢(tì)酒:沉溺在酒里。

［4］忺(xiān):情愿,高兴。

［5］瓶沉金井:比喻爱情破裂无可挽回。

［6］鸾镜:饰有鸾凤纹的镜子。

【品鉴】

此词抒写闺思,黄昇《花庵词选》评曰:"风流蕴藉,尽此篇矣。"

吴淑姬 一首

吴淑姬,生平不详。

小重山

谢了荼蘼春事休。
无多花片子,[1]缀枝头。
庭槐影碎被风揉。
莺虽老,声尚带娇羞。

独自倚妆楼。
一川烟草浪,衬云浮。
不如归去下帘钩。
心儿小,难着许多愁。[2]

【注释】

[1]无多:不多。花片子:残零的花瓣。

[2]着:容纳,承受。

【品鉴】

此词写一个独守空房的女子对远方情人的思念。

乐 婉 一首

乐婉,杭州乐妓,生卒年不详。

卜算子

答 施[1]

相思似海深,旧事如天远。
泪滴千千万万行,更使人、愁肠断。

要见无因见,拼了终难拼。[2]
若是前生未有缘,待重结、来生愿。

【注释】
[1]施:一位姓施的情人。
[2]拼:排除。

【品鉴】
这是一首恋情词,感情真挚而深沉。

陈与义 三首

陈与义(1090—1139),字去非,自号简斋,洛阳人。政和三年(1113)进士,累官至参知政事。有《简斋集》、《无住词》,存词十八首。

临江仙

高咏楚词酬午日,[1] 天涯节序匆匆。
榴花不似舞裙红。
无人知此意,歌罢满帘风。

万事一身伤老矣,戎葵凝笑墙东。[2]
酒杯深浅去年同。
试浇桥下水,今夕到湘中。[3]

【注释】

[1]午日:阴历五月初五日。

[2]戎葵:即蜀葵,夏日开花。

[3]湘中:指屈原沉江之地。

【品鉴】

这首词是在端午节日凭吊屈原的作品,抒发了作者的爱国情怀。上片一起便给人以挺拔之感,“高咏楚词”以度“午日”,见出对屈原的一腔深情,而“天涯”、“匆匆”又由屈原想到自己,透出一种身世的凄凉。“榴花”句用花与舞裙对比,写出对往日得意情景的怀念,进一步写出对今日处境的感慨。歇拍二句抒发了词人孤独寂寞、苦无知音的心情，"满帘风"三字，言简而意深，耐人回味。下片抒写了深沉的人生感慨。一起感时伤老，"万事一身伤老矣"，一声长叹，多少家国之恨、身世之感尽在其中。"戎葵"句即是实写，又是借戎葵向阳的本性来表达自己一心爱国的情怀。最后三句以抒写怀念屈原之情作结，"去年同"，写出时间之流逝，"试浇桥下水"，写出对屈原的凭吊之情，引人遐想。前人对此词评价很高，元好问云："如此等类，诗家谓之言外句，含咀之久，不传之妙，隐然眉睫间，惟具眼者乃能赏之。"

虞美人

大光祖席，[1]醉中赋长短句。[2]

张帆欲去搔首，[3]更醉君家酒。
吟诗日日待春风，及至桃花开后却匆匆。[4]

歌声频为行人咽，记著樽前雪。[5]
明朝酒醒大江流，满载一船离恨向衡州。[6]

【注释】
　[1]大光:作者友人席益,字大光,时为郢州知州。祖席:饯别的筵席。
　[2]长短句:词的别称。
　[3]搔首:表示心绪不定。
　[4]匆匆:指急急忙忙地离别。
　[5]雪:指浪花。
　[6]衡州:在今湖南境内。
【品鉴】
　词写别情。

临江仙

夜登小阁,忆洛中旧游。[1]

忆昔午桥桥上饮，[2]坐中多是豪英。

长沟流月去无声。[3]

杏花疏影里，吹笛到天明。

二十余年如一梦，此身虽在堪惊。[4]

闲登小阁看新晴。

古今多少事，渔唱起三更。[5]

【注释】

[1]洛中：指洛阳，北宋时为西京。旧游：过去游过之地和交游之友。

[2]午桥：在洛阳南面。

[3]长沟：指河道。流月：泛着月光的流水。

[4]此身虽在：自己虽然还健在。

[5]渔唱：渔夫的歌唱。

【品鉴】

此为抚今思昔之作，多少感慨均从字里行间溢出。二十多年前的洛中旧游，当时天下太平，人间多乐事，而自金兵南下，北宋灭亡，作者四处逃难，备尝艰苦，追忆往昔，不由百感交集。上片以"忆昔"领起，写昔日的豪情逸兴。"杏花"二句绘形绘声，境界优美，最为人们所称赏。下片以"一梦"承转，表现出词人饱经丧乱以后的消极心情，这正与上片所写形成鲜明对比，显示出作者感情的巨大变化，饱含着国破家亡之恨和颠沛流离的辛酸。结拍二句字约意丰，令人回味。

张元幹　二首

张元幹(1091—约1170),字仲宗,号芦川居士、真隐山人,福建永福人。徽宗宣和七年(1125)任陈留县丞,曾为李纲行营属官,官至将作监丞,后遭贬,绍兴元年(1131)致仕,先后闲居二十多年。有《芦川词》,存词一百八十余首。

贺新郎
寄李伯纪丞相[1]

曳杖危楼去。[2]
斗垂天、沧波万顷,[3]月流烟渚。[4]
扫尽浮云风不定,[5]未放扁舟夜渡。[6]
宿雁落、寒芦深处。
怅望关河空吊影,[7]正人间、鼻息鸣鼍鼓。[8]
谁伴我,醉中舞?[9]

十年一梦扬州路。[10]
倚高寒、愁生故国,[11]气吞骄虏。[12]
要斩楼兰三尺剑,[13]遗恨琵琶旧语。[14]
谩暗拭、铜华尘土。[15]
唤取谪仙平章看,[16]过苕溪、尚许垂纶否?[17]
风浩荡,欲飞举。[18]

【注释】

[1]李伯纪:李纲,字伯纪,南宋抗金名臣。

[2]曳:拖。危楼:高楼。

[3]斗:指北斗七星。垂:低垂,言夜已深。沧波:清波。

[4]流:形容月光随波流浮的动态。烟渚:雾气笼罩着的水中小洲。

[5]不定:不停。

[6]偏舟:小船。

[7]关河:指关隘和渡口。吊影:形影相吊。

[8]鼍(tuó)鼓:用鼍皮做的大鼓,此处用以形容鼾声之大。鼍:鳄鱼一类水中动物。

[9]此二句化用晋祖逖与刘琨夜半同起舞剑的故事。《晋书·祖逖传》:"逖与司空刘琨俱为司州主簿,情好绸缪,共被同寝。中夜,闻荒,鸡鸣,蹴琨觉曰:'此非恶声也。'因起舞。"

[10]此句指十年前金兵分道南侵,宋高宗避难至扬州,后又渡江南逃,而扬州则遭金兵焚毁。

[11]高寒:指高楼。故国:指中原沦陷地区。

[12]骄虏:指骄横的金兵。

[13]楼兰:汉西域国之一,汉昭帝时傅介子出使西域斩其王,以功封侯。此喻指金统治者。

[14]此句用汉代王昭君出塞和亲的故事。汉元帝时,匈奴呼韩邪单于入朝求和亲,昭君自请出嫁。相传她善弹琵琶,尝作《昭君怨》琵琶曲,以之寄情故国,抒发怨恨。

[15]谩:同漫,空、徒然之意。铜华:指剑上的铜锈。

[16]谪仙:指李白,《新唐书·李白传》:"白至长安。往见贺知章。知章见其文叹曰:'子真谪仙人也!'"此处借指李纲。平章:评论、品评。

[17]苕溪:此指西苕溪,发源于天目山,经湖州市注入太湖。当时为文人学士游览、隐居之地。垂纶:垂钓。纶:鱼线。

[18]飞举:乘风高举。此处用以表示词人不可遏止的凌云壮志。

【品鉴】

靖康元年(1126),金兵南侵,张元幹为李纲幕府僚属,后秦桧当权,致仕南归,先后闲居二十多年。其间因作词送李纲、胡铨,遭秦桧迫害,于绍兴二十一年(1151)下狱被削籍。其词风格豪放,有慷慨悲凉之气。宋高宗绍兴八年(1138),宋金议和,高宗赵构向金拜表称臣。抗金名臣李纲(字伯纪),此时虽已罢居长乐,但仍然关注着国家命运,遂上书反对和议。张元幹写了这首词寄给李纲,以表达他对李纲的支持与同情,并抒发了自己抗金报国的雄心壮志。

贺新郎

送胡邦衡谪新州[1]

梦绕神州路。[2]
怅秋风、连营画角,[3]故宫离黍。[4]
底事昆仑倾砥柱,[5]九地黄流乱注![6]
聚万落千村狐兔。[7]
天意从来高难问,况人情老易悲难诉。[8]
更南浦,[9]送君去。

凉生岸柳销残暑。
耿斜河、疏星淡月,[10]断云微度。
万里江山知何处,回首对床夜语。[11]
雁不到、书成谁与?[12]
目尽青天怀今古,肯儿曹恩怨相尔汝?[13]
举大白,[14]听金缕。[15]

【注释】

[1]胡邦衡:胡铨,字邦衡。

[2]神州:古时称中国为赤县神州。此处指中原沦陷地区。

[3]画角:军中所用的乐器,饰有花纹。

[4]故宫:指北宋在汴京的宫殿。离黍:语出《诗经·王风·黍离》:"彼黍离离。"此诗写周朝一个大夫在周室东迁之后,来到西周的故都镐京,见到宗庙宫室已平为田地,长满了禾黍,一片荒凉,他忧伤彷徨,因而写诗表达对中原故土的怀念之情。

[5]底事:为何,为什么。昆仑:神话中山名,为天神所居之处。倾:倒塌。砥柱:

《神异经》:"昆仑之山,有铜柱焉。其高入天,所谓天柱也。"

[6]九地:遍地。九:言其多。黄流:黄河水。

[7]落:聚居之处。狐兔:喻指金兵。

[8]此二句化用杜甫《暮春江陵送马大卿公恩命追赴阙下》"天意高难问,人情老易悲"诗意。

[9]南浦:泛指送别之地。浦:水滨。江淹《别赋》:"送君南浦,伤如之何!"

[10]耿:明朗。斜河:银河斜转,表明夜色已深。

[11]此句语本白居易《招张司业》:"能来同宿否,听雨对床眠。"

[12]此句化用鸿雁传书的典故。

[13]肯:岂肯。儿曹:小儿女辈。尔汝:互相以你我相称。韩愈《听颖师弹琴》:"昵昵儿女语,恩怨相尔汝。"

[14]大白:酒杯名。

[15]金缕:词调名,即《贺新郎》。

【品鉴】

绍兴八年(1138),枢密院编修官胡铨上书请斩主和者秦桧等三人,并要求拘留金使,兴师问罪。结果,胡铨受到迫害,被贬为福州签判。四年后,秦桧又策动谏官弹劾胡铨"饰非横议",胡铨因此而被除名编管新州(今广东省新兴县)。当时张元幹寓居三山(今福州市),毅然写了这首词为胡铨送行。此词风格慷慨激昂,音调凄凉悲壮,表现了作者对祖国山河沦陷的悲痛,对投降派的愤怒,以及对友人的深切同情。《四库全书提要》称此词与送李纲的那首词"慷慨悲凉,数百年后,尚想其抑塞磊落之气"。

朱 翌 一首

朱翌(1097—1167),字新仲,晚年授敷文阁待制。

点绛唇

流水泠泠,[1]断桥横路梅枝亚。[2]
雪花飞下,浑似江南画。

白璧青钱,[3]欲买春无价。
归来也,风吹平野,一点香随马。

【注释】

[1]泠泠:形容声音清越。

[2]断桥:在西湖白堤上。亚:低垂。

[3]白璧:羊脂玉制成的佩璧,形容雪花洁白而又大又圆。青钱:铜钱,此喻黄色的腊梅花。

【品鉴】

此为雪中赏梅之作,耐人品味。

岳 飞 二首

岳飞(1103—1142),字鹏举,相州汤阴(今河南汤阴)人,为南宋抗金名将,杰出的民族英雄。著有《岳武穆集》,词仅存三首。

满江红

怒发冲冠,[1]凭栏处、潇潇雨歇。[2]
抬望眼、仰天长啸,[3]壮怀激烈。
三十功名尘与土,[4]八千里路云和月。[5]
莫等闲、白了少年头,[6]空悲切。

靖康耻,[7]犹未雪。
臣子恨,何时灭。
驾长车、踏破贺兰山缺。[8]
壮志饥餐胡虏肉,[9]笑谈渴饮匈奴血。[10]
待从头、收拾旧山河,朝天阙。[11]

【注释】

[1]怒发冲冠:形容异常愤怒。《史记·廉颇蔺相如列传》:"却立倚柱,怒发上冲冠。"

[2]凭栏处:倚着栏杆。潇潇:风雨急骤的样子。歇:停止。

[3]抬望眼:抬头遥望。啸:撮口发出长而清越的声音。古人常用长啸之声来发

466

泄胸中抑郁不平之气。

[4]三十:指年龄的约数。尘与土:指在风尘中四处奔走。

[5]云和月:指披云戴月。

[6]等闲:随便;轻易。

[7]靖康耻:靖康元年(1126)金兵攻陷汴京,次年掳徽、钦二宗,故云"靖康耻"。

[8]长车:战车。贺兰山:在今宁夏与内蒙古交接处,此处代指金人所在地。缺:指山口。

[9]胡虏:对敌人之蔑称。

[10]匈奴:代指金人。

[11]朝天阙:拜见皇帝。天阙:指帝王所居。

【品鉴】

岳飞诗词,惜传作不多,今所见词仅三首,而此词为其代表作,影响甚大。这首词气壮山河,充满爱国热情,千百年来在广大群众中广为流传。上片抒写作者渴望为国杀敌立功的情怀和抱负;下片表达了作者收复失地洗雪国耻的壮志决心。此词直抒胸臆,感情饱满,气势雄伟,风格豪放,具有极强的感染力,故陈廷焯《白雨斋词话》评曰:"千载下读之,凛凛有生气焉。"

小重山

昨夜寒蛩不住鸣。

惊回千里梦,已三更。

起来独自绕阶行。

人悄悄,帘外月胧明。[1]

白首为功名。[2]

旧山松竹老,[3]阻归程。

欲将心事付瑶琴。

知音少,弦断有谁听?

【注释】

〔1〕胧明:微明。

〔2〕此句谓自己毕生为国建功留名,如今头发已白,而事业未成。

〔3〕旧山:指故乡。

【品鉴】

此词抒发了作者知音难遇、报国壮怀不得施展的苦闷和感慨。

孙道绚 一首

孙道绚,号冲虚居士,女词人,生活于南北宋之交。有《冲虚居士词》,存词八首。

滴滴金
梅

月光飞入林前屋。
风策策,度庭竹。
夜半江城击柝声,[1]动寒梢栖宿。

等闲老去年华促。
只有江梅伴幽独。
梦绕夷门旧家山,[2]恨惊回难续。

【注释】

[1]柝(tuò):打更用的梆子。

[2]夷门:开封的别称。

【品鉴】

此词抒发了作者乱离中滞留南方、有家难回的感慨。

李 石 一首

李石(1108—?),字知己,资州(今四川资中)人。绍兴二十一年(1151)进士,曾官成都路转运判官。有《方舟集》,存词三十九首。

临江仙
佳 人

烟柳疏疏人悄悄,画楼风外吹笙。
倚栏闻唤小红声。[1]
熏香临欲睡,玉漏已三更。

坐待不来来又去,一方明月中庭。
粉墙东畔小桥横。
起来花影下,扇子扑飞萤。

【注释】

[1]小红:指侍女。

【品鉴】

此词描绘出一位少妇在月明之夜的情态,全词形象鲜明,动作性强,是一首很有特色的词作。上片一落笔,便把她吹笙的环境、时间、地点,依次点清。"烟柳疏疏"是其环境,"人悄悄"是其时间,"画楼"是其地点,仅仅两句便勾画出一幅佳人夏夜吹笙图。以下三句写少妇呼唤侍女,因为夜已三更,她要睡觉了。"熏香"见出佳人之身份,"已三更"见出佳人之有所待,其心境之落寞,自从言外见之。下片写佳人欲眠而不能,只能独自消磨良宵的无聊情态。首句写她的心理活动,是她对往事回忆引起的,"来又去"当然不是此时此刻的事情,而是指过去一段时间里的事。想到此刻情人不能前来,她依栏沉思,只见明月映照庭院,粉墙东畔斜横的小桥亦清晰可见,而这座小桥对她来说有着特别的意义,因为这小桥是那人来去之路。此情此景,佳人岂能无动于衷?结拍二句写佳人在花影下以"扇子扑飞萤"来排遣苦闷情怀,可谓"此时无声胜有声"。这两句使人想起杜牧的名作:"银烛秋光冷画屏,轻罗小扇扑流萤。天阶夜色凉如水,坐看牵牛织女星。"这两篇作品可谓异曲同工,各臻其妙。

葛立方　一首

葛立方（？—1164），字常之，号归愚，晚号懒真子，丹阳（今属江苏）人。绍兴八年（1138）进士，历官秘书正字、校书郎、中书舍人、吏部侍郎，曾出知宣州、袁州。晚年以著书自娱，有《韵语阳秋》。其词风格流动妩媚，有《归愚词》。

卜算子

袅袅水芝红，脉脉蒹葭浦。[1]
淅淅西风淡淡烟，几点疏疏雨。[2]

草草展杯觞，[3]对此盈盈女。[4]
叶叶红衣当酒船，[5]细细流霞举。[6]

【注释】

[1]水芝：荷花的别名。蒹：荻。葭：芦。浦：水滨。"袅袅"两句说：荷花生长在长满蒹葭的水滨，随风舞动，脉脉含情。

[2]淅淅：轻微的风声。烟：暮霭。疏疏雨：淅淅沥沥的小雨。这两句描绘荷花所处的自然环境。

[3]草草：随意地。

[4]盈盈女：指盛开的荷花。

[5]叶叶红衣：片片荷花花瓣儿。

[6]流霞：指酒。晋葛洪《抱朴子》说："项曼都修道山中，自言至天上，游紫府，遇

仙人,与流霞一杯,饮之辄不饥渴。"后遂以"流霞"喻仙酒或非常珍贵的酒。庾信《卫王赠桑落酒奉答》诗云:"愁人坐狭斜,喜得送流霞。"

【品鉴】

这首词写出了作者赏荷饮酒的乐趣,是饮宴席间所作。上片对荷花作了形象生动的描绘,前两句中用"袅袅"、"脉脉"写出轻风中荷花的妩媚多姿,使人想起周邦彦的咏荷名句:"水面清圆,一一风荷举。"又用"蒹葭浦"写出荷花不择地而生、甘于微薄的品性。"渐渐"两句点染秋景,写出荷花生长的自然环境,看似与荷无关,其实却从空灵、飘逸处传出荷花的神韵,给读者提供了广阔的想象余地。下片转入饮酒赏荷。"草草"写出词人赏荷之心切,"盈盈女"承上片"袅袅"、"脉脉"而来,将荷花拟人化,见出词人对它的喜爱。而"叶叶红衣"两句写出词人饮酒赏荷的雅兴之高,表现出词人闲适恬淡的心境和怡然自乐的生活情趣。这首词在艺术手法上的突出特点是善于运用叠字,如"袅袅"、"脉脉"、"渐渐"、"淡淡"、"疏疏"、"草草"、"盈盈"、"叶叶"、"细细",全词仅四十四字,叠字就占了十八字,在作者笔下,这些叠字运用得自然妥贴,有很强的艺术表现力。

朱淑真　三首

朱淑真(生卒年不详),号幽栖居士,浙江钱塘(今浙江杭州)人。宋代著名女词人,有人辑其诗词为《断肠诗》和《断肠词》,存词三十余首。

谒金门

春　半

春已半,触目此情无限。[1]
十二阑干闲倚遍,[2]愁来天不管。

好是风和日暖,[3]输与莺莺燕燕。[4]
满院落花帘不卷,断肠芳草远。

【注释】
[1]此情:指因春半而引起的愁情。
[2]十二阑干:指十二曲的栏杆。
[3]好:虽是。
[4]输与:不如。

【品鉴】
此词抒写对爱人的思念之情。

眼儿媚

迟迟春日弄轻柔,花径暗香流。

清明过了,不堪回首,云锁朱楼。[1]

午窗睡起莺声巧,何处唤春愁?
绿杨影里,海棠亭畔,红杏梢头。

【注释】

[1]云锁:云雾环绕。朱楼:华美的楼阁。

【品鉴】

词写春愁,笔调幽雅、巧丽。

蝶恋花

送 春

楼外垂杨千万缕。
欲系青春,[1]少住春还去。
犹自风前飘柳絮,随春且看归何处?

绿满山川闻杜宇。
便做无情,莫也愁人苦。[2]
把酒送春春不语,黄昏却下潇潇雨。[3]

【注释】

[1]系:挽留。青春:春天。

[2]莫也:岂不也。

[3]却下:又下。

【品鉴】

此词写作者惜春之情。结拍二句情景交融,尤耐人寻味。

陆 游 五首

陆游(1125—1210),字务观,别号放翁,越州山阴(今浙江绍兴)人。历任枢密院编修、隆兴通判。后入蜀八年,得以亲临南郑前线。晚年退居山阴。我国历史上杰出的爱国诗人和词人,有《放翁词》,存词一百三十多首,多爱国之作,风格以豪放激昂为主。

钗头凤

红酥手,[1]黄縢酒。[2]
满城春色宫墙柳。
东风恶,[3]欢情薄。
一怀愁绪,几年离索。[4]
错,错,错。

春如旧,人空瘦。
泪痕红浥鲛绡透。[5]
桃花落,闲池阁。[6]
山盟虽在,锦书难托。[7]
莫,莫,莫。

【注释】

　　[1]红酥手:红润而白嫩的手。

［2］黄縢(téng):酒名。

［3］东风:指陆游的母亲。

［4］离索:离散。

［5］浥(yì):沾湿。鲛绡:一种很薄的生丝织品,此指手帕。

［6］池阁:池上的楼阁。

［7］锦书:写在锦上的书信。

【品鉴】

据载,陆游初娶表妹唐婉,二人感情甚笃,但陆母对儿媳不满,逼令陆游休弃唐氏。后陆游另娶,唐氏也改嫁他人。几年后的一个春日,陆游在家乡山阴城南禹迹寺附近的沈园,与偕夫同游的唐氏邂逅。唐氏遣人送酒肴致意,陆游满怀伤感,遂乘醉在园壁上题下这首《钗头凤》。

诉衷情

当年万里觅封侯,[1]匹马戍梁州。[2]
关河梦断何处,[3]尘暗旧貂裘。[4]

胡未灭,鬓先秋,[5]泪空流。
此身谁料,心在天山,[6]身老沧洲。[7]

【注释】

［1］觅封侯:像汉代班超那样辗转万里,功成封侯,寻找建立丰功伟绩的机会。

［2］梁州:今陕西汉中市一带。

［3］关河:关口和河防。

［4］尘暗:积满了灰尘。貂裘:貂皮袍。

［5］秋:指鬓发如秋霜。

［6］天山:在新疆,此指前线。

［7］沧洲:水滨之地,指隐者居处。这里指绍兴南面的镜湖边,陆游晚年隐居于此。

【品鉴】

陆游一心向往北伐中原,收复失地,但却请缨无路,屡遭贬黜,因而他的理想和愿望只能变成满腔忧愤,时常在诗词中表露出来。此词便是抒发其报国无门情怀的一篇代表作。

卜算子

咏　梅

驿外断桥边，[1]寂寞开无主。
已是黄昏独自愁，更着风和雨。[2]

无意苦争春，[3]一任群芳妒。[4]
零落成泥碾作尘，[5]只有香如故。[6]

【注释】

[1]驿：古代大路上的交通站。

[2]更着：又加上，又遭到。

[3]争春：与百花在春风中争艳斗芳。

[4]群芳：百花。妒：妒嫉。

[5]碾：被车轮轧碎。作尘：变成尘土。

[6]如故：同以前一样。

【品鉴】

　　陆游虽然有强烈的报国热情，但在政治上却屡受主和派的打击，面对这些打击，他并没有屈服。这首咏梅词，便是他借物言志之作。上片主要描写梅花所生活的恶劣环境：它不仅要忍受生长在幽僻偏远之地无人看护、欣赏的孤独和寂寞，而且还要忍受黄昏时分风风雨雨的摧残。这正是作者政治上受到排挤不能发挥作用的不幸遭遇的写照。下片重点描写梅花的高洁品性：一任群芳嫉妒，梅花却不与它们争芳斗艳；即使被车轮轧碎成了尘土，它仍然保持着清幽的香气。在梅花身上，寄寓了作者的人生理想：不论遇到怎样的挫折，高洁正直的本性是不能改变的。陆游在《言怀》诗中说"兰碎作香尘，竹裂成直纹。炎火炽昆冈，美玉不受焚"表达的也是这种思想。有人认为这首词也表现了陆游孤芳自赏的心情，固然有一定的道理，但若是对此给以过分的指摘，便显得对古人的要求太苛刻了。

渔家傲

寄仲高[1]

东望山阴何处是,[2]往来一万三千里。

写得家书空满纸。

流清泪,书回已是明年事。

寄语红桥桥下水,[3]扁舟何日寻兄弟?

行遍天涯真老矣。

愁无寐,[4]鬓丝几缕茶烟里。[5]

【注释】

[1]仲高:陆游堂兄,即陆升之,字仲高,与陆游同曾祖,大陆游十二岁。二人曾因对秦桧态度不同而有分歧,后和好如初。

[2]山阴:陆游的家乡,即今浙江绍兴。

[3]红桥:桥名,在山阴县西七里迎恩门外。陆游《初夏怀故山》:"镜湖四月正清和,白塔红桥小艇过。"

[4]愁无寐:因愁苦而失眠。

[5]鬓丝:白如丝的鬓发。茶烟:烹茶时的水汽。

【品鉴】

词述兄弟久别之情,笔调凄婉,在陆词中是一篇有特色的佳作。结尾二句,感叹自己老大无成,情绪尤为低沉,读之使人生出无限感慨。

鹧鸪天

家住苍烟落照间,[1]丝毫尘事不相关。[2]

斟浅玉瀣行穿竹,[3]卷罢黄庭卧看山。[4]

贪啸傲,[5]任衰残,不妨随处一开颜。

元知造物心肠别，[6]老却英雄似等闲！[7]

【注释】

[1]苍烟落照间:指山林村野之处。落照:落日。

[2]尘事:俗事、时事。

[3]玉瀣(xiè):玉露,指清冽的露水。

[4]黄庭:道教经名。

[5]啸傲:指自由自在的生活。

[6]造物:古时以为万物是天造的,故称天为"造物"。

[7]等闲:平常的意思。

【品鉴】

此词用任性旷达的笔触,表达了不能为国效力的惆怅心情。

范成大　二首

范成大(1126—1193),字致能,自号石湖居士。吴县(今属江苏)人。绍兴二十四年(1154)进士,曾知处州、静江府兼广西经略安抚使等,累官至参知政事,晚年退居石湖。有《石湖词》,存词八十余首。

南柯子

怅望梅花驿,凝情杜若洲。[1]
香云低处有高楼,可惜高楼不近木兰舟。

缄素双鱼远,[2]题红片叶秋。[3]
欲凭江水寄离愁,江已东流那肯更西流。

【注释】

[1]杜若:香草名。此句谓书信不能送达。

[2]汉乐府《饮马长城窟行》有"客从远方来,遗我双鲤鱼。呼儿烹鲤鱼,中有尺素书"之句。古人写信往往取用一尺左右的绢帛,故称"尺素"。

[3]题红:在红叶上题诗。《云溪友议》载,唐宣宗时,舍人卢渥从御沟中拾得一片题有绝句的红叶,后来宫女改嫁,卢渥恰择得题诗宫女。

【品鉴】

这是一首抒发离愁别绪的作品,但却一洗剪红刻翠、镂金错彩的笔法,显得语言自然而韵味悠长。

鹧鸪天

嫩绿重重看得成,曲阑幽槛小红英。[1]
酴醿架上蜂儿闹,[2]杨柳行间燕子轻。

春婉娩,[3]客飘零,残花残酒片时清。
一杯且买明朝事,送了斜阳月又生。

【注释】

[1]红英:红花。

[2]酴醿(tú mí):花名。

[3]婉娩:天气温和。

【品鉴】

此词在对春天的歌咏中,抒发了作者作客他乡的飘零之感。

杨万里　二首

杨万里(1127—1206),字廷秀,号诚斋。吉州吉水(今属江西)人。绍兴二十四年(1154)进士,官至宝谟阁学士。南宋著名诗人,创"诚斋体"。词作不多,但颇有特色。

好事近

月未到诚斋,[1]先到万花川谷。[2]
不是诚斋无月,隔一庭修竹。[3]

如今才是十三夜,月色已如玉。
未是秋光奇艳,看十五十六。

【注释】
　　[1]诚斋:作者的书斋名。
　　[2]万花川谷:作者居处的花园名。
　　[3]修竹:长而直的竹子。
【品鉴】
　　这是一首著名的咏月词,境界清远俊逸。

昭君怨

咏荷上雨

午梦扁舟花底,香满甲湖烟水。

急雨打篷声,^[1]梦初惊。

却是池荷跳雨,^[2]散了真珠还聚。^[3]
聚作水银窝,泛清波。

【注释】

[1]篷:船篷。

[2]池荷跳雨:急雨打在水池中的荷叶上。

[3]真珠:即珍珠,形容晶莹的水滴。

【品鉴】

此词通过动态描绘,写出荷上雨珠的晶莹可爱,十分传神。

严 蕊 一首

严蕊(生卒年不详),字幼芳,南宋时天台(今属浙江)人,军营里的妓女。今存词三首。

如梦令

道是梨花不是,^[1]道是杏花不是。
白白与红红,别是东风情味。
曾记,曾记,
人在武陵微醉。^[2]

【注释】

[1]道是:说是。

[2]武陵:指世外仙境,此借用陶渊明《桃花源记》里的典故,以形容桃花烂漫的境界。

【品鉴】

严蕊身份特殊,但却颇有才华,"唐与正守台日,酒边尝命赋红白桃花,即成《如梦令》"(《齐东野语》)。红白桃花,即指一树花分二色的桃花,是桃花中的一个品种。细玩词意,此绝不是单纯咏物之作,在红白桃花的形象里,暗寓着词人的身世之感。词中"白白与红红"等句,固然是咏二色桃,但又何尝不是词人特殊身份的写照?全词以"人在武陵微醉"作结,点明此花乃桃源仙境之花,又何尝没有自己虽身陷风尘而心自高洁的意思?北宋邵雍有《二色桃》诗,纯是咏物并无寄托,可以参看。

张孝祥 三首

张孝祥(1132—1169),字安国,别号于湖居士,历阳乌江(今安徽和县)人。绍兴二十四年(1154)进士,曾任中书舍人、显谟阁直学士,又任建康(今江苏南京)留守,因极力赞助张浚北伐,反对"隆兴和议",受投降派打击而被免职。后知荆南兼湖北路安抚使。他在诗词创作上受苏轼影响很大,风格豪放,境界阔大。有《于湖词》,存词一百七十余首。

六州歌头

长淮望断,[1]关塞莽然平。[2]
征尘暗,[3]霜风劲,悄边声,[4]黯销凝。[5]
追想当年事,[6]殆天数,[7]非人力。
洙泗上,[8]弦歌地,[9]亦膻腥。[10]
隔水毡乡,[11]落日牛羊下,[12]区脱纵横。[13]
看名王宵猎,[14]骑火一川明。[15]
笳鼓悲鸣,[16]遣人惊。[17]

念腰间箭,匣中剑,[18]空埃蠹,[19]竟何成!
时易失,心徒壮,岁将零。[20]
渺神京,[21]干羽方怀远,[22]静烽燧,[23]且休兵。
冠盖使,[24]纷驰骛,[25]若为情![26]
闻道中原遗老,常南望、翠葆霓旌。[27]

使行人到此,忠愤气填膺,^[28]有泪如倾。

【注释】

[1]长淮:即淮河。宋高宗绍兴十一年(1141),宋金和约,以淮河为两国分界。望断:极目远望。

[2]关塞:指设在淮河南岸的关隘要塞。莽然:草木茂盛的样子。

[3]征尘:路上扬起的尘埃。

[4]悄边声:指南宋前沿一片寂静,没有战斗气氛。

[5]黯销凝:暗自伤神,以写遥望时的悲愤心情。

[6]当年事:指徽、钦二宗被掳,中原失守,北宋灭亡之事。

[7]殆:恐怕,大概。天数:犹言气数、天意。

[8]洙泗:指洙水和泗水,均流经山东曲阜。春秋末年,孔子曾聚徒讲学于此。

[9]弦歌地:指礼乐之乡。弦歌:指弹奏琴瑟和唱歌,为孔子礼乐教育的重要内容。

[10]膻腥:牛羊的腥臊气。这里指被金兵所蹂躏。

[11]水:指淮河。毡乡:指金人用帐篷搭起的居所。

[12]"落日"句:语本《诗经·王风·君子于役》:"日之夕矣,牛羊下来。"

[13]区脱:即土室,汉代匈奴用以侦察窥视的建筑物,此处指金兵的哨所。

[14]名王:指金兵首领。宵猎:犹言夜猎。

[15]骑火:指手执火把的骑兵。川:指淮河。

[16]笳鼓:胡笳和鼙鼓,均为金兵所用的军中乐器。

[17]遣:使。

[18]匣:剑鞘。

[19]空埃蠹:徒然布满尘土,遭到蠹虫蛀蚀。此指武器长久放置不用。

[20]岁将零:一年将尽。零:尽。

[21]渺:渺茫遥远。神京:指北宋都城汴京(今河南开封)。

[22]干羽:语出《尚书·虞书·大禹谟》:"帝乃诞敷文德,舞干羽于两阶。"干:即盾牌。羽:指翟羽,即雉尾长羽。干与羽均为舞者所持道具。怀远:即以礼乐来安抚怀柔远方的意思。

[23]烽燧:烽火,古代用来报警的信号。

[24]冠盖:冠服和车盖。冠盖使:指衣冠楚楚,乘坐车马,前往金营营求和的使节。

[25]驰骛:奔驰忙碌。

[26]若为情:犹言何以为情。

[27]翠葆霓旌:指天子的车驾仪仗。

【品鉴】

此词作于孝宗隆兴元年(1163),当时张孝祥在建康留守任上。全词语调苍凉悲壮。上片着重写沦陷区的凄惨景象和金兵之骄横,下片痛斥和议,抒发壮志未酬的忠愤之气。通篇充溢着激昂慷慨的爱国热情。

念奴娇

过洞庭[1]

洞庭青草,[2]近中秋、更无一点风色。[3]
玉界琼田三万顷,[4]着我扁舟一叶。[5]
素月分辉,[6]明河共影,[7]表里俱澄澈。[8]
悠然心会,[9]妙处难与君说。

应念岭海经年,[10]孤光自照,[11]肝胆皆冰雪。[12]
短发萧疏襟袖冷,[13]稳泛沧溟空阔。[14]
尽吸西江,[15]细斟北斗,[16]万象为宾客。[17]
扣舷独啸,[18]不知今夕何夕。[19]

【注释】

[1]洞庭:即洞庭湖,在今湖南省北部。

[2]青草:湖名,与洞庭湖相连,自古并称。

[3]风色:风势。

[4]玉界:如玉一般洁净的世界。琼田:美玉般的原野。此处形容月下湖面的景色。

[5]扁舟:小船。

[6]素月:洁白的月亮。

[7]明河:银河。

[8]表里:上下,里外。

[9]悠然:安闲舒适的样子。

[10]岭海:此指广西一带。经年:一年。

［11］孤光:指月光。

［12］此句谓自己襟怀坦白,洁白无瑕。

［13］萧疏:稀少。

［14］沧溟:大海。

［15］此句语本宋代释道原《景德传灯录》卷八:"待汝一口,吸尽西江水,即向汝道。"词人借用佛教禅宗语来写饮酒的豪迈胸怀。

［16］北斗:天上由七颗星组成的星座,状如长柄勺,故词人将其想象成人间使用的酒斗。

［17］万象:宇宙之间的万物。

［18］扣舷:拍打船边。

［19］此句出自《诗经·绸缪》:"今夕何夕,见此良人。"后常用以赞叹良辰美景。

【品鉴】

宋孝宗乾道二年(1166),张孝祥因遭受攻讦而失官,他从桂林北归,途经洞庭湖,即景生情,写下了这首广为人们传诵的名作。宋魏了翁评曰:"洞庭所赋,在集中最为杰特。"(《鹤山题跋》卷二)此词上片写湖上美景,景中含情,耐人品味;下片似承而转,表现出词人襟怀坦荡、识见超迈和乐观豪爽的性格,正如魏了翁在《跋张于湖念奴娇词真迹》中所说:"方其吸江酌斗,宾客万象时,讵知世间有紫微青琐哉。"

水调歌头

泛湘江

濯足夜滩急,[1]晞发北风凉。[2]

吴山楚泽行遍,[3]只欠到潇湘。[4]

买得扁舟归去,此事天公付我,[5]六月下沧浪。[6]

蝉蜕尘埃外,[7]蝶梦水云乡。[8]

制荷衣,[9]纫兰佩,[10]把琼芳。[11]

湘妃起舞一笑,[12]抚瑟奏清商。[13]

唤起九歌忠愤,[14]拂拭三闾文字,还与日争光。[15]

莫遣儿辈觉,[16]此乐未渠央。[17]

【注释】

[1]濯足:洗脚。《楚辞·渔父》:"沧浪之水浊兮,可以濯吾足。"

[2]晞发:指晒干头发。《楚辞·少司命》:"晞女发兮阳之阿。"

[3]吴山楚泽:泛指南方的山山水水。

[4]潇湘:潇水与湘水,二水合流处称为潇湘。此处泛指湘江。

[5]付:成全。

[6]沧浪:指湘江。

[7]蝉蜕:蝉出土后蜕去外壳,用以比喻高洁的人品。《史记·屈原贾生列传》:"蝉蜕于浊秽,以浮游尘埃之外,不获世之滋垢,皭然泥而不滓者也。"

[8]蝶梦:即梦蝶。《庄子·齐物论》:"昔者庄周梦为蝴蝶,栩栩然蝴蝶也。"水云乡:云雾弥漫的水乡,古代多指隐者所居。

[9]制荷衣:《楚辞·离骚》:"制芰荷以为衣兮,集芙蓉以为裳。"

[10]纫兰佩:《楚辞·离骚》:"纫秋兰以为佩。"即缀连兰草为身上佩物,以示高洁。

[11]把琼芳:《九歌·东皇太一》:"瑶席兮玉瑱,盍将把兮琼芳。"把:拿。琼芳:芳香的琼枝。

[12]湘妃:指湘夫人,湘水中的女神。传说舜的二妃知舜死于苍梧,乃投湘水而死,后人立祠祭祀,将其视作湘水女神。

[13]抚瑟:弹瑟。清商:指悲哀的曲调。

[14]九歌:屈原所作,此借以代指屈原的作品。

[15]三闾:即屈原,屈原曾任三闾大夫。《史记·屈原贾生列传》:"屈平之作《离骚》,盖自怨生也。……推此志也,虽与日月争光可也。"

[16]此句语本《晋书·王羲之传》:"但恐儿辈觉,损其欢乐之趣。"

[17]未渠央:未尽。

【品鉴】

此词系作者遭谗去职由桂林北归途中所作。上片写行舟过湘江的情景,下片即景抒情,表达了内心深长的感慨。全词主要隐括《楚辞》而成,但又独具匠心,不仅歌颂了屈原及其作品,并借此寄寓自己遭谗落职的愤慨之情。作者以清刚之笔写绵邈情思,展示了他忠贞而高洁的胸怀。

王　炎 一首

王炎(1138—1218),字晦叔,号双溪,婺源(今属江西)人。曾任崇阳主簿、临湘知县,后官至军器监,中奉大夫。有《双溪诗馀》,存词五十二首。

江城子

癸酉春社

清波渺渺日晖晖,柳依依,[1]草离离。[2]
老大逢春,情绪有谁知?
帘箔四垂庭院静,[3]人独处,燕双飞。

怯寒未敢试春衣,踏青时,懒追随。
野蔌山肴,[4]村酿可从宜。
不向花边拼一醉,花不语,笑人痴。

【注释】

[1]依依:轻柔貌。

[2]离离:繁茂貌。

[3]帘箔:指窗帘。

[4]蔌:蔬菜的总称。野蔌:野菜。

【品鉴】

词写春社时的惆怅心情。

辛弃疾　二十首

　　辛弃疾(1140—1207),字幼安,号稼轩,历城(今山东济南)人。我国历史上著名的爱国词人,豪放派词人的代表人物。绍兴三十一年(1161)组织一支抗金队伍,不久投奔耿京的义军,任掌书记。次年南归,在许多地方任职,其间曾上《美芹十论》、《九议》,力陈抗金方略。一生三仕三罢,闲居带湖、瓢泉等处二十馀年。有《稼轩长短句》,存词六百四十余首。

青玉案

元　夕[1]

东风夜放花千树,更吹落,星如雨。[2]
宝马雕车香满路。[3]
凤箫声动,[4]玉壶光转,[5]一夜鱼龙舞。[6]

蛾儿雪柳黄金缕,[7]笑语盈盈暗香去。
众里寻他千百度。[8]
蓦然回首,[9]那人却在,灯火阑珊处。[10]

【注释】

　　[1]元夕:旧历正月十五之夜,亦称元宵。

　　[2]花:焰火。星:亦指焰火。

　　[3]宝马雕车:装饰华丽的车和马。

492

[4]凤箫:箫声如凤鸣,故以凤箫为箫的美称。

[5]玉壶:喻月亮。

[6]鱼龙:指鱼龙状的灯。

[7]蛾儿、雪柳、黄金缕:都是宋代妇女头饰。

[8]众里:人群里。千百度:千百次。

[9]蓦然:忽然。

[10]阑珊:零落稀少。

【品鉴】

词咏元宵佳节,其中自有幽深之情怀,只有细细品味才能有所体会,梁启超认为此词是作者"自怜幽独,伤心人别有怀抱"(梁令娴《艺蘅馆词选》引),大体是准确的。

水龙吟

登建康赏心亭[1]

楚天千里清秋,[2]水随天去秋无际。
遥岑远目,献愁供恨,玉簪螺髻。[3]
落日楼头,断鸿声里,[4]江南游子。
把吴钩看了,[5]栏杆拍遍,无人会,[6]登临意。

休说鲈鱼堪鲙,尽西风、季鹰归未?[7]
求田问舍,怕应羞见,刘郎才气。[8]
可惜流年,忧愁风雨,树犹如此![9]
倩何人唤取,红巾翠袖,揾英雄泪?[10]

【注释】

[1]建康:今江苏南京市。赏心亭:在建康城西下水门之城上,下临秦淮河。

[2]楚天:泛指南方的天空。

[3]遥岑:远山。远目:远望。玉簪螺髻:喻山之形状如美人头上的碧玉簪和螺形发髻。

[4]断鸿:失群的孤雁。

[5]吴钩:春秋时期吴国制造的一种兵器,似剑而曲。

[6]会:理解。

[7]"休说"二句:《世说新语·识鉴》载,西晋时,吴地人张翰(字季鹰)在京城洛阳为官,见秋风起,便思念家乡美味的莼菜羹和鲈鱼脍,说道:"人生贵得适意尔,何能羁宦数千里以要名爵?"于是辞官东归。鲙:通"脍",切细的鱼肉片。

[8]"求田"三句:《三国志·魏书·陈登传》载,许汜与刘备共论天下人,说:"陈元龙(陈登的字)湖海之士,豪气不除……"备问汜:"君言豪,宁有事耶?"汜曰:"昔遭难,过下邳,见元龙。元龙无客主之意,久不相与语,自上大床卧,使客卧下床。"备曰:"君有国士之名,今天下大乱,帝王失所,望君忧国忘家,有救世之意,而君求田问舍,言无可采,是元龙所讳也,何缘当与君语?如小人(刘备自指),欲卧百尺楼上,卧君于地,何但上下床之间耶!"刘郎:指刘备。

[9]树犹如此:《世说新语·言语》载,东晋大将桓温北征路过金城,看见自己早年栽种的柳树,粗已十围,感叹道:"木犹如此,人何以堪!"

[10]倩:请求。红巾翠袖:指女子。揾(wèn):擦。

【品鉴】

此词作于淳熙元年(1174)秋,表现了作者壮志难酬的悲愤之情,"无人会,登临意"、"倩何人、唤取红巾翠袖,揾英雄泪",作者以潜气内转之法蓄势造境,别具深婉之致。

摸鱼儿

观潮上叶丞相[1]

望飞来、半空鸥鹭,须臾动地鼙鼓。[2]
截江组练驱山去,鏖战未收貔虎,[3]朝又暮。
悄惯得、吴儿不怕蛟龙怒,[4]风波平步。
看红旆惊飞,跳鱼直上,蹙踏浪花舞。[5]

凭谁问,万里长鲸吞吐,[6]人间儿戏千弩。[7]
滔天力倦知何事,白马素车东去。[8]
堪恨处:人道是、属镂怨愤终千古,[9]功名自误。
漫教得陶朱,五湖西子,一舸弄烟雨。[10]

【注释】

　　[1]潮:指钱塘江潮。叶丞相:叶衡,此时已罢相。

　　[2]鸥鹭:喻指江潮白浪。鼙(pí)鼓:军队中所用之战鼓。

　　[3]截江:截断江面。组练:穿着衣甲的军队。山:指浪山波峰。鏖(áo)战:激战。貔(pí)虎:似熊的一种猛兽。

　　[4]悄惯得:多么从容自得。吴儿:吴地弄潮少年。蛟龙:喻指潮水。

　　[5]红斾(pèi):红旗。蹙(cù):踩,踢。

　　[6]长鲸吞吐:形容江潮浩大,犹如从长鲸口中喷发而出。

　　[7]儿戏千弩:千弩射潮,如同儿戏。据载,吴越王钱镠(liú)曾命数百名士兵用强弩射潮,想阻挡住潮水。

　　[8]白马素车:喻指江潮。

　　[9]属镂:剑名。据《史记·吴太伯世家》载,吴王夫差赠属镂剑令伍子胥自杀,并把他的尸体投入江中。

　　[10]漫教得:空教得。陶朱:即陶朱公范蠡,他助越灭吴后,弃官归隐,传说他携西施泛舟五湖(即太湖)。舸(gě):大船。弄:欣赏。烟雨:云水迷茫的景色。

【品鉴】

　　上片写观潮和弄潮。前四句连用比喻,或写江潮之声势,或画江潮之形象,十分生动。"朝又暮"以下写弄潮儿挥旗踏浪,如履平地,给人一种壮美之感。下片写潮去的情景和心中的感慨,含意十分丰富,耐人咀嚼。

菩萨蛮

书江西造口壁[1]

郁孤台下清江水,[2]中间多少行人泪。
西北望长安,可怜无数山。[3]

青山遮不住,毕竟东流去。
江晚正愁余,山深闻鹧鸪。[4]

【注释】

　　[1]造口:即皂口,在今江西省万安县西南。有皂口溪,溪水流入赣江。

　　[2]郁孤台:在今江西省赣州市西南。清江:指赣江。

[3]可怜:可惜。

[4]愁余:使我发愁。鹧鸪:鸟名,古人传说鹧鸪飞必向南,而不北往,且鸣声凄切,易使人生羁旅之愁。

【品鉴】

此词是作者代表作之一,上片写四十年前金兵进犯赣西南时给百姓带来的巨大苦难;下片即景抒情,暗示时局之艰难。全词力求深婉,有含蓄蕴藉式的悲壮之美,卓人月《词统》评曰"忠愤之气,拂拂指端"。

摸鱼儿

淳熙己亥,[1]自湖北漕移湖南,[2]同官王正之置酒小山亭,[3]为赋。

更能消、几番风雨?[4]匆匆春又归去。

惜春长怕花开早,何况落红无数。[5]

春且住,见说道、天涯芳草无归路。[6]

怨春不语,算只有殷勤,画檐蛛网,尽日惹飞絮。[7]

长门事,准拟佳期又误,[8]蛾眉曾有人妒。[9]

千金纵买相如赋,脉脉此情谁诉?[10]

君莫舞,君不见、玉环飞燕皆尘土![11]

闲愁最苦,休去倚危栏,斜阳正在、烟柳断肠处。[12]

【注释】

[1]淳熙己亥:淳熙六年(1179)。

[2]漕(cáo):漕司的简称,掌财赋及谷物转运等事务。移:调任。

[3]同官:同僚。

[4]消:经得起。

[5]长怕:总怕。落红:落花。

[6]天涯:天边。

[7]算:料想。画檐:画有雕饰的屋檐。惹:沾住。

[8]长门:汉代宫名。据载,汉武帝的陈皇后因故被遗弃,住在长门宫,曾用重金

请司马相如写了一篇《长门赋》，想以此打动武帝。准拟：约定。佳期：指汉武帝与陈皇后相会的日子。

[9]蛾眉：细长而弯曲的眉，此代指美人。

[10]脉脉：含情的样子。

[11]玉环：杨玉环，唐玄宗的宠妃。飞燕：赵飞燕，汉成帝的宠妃。

[12]危栏：高楼上的栏杆。断肠：形容极度伤心。

【品鉴】

此词表面似写伤春宫怨，实际抒发的是忧国愤世之情。上片写春景，抒发惜春、怨春之情，感情舒展回旋，极其细腻微妙，暗寓作者年华虚度、有志难展的感慨。下片赋事，借用陈皇后的故事，诉说自己受排挤的遭遇；并用杨玉环、赵飞燕的悲剧结局，表达对朝廷中主降派的诅咒。结拍触景生情，可谓哀怨沉痛之至。梁启超评此词"回肠荡气，至于此极，前无古人，后无来者"（梁令娴《艺蘅馆词选》引）。

清平乐
独宿博山王氏庵[1]

绕床饥鼠，蝙蝠翻灯舞。[2]
屋上松风吹急雨，破纸窗间自语。

平生塞北江南，归来华发苍颜。[3]
布被秋宵梦觉，眼前万里江山。

【注释】

[1]博山：在江西广丰西南三十馀里，有博山寺、雨岩等游览胜地。庵：草屋。

[2]翻灯舞：绕着灯飞舞。

[3]归来：指罢官归隐。

【品鉴】

此词借景抒情，表达了"烈士暮年"的情怀。上片写独宿王氏草屋深夜所见，词境凄厉，衬出内心悲慨抑郁的情绪；下片写出暮年秋思，抒发了深长的政治怀抱，结尾波澜突起，境界大变，"万里江山"，一扫之前的萧瑟悲苦之气。

丑奴儿

书博山道中壁

少年不识愁滋味,爱上层楼。[1]
爱上层楼,为赋新词强说愁。[2]

而今识尽愁滋味,欲说还休。
欲说还休,却道"天凉好个秋"。

【注释】

[1]层楼:高楼。

[2]强:勉强。

【品鉴】

词写愁绪,明白如话,耐人品味。作者通过少年时和"而今"对"愁"的不同体会,反映出不同人生阶段的不同感受,有很深的人生哲理。

鹧鸪天

鹅湖归,病起作[1]

枕簟溪堂冷欲秋,[2]断云依水晚来收。
红莲相倚浑如醉,[3]白鸟无言定自愁。

书咄咄,[4]且休休,[5]一丘一壑也风流。
不知筋力衰多少,但觉新来懒上楼。

【注释】

[1]鹅湖:鹅湖山,在今江西省铅山县东北。山上有湖,多生荷,因名荷湖,东晋龚氏居山养鹅,更名鹅湖。山下有鹅湖寺。

[3]浑:简直。

[4]书咄咄:《晋书·殷浩传》载,殷浩被废职后,心中不平,终日用手指在空中画"咄咄怪事"四字。

[5]且休休:暂且去过退隐生活。唐末司空图隐居中条山,筑亭题名曰:"休休",并作文说明"休休"之意。

【品鉴】

此词作于病愈初起之时,写出了作者的衰老疲惫之态,更以淡笔写出了心中的愁绪。细细品味,该词颇有一种悲壮之气,绝非一般叹病嗟衰之作可比。

清平乐

检校山园书所见[1]

连云松林,万事从今足。
挂杖东家分社肉,[2]白酒床头初熟。[3]

西风梨枣山园,儿童偷把长竿。
莫遣旁人惊去,老夫静处闲看。[4]

【注释】

[1]检校:查看游赏。

[2]社肉:社日祭神用的肉。古时乡俗,春秋两祭土地神,称社日。

[3]床:指糟床,酿酒的工具。

[4]老夫:作者自指。

【品鉴】

词写田园生活的乐趣,语言生动,动静结合,表现出作者隐居田园时达观闲适的心情和对农村风土人情的喜爱。

清平乐

村 居

茅檐低小,[1]溪上青青草。

醉里吴音相媚好,[2]白发谁家翁媪。[3]

大儿锄豆溪东,中儿正织鸡笼。
最喜小儿亡赖,[4]溪头卧剥莲蓬。

【注释】

[1]茅檐:茅屋的房檐。

[2]吴音:吴地口音。此指江西上饶一带的口音,此处古属吴国。

[3]翁媪(ǎo):老翁和老妇。

[4]亡赖:原意为无赖,此引申为顽皮活泼。

【品鉴】

此词轻笔淡墨,绘出江南农村人家的一幅风俗画,是辛弃疾农村词的代表作之一。

破阵子
为陈同甫赋壮词以寄之[1]

醉里挑灯看剑,[2]梦回吹角连营。[3]
八百里分麾下炙,[4]五十弦翻塞外声。[5]
沙场秋点兵。[6]

马作的卢飞快,[7]弓如霹雳弦惊。
了却君王天下事,[8]赢得生前身后名。
可怜白发生!

【注释】

[1]陈同甫:即陈亮,宋代词人。

[2]挑灯:把油灯拨亮。

[3]梦回:梦醒。吹角连营:号角声传遍了连绵不断的军营帐幕。

[4]八百里:健壮的牛。《世说新语·汰侈》:"王君夫有牛,名八百里驳"。麾下:部下。炙:烤熟的肉。

[5]五十弦:本指古乐器瑟,此处指军中乐器。翻:演奏。塞外声:雄浑悲壮的边塞音乐。

[6]沙场:战场。点兵:检阅军队。

[7]作:像。的卢:刘备骑的骏马的名称。霹雳:雷声,此处喻射箭时的弓弦声。

[8]了却:完成。君王天下事:指朝廷收复中原的大业。

【品鉴】

词人在词中壮怀少年时抗金的往事,抒发了报国无门的感慨。梁启超译曰:"无限感慨,哀同父,亦自哀也。"(梁令娴《艺蘅馆词选》丙卷引)

清平乐

忆吴江赏木樨[1]

少年痛饮,忆向吴江醒。[2]
明月团团高树影,十里水沉烟冷。[3]

大都一点宫黄,人间直恁芬芳。[4]
怕是秋天风露,染教世界都香。[5]

【注释】

[1]吴江:今江苏省吴江县。辛弃疾曾在吴江生活过一个时期。木樨:亦作木犀,桂花的别名。

[2]少年:泛指青少年时期。向:面对。吴江:吴松江,在今苏州南部。"少年"两句意为:回想当年有个秋夜,自己曾放怀畅饮,酒醒吴江。

[3]团团:圆貌,此处形容桂树。李白有诗说:"仙人垂两足,桂树作团团。"水沉:即"沉香",也叫"沉水香"。常绿乔木,心材为著名熏香料。杜牧《为人题赠二首》:"桂席尘瑶珮,琼炉烬水沉。"这里借指桂花的清香。烟冷:烟雾清冷。

[4]大都:不过。宫黄:古代宫女化妆用的黄粉,这里借指黄色的桂花。直恁(nèn):竟然如此。

[5]教:使得。"怕是"两句说:借着秋天风露的滋润,桂花得以盛开,把整个世界都染香了。

【品鉴】

这首词是辛弃疾咏桂花词中最好的一篇,其突出的特点是不仅紧紧扣住桂花,而且结合了自己的一段经历,写来便使人感到亲切自然。上片写出自己青年时期一次赏桂经历:酒醒吴江,只见一轮明月映照着团团的桂树,十里江岸,弥漫着桂花的香气,与清冷的烟雾融在一起,意境十分优美。下片正面咏桂。词人遗貌取神。紧紧扣住桂花体积小、香味浓的特点着笔,"一点宫黄"言其花小色黄,与朱熹《咏岩桂》诗句"花开万点黄"意思相同;"人间"、"世界"则极言其香味浓郁。古代传说月中有桂,人间的桂花来自天上,所以桂花有"天香"之称。明沈周《桂花》诗云:"清香不与群芳并,仙种原从月中来。"此词暗用了这个传说,其中似乎也寄托了作者的一种人生理想。

西江月

夜行黄沙道中[1]

明月别枝惊鹊,[2]清风半夜鸣蝉。
稻花香里说丰年,听取蛙声一片。
七八个星天外,两三点雨山前。
旧时茅店社林边,[3]路转溪桥忽见。

【注释】

[1]黄沙:黄沙岭,在今江西上饶西。

[2]别枝:斜出的树枝。

[3]社林:土地庙旁边的树林。

【品鉴】

此词描写作者夏夜行走在田间小路上的所见所闻,语言浅明,笔调轻快,风格自然平淡,而境界却高洁清新。

西江月

遣 兴

醉里且贪欢笑,要愁哪得工夫?
近来始觉古人书,信着全无是处。[1]

昨夜松边醉倒,问松:"我醉何如?"[2]
只疑松动要来扶,以手推松曰:"去!"

【注释】

[1]"近来"二句:《孟子·尽心下》:"尽信书,则不如无书。"

[2]何如:如何。

【品鉴】

此词为读书有感而作,作者借写醉态,写出心中的悲愤之情。

鹧鸪天

有客慨然谈功名,因追念少年时事,[1]戏作。

壮岁旌旗拥万夫,[2]锦襜突骑渡江初。[3]
燕兵夜娖银胡䩮,[4]汉箭朝飞金仆姑。[5]

追往事,叹今吾,[6]春风不染白髭须。
却将万字平戎策,[7]换得东家种树书。

【注释】

[1]少年时事:指作者在山东济南起兵抗金的那一段往事。

[2]壮岁:少壮之时。旌旗:指军旗。拥:统领。

[3]锦襜突骑:穿着锦衣的精锐骑兵部队。

[4]燕兵:指金兵。娖(chuò):整顿。银胡䩮:饰绿的箭袋。

[5]金仆姑:箭名。

[6]今吾:今天的我。

[7]平戎策:指作者以前上呈朝廷的《美芹十论》、《九议》等条陈。

【品鉴】

此词感慨甚深。上片追忆自己少壮之时一段值得回忆的生活,下片抒发了壮志难酬的悲慨,结尾二句言简意深,最为人们所称道。

粉蝶儿

和晋臣赋落花[1]

昨日春如、十三女儿学绣,一枝枝、不教花瘦。[2]

甚无情,便下得雨僝风僽。[3]

向园林、铺作地衣红绉。[4]

而今春似,轻薄荡子难久。[5]

记前时、送春归后,把春波,都酿作,一江醇酎。

约清愁,杨柳岸边相候。[6]

【注释】

[1]晋臣:赵不遇,字晋臣,辛弃疾友人。

[2]学绣:初学绣花。"昨日"两句说昨日春光浓郁,一枝枝花犹如初学绣花的十三岁的女孩子绣出来的那样丰满肥硕。

[3]甚无情:真无情。下得:忍得。僝、僽(chàn zhòu):折磨。

[4]地衣:地毯。绉:皱纹。"向园林"句意为:落花满园,像红色的地毯铺在地上似的。

[5]轻薄:轻佻浮薄。荡子:浪游不归的男子。难久:难于久留。

[6]醇酎(chún zhòu):浓酒。这几句说:去年送春时,存心把一江春水都酿成浓酒,然后与"清愁"相约在岸边见面。

【品鉴】

赋落花,是古典文学中一个常见的题目,作品很多,而辛弃疾此词可谓别具特色。这首词的构思十分巧妙,本是赋落花,但词人提笔却先写出昨日花朵之秾丽鲜艳,然后一转,正面描写落花。"甚无情"两句比喻形象生动,融入了作者惜花爱花的情怀。"甚无情"三字下得有力,吹开百花的是春风,吹落百花的亦是春风。此句自有千言万语,耐人咀嚼。下片承上而写春归,设想奇特,语言平易自然,写出了词人因见落花而伤春,因伤春而生"清愁"的内心世界。辛弃疾的词以豪放悲壮为主导风格,但是这绝不是说他的词只有这一种风格,事实上,辛词的艺术风格和表现手法是多样化的,这首词便是一例。

贺新郎

邑中园亭,仆皆为赋此词。[1]一日,独坐停云,[2]水声山色,竞来相娱,意溪山欲援例者,[3]遂作数语,庶几仿佛渊明思亲友之意云。[4]

甚矣吾衰矣![5]
怅平生、交游零落,[6]只今馀几?
白发空垂三千丈,一笑人间万事。
问何物、能令公喜?[7]
我见青山多妩媚,料青山、见我应如是。[8]
情与貌,略相似。

一尊搔首东窗里。[9]
想渊明、停云诗就,此时风味。
江左沉酣求名者,[10]岂识浊醪妙理。[11]
回首叫、云飞风起。[12]
不恨古人吾不见,恨古人、不见吾狂耳。[13]
知我者,二三子。[14]

【注释】

[1]邑:县,指铅山县。仆:自我谦称。此词:指《贺新郎》词调。

[2]停云:停云堂,为作者飘泉别墅内堂名。

[3]意:猜度,料想。援例:依照前例,指以《贺新郎》词调赋邑中园亭事。

[4]庶几:差不多。渊明思亲友:陶渊明有《停云》诗四首,自谓是"思亲友之作"。

[5]甚矣吾衰矣:《论语·述而》:"甚矣吾衰矣,久矣吾不复梦见周公。"

[6]怅:感叹。交游:朋友。

[7]能令公喜:能使你高兴。

[8]妩媚:形容青山秀丽美好。应如是:应该也是如此。

[9]搔首:挠头,着急的样子。陶渊明《停云》诗有"静寄轩窗,春醪独抚。良朋悠

505

遨,搔首延伫"之句。

[10]江左:长江以东。晋室南渡,东晋、宋、齐、梁、陈等以江左一带(江苏南部一带)为统治中心,史称南朝。

[11]浊醪(láo):浊酒。

[12]云飞风起:化用刘邦《大风歌》中"大风起兮云飞扬"诗意。

[13]"不恨"二句:袭用南朝张融语:"不恨我不见古人,所恨古人又不见我。"(《南史·张融传》)

[14]二三子:指作者知心友人。

【品鉴】

这是作者为新建的"停云堂"题写的一首词,用陶渊明诗意,表达了思念亲友之情,同时抒发了作者怀才不遇的苦闷和不被更多人理解的寂寞情怀,对南宋统治军团的沉醉不醒和求名逐利作了巧妙的讽刺。全词语言平易,笔触婉曲,透出一种悲壮苍凉之感,耐人品味。

山鬼谣

雨岩有石,状怪甚,取《离骚·九歌》,名曰山鬼,[1]因赋《摸鱼儿》,改今名。

问何年、此山来此?
西风落日无语。
看君似是羲皇上,直作太初名汝。[2]
溪上路,算只有、红尘不到今犹古。[3]
一杯谁举?[4]
笑我醉呼君,崔嵬未起,山鸟覆杯去。[5]

须记取:昨夜龙湫风雨。[6]
门前石浪掀舞。[7]
四更山鬼吹灯啸,惊倒世间儿女。
依约处,还问我:清游杖屦公良苦。[8]
神交心许。[9]

待万里携君,鞭笞鸾凤,[10]诵我远游赋。[11]

【注释】

[1]山鬼:屈原所作《九歌》中有一篇名曰《山鬼》。

[2]君:指怪石。羲皇上:即羲皇上人,伏羲氏以前的人。太初:太古,远古。名汝:称呼你。

[3]红尘不到:远离闹市。

[4]谁举:为谁举杯。

[5]崔嵬:高耸貌。覆杯:打翻酒杯。

[6]龙湫(qiū):龙潭。

[7]石浪:原词尾有作者自注云:"石浪,庵外巨石也,长三十余丈。"

[8]依约处:依稀隐约之间。杖屦(jù):古代出游所用手杖和麻鞋。良苦:十分辛苦。

[9]神交心许:心意相合。

[10]鞭笞:鞭策,指驾驭。

[11]远游:《楚辞》篇名,这里代指辛弃疾的词作。

【品鉴】

此词将雨岩怪石拟人化,写得十分生动,富有浪漫色彩。上片一起便问,颇有意趣。"看君"二句透出一种亲切情谊。"溪上路"以下赞怪石自然古朴,远离红尘,是词人的知音。下片写怪石上急风吹过,使人心惊,继而写词人与怪石互相问候,"神交心许",含蓄地抒写了词人寂寞苦闷的情怀。

南乡子

登京口北固亭有怀

何处望神州?[1]满眼风光北固楼。

千古兴亡多少事?

悠悠。

不尽长江滚滚流。

507

年少万兜鍪，[2]坐断东南战未休。[3]

天下英雄谁敌手？[4]

曹刘。[5]

生子当如孙仲谋。[6]

【注释】

[1]神州：本指全中国，这里指被金兵占领的中原地区。

[2]年少：指三国吴帝孙权，他十九岁就继孙策为吴主，统治东吴军队。兜鍪（dōu móu）：头盔。这里代指士兵。

[3]坐断：据守、占据。

[4]敌手：对手。

[5]曹刘：指曹操和刘备。《三国志·蜀书·先主传》载，曹操曾对刘备说："今天下英雄，惟使君（刘备）与操耳。"

[6]孙仲谋：孙权，字仲谋。据《三国志·吴书·吴主传》裴松之注，一次曹操与孙权对阵，见孙权军伍整肃，喟然叹曰："生子当如孙仲谋，刘景升儿子若豚犬耳！"

【品鉴】

此词作于镇江知府任上。作者借古喻今，在对历史英雄人物的凭吊中讽刺了南宋当权者。全词感情激愤，风格简洁明快，境界开阔，读后使人感慨良多。

永遇乐

京口北固亭怀古[1]

千古江山，英雄无觅，孙仲谋处。[2]

舞榭歌台，风流总被，雨打风吹去。

斜阳草树，寻常巷陌，[3]人道寄奴曾住。[4]

想当年，金戈铁马，气吞万里如虎。[5]

元嘉草草，封狼居胥，赢得仓皇北顾。[6]

四十三年，望中犹记，烽火扬州路。[7]

可堪回首，佛狸祠下，一片神鸦社鼓。[8]

凭谁问:廉颇老矣,尚能饭否?[9]

【注释】

[1]京口:古城名,故址在今江苏省镇江市。北固亭:一名北固楼,在今镇江市东北北固山上。

[2]孙仲谋:孙权,字仲谋,三国吴的开国皇帝,曾建都京口(后迁建康)。

[3]寻常巷陌:普通的街巷。

[4]寄奴:南朝宋武帝刘裕的小名,他家自高祖随晋南渡,即侨居于镇江,他生长在这里,后又从此征兵,终于成就大业,代晋称帝。

[5]气吞万里:指刘裕两次北伐中原,灭南燕、后秦,收复洛阳、长安。

[6]元嘉草草:刘裕的儿子宋文帝刘义隆在元嘉(刘义隆年号)二十七年(450)准备不足,草率出兵。封狼居胥:汉代霍去病追击匈奴,封狼居胥而远。《宋书·王玄谟传》载,刘义隆曾对人说:听王玄谟陈说,使人有封狼居胥之意。于是命王玄谟伐北魏,结果大败而归。封:古代在山上筑坛祭天的仪式。狼居胥:山名,在今内蒙古自治区五原县西北。仓皇北顾:指王玄谟北伐失败。

[7]四十三年:辛弃疾1162年南归,到此时已四十三年。扬州路:指今扬州一带。

[8]可堪:怎能忍受得了。佛(bì)狸祠:北魏太武帝拓跋焘(小字佛狸)率兵追击王玄谟到长江北岸瓜步山(在今江苏六合县境),在山上修建一座行宫,后称佛狸祠。神鸦:在祠庙里栖息并啄食祭品的乌鸦。社鼓:社日祭祀土地神时的乐鼓声。

[9]廉颇:战国时赵将,年老仍能一餐吃一斗米的饭和十斤肉,饭后还能披甲上马。见《史记·廉颇蔺相如列传》。

【品鉴】

此词作于开禧元年(1205),作者时任镇江知府。此时,韩侂胄正策划出兵北伐,辛弃疾积极支持,他希望韩侂胄等人要做好准备,不能走刘义隆、王玄谟草率北伐、失败而归的老路,同时表达了自己虽然已经六十五岁,但仍希望为国出力的愿望。全词概括力很强,风格沉雄豪放而又悲慨甚深,是其代表作之一。

赵善括　一首

赵善括（生卒年不详），字无咎，号应斋，江西隆兴（今江西南昌）人。孝宗朝登进士第。曾知常州、鄂州，后主管建宁府武夷山冲佑观。有《应斋杂著》，存词五十多首。

摸鱼儿

被杨花、带将春去，飘扬一路无定。
满庭绿荫丝千尺，枝上旧香吹尽。[1]
幽梦醒，对晚色、秋千院落人初静。
柔条弄影，奈翦翦轻风，[2]冥冥细雨，惹起万千恨。

云山路，休蹑高楼独凭，楚天一抹烟暝。[3]
娇莺百啭飞鸠去，何处可寻芳信。
心自省，念咫尺、青楼应怪人薄悻。[4]
归期将近，料喜鹊先知，飞来报了，日日倚门等。

【注释】

[1]旧香:指残花。
[2]翦翦:风吹拂貌。
[3]楚天:泛指南方的天空。
[4]青楼:妇女所居之处。

【品鉴】

词写男女相思之情。上片写闺中人的思念之情。一起写她所见之暮春景色,颇为生动传神。言杨花"带将春去",耐人回味。以下写绿荫满庭、"旧香"吹尽,而闺中人浓睡初醒,但见天色已晚,院落里只有秋千空悬、"柔条弄影"、轻风翦翦、细雨冥冥,不由引发出无限的愁绪和伤感。"万千恨"者,对游子久去不归之怨恨也!下片由游子着笔。一起写他登楼远眺,但见楚天辽阔,远处传来"娇莺百啭"之声,不由想到春将归去而自己却浪迹天涯,不能与闺中佳人相聚。"心自省"以下二句,替佳人设想,见出一片深情。最后四句写自己"归期将近",悬想佳人在闺中一定会预感到这个消息,因而日日倚门而待。不说自己思念闺中佳人,反从对方着笔,感情之抒发显得更为深曲婉转。"料喜鹊先知"云云,无理而有情,使全篇平添一份雅趣。

程 垓 三首

程垓(约1140—?),字正伯,号书舟,眉山(今属四川)人。工诗文,著有《书舟词》,存词一百六十首。

水龙吟

夜来风雨匆匆,故园定是花无几。[1]
愁多怨极,等闲孤负,一年芳意。
柳困花慵,杏青梅小,对人容易。
算好春长在,好花长见,元只是、人憔悴。

回首池南旧事,恨星星、不堪重记。[2]
如今但有,看花老眼,伤时清泪。[3]
不怕逢花瘦,只愁怕、老来风味。
待繁红乱处,留云借月,也须拼醉。[4]

【注释】
　[1]故园:故乡。
　[2]星星:指白发,以喻年老。
　[3]伤时:忧伤时世。
　[4]拼醉:拼得一醉。
【品鉴】
　这是作者嗟老伤时之作,全词委婉哀怨,感情深沉。

卜算子

独自上层楼,楼外青山远。
望到斜阳欲尽时,[1]不见西飞雁。

独自下层楼,楼下蛩声怨。
待到黄昏月上时,依旧柔肠断。

【注释】

[1]斜阳欲尽:指日暮时分。

【品鉴】

此词描写一位少妇盼望丈夫早日归来,情由景生,缠绵感人。

摸鱼儿

掩凄凉、黄昏庭院,角声何处鸣咽。
矮窗曲屋风灯冷,还是苦寒时节。
凝伫切,念翠被熏笼,[1]夜夜成虚设。
倚阑愁绝,听凤竹声中,犀帷影外,簌簌酿寒雪。[2]

伤心处,却意当年轻别,梅花满院初发。
吹香弄蕊无人见,惟有暮云千叠。
情未彻,[3]又谁料而今,好梦分胡越。[4]
不堪重说,但记得当初,重门锁处,犹有夜深月。

【注释】

[1]凝伫:凝神伫立。熏笼:内室用来熏香或取暖的炉子,上覆着罩子,以熏衣服。

[2]凤竹:凤尾竹,竹子的一种。犀帷:帐上挂犀,取避寒之意。酿:酝酿。

[3]彻:尽情表达。

[4]胡越:胡在北,越在南,比喻相隔遥远。

【品鉴】

词写相思之情。上片一起四句写景,景中含情,使人感到凄清婉约;"凝伫切"以下写主人公伫立凝思,设想情人此时此刻之景况,"念"字领起上片余文,见出对情人思念之深。下片写忆当年分手情景,"梅花满院"、"暮云千叠",景中生情;"好梦分胡越",写出今日之惆怅。结拍四句宕开一笔,描写分别时夜深月明的景色,表达了刻骨铭心的思念情怀,可谓情景交融,耐人品味。

石孝友 一首

石孝友（生卒年不详），字次仲，江西南昌人。宋孝宗乾道二年（1166）进士。有《金谷遗音》，存词一百四十九首。

眼儿媚

愁云淡淡雨潇潇，暮暮复朝朝。
别来应是，眉峰翠减，[1] 腕玉香销。

小轩独坐相思处，情绪好无聊。
一丛萱草，[2] 数竿修竹，几叶芭蕉。

【注释】

[1]眉峰翠减：指无心画眉梳妆。

[2]萱草：草名，又名"忘忧草"。

【品鉴】

此词表现出作者在春雨中思念情人的寂寥心情。

赵师侠 一首

赵师侠(生卒年不详),字介之,号坦庵,南宋孝宗时词人,有《坦庵长短句》,存词一百五十余首。

采桑子
樱桃花

梅花谢后樱花绽,[1]浅浅匀红。[2]
试手天工,[3]百卉千葩一信通。[4]

余寒未许开舒妥,[5]怨雨愁风。
结子筼笼,[6]万颗匀圆讶许同。[7]

【注释】

[1]绽:开放。

[2]浅浅:淡淡。

[3]试手天工:天工试手。

[4]一信通:意为百花一齐开放,好像商约好了的。

[5]舒妥:舒畅、稳妥,意为尽情开放。

[6]筼(yún):竹子的青皮,引申为竹子的代称。筼笼:即竹篮子。

[7]讶许同:使人惊讶如此相同。

【品鉴】

此词不仅描绘了"浅浅匀红"的樱桃花,更写出了"万颗匀圆"的樱桃形象,语言浅显而颇有诗意。古人咏樱桃花的词很多,其中清人陈维崧《红窗睡·咏樱桃花》也是一首佳作,其词云:"一树垂垂摇绣幌,光映得小楼都绛。无风谁触花枝响?堕繁红两两。细雨似闻莺细讲:香阶下,美人休折,让花全放。待他成颗,斗白似唇样。"

陈　亮　三首

陈亮(1143—1194),字同甫,世称龙川先生。婺州永康(今属浙江)人。他是南宋著名的思想家和词人,力主抗金,其词慷慨豪放,与辛弃疾相近。著有《龙川文集》、《龙川词》,存词七十余首。

水调歌头

送章德茂大卿使虏[1]

不见南师久,[2]漫说北群空。[3]
当场只手,[4]毕竟还我万夫雄。[5]
自笑堂堂汉使,得似洋洋河水,[6]依旧只流东!
且复穹庐拜,[7]会向藁街逢。[8]

尧之都,[9]舜之壤,[10]禹之封。[11]
于中应有,一个半个耻臣戎。[12]
万里腥膻如许,千古英灵安在,磅礴几时通?[13]
胡运何须问,[14]赫日自当中。[15]

【注释】

[1]章德茂:章森,字德茂,广汉(今属四川)人。大卿:官职名。

[2]南师:指南宋北伐的军队。

[3]北群空:语本韩愈《送温处士赴河阳军序》:"伯乐一过冀北之野,而马群遂

518

空。"意为没有良马,喻指缺乏人才。

[4]只手:独当一面的人才。

[5]万夫雄:万夫莫当的英雄气概。

[6]得似:怎似。洋洋:水势很大的样子。

[7]穹庐:北方少数民族居住的圆顶毡房。

[8]藁(gǎo)街:汉代长安街名,是专供外国使臣居住的地方。

[9]都:都城。

[10]壤:土地。

[11]封:封疆。

[12]耻臣戎:指以向金称臣为耻的人。

[13]腥膻:代指金兵占领的中原地区。如许:如此。千古英灵:指古代杰出人物。磅礴:此处意为浩气积郁不通。通:通畅。

[14]胡运:指金朝的命运。

[15]赫日:红日,喻宋朝。

【品鉴】

淳熙十二年(1185)十一月,词人的友人章森将奉命使金,贺金主完颜雍生辰(万春节),词人便写了这首词赠别,以壮其行。上片写"使虏"引发的感慨;下片对南宋屈辱投降作了嘲讽。全词语言率直、朴素无华,词人借送别友人抒发了自己对现实的忧愤之思和爱国统一的壮志及国耻深仇必将洗雪的坚定信念。

最高楼

咏　梅

春乍透,香早暗偷传。[1]
深院落,斗清妍。[2]
紫檀枝似流苏带,黄金须胜辟寒钿。[3]
更朝朝,琼树好,笑当年。[4]

花不向沉香亭上看,树不着唐昌宫里玩。[5]
衣带水,隔风烟。

铅华不御凌波处,蛾眉淡扫至尊前。[6]

管如今,浑似了,更堪怜。[7]

【注释】

[1]"春乍透"二句:言春意刚刚显露,梅花的清香却早已传播开来。

[2]斗清妍:以清雅绝俗的花姿斗奇争胜。

[3]流苏带:用五彩丝结成的带饰。辟寒钿:用辟寒金制成的首饰;魏明帝时,有人献嗷金鸟,不怕寒,常吐金屑如粟,宫人争以鸟所吐金为钗钿,称之为"辟寒金"(见段成式《酉阳杂俎》)。这两句描绘出梅花的形象。

[4]"更朝朝"三句:言可笑当年,有人竟认为琼树美艳,朝朝欣赏;言外之意是说,比之梅花,琼花只能博得一笑而已。

[5]"花不向沉香亭上看":唐人《松窗杂录》记载:"开元中禁中初种木芍药,即今牡丹也。得四本,红、紫、浅红、通白者,上移植于兴庆池东沉香事前。会花方繁开,上乘照夜白,太真妃以步辇从。……上曰:'赏名花,对妃子,焉用旧乐词为?'遂命李龟年持金花笺,宣赐翰林供奉李白立进清平调三章。"李白《清平调词》第三首云:"名花倾国两相欢,长得君王带笑看。解释春风无限恨,沉香亭北倚阑干。"沉香亭:亭名。《雍录》载:唐兴庆宫图龙池东有沉香亭。"树不着唐昌宫里玩":据唐人康骈《剧谈录》记载,长安安禁坊唐昌观有玉蕊,每当春天花开时,乘车骑马来观赏的人很多。这两句以牡丹和玉蕊为反衬,认为虽然这两种花很鲜艳,受到人们的喜爱,但并不能与梅花相比。

[6]"铅华"句:曹植《洛神赋》说洛神(即宓妃)"芳泽无加,铅华弗御","凌波微步,罗袜生尘"。铅华:搽脸用的粉。"蛾眉"句:唐张祜《集灵台》诗云:"虢国夫人承主恩,平明骑马入宫门,却嫌脂粉污颜色,淡扫蛾眉朝至尊。"至尊:指皇帝。两句意为:只有宓妃和虢国夫人能与梅花相比。

[7]浑:完全。这三句说:眼前的梅花与宓妃和虢国夫人的容貌太相像了,因而引发了自己更多的怜惜之情。

【品鉴】

陈亮很喜欢梅花,写了许多咏梅诗词,在他的咏梅词中,这是最好的一篇。此词起笔"春乍透,香早暗偷传"领起全篇词意,十分传神。"紫檀"两句写出梅花的形象:它的枝干呈紫檀色,下垂好似流苏带饰;它的金黄色的须蕊,胜过辟寒金制成的首饰。这两句写其高贵的外貌,是为了突出其内在的高洁本性,故下三句用琼花作比,反衬出梅花的幽雅风韵。下片开始两句用了两个典故,仍以牡丹、玉蕊反衬梅花,继而用宓妃和虢国夫人正面烘托,把梅花的形象和神韵生动地描绘了出来。"管如今"三句,表现出词人由赏梅而生出的感慨,值得回味。在这首词里,作者没有用宋人咏梅时所惯用的词语和典故,收到了很好的艺术效果,表现出作者在艺术上不断追求的精神。

念奴娇

登多景楼[1]

危楼还望,[2]叹此意、今古几人曾会?[3]
鬼设神施,[4]浑认作、天限南疆北界。[5]
一水横陈,[6]连岗三面,[7]做出争雄势。[8]
六朝何事,[9]只成门户私计。[10]

因笑王谢诸人,登高怀远,也学英雄涕。[11]
凭却长江管不到,[12]河洛腥膻无际。[13]
正好长驱,[14]不须反顾,[15]寻取中流誓。[16]
小儿破贼,[17]势成宁问强对![18]

【注释】

[1]多景楼:在镇江北固山上甘露寺内,北临长江。

[2]危楼:高楼。还望:向周围眺望。还:同"环"。

[3]会:领会,理解。

[4]鬼设神施:喻指形势极为险要。

[5]浑:简直。天限:天设。

[6]一水:指长江。

[7]连岗:山峦环绕。

[8]争雄势:北出争雄的有利地形。

[9]六朝:即东吴、东晋、宋、齐、梁、陈六个朝代。

[10]门户私计:少数私家大族的利益。

[11]此三句出自《世说新语·言语》:"过江诸人,每至美日,辄相邀新亭,藉卉饮宴。周侯中坐而叹曰:'风景不殊,举目有河山之异。'皆相视流泪。惟王丞相愀然变

色曰:'当共戮力王室,克复神州,何至作楚囚相对!'"王谢诸人:指东晋王导、谢安等人,王谢为东晋豪贵,此处借以泛指东晋初期南迁的一部分上层人物。

[12]凭却:依靠。

[13]河洛:黄河、洛水,指金兵占领的中原地区。

[14]长驱:直入敌境。

[15]反顾:回头看,此处意为徘徊、退缩。

[16]中流誓:《晋书·祖逖传》载,祖逖率军北伐,"渡江,中流击楫而誓曰:'祖逖不能清中原而复济者,有如大江!'"

[17]此句典出《资治通鉴》:"谢安得驿书,知秦兵已败。时方与客围棋,摄书置床上,了无喜色,围棋如故。客问之,徐答曰:'小儿辈(指其弟谢玄、侄谢石)遂已破贼。'"又见于《世说新语·雅量》和《晋书·谢安传》。

[18]宁:岂。强对:强大的对手,即强敌。《三国志·陆逊传》:"刘备天下知名,曹操所惮,今在境界,此强对也。"

【品鉴】

此为借古论今之作。宋孝宗淳熙十五年(1188),陈亮到建康和镇江观察地形,准备向朝廷陈述北伐的策略。此词即作于此时,是他一系列政治主张的形象化。词人借批评东晋偏安江左,不图恢复中原,对南宋统治者只图对金妥协作了抨击,提出了进兵中原的积极主张。

张 镃 四首

张镃(1153—约1211),字功甫,又字功父,旧字时可,号约斋,西秦(今甘肃西南部)人,曾任大理司直、直秘阁、司农少卿。有《玉照堂词》,存词八十余首。

昭君怨
园池夜泛

月在碧虚中住,[1]人向乱荷中去。
花气杂风凉,[2]满船香。

云被歌声摇动,酒被诗情掇送。[3]
醉里卧花心,拥红衾。[4]

【注释】

[1]碧虚:碧空。

[2]花气:花的香味。

[3]掇(duō)送:鼓动、催请。

[4]衾(qīn):被子。

【品鉴】

此词描写作者夜泛园池的闲适生活,颇有诗情画意。上片写景:月光如水,荷花盛开,微风中花香飘向远方。下片写歌酒娱情、拥衾醉卧,作者放达之胸怀,自从言外见之。

满庭芳

促织儿[1]

月洗高梧,露浧幽草,[2]宝钗楼外秋深。[3]
土花沿翠,[4]萤火坠墙阴。
静听寒声断续,[5]微韵转、凄咽悲沉。
争求侣,殷勤劝织,[6]促破晓机心。[7]

儿时曾记得,呼灯灌穴,敛步随音。[8]
任满身花影,[9]犹自追寻。
携向华堂戏斗,亭台小、笼巧妆金。[10]
今休说,从渠床下,[11]凉夜伴孤吟。

【注释】

[1]促织:蟋蟀的别名。

[2]月洗:形容月光皎洁如洗。浧(tuán):露水多的样子。

[3]宝钗楼:故址在今陕西省咸阳市。

[4]土花:指苔藓。沿翠:言苔藓顺着墙角铺去,像一条苍翠的带子。

[5]寒声:蟋蟀的鸣声。

[6]劝织:劝人织布。

[7]破:尽。

[8]敛步:放轻脚步。随音:根据鸣声寻找蟋蟀。

[9]满身花影:指匍匐在地上。

[10]亭台:指放蟋蟀的罐子。笼巧妆金:小巧玲珑镶嵌金饰的笼子。

[11]渠:池。

【品鉴】

姜夔在其《齐天乐》前有一小序说:"丙辰岁(1196),与张功父会饮张达可之堂,闻屋壁间蟋蟀有声,功父邀予同赋,以授歌者。功父先成,辞甚美。"可见这首词是即席而作,是写给歌者演唱的。后人对这首词评价很高,如郑文焯校《白石道人歌曲》提到:"功父《满庭芳》词咏蟋蟀儿,清隽幽美,实擅词家能事,有观止之叹。"张镃此词虽无更深的寄托,但却在对蟋蟀的吟咏中,抒写了今昔之感,读之令人感慨不已。上片前五句写出蟋蟀发出声音的地方,渲染出幽深的环境气氛,"月洗"写出秋月之明净;"露沅"写出夜露之浓密,尤其是"土花"两句更是静中有动,饶有情趣。以下几句写出蟋蟀鸣声时断时续的特点和词人的主观感受。下片用追忆之笔写儿时捉蟋蟀、斗蟋蟀的情景。"儿时曾记得"领起下四句,写出儿童的天真活泼和带几分淘气的小心,以及非要捉住蟋蟀不可的认真神态,刻画十分工细,故而贺裳《皱水轩词笺》评曰:"形容处,心细入丝发。""携向"两句写斗蟋蟀。最后三句抒发了作者的感慨,想到当年的欢乐,更见出今日之孤寂,所以说:一切都不必说了,任凭这蟋蟀在床下鸣叫,与我相伴孤吟吧! 多少感慨,只"今休说"三字便轻轻带过,颇为婉转含蓄,耐人回味。

念奴娇

宜雨亭咏千叶海棠[1]

绿云影里,把明霞织就,千重文绣。[2]
紫腻红娇扶不起,好是未开时候。[3]
半怯春寒,半便晴色,养得胭脂透。[4]
小亭人静,嫩莺啼破清昼。

犹记携手芳阴,一枝斜戴,娇艳双波秀。[5]
小语轻怜花总见,争得似花长久。[6]
醉浅休归,夜深同睡,明日还相守。[7]
免教春去,断肠空叹诗瘦。[8]

【注释】

[1]宜雨亭:亭名,在张镃的南湖别墅里。千叶海棠:海棠的一个品种。千叶:指重迭的花瓣。

[2]绿云:喻指海棠枝叶的茂密。明霞:形容海棠花的鲜艳美丽。文绣:形容花

叶色彩之美。"绿云"三句总写海棠花叶交相映衬的美丽景象。

[3]紫腻红娇:指深浅不同的海棠花。扶不起:这里用拟人手法,写出海棠娇嫩之态。据《明皇杂记》载,唐玄宗曾赞杨贵妃的醉态:"岂是妃子醉耶?海棠睡未足耳。"此处暗用其意。好是:正好在于。金代元好问亦喜欢未开海棠,有诗云:"枝间新绿一重重,小蕾深藏数点红。爱惜芳心莫轻吐,且教桃李闹春风。"可参看。

[4]胭脂透:指花蕾尖红透。

[5]芳阴:花丛中。双波:指双目含情。

[6]小语:细语。争得:怎得。

[7]相守:相伴。

[8]诗瘦:为吟诗而使人瘦。《本事诗》说李白赠杜甫诗,其中有"借问何来太瘦生,总为从前作诗苦"之句,这里化用其意。

【品鉴】

这首词描绘海棠形神兼备,确是咏物词中的佳品。上片一起三句写出在宜雨亭上望到的海棠枝叶繁茂、红花明丽的动人景象。"紫腻"二句写出海棠娇嫩之态,使人想到楚楚动人的杨贵妃,"半怯"三句具体描写海棠欲开未开时的情态:一半畏于春寒,尚未吐出芳心;一半宜于晴色,美艳动人。"小亭"两句一转即收,渲染出一种幽静空灵的意境。下片由花及人。"犹记"以下五句写出词人昔日与情人同赏海棠的情景,"一枝斜戴,娇艳双波秀",在花与人的交相辉映中,描绘出一个美丽多情的女子的形象和神态。"小语"二句感叹情人不见而花开依旧,其中自有无限惆怅。最后五句又转而写花,其中含有赏花思人之意,"夜深同睡,明日还相守",见出词人爱花之情深意切。结拍两句紧承上三句,总收全词,抒写了词人惜花和惜春的情怀,使全词的意境更进了一层。

菩萨蛮

芭　蕉

风流不把花为主,多情管定烟和雨。[1]
潇洒绿衣长,满身无限凉。[2]

文笺舒卷处,似索题诗句。[3]
莫凭小阑干,月明生夜寒。[4]

　　[1]不把:不靠。"风流"两句说:芭蕉并不以绚丽多姿的花朵来显示它的风流品性,而只有在雾霭空濛和雨滴拍打时才更见出它的"多情"。

　　[2]绿衣:指芭蕉长而宽大的叶子。

　　[3]文笺:书写文字的纸张。这两句说:芭蕉叶子有如舒卷的纸张,好像是在求人为它题诗句。唐钱珝《未展芭蕉》咏未展芭蕉,正如作卷筒状的书札:"一缄书札藏何事,会被东风暗拆看",即是此词所本。

　　[4]莫凭:不要依靠。这两句意为:还是不要再凭栏欣赏芭蕉了吧,在这月明的夜晚,寒意一阵阵向人袭来。

【品鉴】

　　这首词紧紧扣住芭蕉长而宽的绿叶着笔,写出它的清逸风姿。一起两句在与百花的对比中,写出芭蕉在烟雾和风雨中更显得风流和多情,"潇洒绿叶长,满身无限凉",写出芭蕉独立春寒中清冷的形象和神韵,颇为生动。下片前两句化用钱珝诗句,将芭蕉人格化,说它好像是一位佳人在向诗人索求诗句。结拍两句写出月明夜寒之时,词人欲回室内歇息而又不忍离去的神情,表现出对芭蕉特殊的喜爱,十分传神。

姜 夔 五首

姜夔(1155—1221),字尧章,号白石道人,饶州鄱阳(今江西省波阳县)人。一生未做官,一直过着清客的生活。宋代著名词人,有《白石道人诗集》、《白石道人歌曲》,今存词八十多首。

暗 香

辛亥之冬,予载雪诣石湖。[1]止既月,授简索句,且征新声,作此两曲。[2]石湖把玩不已,使工妓隶习之,音节谐婉,乃名之曰《暗香》、《疏影》。[3]

旧时月色,算几番照我,梅边吹笛。[4]
唤起玉人,不管清寒与攀摘。[5]
何逊而今渐老,都忘却春风词笔。[6]
但怪得、竹外疏花,香冷入瑶席。[7]

江国,正寂寂。[8]
叹寄与路遥,夜雪初积。[9]
翠尊易泣,红萼无言耿相忆。[10]
长记曾携手处,千树压西湖寒碧。[11]
又片片、吹尽也,几时见得。[12]

【注释】

[1]辛亥:宋光宗绍熙二年(1191)。载雪:冒雪乘船。诣(yì):到。石湖:在苏州西南面。宋代诗人范成大晚年隐居于此,号石湖居士。

[2]止既月:住了一个月。授简:给以纸笔。征新声:征求新的词调。

[3]把玩不已:反复吟味、欣赏。工妓:乐工、歌女。隶习:学习。谐婉:和谐动听。暗香、疏影:出自林逋咏梅名句:"疏影横斜水清浅,暗香浮动月黄昏。"

[4]旧时:从前。几番:几次。

[5]玉人:美人。"唤起"两句说:过去曾和美人一起冒着清寒攀折梅花。

[6]何逊:南朝梁诗人,字仲言,酷爱梅花,写过有名的《咏早梅》诗。杜甫在《和裴迪登蜀州东亭送客逢早梅相忆见寄》诗中说:"东阁官梅动诗兴,还如何逊在扬州。"这里词人以何逊自比。春风词笔:指才情与兴致。

[7]竹外疏花:竹林外几枝稀疏的梅花。香冷:指梅花的幽香。瑶席:席座的美称。

[8]江国:指江南水乡。这两句说江南的雪夜格外静寂,使人更生孤独之感。

[9]寄与路遥:想把梅花寄去,又感到路途遥远。此处暗用南朝陆凯寄梅的故事。陆凯曾折梅寄赠长安友人范晔,有"折梅逢驿使,寄与陇头人。江南无所有,聊赠一枝春"的诗句。

[10]翠尊:碧绿的酒尊,这里指酒。红萼(è):红梅。耿:忠诚的样子。

[11]千树:指梅林。寒碧:指西湖寒冷的碧水。

[12]"又片片"二句:言如今眼看梅花就要凋落殆尽,何时才能再见到自己思念的那位佳人呢?

【品鉴】

此词虽然句句不离梅花,实际上却抒发了词人对一位女子的怀念之情,而这种思念,又总是借咏梅传达出来。上片一起三句感慨无限,情意绵邈,"梅边吹笛",情景多么优美!"唤起"两句写与佳人冒寒摘梅的往事,"不管"二字见出当年兴致之高、二人情谊之深厚。"何逊"两句感叹年事渐增,昔日的才情与兴致均悄悄消失了,言外有无限感慨。只是梅花不解人意,其幽香仍随阵阵轻风送上词人的座席。"但怪得"三字是责怪? 是怜惜? 耐人回味。下片紧承上片。雪夜静寂,欲折梅相赠,又恐路途遥远,难以寄达,何况又是"夜雪初积"之时。"翠尊"两句写作者看到绿酒和红梅,觉得它们似乎都在怀念着那位"玉人",而词人心中之思念,自在不言之中。"长记"二句又转入忆旧,当年景致虽在,而人已离去,令人难堪。结拍两句以梅花将谢、玉人难见收煞,写出词人对那位女子深切的怀念和不能再见的惆怅和无奈。

侧 犯

咏芍药

恨春易去,甚春却向扬州住。[1]

微雨,正茧栗梢头弄诗句。[2]

红桥二十四,总是行云处。[3]

无语,渐半脱宫衣笑相顾。[4]

金壶细叶,千朵围歌舞。[5]

谁念我、鬓成丝,来此共尊俎。[6]

后日西园,绿阴无数。[7]

寂寞刘郎,自修花谱。[8]

【注释】

[1]"恨春"两句意为:春日易逝,可为什么别的地方已是花残莺啼的暮春时节,而扬州却春意盎然呢?

[2]茧栗:黄庭坚《广陵早春》诗云:"红药梢头初茧栗。""茧栗"本指牛犊初生之角,如茧似栗。黄诗借用以比花苞之小,姜词本于黄诗。

[3]红桥二十四:唐时扬州风景繁华,共有二十四个桥。杜牧《寄扬州韩绰判官》诗云:"二十四桥明月夜,玉人何处教吹箫?"到北宋时仅馀七座桥。行云:比喻芍药花盛开如云。

[4]"无语"两句话:芍药半裹红妆,悄悄地开放了,好像少女含笑凝视着游人。顾:顾盼。

[5]金壶:形容硕大的芍药花。歌舞:指轻风吹拂芍药花,有如少女翩翩起舞。

[6]鬓成丝:言年老发白。尊俎:古代盛酒肉的器皿,常用为宴席的代称。

[7]后日:以后。西园:泛指一般园林。

[8]刘郎:指北宋刘攽,他撰有《芍药谱》一卷,后失传。"后日"四句说:以后在园林里一片绿荫的暮春时节,我愿意像刘攽那样在寂寞时为芍药编修花谱。一片爱花惜花之情溢于字里行间。

　　姜夔一生曾两次游历扬州,第一次游扬州时他仅二十来岁,那次写了名篇《扬州慢》;第二次再游扬州时他已年过半百,当时正是芍药盛开的暮春时节,词人赏花而生出无限感慨,于是写下了这首词,在对芍药的吟咏中,抒写了自己的迟暮之感。词中既写物又写人,人与物若合若离,形成一种朦胧之美。在词人笔下,无情的芍药具有人的情态:"无语,渐半脱宫衣笑相顾。"而写物中又总不忘抒写自己的感慨:"谁念我、鬓成丝,来此共尊俎。"词人所抒发的迟暮之感,虽有几分感伤,却并不显得凄凉。"后日"四句写出词人爱花惜花的心情,使全词显得饶有情致。张炎《词源》卷下说姜白石词"如野云孤飞,去留无迹",这首词便体现了他这种清空高远的艺术特色。

浣溪沙

辛亥正月二十四日,[1]发合肥。

钗燕笼云晚不忺,[2]拟将裙带系郎船。
别离滋味又今年。

杨柳夜寒犹自舞,鸳鸯风急不成眠。
些儿闲事莫萦牵。[3]

【注释】

　　[1]辛亥:光宗绍熙二年(1191)。
　　[2]钗燕:带有燕子形状装饰的发饰。笼云:绾结云鬟。忺(xiān):适意,高兴。
　　[3]些儿:细小。萦牵:记挂心怀。

【品鉴】

　　此合肥惜别之作。上片用直接替心中情人抒写心曲之法,感情真挚;下片换用比兴手法,颇为含蓄而有韵味。全词纯用口语,纯以情胜。

点绛唇

丁未冬过吴松作[1]

燕雁无心,[2]太湖西畔随云去。
数峰清苦,商略黄昏雨。[3]

第四桥边,[4]拟共天随住。[5]
今何许,凭栏怀古,残柳参差舞。[6]

【注释】

[1]丁未:宋孝宗淳熙十四年(1187)。吴松:指吴江县。

[2]燕雁:北方飞来之燕。燕:今河北北部及北京地区等地古称燕。

[3]商略:商量,酝酿。

[4]第四桥:即吴江城外甘泉桥。

[5]天随:晚唐诗人陆龟蒙,号天随子,隐居松江甫里。

[6]何许:何处。参差:长短、高低不同的样子。

【品鉴】

词写踏先人之足迹,发思古之幽情,词虽短小,内蕴却不小,从空灵之中见出沉郁。"数峰清苦,商略黄昏雨"两句,情景交融,历来最为人们所称道。

扬州慢

中吕宫

淳熙丙申至日,予过维扬。[1]夜雪初霁,荠麦弥望。[2]入其城则四顾萧条,寒水自碧,暮色渐起,戍角悲吟。[3]予怀怆然,感慨今昔,因自度此曲。[4]千岩老人以为有《黍离》之悲也。[5]

淮左名都,竹西佳处,解鞍少驻初程。[6]
过春风十里,[7]尽荠麦青青。

自胡马窥江去后,废池乔木,犹厌言兵。[8]

渐黄昏,清角吹寒,都在空城。

杜郎俊赏,[9]算而今、重到须惊。

纵豆蔻词工,青楼梦好,[10]难赋深情。

二十四桥仍在,[11]波心荡、冷月无声。

念桥边红药,[12]年年知为谁生?

【注释】

[1]淳熙丙申:宋孝宗淳熙三年(1176),岁在丙申。至日:指冬至日。维扬:古扬州的别称。

[2]霁:雨雪停。荠麦:一种野生麦子。

[3]戍角:军营的号角。

[4]怆然:悲伤的样子。自度:指自制曲谱。此曲:指《扬州慢》词调。

[5]千岩老人:南宋诗人萧德藻自号千岩老人,以其侄女许姜夔为妻。《黍离》:《诗经·王风》中篇名,前人认为此篇是周人缅怀故都之作,后遂借指故国之思。

[6]淮左:扬州当时属淮南东路,故称"淮左故都"。竹西:指竹西亭,在扬州北门处。初程:最初的旅程。

[7]春风十里:指扬州昔日繁华长街。杜牧《赠别》:"娉娉袅袅十三馀,豆蔻梢头二月初。春风十里扬州路,卷上珠帘总不如。"

[8]胡马窥江:1129年和1161年,金兵两次南下,扬州均遭惨重破坏。兵:兵事、战事。

[9]杜郎:指唐诗人杜牧,他曾游览过扬州,写下不少诗文。

[10]豆蔻词:指杜牧《赠别》诗。青楼梦:杜牧《遣怀》诗:"落魄江湖载酒行,楚腰纤细掌中轻。十年一觉扬州梦,赢得青楼薄幸名。"

[11]二十四桥:在扬州西郊,传说有二十四美人在此地吹箫。杜牧《寄扬州韩绰判官》:"二十四桥明月夜,玉人何处教吹箫?"

[12]红药:指芍药花。据载,扬州芍药驰名天下。

【品鉴】

此词作于南宋孝宗淳熙三年(1176),时作者从汉阳沿江下过扬州,看到淮左名城遭兵火后的残破景象,不由生出痛恨与忧伤之情,结句"念桥边红药,念念知为谁生",更是令人感慨万千。

史达祖　一首

史达祖(生卒年不详),字邦卿,号梅溪,汴(今河南开封)人。其词以咏物见长,有《梅溪词》,存词一百一十余首。

双双燕

咏　燕

过春社了,度帘幕中间,[1]去年尘冷。[2]

差池欲住,[3]试入旧巢相并。[4]

还相雕梁藻井,[5]又软语商量不定。[6]

飘然快拂花梢,翠尾分开红影。[7]

芳径,芹泥雨润。[8]

爱贴地争飞,竞夸轻俊。

红楼归晚,[9]看足柳昏花暝。[10]

应自栖香正稳,[11]便忘了、天涯芳信。[12]

愁损翠黛双蛾,[13]日日画栏独凭。

【注释】

[1]度:穿越。

[2]去年尘冷:仍是寒冷的去年留下的尘土,喻指主人生活的清冷寂寞和情绪低落。

［3］差池:形容双燕齐飞时翅膀扇抖参差不齐的姿态。

［4］相并:双双并栖。

［5］还:同"旋",不久。相:端详,打量。藻井:上有水草图案的天花板。

［6］软语:柔语,细语。

［7］红影:花影。

［8］芳径:花草芳香的小路。芹泥:水边长芹草的软泥。

［9］红楼:富贵之家妇女住的楼房。

［10］柳昏花暝:黄昏中的柳色花容。

［11］栖香正稳:在花草的芬芳中睡得十分香甜。

［12］天涯芳信:来自远方的情书。

［13］翠黛:古代妇女画眉用的一种青黑色颜料。双蛾:双眉,因蚕蛾的眉(即触角)细长而曲,故用以形容女子弯曲细长的眉毛。

【品鉴】

这是一首著名的咏燕名作,但却通篇不出一"燕"字,而又句句写燕。不仅写出了燕子的形象,更传出了燕子的神韵。其中如"差池"以下四句生动地写出了双燕始而犹疑,继而观察、商量的神情,曲折而又细腻,很有情趣,因而沈际飞在《草堂诗馀正集》中评道:"'欲'字,'试'字,'还'字,'又'字入妙。"再如"飘然"两句写出了燕子在花树之上飞舞的轻捷身姿;"红楼"两句写燕子对新春美景的留恋、喜爱,均是为人们称道的名句。当然,若细品全词则可以看出,词人虽然主要用笔于咏燕,但其重心却是在写人,写双燕自由、愉快的生活,正是要反衬"日日画栏独凭"的思妇的孤寂和愁苦,从而深化了词的意境,引发了读者丰富的联想。此词在艺术上的突出特点之一,是运用拟人化手法,赋予双燕以人的灵性,使人感到亲切自然,神形毕肖,因此历来评价极高,卓人月评此词为"不写形而写神,不取事而取意,白描高手"(《词统》),这个评语大体上是精当的。

高观国 一首

高观国(生卒年不详),字宾王,越州山阴(今浙江绍兴)人。与史达祖友善,常相往来,1190 年前后在世。有《竹屋痴语》,存词一百余首。

金人捧露盘

水仙花

梦湘云,吟湘月,吊湘灵。^[1]

有谁见、罗袜尘生。^[2]

凌波步弱,背人羞整六铢轻。^[3]

娉娉袅袅,晕娇黄、五色轻明。^[4]

香心静,波心冷,琴心怨,客心惊。^[5]

怕佩解、却返瑶京。^[6]

杯擎清露,^[7]醉春兰友与梅兄。

苍烟万顷,断肠是、雪冷江清。^[8]

【注释】

[1]湘灵:神名,即湘水女神。

[2]罗袜尘生:语本曹植《洛神赋》:"凌波微步,罗袜生尘。"

[3]六铢:六铢衣,佛经中称忉利天衣重六铢,极薄极轻。铢:古代最小的重量单位,仅合数克,极轻。

[4]此句说水仙洁白的花瓣在娇黄色花蕊映照下,犹如面庞上晕抹黄粉,更加显

得轻盈明丽。

〔5〕香心:指花。波心:指水。琴心:指琴声中所寓托的情感。客:作者自指。

〔6〕佩解:指花落瓣。瑶京:指神仙所居的宫室。

〔7〕此句形容水仙花状如高脚酒杯,上承清露。

〔8〕断肠:伤心。

【品鉴】

　　水仙茎叶挺秀,芳姿绰约,每当冬末春初,它那扁平狭长像蒜条一样的绿叶间,便开出冰肌玉质的花朵,散发出淡雅的清香,因此它又有"凌波仙子"、"水中仙子"的美名。这首咏水仙词,通篇无一语道破水仙,看似笔笔在写湘水女神,而读者一看便知,作者是以女神比水仙,二者融合在了一起。"有谁见"一句翻用旧典而出新意,写出冰清玉洁的美女形象;"凌波"两句写出女神步态的轻盈和娇美神态;"怕佩解"一句写出词人的惜花心情。而"杯擎"两句不仅生动地写出了水仙的形象,更在春兰与梅的映衬下,写出水仙高洁的品性。结拍两句描绘出一片迷茫冷清的境界,既写出了水仙生活的幽静环境,又给全词添上了一层扑朔迷离的朦胧美,确是传神之笔。

李从周 一首

李从周(生卒年不详),字肩吾,生平不详。

清平乐

美人娇小,镜里容颜好。
秀色侵人春帐晓,[1]郎去几时重到?

叮咛记取儿家,[2]碧云隐映红霞。
直下小桥流水,门前一树桃花。

【注释】

[1]侵人:使人陶醉。

[2]儿:女子自指。

【品鉴】

词写闺思,可谓语浅情深。

严 仁 二首

严仁(生卒年不详),字次山,号樵溪,邵武(今属福建)人。与严羽、严参同称"邵武三严"。

鹧鸪天

一曲危弦断客肠,[1]津桥掕柂转牙樯。[2]
江心云带蒲帆重,[3]楼上风吹粉泪香。

瑶草碧,[4]柳芽黄,载将离恨过潇湘。
请君看取东流水,方识人间别意长。

【注释】

[1]危弦:指琴音高越。

[2]津桥:河口渡桥。掕(liè)柂:扳转船舵。牙樯:官船。牙:官署,后作"衙"。樯:桅杆,代指船。

[3]蒲帆:蒲织的帆,此泛指船帆。

[4]瑶草:仙草,此泛指芳草。

【品鉴】

词写别情。

醉桃源

春　景

拍堤春水蘸垂杨,水流花片香。
弄花嘈柳小鸳鸯,[1]一双随一双。

帘半卷,露新妆,春衫是柳黄。[2]
倚阑看处背斜阳,风流暗断肠。

【注释】

[1]嘈(zǎn):咬。

[2]柳黄:柳黄色。

【品鉴】

这首词上片写春日景色,下片写闺中情思,可谓情景交融。

葛长庚　一首

葛长庚(1194—?),字白叟,闽清(今属福建)人。曾从人学道,后在武夷山隐居,漫游名山大川,应诏赴宫廷,封紫清真人。有《玉蟾先生诗馀》,存词一百四十余首。

水调歌头

江上春山远,山下暮云长。

相留相送,时见双燕语风樯。

满目飞花万点,回首故人千里,把酒沃愁肠。[1]

回雁峰前路,[2]烟树正苍苍。

漏声残,灯焰短,马蹄香。[3]

浮云飞絮,一身将影向潇湘。[4]

多少风前月下,迤逦天涯海角,[5]魂梦亦凄凉。

又是春将暮,无语对斜阳。

【注释】

[1]沃:灌,浇。

[2]回雁峰:衡山七十二峰之首,传说秋雁南飞至此而回。

[3]马蹄香:指马踏落花。

[4]将:携,带。

［5］迤逦:曲折连绵。

【品鉴】

词写告别友人前往远方的情景,字里行间透出一种孤独寂寞之感。

刘克庄　五首

刘克庄(1187—1269)。字潜夫,号后村,莆田(今福建莆田)人。累官至工部尚书。南宋著名词人,有《后村长短句》,存词一百三十余首。

昭君怨

牡　丹

曾看洛阳旧谱,[1]只许姚黄独步。[2]
若比广陵花,[3]太亏他。[4]

旧日王侯园圃,今日荆榛狐兔。[5]
君莫说中州,[6]怕花愁。

【注释】

[1]洛阳旧谱:古代洛阳盛产牡丹,故此处"洛阳旧谱"指牡丹谱之类的书。

[2]许:称赞。姚黄:牡丹的珍贵品种之一。独步:占有独一无二的地位。

[3]广陵:郡名,治所在今江苏扬州市,以产芍药和琼花著名。

[4]亏:委屈。

[5]荆榛狐兔:丛生的荆榛中出没狐兔,指颓废荒芜。

[6]中州:指今河南省一带,当时已经被金兵占领。

【品鉴】

刘克庄生活在南宋末年,当时南宋朝廷腐败,国势日颓,有志之士空怀报国热望,却请缨无路,可以想见,其心境该是多么凄楚,多么沉痛!此词没有用任何笔墨来描写牡丹的花姿、花色、花香,而是集中笔力写出它的不幸命运,寄托了词人忧国伤时的沉痛情怀。"曾看"两句写出牡丹身世,点出它的生长地在洛阳,继而设想用牡丹与"广陵花"相比,虽然都是天下名花,还嫌委屈牡丹的品位;而牡丹的命运最惨,中州失陷,它亦沦落于金兵的铁蹄之下。字面上固然是抒写对牡丹的同情,言外自有对南宋王朝的怨愤。下片"旧日"两句写出北方沦陷后的荒凉景象,具体写出牡丹艰难的生活环境。结拍"君莫说中州,怕花愁",是全词的点睛之笔,所谓"怕花愁",其实是词人自己不堪其愁,因为一提到中州,词人便会想到报国无门的苦恼,这种愁苦之情是难以忍受的,而这种情绪并不明白说出,只是托于物而言之,便显得含蓄蕴藉,委婉曲折。

摸鱼儿

海　棠

甚春来、冷烟凄雨,朝朝迟了芳信。[1]

蓦然作暖晴三日,又觉万姝娇困。

霜点鬓,潘令老,年年不带看花分。[2]

才情减尽,怅玉局飞仙,石湖绝笔,[3]孤负这风韵。

倾城色,懊恼佳人薄命,[4]墙头岑寂谁问?

东风日暮无聊赖,吹得胭脂成粉。

君细认,花共酒,古来二事天尤吝。

年光去迅,漫绿叶成阴,青苔满地,做得异时恨。

【注释】

[1]迟了芳信:指迟迟未开花。

[2]潘令:潘岳,曾任河阳县令,广植桃李,人称"河阳一县花"。此以潘岳自指。分:缘分。

[3]玉局:指苏轼,其晚年曾提举玉局观。石湖:范成大自号石湖。

[4]佳人:指海棠花。

　　此词写惜花爱花之情。上片开始四句感叹春来"冷烟凄雨",海棠不能应时而开,忽然天气转晴,蓓蕾初绽,却又因暴暖三日而呈慵懒之态,言外有无限惆怅。"霜点鬓"以下四句叹自己日渐衰老,似乎已无赏花的情怀,才情亦减,难作咏花佳句了。歇拍三句说曾写过咏海棠花诗词的前辈苏轼和范成大均已仙逝,海棠只能自开自落,无人为其图形写神了! 下片开始三句写花开艳丽,有如倾城之美人,可惜却无人前来观赏,"岑寂谁问",耐人回味。"东风"二句写在东风吹拂中,海棠花瓣舒展,由初时之深红,渐渐转为粉红,"无聊赖",责怪春风,可谓无理而有情。"君细认"三句由赏花引出人生感慨,更强化了惜春爱花之情。"年光去迅"以下四句写光阴荏苒,夏日即将来临,海棠香蕊将无踪无影,只能留下一缕缕惆怅,"做得异时恨",言简意丰,令人感叹。

摸鱼儿

怪新年、倚楼看镜,清狂浑不如旧。[1]

暮云千里伤心处,那更乱蝉疏柳。

凝望久,怆故国,百年陵阙谁回首。

功名大谬,叹采药名山,读书精舍,[2]此计几时就?

封侯事,久矣输人妙手,沧洲聊作渔叟。[3]

高冠长剑浑闲物,世上切身唯酒。[4]

千载后,君试看,拔山扛鼎俱乌有。[5]

英雄骨朽,问顾曲周郎,[6]而今还解,来听小词否?

【注释】

[1]浑:全。

[2]精舍:旧时书斋、学舍,集生徒讲学之所。

[3]沧洲:滨水的地方。古时用来称隐士的居处。

[4]切身:与本身关系密切。

[5]拔山扛(gāng)鼎:指古代的豪杰和英雄。拔山:语出《史记·项羽本纪》"力

拔山兮气盖世"。扛鼎:出处同上,形容勇武有力。

[6]顾曲:《三国志·周瑜传》记周瑜精于音乐,奏曲者有误,必回头顾之,时有"曲有误,周郎顾"之谣。

【品鉴】

此词在对人生短促的感叹中,寄寓了深长的故国之思,感情颇为沉痛。上片一起突兀,"清狂浑不如旧",言外有无限凄凉之感。"暮云"以下五句写自己面对"暮云千里"、"乱蝉疏柳"而生发的伤怀之情。对故国的怀念之情是那样强烈,时时煎熬着词人的心灵。"百年"一句含多少感慨,确是动人心魄的名句。歇拍三句写自己伤怀之后的打算,"此计几时就",见出一种无奈情状。下片抒发人生如梦、功名粪土的感慨。"封侯事",久未成就;"作渔叟",今之愿望。"高冠"二句概言功业无用,"唯酒"二字下得深沉。"千载后"以下借"英雄骨朽"抒写了深长的人生感慨,看似消极,但结合作者所处的时代,这种情绪是完全可以理解的。

一剪梅

余赴广东,实之夜饯于风亭。[1]

束缊宵行十里强,[2]挑得诗囊,抛了衣囊。
天寒路滑马蹄僵,元是王郎,[3]来送刘郎。[4]

酒酣耳热说文章,惊倒邻墙,推倒胡床。[5]
旁观拍手笑疏狂,疏又何妨,狂又何妨!

【注释】

[1]实之:作者友人王迈的字。

[2]束缊(yùn):扎捆乱麻为火把。强:有余。

[3]王郎:指王迈。

[4]刘郎:词人自指。

[5]胡床:即交椅。

词写离别,但没有常见的伤感之情,而是充满狂放之气,在别词中别具一格。

卜算子

片片蝶衣轻,[1]点点猩红小。
道是天公不惜花,百种千般巧。

朝见树头繁,暮见枝头少。
道是天公果惜花,雨洗风吹了。

【注释】

[1]蝶衣:形容花瓣像蝴蝶翅膀般艳丽轻盈。

【品鉴】

此词语言浅显,但细细品味,却似有深意,颇耐人思索。古人写落花颇多佳篇,如清代顾春《江城子·落花》亦值得一读:"花开花落一年中,惜残红,怨东风。恼煞纷纷,如雪扑帘栊。坐对飞花花事了,春又去,太匆匆。惜花有恨与谁同!晓妆慵,忒愁侬。燕子来时,红雨画楼东。尽有春愁衔不去,无才思,是游蜂。"

赵以夫 一首

赵以夫(1189—1256)，字用父，号虚斋，宋宗室，居长乐(今属福建)。官至吏部尚书。有《虚斋乐府》，存词六十余首。

扬州慢

琼花，唯扬州后土殿前一本。[1]比聚八仙大率相类，[2]而不同者有三：琼花大而瓣厚，其色淡黄，聚八仙花小而瓣薄，其色微青，不同者一也。琼花叶柔而莹泽，聚八仙叶粗而有芒，不同者二也。琼花蕊与花平，不结子而香，聚八仙蕊低于花，结子而不香，不同者三也。友人折赠数枝，云移根自鄱阳之洪氏。[3]赋而感之。其调曰《扬州慢》。

十里春风，二分明月，蕊仙飞下琼楼。[4]
看冰花剪剪，拥碎玉成毯。[5]
想长日、云阶伫立，太真肌骨，飞燕风流。[6]
敛群芳、清丽精神，都付扬州。[7]

雨窗数朵，梦惊回、天际香浮。[8]
似闻苑花神，怜人冷落，骑鹤来游。[9]
为问竹西风景，长空淡、烟水悠悠。
又黄昏，羌管孤城，吹起新愁。[10]

【注释】

[1]琼花:古琼花今已绝迹,估计是聚八仙的一个变种。后土殿:后土祠的正殿,故址即今扬州城东琼花观。

[2]聚八仙:即绣球花。

[3]鄱阳:即今江西波阳。

[4]蕊仙:蕊珠宫中的神仙。道教传说天上上清宫有蕊珠宫,仙人居于其中。

[5]剪剪:整齐貌。

[6]太真:杨贵妃号太真。飞燕:即赵飞燕,汉成帝皇后,善歌舞,以体轻,故称"飞燕"。

[7]敛:收拾、收集。群芳:百花。付:交付。

[8]梦回:梦醒。

[9]阆(làng)苑:传说中的神仙住处。庾肩吾《山池应令诗》:"阆苑秋光暮,水塘牧潦清。"骑鹤来游:《说郛》载《殷芸小说》:"有客相从,各言所志:或愿为扬州刺史,或愿多资财,或愿骑鹤上升。其一人曰:腰缠十万贯,骑鹤上扬州,欲兼三者。"这里说花神骑鹤来游,是活用这个典故。

[10]羌管:即羌笛。

【品鉴】

赵以夫爱花成癖,一生写了不少咏花词,此词是其中的一篇优秀之作。上片用赋笔,写出扬州后土祠中的琼花形象。"十里春风,二分明月",化用杜牧《赠别》中"春风十里扬州路"和徐凝《忆扬州》中"天下三分明月夜,二分无赖是扬州"的诗意,暗点扬州,继而写琼花如天上仙女告别了琼楼,飘然来到人间。"看冰花"两句写出琼花洁白如冰花、碎玉,簇拥成球的形象,十分生动。"想长日"两句将其比为古代美女杨贵妃、赵飞燕,赞扬它有丰满的体态和动人的风姿。"敛群芳"二句立意新奇,出语警策,传出琼花神韵。下片转赋友人所送数枝琼花。"雨窗"二句写梦中惊醒,只见几枝琼花插在窗前的花瓶里,溢出清香。"似阆苑花神"三句说琼花怕自己心境冷寞,故从扬州"骑鹤来游"。因为琼花来自扬州,词人便向它打听扬州风景,而"长空淡、烟水悠悠",宕开一笔,以不答为答,言外自有无限惆怅。"又黄昏"三句承上而来,既写出词人想象的扬州城日暮黄昏时分的凄凉景色,更写出词人心中升起的愁绪与哀伤,令人诵之感慨万千。联系到南宋末年的政治形势,颇使人有"不知何处话凄凉"之感。

吴 潜 二首

吴潜(1196—1262),字毅夫,号履斋,德清(今属浙江)人。官至右丞相兼枢密使,封崇国公。有《履斋诗馀》,存词二百五十余首。

满江红

送李御带琪[1]

红玉阶前,[2]问何事、翩然引去?[3]
湖海上,一汀鸥鹭,半帆烟雨。
报国无门空自怨,济时有策从谁吐?
过垂虹亭下系扁舟,[4]鲈堪煮。[5]

拼一醉,留君住;歌一曲,送君路。
遍江南江北,欲归何处?
世事悠悠浑未了,年光冉冉今如许。[6]
试举头、一笑问青天,天无语。

【注释】

[1]御带:官名。

[2]红玉阶:即丹墀(chí),古时皇宫殿前的台阶以红色涂饰,故名。

[3]引去:指辞官。

[4]垂虹:桥名,在江苏吴县东。桥上有亭,名垂虹亭。

[5]鲈:鲈鱼。

【品鉴】

此词在对友人的送别中,抒发了怀才不遇、报国无门的痛苦与愤恨。

南柯子

池水凝新碧,栏花驻老红。[1]

有人独立画桥东,手把一枝扬柳系春风。

鹊绊游丝坠,蜂拈落蕊空。

秋千庭院小帘栊,多少闲情闲绪雨声中。

【注释】

[1]老红:因开久而褪去光泽的花色。

【品鉴】

这首词写作者暮春雨中的莫名惆怅与感叹。

吴文英 四首

吴文英（约 1200—约 1260），字君特，号梦窗。四明（今浙江宁波）人。一生未做过官，以清客身份出入官僚权贵之门。有《梦窗词集》，存词三百四十首，是南宋词坛的重要词人。

风入松

听风听雨过清明，愁草瘗花铭。[1]
楼前绿暗分携路，[2]一丝柳、一寸柔情。
料峭春寒中酒，[3]交加晓梦啼莺。[4]

西园日日扫林亭，依旧赏新晴。
黄蜂频扑秋千索，有当时、纤手香凝。
惆怅双鸳不到，[5]幽阶一夜苔生。

【注释】

[1]草：起草。瘗（yì）：埋葬。铭：文体的一种。

[2]绿暗：绿树成荫，遮蔽地面。分携：分手。

[3]料峭：寒冷的样子。中酒：醉酒。

[4]交加：纷纷交错。

[5]双鸳：美人的鞋子，此指美人的足迹。

【品鉴】

此词写对一女子的思念之情。

宴清都

连理海棠[1]

绣幄鸳鸯柱,[2]红情密,腻云低护秦树。[3]

芳根兼倚,花梢钿合,锦屏人妒。[4]

东风睡足交枝,正梦枕、瑶钗燕股。[5]

障滟蜡、满照欢丛,嫠蟾冷落羞度。[6]

人间万感幽单,华清惯浴,春盎风露。[7]

连鬟并暖,同心共结,向承恩处。[8]

凭谁为歌长恨? 暗殿锁、秋灯夜雨。[9]

叙旧期、不负春盟,红朝翠暮。[10]

【注释】

[1]连理海棠:双本相生的海棠。

[2]绣幄:彩绣的大帐。鸳鸯柱:指成双成对的柱子,富贵人家用以支大帐来护花。

[3]红情密:指海棠花簇拥在一起。腻云:指翠叶如云。秦树:指连理海棠。《阅耕录》中记载秦中有双株海棠,有数十丈高。

[4]兼倚:互相倚靠。钿合:钿是金饰之盒,有上下两扇,两扇相合即称"钿合"。锦屏人:指闺中女子。"芳根"三句说:连理海棠两根相倚,上面花梢相合,一副相亲相爱的情态,连闺中女子都嫉妒了。

[5]瑶钗:玉钗。这两句说海棠交枝而睡,在梦中变成了玉钗燕股。

[6]障:遮避。滟蜡:形容蜡烛大、蜡泪多。满照:明亮的光。欢丛:指连理海棠的花枝。嫠(lí)蟾:指月中蟾蜍,这里借指月中嫦娥。这三句写连夜赏花的情况,化用了苏轼咏海棠诗句:"只恐夜深花睡去,故烧高烛照红妆。"

[7]幽单:指孤独寂寞的生活。华清:华清宫,唐宫名,有温泉,在骊山上,是唐玄宗和杨贵妃天宝年间常去的避寒之地。

[8]连鬟:古代女子出嫁后,将双鬟合为一髻,表示已经出嫁。同心共结:绾结罗带同心。同心:同心结,用锦带打成的连环回文样式的结子,用作男女相爱的象征。刘禹锡《杨柳枝》:"如今绾作同心结,将赠行人知不知。"

[9]暗殿锁、秋灯夜雨:描写安史之乱后,华清宫的荒凉景象。

[10]旧期、春盟:暗指唐玄宗与杨贵妃在华清宫长生殿对月盟誓,但愿世世为夫妇之事。白居易《长恨歌》云:"七月七日长生殿,夜半无人私语时。在天愿为比翼鸟,在地愿为连理枝。"

【品鉴】

连理海棠的形象,自然使人容易想到人间的恩爱夫妻,此词即由此立意。但词人极注意选材,他并不是泛咏人间爱情,而是在咏连理海棠中,融入历史上著名的李杨爱情故事,写花兼写人,花中有人,人不离花,收到了很好的艺术效果。"红情密"两句写出翠叶红花交相辉映的神态。"芳根兼倚,花梢钿合"写出其"连理"的特点,更用"锦屏人妒"反衬出海棠两根相依、花梢交合的相亲相爱的形象。"障滟蜡"两句既写出人们连夜赏花的兴致,更用"嫠蟾"申足"锦屏人妒"的意思。下片由咏花过渡到叙李杨之事,而又处处照应所咏的连理海棠。"华清惯浴,春盎风露"、"连鬟并暖,同心共结",写尽了杨贵妃当年承恩得宠时的情态以及她与唐玄宗形影不离的柔情蜜意。"凭谁"两句突然转入叙述李杨爱情的悲剧性结局:人去宫空,只有一片荒凉景色。言外似有人去花在、物是人非之感,亦有人之情虽浓烈但不如花之情长久的意思,耐人品味。

唐多令

何处合成愁?离人心上秋。
纵芭蕉、不雨也飕飕。[1]
都道晚凉天气好,有明月、怕登楼。

年事梦中休,[2]花空烟水流。
燕辞归、客尚淹留。[3]
垂柳不萦裙带住,漫长是、系行舟。

【注释】

[1]飕飕:风声。

[2]年事:岁月,年纪。

［3］淹留：滞留、久留。

【品鉴】

这首词写羁旅愁思，张炎《词源》评曰："此辞疏快，却不质实，如是者集中尚有，惜不多耳。"

思佳客

迷蝶无踪晓梦沉，寒香深闭小庭心。[1]
欲知湖上春多少，但看楼前柳浅深。

愁自遣，酒孤斟，一帘芳景燕同吟。[2]
杏花宜带斜阳看，几阵东风晚又阴。

【注释】

［1］寒香：指尚未谢尽的梅花。
［2］芳景：百花齐放的景象。

【品鉴】

词写春日景色，颇为生动传神，而在对景色的描写之中，又有一种惜春的情怀溢出字里行间。其与《望江南》立意相近，可以参看，其词云："三月暮，花落更情浓。人去秋千闲挂月，马停杨柳倦嘶风。堤畔画船空。恹恹醉，长日小帘栊。宿燕夜归银烛外，流莺声在绿阴中，无处觅残红。"

赵闻礼 一首

赵闻礼(1247 年前后在世),字立之,又字粹夫,号钓月,南宋临濮(今山东濮县境内)人。曾官胥口监征。

贺新郎
萤

池馆新收雨。[1]
耿幽丛、流光几点,半侵疏户。[2]
入夜凉风吹不灭,[3]冷焰微茫暗度。[4]
碎影落、仙盘秋露。[5]
漏断长门空照泪,袖纱寒、映竹无心顾。[6]
孤枕掩,残灯炷。[7]

练囊不照诗人苦。[8]
夜沉沉、拍手相亲,呆儿痴女。[9]
栏外扑来罗扇小,[10]谁在风廊笑语。
竞戏踏、金钗双股。[11]
故苑荒凉悲旧赏,怅寒芜、衰草隋宫路。[12]
同磷火,遍秋圃。[13]

【注释】

［1］池馆:池边馆舍。

［2］耿:明亮、照亮之意。流光:指流动的萤光。疏户:指有漏隙的门。

［3］"入夜"句化用唐代李嘉祐《咏萤》"夜风吹不灭"诗意。

［4］微茫:隐约模糊的样子。

［5］仙盘:指汉武帝所铸的金铜仙人承露盘。

［6］漏:指漏刻,古代的计时器。漏断:指夜漏已尽,天色欲明。长门:长门宫的简称,汉武帝的陈皇后失宠后幽居于此。空照泪:指萤光徒然映照着陈皇后的泪珠。映竹:指流萤映竹。

［7］炷:灯芯。

［8］练囊:以素色熟丝织成的萤囊。此句暗用车胤读书的典故。《晋书·车胤传》说车胤好学,但家里十分贫穷,他常用布袋装萤火虫来照明读书。诗人:作者自指。

［9］呆儿痴女:天真幼稚的小儿女。

［10］罗扇:用丝绢制成的小扇。"栏外"句化用杜牧《秋夕》:"轻罗小扇扑流萤"句意。

［11］戏踏、金钗:把双股金钗扔到地上,竞相戏踏。这是写"呆儿痴女"的活泼和顽皮。

［12］故苑:萤苑,在洛阳。大业十二年(616),隋炀帝于景华宫征求萤火,得数斛,夜出游山放之,光遍岩谷。后附会为炀帝游扬州时的事情。隋宫:指炀帝在江都(扬州)西北所建的隋苑,后来人们常用隋宫代指扬州之地。"故苑"两句说:当年的隋苑,曾放萤数斛,多么风光;而今那令人赞叹的场面一去不复返了,去往隋宫的路上,只有一片衰草而已!

［13］磷火:即所谓"鬼火"。秋圃:秋天的园圃。

【品鉴】

此词颇受后人赞赏,薛励若《宋词通论》认为:"古今咏萤之作当以此篇为最工婉矣。其幽索柔细之笔,何殊碧山咏蝉、赋红叶诸作!"上片先以"池馆"一句点明地点和天气,继而以"耿幽丛"以下四句具体描绘池馆萤火,其中尤以"入夜"两句最为传神。"碎影落"以下五句借历史人物和故事烘托萤火,丰富了全词的内容,"空照泪"三字下得尤见功力。下片"练囊"以下六句叙写诗人趁夜作诗和呆儿痴女嬉戏玩耍的情景,充满了生活气息,为全词增添了轻松的色彩和特殊的情韵,不能以闲笔视之。"竞戏踏、金钗双股",见出痴女呆儿之可爱与可笑,天真与活泼,十分生动。

"故苑"以下以怀古结全词,"同燐火,遍秋圃",写出词人所见:当年繁华一时的隋宫,如今只有萤光与磷火相伴,一片荒凉景象,寓意深远而含蓄,耐人回味。

李昂英　一首

李昂英(1201—1257)，字俊明，号文溪，番禺(今广东番禺)人，宝庆二年(1226)进士。曾为福建提举。

摸鱼儿
送王子文知太平州[1]

怪朝来、片红初瘦，[2]半分春事风雨。
丹山碧水含离恨，有脚阳春难驻。[3]
芳草渡，似叫住东君，[4]满树黄鹂语。
无端杜宇，报采石矶头，[5]惊涛屋大，寒色要春护。

阳关唱，画鹢徘徊东渚，[6]相逢知又何处。
摩挲老剑雄心在，[7]对酒细评今古。
君此去，几万里东南，只手擎天柱。
长生寿母，更稳坐安舆，三槐堂上，好看彩衣舞。[8]

【注释】

[1]太平州：州名，治所在今安徽省当涂县。辖境相当今安徽当涂、繁昌、芜湖等县地。

[2]片红初瘦：指繁花凋落。

[3]有脚阳春：喻官员能施仁政，犹如阳春，给百姓带来温暖。

[4]东君：春神。

559

[5]采石矶:在今安徽省马鞍山市长江东岸,为牛渚山突出长江而成,江面较狭,形势险要。

[6]阳关唱:指离别时唱的歌。画鹢(yì):船的别称。古代在船首上画鹢鸟的像,故称船为"画鹢"。

[7]摩挲:抚弄。

[8]安舆:古代的一种小车,可以安坐,故名。三槐堂:《宋史·王旦传》载,王祜在院中种了三棵槐树,并说"吾之后世必有为三公者,此其所以志也"。后来次子旦果然做了宰相,后代子孙因此修建三槐堂以为纪念。此处用王旦之典,说王子文也会成为宰相。彩衣舞:用"老莱娱亲"典,据《列女传》载,老莱子七十岁还在父母面前穿花衣服,学小儿哭啼,后遂以"老莱娱亲"、"彩衣舞"等表示孝养父母。

【品鉴】

上片写花事阑珊之时的惜别之情,表现出词人对友人的推重。下片写对友人的希望,最后四句虽是此种情境下的寻常语,但颇落俗套,使全词有强弩之末之感,殊为可惜。

柴　望 一首

柴望(1212—1280),字中山,号秋堂,江山人。曾供职中书省。宋亡不仕。

摸鱼儿

这情怀、怎生消遣,[1]思量只是凄怨。
一春长为花和柳,风雨又还零乱。
君试看,便杜牧风流,也则肠先断。
更深漏短,更听得杜宇,一声声切,流水画桥畔。

人间世,本只阴晴易换,斜阳衰草何限。
悲欢毕竟年年事,千古漫嗟修短。[2]
无处问,是闲倚帘栊,[3]尽日厌厌闷。
浮名尽懒,但笑拍阑干,连呼大白,[4]心事付归燕。

【注释】

[1]消遣:排遣。
[2]修:长。
[3]栊:窗户。
[4]大白:酒杯名。

【品鉴】

词写惜春之情。上片一起突兀,言自己一腔"凄怨"无处"消遣",耐人回味。"一春"二句抒伤春之情,尽管一春长有花与柳,怎奈风雨总是使之凋残?面对这种情景,词人设想,即使像唐代杜牧那样风流达观的文人,也会为之伤心断肠。"更深"以下四句。写词人在夜色中听杜鹃声声,更感凄切难忍。

下片由伤春进而抒发人生感慨。一起二句言浅意深,"斜阳衰草",含意深厚。"悲欢"二句看似达观,实则凄婉,"漫嗟"二字透出一种感伤。悲欢既然属人间常事,因而词人只是"闲倚帘栊",功名概如过眼烟云,岂能令人艳羡?"但笑拍阑干"以下三句,写词人旷达豪放的生活情态,旷达中流露出几许悲凉和无奈⋯⋯

徐一初　一首

徐一初(生卒年不详),宋亡不仕。

摸鱼儿

对茱萸、一年一度,[1]龙山今在何处?[2]

参军莫道无勋业,消得从容尊俎。[3]

君看取,便破帽飘零,也博名千古。

当年幕府,[4]知多少时流,等闲收拾,有个客如许!

追往事,满目山河晋土,[5]征鸿又过边羽。

登临莫上高层望,怕见故宫禾黍。[6]

筯绿醑,[7]浇万斛牢愁,泪阁新亭雨。[8]

黄花无语,毕竟是西风,朝来披拂,犹忆旧时主。

【注释】

[1]茱萸:一名越椒,是一种带有香气的植物,古代有重阳节登高的习俗,据说此时佩带茱萸囊可以避灾。

[2]龙山:在今湖北省江陵县西北。晋陶潜《晋故征西大将军长史孟府君传》说:孟嘉为桓温参军。九月九日,"温游龙山,参佐毕集","有风吹君(孟嘉)帽堕落,温目左右及宾客勿言,以观其举止。君初不自觉,良久如厕,温命取以还之。廷尉太原孙盛,为咨议参军,时在坐,温命纸笔令嘲之。文成示温,温以著坐处。君归,见嘲笑而请笔作答,了不容思,文辞超卓,四座叹之"。

〔3〕参军:指孟嘉。从容尊俎(zǔ):在杯酒之间从容相对。

〔4〕幕府:指桓温的府署。

〔5〕晋土:晋代的国土,因桓温、孟嘉皆晋人,故云。

〔6〕故宫禾黍:指故国之思。

〔7〕绿醑(xǔ):指酒。

〔8〕新亭:地名,故址在今南京市南。据《世说新语》载,西晋末,中原战乱,王室渡江流亡东南。王导等常于新亭饮宴,举目有山河之异,而相与对泣。而遂用"新亭相泣"等表示怆怀故国之情。

【品鉴】

此词上片扣重九题意,借写孟嘉故事,写出对前代文士风流的向往。下片写故国之思,"故宫禾黍"、"泪阁新亭",用典中浸透亡国之恨,结拍三句明咏菊花,实是自喻,感情颇为沉痛。由此词表达的感情看,作者当是宋亡后的遗民诗人。

陈人杰　一首

陈人杰(1218—1243),字刚父,号龟峰,长乐(今属福建)人。应举不第,漫游淮湘之间,最后回到杭州。有《龟峰词》,存词三十一首。

沁园春

诗不穷人,^[1]人道得诗,胜如得官。^[2]
有山川草木,纵横纸上;虫鱼鸟兽,飞动毫端。^[3]
水到渠成,风来帆速,廿四中书考不难。^[4]
惟诗也,是乾坤清气,^[5]造物须悭。^[6]

金张许史浑闲,^[7]未必有功名久后看。
算南朝将相,^[8]到今几姓;西湖名胜,只说孤山。^[9]
象笏堆床,^[10]蝉冠满座,^[11]无此新诗传世间。
杜陵老,^[12]向年时也自,^[13]井冻衣寒。^[14]

【注释】

[1]穷:仕途上失意不得志。

[2]此二句化用唐郑谷《静吟》中"相门相客应相笑,得句胜于得好官"的诗句。

[3]毫端:笔端,此指诗篇。

[4]中书:中书令,唐代中书省最高长官。考:吏部每年对官员考察,任满一年为一考。唐代郭子仪曾在很长时间里担任中书令,得二十四考。

[5]清气:清明灵秀之气。

[6]悭:吝啬。

[7]金张许史:指西汉时的金日(mì)磾(dī)、张安世以及外戚许氏、史氏,或为高官,或为皇戚,都曾煊赫一时。浑闲:都是等闲之辈。

[8]南朝:指宋、齐、梁、陈,因均偏安江南,故称。

[9]孤山:宋初诗人林逋曾在西湖孤山隐居二十馀年,植梅养鹤,人称"梅妻鹤子"。

[10]象笏(hù):象牙制成的五品以上官员朝见时所执的狭长板子,以为指画及记事之用,也叫"手板"。堆床:极言其多。

[11]蝉冠:汉代皇帝侍从官员之冠以貂尾蝉文为饰,后作为显贵的代称。

[12]杜陵老:指杜甫,他曾居住在长安县南五十里的杜陵附近,自称杜陵布衣。

[13]年时:旧时。

[14]井冻衣寒:言杜甫生活贫困。杜甫《空囊》诗有"不爨(cuàn)井晨冻,无衣床夜寒"之句,此化用其意。

【品鉴】

此词是一篇论诗之作,表达了作者以文学创作为一项事业的思想。

刘辰翁　三首

刘辰翁(1232—1297),字会孟,号须溪,庐陵(今江西吉安)人。补太学生。宋亡不仕。是宋末大词人,有《须溪词》,存词三百五十余首。

浣溪沙
春日即事

远远游蜂不记家,数行新柳自啼鸦。
寻思旧事即天涯。[1]

睡起有情和画卷,燕归无语傍人斜。
晚风吹落小瓶花。

【注释】

[1]天涯:指往事已经十分遥远。

【品鉴】

此词描绘春日景色,颇为生动。

摸鱼儿
酒边留同年徐云屋[1]

怎知他、春归何处,相逢且尽樽酒。
少年袅袅天涯恨,[2]长结西湖烟柳。

休回首,但细雨断桥,憔悴人归后。

东风似旧,问前度桃花:刘郎能记,花复认郎否?[3]

君且住,草草留君剪韭。[4]

前宵正恁时候,深杯欲共歌声滑,翻湿春衫半袖。

空眉皱,看白发樽前,已似人人有。

临分把手,叹一笑论文,清狂顾曲,[5]此会几时又?

【注释】

[1]酒边:饮酒之余。同年:科举考试中称同科考中的人为"同年"。

[2]天涯恨:漂泊异乡之恨。

[3]"问前度"三句:语本刘禹锡《再游玄都观》:"百亩庭中半是苔,桃花净尽菜花开。种桃道士归何处,前度刘郎今又来。"此处"刘郎"是词人自指。

[4]剪韭:割韭菜,指用家常饭菜招待友人。

[5]顾曲:指欣赏音乐。

【品鉴】

词写留别之情。上片一起,"春归何处",问得无理而有情;"相逢"一句,充满豪迈之气。"少年"二句言近旨远,耐人回味。"休回首"以下劝人亦是自劝,颇有情味。下片写劝留之意。"深杯"二句写饯别宴上情景,颇为生动传神。结拍四句语浅意深,"一笑论文"、"清狂顾曲",是对未来相聚把酒论文的向往。依依惜别之情,自从字里行间溢出,使人想起杜甫《春日怀李白》中的诗句:"渭北春天树,江东日暮云。何时一樽酒,重与细论文?"

踏莎行

雨中观海棠

命薄佳人,情钟我辈。[1]

海棠开后心如碎。

斜风细雨不曾晴,倚阑滴尽胭脂泪。[2]

恨不能开,开时又背。[3]

春寒只了房栊闭。[4]

待他晴后得君来,无言掩帐羞憔悴。[5]

【注释】

[1]命薄佳人:指海棠,古人常将海棠比为佳人,因为是在雨中,故云"命薄"。情钟我辈:对我辈特别多情。

[2]阑:栏杆。"斜风"两句说:斜风吹着细雨打在海棠花上,海棠胭脂一样红的花瓣儿上滴下雨水,好像是海棠花在流泪。

[3]背:指花开得不是时候,正巧碰上阴雨天。

[4]只了:只有。栊:窗上棂木。房栊:即指窗户。

[5]他:他日、以后。掩帐:指海棠叶下垂的样子。"待他"两句说:待到以后天晴了,人们再来赏海棠,那时海棠会默默无言,叶子下垂,为自己的憔悴姿态而羞愧。

【品鉴】

这首咏物词,在对海棠形象的描绘以及对海棠花在风雨中被摧残的不幸遭遇的同情中,表达了词人惜花、惜春的情怀,其中亦交织着家国之忧。刘辰翁生活的时代,南宋小朝廷长期受到外族统治集团的侵扰,已接近亡国的边缘,这种政治形势,正与词中所描绘的"斜风细雨不曾晴"一样,使所有忧国忧民之士感受到一种沉重的压抑和紧迫的危机感,这种情绪便很自然地融入了这首看似纯写海棠的作品里。从艺术技巧上看,这首词也很有特点,作者把海棠比拟为美人,写她"倚阑滴尽胭脂泪",设想奇特,十分生动;而"待他"两句更用拟人化手法,写出美人因为自知憔悴而羞涩无言的神态。这样,海棠花便被形神兼备地描绘了出来。另外,作者很注意避免单纯咏物,因而总在字里行间加入人的主观感受,如"海棠开后心如碎"、"春寒只了房栊闭",不仅写出了海棠花的不幸遭际,也把词人惜花伤惋之情细致而生动地表现了出来。

周　密　三首

　　周密(1232—1308),字公谨,号草窗,又号弁阳啸翁、萧翁、四水潜夫等,济南(今属山东)人,曾为义乌令。宋亡不仕,寓居杭州。有《草窗词》,存词一百五十余首。

闻鹊喜

吴山观涛[1]

天水碧,染就一江秋色。
鳌戴雪山龙起蛰,[2]快风吹海立,[3]

数点烟鬟青滴,一杼霞绡红湿。[4]
白鸟明边帆影直,[5]隔江闻夜笛。

【注释】

　　[1]吴山:在今浙江杭州市,东临大江,西瞰西湖。观涛:观钱塘江潮。

　　[2]此句形容江潮的巨大及气势。鳌戴雪山:神龟背负的雪山。龙起蛰:龙从蛰伏中苏醒。

　　[3]快风:疾风。

　　[4]杼:织布梭子。霞绡红湿:形容天边红霞好像刚刚织就的绡纱。

　　[5]明边:明处。

【品鉴】

　　此词用生动精炼的笔触,描绘了钱塘江蓝天碧水相连的壮观景象。

齐天乐

蝉

槐薰忽送清商怨,[1]依稀正闻还歇。[2]

故苑愁深,危弦调苦,前梦蜕痕枯叶。[3]

伤情念别,是几度斜阳,几回残月。

转眼西风,一襟幽恨向谁说。[4]

轻鬟犹记动影,[5]翠娥应妒我,[6]双鬓如雪。

枝冷频移,叶疏犹抱,[7]孤负好秋时节。

凄凄切切,渐迤逦黄昏,[8]砌蛩相接。[9]

露洗余悲,暮烟声更咽。[10]

【注释】

[1]槐薰:槐树间的薰风(即南风)。清商怨:词调名,此处指蝉凄切的鸣声。

[2]依稀:仿佛。

[3]前梦蜕痕:从前的美梦已如蝉蜕的痕迹一去不可复返了。

[4]一襟:满怀。

[5]轻鬟:指蝉翼。

[6]翠娥:指美人。

[7]枝冷、叶疏:意为居处日艰。频移、犹抱:写蝉对绿树的百般眷恋。

[8]迤逦:曲折连绵,此处指时间流逝。

[9]砌蛩(qióng):石阶下的蟋蟀。

[10]暮烟:暮霭。

【品鉴】

　　这首词与王沂孙《齐天乐》咏蝉词立意相同,亦是以蝉为齐宫怨女的化身来写亡国之痛的作品。较之王作,此词较少用典,较多白描,故而蝉的形象更为生动鲜明,但并不是没有寄托,只是寄托处不着意用笔,较为单纯明爽,如"故苑"三句写蝉兼写人,其中自有无限感慨。"前梦"二字令人深思;"转眼"两句写出南宋遗民的悲苦心境;"枝冷"三句,既写出蝉对绿树的依恋,体物十分精细,用笔亦相当简炼,同时也是周密自己亡国后无所依凭的心境的写照。最后几句句句关合蝉,"砌蛩相接",借蟋蟀悲鸣写出蝉鸣之凄切,而"露洗"两句更归列蝉的鸣声上,以收全篇,颇有含不尽之意于言外的艺术效果。

花 犯

赋水仙

楚江湄,湘娥乍见,无言洒清泪,[1]淡然春意。
空独倚东风,芳思谁寄。
凌波路冷秋无际,香云随步起。[2]
谩记得、汉宫仙掌,亭亭明月底。[3]

冰弦写怨更多情,骚人恨,枉赋芳兰幽芷。[4]
春思远,谁叹赏、国香风味。[5]
相将共、岁寒伴侣,小窗净、沉烟熏翠袂。[6]
幽梦觉,涓涓清露,一枝灯影里。[7]

【注释】

[1]湄:水边。湘娥:湘水女神。

[2]凌波:用曹植《洛神赋》语意。

[3]汉宫仙掌:汉宫前捧承露盘的金铜仙人。这里形容水仙亭亭玉立的形象。

[4]冰弦:冷弦,指秋天的流水。骚人:指屈原。芳兰幽芷:蕙兰白芷。"枉赋"句说屈原只赋兰、芷,不如写有情的水仙。

[5]国香:这里指水仙的清香。

[6]相将共:指生活在一起。沉烟:沉香(一种香木)的烟雾。翠袂:绿色的衣袖,指水仙的绿叶。

[7]一枝:指水仙。

【品鉴】

　　此词与高观国《金人捧露盘·水仙花》略有不同,词人虽然也借用了湘水女神的形象,但其命意用辞非常清远。如"淡然春意"写出水仙的神采,"空独倚"两句写出水仙之孤傲高洁,"谩记取"两句借用典故,写出水仙在明月下的亭亭玉影,十分传神。下片前三句责怪屈原忽视这凌波秀品,为水仙的遭遇抱不平,是词人咏物时常用的手法。"春思远"两句出人意表,写水仙虽春思悠远,但却恨无知音,其中当有作者自己的身世之感。"相将共"几句承上而来,说自己有幸与水仙在岁寒之时为伴,互为知己,流露出浓厚的爱花之情。结拍三句写词人梦醒所见情景:一枝带着露珠的水仙花,在灯影中亭亭玉立,给人送来淡淡的清香。结句含蓄有味,引人遐思。

朱嗣发 一首

朱嗣发(1234—1304),字士荣,号雪崖,乌程(今浙江湖州)人。《阳春白雪》收其词一首。

摸鱼儿

对西风、鬓摇烟碧,参差前事流水。[1]
紫丝罗带鸳鸯结,[2]的的镜盟钗誓。[3]
浑不记、漫手织回文,[4]几度欲心碎。
安花著蒂,奈雨覆云翻,情宽分窄,[5]石上玉簪脆。

朱楼外,愁压空云欲坠,月痕犹照无寐。
阴晴也只随天意,枉了玉消香碎。
君且醉,君不见、长门青草春风泪。
一时左计,悔不早荆钗,暮天修竹,[6]头白倚寒翠。

【注释】

[1]参差:仿佛。

[2]鸳鸯结:互相成对的结。

[3]的的:明亮的样子。镜盟钗誓:将镜子分为两半、钗分为两股,夫妻各执其一,以为盟誓。

[4]回文:诗词字句回旋反复都可读通读懂的叫回文。晋人苏若兰《璇玑图诗》并序谓:苏若兰夫窦滔与其绝音间,苏氏悔恨自伤,因织锦为回文,题诗二百余首,纵

574

横反复,皆为文章。后人借为家信或情书的代称。

[5]分:缘分。

[6]左计:失策。暮天修竹:化用杜甫诗:"天寒翠袖薄,日暮倚修竹。"

【品鉴】

此为弃妇词。上片一起三句写思妇回忆逝去的往事,"参差"二字透出一种惆怅情怀。"紫丝"二句写二人盟誓分别,"浑不记"三句写别后情疏,使之"欲心碎"。"安花著蒂"以下写爱情已经结束,"情宽分窄",令人感喟。下片一起写景,忧愁伤心之情自在其中。"阴晴"二句用语平易而含蓄隽永,"玉消香碎"而用"枉了"二字领起,无奈之情自见。"君且醉"以下有情有景,把弃妇的形象和她的悔恨之情写得生动而形象。

王沂孙　七首

王沂孙(生卒年不详),字圣与,号碧山,又号中仙,绍兴(今属浙江)人,曾与周密、张炎等人来往密切。入元后曾任庆元路学正,其词多写故国之思。有《花外集》,存词六十余首。

醉蓬莱

归故山[1]

扫西风门径,[2]黄叶凋零,白云萧散。
柳换枯阴,赋归来何晚![3]
爽气霏霏,[4]翠娥眉妩,[5]聊慰登临眼。
故国如尘,[6]故人如梦,登高还懒。

数点寒英,为谁零落,楚魄难招,[7]暮寒堪揽。
步屧荒篱,[8]谁念幽芳远。
一室秋灯,一庭秋雨,更一声秋雁。
试引芳樽,不知消得,几多依黯。[9]

【注释】

[1]归故山:辞官还乡。故山:指作者家乡的山,即绍兴东南的玉笥山。

[2]此句即"西风扫门径"之意。

[3]赋归来:陶渊明《归去来辞》有"归去来兮,田园将芜胡不归"之句,此指辞官

归乡。

    [4]霏霏:纷起的样子。

    [5]此句指故山清秀的山容。

    [6]故国:指宋朝。

    [7]楚魂:屈原之魂,此作者自指。

    [8]步屧:指足踏。屧:木板拖鞋。

    [9]依黯:眷恋不舍中的忧郁悲惋之情。

【品鉴】

    词写辞官后回到故乡的所思所感,风格清疏,感情沉郁,是王沂孙颇具特色的一篇词作。

庆清朝

榴 花[1]

玉局歌残,金陵句绝,年年负却薰风。[2]

西邻窈窕,独怜入户飞红。[3]

前度绿阴载酒,枝头色比舞裙同。[4]

何须拟,蜡珠作蒂,缃彩成丛。[5]

谁在旧家殿阁? 自太真仙去,扫地春空。[6]

朱幡护取,如今应误花工。[7]

颠倒绛英满径,想无车马到山中。[8]

西风后,尚馀数点,犹胜春浓。[9]

【注释】

    [1]榴花:石榴花。开在五六月间,鲜红如火,十分醒目。韩愈有"五月榴花照眼明"(《榴花》)之句。

    [2]玉局:指苏轼。苏轼从琼州(今海南省)赦还后,曾被任命为提举成都玉局观(道宫),遥领祠禄,后人因此称他为苏玉局。他的《贺新郎·夏景》《南歌子·暮春》均是咏榴花的,前者有"石榴半吐红巾蹙,待浮花浪蕊都尽,伴君幽独",后首有"惟见石榴新蕊一枝开"等句。金陵:指王安石,他晚年家住金陵(今江苏省南京市),《王直

方诗话》记王安石咏榴花有"浓绿万枝红一点,动人春色不须多"的名句,有人认为这是唐人诗句。王安石很喜欢此诗,将此诗题写在自己所用的扇子上,遂被人误以为是王安石所作。薰风:南风,指夏日。"玉局"三句说:自从苏轼、王安石写下咏榴花的诗词以后,已经没有人续写出同样的佳作,使榴花自开自落,年年有负于夏日薰风。

[3]窈窕:美好貌,常用以形容美女,这里指榴花。这两句化用朱熹《榴花》诗意,其诗云:"窈窕安榴花,乃是西邻村,坠萼可怜人,风吹落幽户。"飞红:指落花。

[4]枝头色:枝头花色。"枝头"句暗用唐万楚《五日观妓》诗中"红裙妒杀石榴花"句意。

[5]缃彩:带有浅黄色的绸子。温庭筠有《海榴》诗,其中有:"蜡珠攒作蒂,缃彩剪成丛"的句子。此处反用其意,说剪彩做的石榴花比真的石榴花差远了。

[6]旧家殿阁:这里指骊山温泉宫,传说杨贵妃曾在这里种了许多石榴树。太真:杨贵妃号太真。

[7]朱幡护取:唐段成式《酉阳杂俎·支诺皋下》说,天宝年间有一个叫崔玄微的人住在洛东宅,春夜有一个名叫石阿措的女郎来对他说:"诸石郎都住在苑中,每岁多被恶风所挠,如作一幡,上图日月五星之文,于苑东立之,可免此难。"崔玄微按她的话到某日便立起朱幡。这天东风刮起,自洛南折树飞沙,而苑中繁花不动。石阿措即安石榴,而诸女伴是众花之精。应误花工:没有花工设幡护花。幡:旗幡。

[8]颠倒绛英:指落花满地。这两句化用韩愈《榴花》"可怜此地无车马,颠倒青苔落绛英"诗意,写山中榴花自开自落的情态。

[9]数点:指残花。"西风"三句化用"浓绿万枝红一点,动人春色不须多"诗意,写出榴花的自然之美。

【品鉴】

这首词的显著特点,是充分运用前人咏榴花的诗词名句和有关榴花的故事来描绘石榴花的形象与神韵。词人化用或借用前人诗词十分巧妙,不仅没有任何痕迹,而且十分自然恰当,往往能又出新意,如"枝头色比舞裙同"之于"红裙妒杀石榴花","颠倒绛英满径,想无车马到山中"之于"可怜此地无车马,颠倒青苔落绛英","西风后,尚馀数点,犹胜春浓"之于"浓绿万枝红一点,动人春色不须多"等均是如此。词人艺术技巧的高超之处就在于,他利用前人的诗词名句,不仅注意诗意的相同或相反,而且注意全词的意境和情绪,因此总是稍加点染和变化,便能与全词风格融合在一起,好像纯从己出似的,所以全词虽然有多处化用了前人诗词名句或有关故事,却仍然显得灵动活泼而并无一丝呆滞和死板。

庆春宫

水仙花

明玉擎金,纤罗飘带,为君起舞回雪。[1]

柔影参差,幽芳零乱,翠围腰瘦一捻。[2]

岁华相误,记前度湘皋怨别。[3]

哀弦重听,都是凄凉,未须弹彻。[4]

国香到此谁怜?[5]烟冷沙昏,顿成愁绝。

花恼难禁,酒销欲尽,门外冰澌初结。[6]

试招仙魄,怕今夜瑶簪冻折。[7]

携盘独出,空想咸阳,故宫落月。[8]

【注释】

[1]明玉擎金:形容水仙花犹如白玉般的纤手捧着金盘。水仙花的白瓣黄心,有"金盏银台"之称,所以词人用"明玉擎金"来描绘它。纤罗飘带:纤细的罗带迎风飘舞。罗带,指水仙花扁平狭长像蒜条一样的绿叶。回雪:曹植《洛神赋》说洛神"若回风之流雪"。此处用来形容水仙在微风中摆动的姿态。

[2]参差:高低不齐的样子。一捻:犹言一束,是写水仙花腰围瘦细。"翠围"句描写水仙花叶向空四布根处又腰围如束的形象。

[3]岁华:大好时光。湘皋:湘水边。湘皋怨别:用湘水女神的典故,参见前注。

[4]弹彻:弹完全曲。"哀弦"三句说:又听到哀伤、凄凉的琴声,不待曲终,听者已不胜其哀怨了。

[5]国香:指水仙花。黄庭坚《次韵中玉水仙花二首》:"可惜国香天不管,随缘流落小民家。"谁怜:无人怜惜。

[6]花恼:指被花惹起的烦恼和怨恨。冰澌:薄冰。

[7]仙魄:指水仙的芳魂。瑶簪:玉簪,形容水仙花。瑶簪冻折:指花瓣萎落。

[8]"携盘独出"三句,用汉宫金铜仙人被迁移的典故,表达一种亡国之恸。李贺《金铜仙人辞汉歌·序》说:"魏明帝青龙元年八月,诏宫官牵车西取汉孝武捧露盘仙人,欲立置前殿。宫官既拆盘,仙人临载,乃潸然泪下。"其诗中说:"空将汉月出宫门,忆君清泪如铅水。衰兰送客咸阳道,天若有情天亦老。携盘独出月荒凉,渭城已

远波声小。"咸阳:秦都城名,汉改为渭城县,离长安不远。故宫:指汉宫。金铜仙人是汉武帝建造的,矗立在神明台上,"高二十丈,大十围"(《三辅故事》),异常雄伟。魏明帝景初元年(237),它被拆离汉宫,运往洛阳,后因"重不可致",而被留在霸城。

【品鉴】

这首词表面看句句咏水仙,其实却另有寄托,如果仔细阅读并联系当时的历史事实,似乎可以得出这样的结论:此词表达了作者对被掳妃嫔的同情,抒写了词人的亡国之恨。据《浩雅斋雅淡》记载,南宋都城临安陷落后,三宫被掳北上,宫嫔王清惠,北上途中,在一处驿站墙壁上题写了一道《满江红》,词意十分哀切。此词作于南宋亡国之后,即为此事而发。如"岁华"两句写出宫嫔辞宫去国的无穷伤怨;"国香"三句,表面看是写水仙生非其地,长非其时,其实却是写宫嫔被强行带往塞外荒凉之地;尤其是结拍三句,寓意更加明显,词人借汉宫仙人承露盘被移去这一典实,明白地表露出家国败亡的愁与恨,令人生出无限感慨。词人的高明之处在于,他并没有直接地表达自己的所思所感,也并没有抛开所咏之物去任意抒写,而是紧紧扣住水仙花,句句切合水仙花,在对水仙花的描写中暗寓寄托。如"明玉"三句是写水仙的形象,却又是描写亡国之前宫女们的体态与舞姿;"花恼"三句写出词人看花时的感受,而其"难禁"的,岂不更是亡国之恨?即使结拍三句,虽然抒写的是对故国的悼念之情,但仍是从水仙的形象和神韵着笔,颇得咏物词不粘不脱之妙。

齐天乐

蝉

一襟馀恨宫魂断,年年翠阴庭树。[1]
乍咽凉柯,还移暗叶,重把离愁深诉。[2]
西窗过雨,怪瑶珮流空,玉筝调柱。[3]
镜暗妆残,为谁娇鬓尚如许。[4]

铜仙铅泪似洗,叹携盘去远,难贮零露。[5]
病翼惊秋,枯形阅世,消得斜阳几度。[6]
馀音更苦,甚独抱清商,顿成凄楚。[7]

漫想薰风,柳丝千万缕。^[8]

【注释】

[1]一襟馀恨宫魂断:马缟《中华古今注》:"昔齐后忿而死,尸变为蝉,登庭树嘒唳而鸣,王悔恨。故世名蝉为齐女焉。"此处暗用这个典故。宫魂:因为传说蝉是宫人的魂化的,故云。

[2]"乍咽"三句说:蝉忽而悲鸣于寒枝高处,忽而哀泣于密叶之中,像是谁在诉说着离别的愁情。凉柯:指秋天的树枝。暗叶:树叶繁密之处。

[3]瑶珮:玉珮。调柱:调弄乐器的弦柱,此处是弹奏的意思。"怪瑶珮"两句说,雨后蝉声婉转动听,既像玉珮在天空中迸响,又像银筝的弹奏声,清脆悦耳。

[4]娇鬟:蝉翼。崔豹《古今注》载魏文帝宫人莫琼枝"制蝉鬟,缥缈如蝉翼"。蝉翼既然可以象征宫人的鬟发,所以词人有"镜暗妆残"之句以写秋蝉。

[5]铜仙铅泪似洗:用金铜仙人的典故。据史书记载,汉武帝时铸手捧承露盘的金铜仙人于建章宫,魏明帝时,诏令拆迁洛阳,李贺《金铜仙人辞汉歌》有"空将汉月出宫门,忆君清泪如铅水"之句。此处化用李贺诗意。铜仙:即金铜仙人。难贮零露:古人认为蝉餐风饮露,金铜仙人带着承露盘走了,蝉则无以为生了。

[6]病翼:指蝉翼,因为已到了清秋时节,蝉已接近死亡的时候,故说"病翼"。枯形:指蝉濒临死亡的枯槁形骸。阅历:经历人世的沧桑。消得:禁得住。

[7]清商:古乐府的一种,"其音多哀怨",此处指蝉哀怨凄清的鸣声。

[8]薰风:南风,这里指夏天。

【品鉴】

唐圭璋先生解释这首词说:"此首咏蝉,盖咏残秋哀蝉也。妙在寄意沉痛,起笔已将哀蝉心魂拈出,故国沧桑之感,尽寓其中。"(《唐宋词简释》)的确,此词借咏秋蝉,将对南宋朝廷的哀悼与个人身世的伤感融在一起,写得哀恻凄怨,寄托深远。一起用"宫魂"二字点出题目,又用"年年"一句平接。"乍咽"三句写蝉的哀鸣,亦写出亡国之民的哀泣和哽咽。"西窗"以下写雨后蝉声婉转,极有韵致。"镜暗"两句借疑责语气,写出词人对秋蝉的怜惜。换头,"叹盘露尽,蝉愈无以自庇,喻时易事异,人亦无以自容也"(《唐宋词简释》)。"病翼"三句既写哀蝉临秋时的凄苦心情,又表现了词人自己在国破家亡后心境之凄苦哀伤。"馀音"三句承上而来,透进一层,仍写秋蝉的哀怨,"顿成凄楚",感情沉痛。"末句,陡着盛时之情景,振动全篇"(《唐宋词简释》),作者用逆笔反面取势,写出年华空逝、盛时不再的悲哀。

齐天乐
萤

碧痕初化池塘草,荧荧野光相趁。[1]
扇薄星流,盘明露滴,零落秋原飞磷。[2]
练裳暗近,[3]记穿柳生凉,度荷分暝。[4]
误我残编,翠囊空叹梦无准。[5]

楼阴时过数点,倚阑人未睡,曾赋幽恨。[6]
汉苑飘苔,秦陵坠叶,千古凄凉不尽。[7]
何人为省,但隔水馀晖,傍林残影。[8]
已觉萧疏,更堪秋夜永![9]

【注释】

[1]"碧痕"句:萤是一种飞虫,产卵于水边草丛,古人误以为萤是腐草所化,故有"腐草化为萤"的说法。碧痕:指萤,因其腹后部有发光器,夜间闪烁发微绿色光。荧荧:指萤光闪烁。相趁:指相逐飞行。

[2]扇薄星流:化用杜牧《秋夕》诗意。星流:指萤像星光一样,不断流动。因萤飞行时如水流无定,故又称"流萤"。盘明露滴:用金铜仙人承露盘的典故,点明时令是秋天。秋原:秋天的原野。

[3]练裳:指人的衣服。

[4]这两句说:记得从前见萤在柳枝间飞行,使人感到秋夜的凉意;萤在池塘上飞过,萤光划破了荷塘的夜色。暝:日暮、夜晚。

[5]"误我"两句:用车胤借萤光读书的典故。残编:指前人的著作。这两句的意思是:我喜欢读古人的著作,但是即使像车胤那样用功,也毫无意义,只能是自误而已,因为已经国破家亡,一切全成旧梦了。

[6]数点:指萤光。

[7]"汉苑"、"秦陵"两句化用刘禹锡《秋萤引》:"汉陵秦苑遥苍苍,陈根腐叶秋萤光。夜空寂寥金气净,千门九陌飞悠扬。"此处用汉朝宫苑和秦朝陵墓的荒凉景象,关合亡国的史实,所以说:"千古凄凉不尽。"

[8]省:省察、明白。馀晖、残影:均指萤光。

[9]更堪:哪堪,哪能忍受。秋夜永:秋夜长。

【品鉴】

　　此词借咏萤抒写了词人的亡国之恨,感情沉痛。陈廷焯《词则·大雅集》评此词"感慨苍茫,深人无浅语"。王沂孙念念不忘他是南宋遗民,因此凡是咏物,总要有所寄托,此词亦不例外。但他又不是空发议论或抒写感慨,其高明之处即在于融咏物抒情为一体,自有不粘不脱之妙。上片"碧痕"以下八句均是写萤及萤光,尤以"记穿柳"两句描摹最为细致,不仅描绘出萤光的形象,更写出了萤的神韵,可与李嘉祐《咏萤》名句"夜风吹不灭,秋露洗还明"比美。"误我"两句以情结上片,借有关萤的典故,抒写了亡国后作者的苦闷和绝望心情。下片写萤兼写人,归结到亡国之恨。起三句写人见萤光而难眠,忆起"曾赋幽恨"。"汉苑"三句以古比今,写出宋亡后的凄凉心境,"不尽"二字令人生出无限感叹。"何人"以下五句萤与人并写,表现了宋朝遗民面对山河萧疏的亡国景象无可奈何的情怀。前人评王沂孙词"运意高远,吐韵妍和"(戈载《七家词选》),从这首词看,这个评语还是有一定道理的。

天　香

龙涎香[1]

孤峤蟠烟,层涛蜕月,骊宫夜采铅水。[2]
汛远槎风,梦深薇露,化作断魂心字。[3]
红瓷候火,还乍识、冰环玉指。[4]
一缕萦帘翠影,依稀海天云气。[5]

几回殢娇半醉,[6]剪春灯、夜寒花碎。[7]
更好故溪飞雪,小窗深闭。[8]
荀令如今顿老,总忘却、樽前旧风味。[9]
漫惜馀薰,空篝素被。[10]

【注释】

[1]龙涎香:一种来自南海的名贵的香。《岭南杂记》载:"龙涎于香品中最贵重,出大食国西海之中,上有云气罩护,则下有龙蟠洋中大石,飘浮水面,为太阳所烁,凝结而坚,轻若浮石,用以和众香,焚之,能聚香烟,缕缕不散。"又说:"鲛人采之,以为至宝,新香色白……入香焚之,则翠烟浮空,结而不散。"其实,龙涎是香鲸的分泌物,古人认为香鲸是水中的龙,故云"龙涎"。

[2]孤峤(jiào):指传说中龙所蟠伏的礁石。峤:尖而高的山。蟠烟:指传说中龙上面罩护的云气。蜕月:指月光在波涛间闪烁不定。骊宫:龙宫。铅水:即喻指龙涎。这三句写龙涎产地以及词人对鲛人至海上采取龙涎情景的想象。

[3]汛远槎风:指龙涎经海路从很远的地方运来中国。汛:潮汛。槎(chá):用竹木编成的筏子,这里指船。薇露:指蔷薇水,是制造龙涎香时所需的一种香料,制香时,须将二者研和在一起。心字:指将香制成篆体"心"字形状。这三句写龙涎香制作的过程。

[4]红瓷:指存放龙涎香的红色的瓷盒。候火:只待点燃。冰环玉指:此处指龙涎香的形状。冰环:即玉环。这两句写焚香之具与香之形状。

[5]"一缕"两句说,龙涎香点燃后烟雾缥缈,有如海天之云气。这里描写的正是《岭南杂记》中"焚之,能聚香烟,缕缕不散"的情景。

[6]殢(tì):慵倦之意,此处写佳人醉后的娇态。柳永《玉蝴蝶》:"要索新词,殢人含笑立尊前。"

[7]剪春灯:剪灯花。灯:灯花。

[8]故溪:家乡旧居边的溪水。

[9]荀令:指三国时人荀彧,因其做过尚书令,故称"荀令"。荀令十分喜爱熏香,《襄阳记》说:"荀令君至人家坐幕,三日香气不歇。"李商隐《牡丹》诗:"石家蜡烛何曾剪,荀令香炉可待熏。"这里以"荀令"自指。

[10]馀薰:指残留的香气。篝:熏香用的熏笼。

【品鉴】

南宋灭亡以后,元僧杨琏真伽总管江南释教时,在会稽盗发南宋诸帝后之陵墓。其后唐珏与王沂孙、周密、张炎等十四位词人,曾经结社填词,分咏龙涎香、白莲、莼、蝉、蟹等五物,藉咏物以寄托亡国之恨,结集为《乐府补题》,共收录了三十七首词。此词置于《乐府补题》卷首,由此可见此词在当时便很受人推重。唐圭璋先生《唐宋词简释》认为:"此首咏龙涎香,上实下虚,语语凝炼,脉络分明,旨意当有寄托。"上实,指上片主要描写了龙涎香的产地、制香过程以及焚香之具和香之形状,"一缕"两句写香气弥漫、烟雾缥缈,最为传神。下虚,即指下片"提空另写,逆入旧事","几回"以下几句回忆当年焚香之时与佳人剪灯夜话的情景,"更好"两句以"故溪飞雪"反衬出"小窗深闭"、焚香而坐的温馨,"几回"两字透出无限惆怅。"荀令"三句与姜白石《暗香》中"何逊而今渐老,都忘却,春风词笔"句法相同,情怀亦相似。结拍写出惜香之意,明知熏笼已空,仍置"素被"于其上,更见出作者对"馀薰"长逝的悲哀与惆怅。据史书记载,杨琏真伽盗发六陵后,曾倒悬理宗之尸,沥取水银,因而有人认为此词"骊宫夜采铅水"句便是暗指此事,因为用龙来比喻皇帝是古代的传统说法。这种说法有一定的道理,可以参考。

摸鱼儿

洗芳林、夜来风雨,匆匆还送春去。
方才送得春归了,那又送君南浦![1]
君听取,怕此际、春归也过吴中路。[2]
君行到处,便快折湖边,千条翠柳,为我系春住。

春还住,休索吟春伴侣,残花今已尘土。
姑苏台下烟波远,[3]西子近来何许?[4]
能唤否? 又恐怕、残春到了无凭据。[5]
烦君妙语,更为我将春,连花带柳,写入翠笺句。[6]

【注释】

[1]南浦:泛指水边送别之地。

[2]吴中:泛指春秋时吴地,即今江苏、浙江一带。

[3]姑苏台:在苏州西南姑苏山上,吴王夫差于台上立春宵宫,为长夜之饮。

[4]西子:即西施,由越王勾践献给夫差,成为夫差最宠爱的妃子。

[5]凭据:证据。

[6]翠笺句:指词篇。

【品鉴】

此送人远行之作,作者将送人与送春相挽合,见出构思之妙。上片一起从昨夜夜雨写起,进而引出送春之意。"方才"二句由送春写到送人,出语平淡而用意委婉、曲折。"君行"以下设想奇妙,不直接写惜别之情,反而请友人用西湖边的柳枝系住欲归之春,对友人的一片深情,全由言外见之。下片从对方着笔,先说友人孤独,没有"吟春伴侣",进而设想他游于姑苏台下,以解离别之忧,"西子"一句问得有趣,诗意陡然浓郁。最后四句与上片歇拍相映衬,表现出对友人的赞赏和期待,从而使惜别之情得到更深一层的抒发。

何梦桂　一首

何梦桂(生卒年不详),字岩叟,号潜斋,曾为太常博士。宋亡不仕。

摸鱼儿

记年时、人人何处,[1]长亭曾共尊酒。

酒阑归去行人远,[2]折不尽长亭柳。

渐白首,待把酒送君,恰又清明后。

青条似旧,[3]问江北江南,离愁如我,还更有人否?

留不住,强把蔬盘瀹韭,[4]行舟又报潮候。[5]

风急岸花飞尽也,一曲啼红满袖。

春波皱,青草外,人间此恨年年有。

留连握手,叹人世相逢,百年欢笑,能得几回又!

【注释】

　　[1]年时:年前。

　　[2]阑:尽也。

　　[3]青条:指柳条。

　　[4]瀹(yuè):以汤煮物。

　　[5]潮候:潮涨的讯息。

【品鉴】

　　此送别之作,抒发了作者的惜别之情。上片一起先写去年之送别,

"酒阑"二句写去年送别情景,最为传神。"渐白首"三字,看似平常,但却含多少感慨?"待把酒"三句以今之柳条青青与前之"折不尽"的"长亭柳"相应,令人生出无限遐思。歇拍三句语浅情深,"还更有人否",心境之凄凉,自从言外见之。下片一起写今日别时情怀,"强把"二字,透出"留不住"的无奈。"行舟"以下写友人乘舟而去,"一曲啼红",耐人回味。"青草"二字总写离情,感慨颇深。结拍三句叹人生离别之易、相逢之难,使全词的意境更进一层,见出作者构思之巧、运笔之妙。

蒋　捷 二首

蒋捷(生卒年不详),字胜欲,号竹山,常州宜兴(今属江苏)人。宋末著名词人。度宗咸淳十年(1274)进士,宋亡不仕,隐居太湖中的竹山,人称竹山先生。有《竹山词》,存词九十余首。

一剪梅

舟过吴江

一片春愁待酒浇。
江上舟摇,楼上帘招。[1]
秋娘渡与泰娘桥。[2]
风又飘飘,雨又潇潇。

何日归家洗客袍?
银字笙调,[3]心字香烧。[4]
流光容易把人抛。[5]
红了樱桃,绿了芭蕉。

【注释】

[1]帘招:酒旗招展。

[2]秋娘渡、泰娘桥:均在吴江境内。

[3]银字笙:镶饰着银字的笙。调:调弄乐器。

[4]心字香:形状为篆文"心"字的香。

［5］流光:光阴。

【品鉴】

词写倦游思归之情,表现出作者在离乱中的特殊心态。

虞美人

听 雨

少年听雨歌楼上,红烛昏罗帐。

壮年听雨客舟中,江阔云低,断雁叫西风。[1]

而今听雨僧庐下,鬓已星星也。[2]

悲欢离合总无情,[3]一任阶前,点滴到天明。

【注释】

［1］断雁:孤雁。

［2］星星:形容头发斑白。

［3］此句言自己对悲欢之情已无动于衷。

【品鉴】

此词通过听雨的三幅图卷,表现出作者少年、壮年和晚年三个时期的不同感受。

张　炎　四首

张炎(1248—约1320),字叔夏,号玉田,又号乐笑翁。临安(今浙江杭州)人。宋亡后,因人作客,闲游纵饮,落拓而终。精通音律,著有《词源》。有《山中白云词》,存词三百余首。

绮罗香

红　叶

万里飞霜,千林落木,寒艳不招春妒。[1]
枫冷吴江,独客又吟愁句。[2]
正船舣、流水孤村,似花绕、斜阳归路。[3]
甚荒沟、一片凄凉,载情不去载愁去。[4]

长安谁问倦旅,[5]羞见衰颜借酒,飘零如许。
谩倚新妆,不入洛阳花谱。[6]
为回风、起舞尊前,尽化作、断霞千缕。[7]
记阴阴、绿遍江南,夜窗听暗雨。[8]

【注释】

[1]落木:落叶。寒艳:指红叶。这三句总写秋天风景,指出只有红叶是寒天中唯一的浓艳之色,故而"不招春妒"。

[2]枫冷吴江:唐崔信明诗云"枫落吴江冷",此用其意。吴江:即吴松江,在今苏

591

州南部。独客:作者自指。

[3] 舣(yǐ):附船着岸。

[4] 甚:太。"甚荒沟"两句暗用唐代红叶传诗的故事,说红叶带走了自己的一片愁苦心情。

[5] 长安:这里借指南宋都城临安。倦旅:疲于奔走的人,这里是作者自指。

[6] 洛阳花谱:洛阳的牡丹特别著名,所以牡丹又叫"洛阳花","洛阳花谱"即指牡丹谱。"谩倚"两句说:红叶虽红,但仍不是花,故不能载入牡丹花谱。

[7] 回风:回旋的风。"为回风"两句说:在回旋的秋风中,红叶纷纷飘落,艳红的颜色好像千缕断霞。

[8] 阴阴:夏日树木茂盛的样子。

【品鉴】

此词生动地描绘出红叶(枫叶)的形象和风韵,同时抒写了词人作为一个亡国遗民的所思所感,感情颇为沉痛。上片前三句总写秋天风景,其中自有寓意。很明显,"红叶"是宋末遗民的象征,而"春"则代表了在新朝中获得了一定地位的人。下面由红叶写到人,尤其是"甚荒沟"两句表现出词人停舟远望似花一样围绕在船边的红叶时的愁苦心情。为什么有愁呢?原来,词人见到寒天中的红叶,便想到了亡国后的遗民。红叶虽然仍呈红艳之色,但环境毕竟已是一片萧瑟;而遗民虽然节操不改,但毕竟宋朝已亡了。下片由人写到红叶。前三句写出自己作为遗民的凄凉心境和飘零景况,"谩倚"两句,暗寓宋朝遗民不得新朝富贵之意。"为回风"两句在描绘秋风里飘落的红叶中,自有深刻的寓意。"记阴阴"两句宕开一笔,含意深沉,耐人回味。总之,此词处处写的是红叶,而又处处是写人,人与物达到了高度的统一,因而陈廷焯《词则》评它为"情词兼工"之作,是十分确当的。

摸鱼儿
高爱山隐居

爱吾庐、傍湖千顷,苍茫一片清润。[1]
晴岚暖翠融融处,[2]花影倒窥天镜。[3]
沙浦迥,[4]看野水涵波,隔柳横孤艇。
眠鸥未醒,甚占得莼乡,[5]都无人见,斜照起春暝。

还重省,岂料山中秦晋,桃源今度难认。[6]

林间即是长生路,一笑原非捷径。[7]

深更静,待散发吹箫,跨鹤天风冷。

凭高露饮,正碧落尘空,[8]光摇半壁,月在万松顶。

【注释】

[1]清润:指湖水清澄明净。

[2]晴岚:晴日山林中的雾气。

[3]天镜:指湖面。

[4]迥:远。

[5]莼乡:用张翰在外做官思念家乡莼羹、鲈鱼脍的典故,此处指隐居之处。

[6]山中秦晋、桃源:用陶渊明《桃花源记》的故事。在陶渊明笔下,桃花源是一个理想境界,桃花源中的人自称是先世避秦末世乱而来此定居的。后遂用"桃源"、"秦源"、"晋洞"等喻世外仙境,也指避世隐居的地方。

[7]捷径:指通过隐居,抬高身价而出仕求官的道路。

[8]碧落:犹云碧空。

【品鉴】

此词写作者隐居时的所思所感。上片写隐居之处的自然山水,其中"晴岚"二句写湖中倒影,颇为生动;"看野水"二句写柳阴下小艇自横,隐逸情趣自见。下片写隐居的心情,"林间"二句可谓一篇之主旨,把作者安于隐居生活的心态和盘托出。结拍以景结情,"光摇半壁,月在万松顶",在这高远的境界中,表现出词人高洁孤傲的情怀。

水龙吟

白 莲

仙人掌上芙蓉,涓涓犹滴金盘露。[1]

轻装照水,纤裳玉立,飘飘似舞。[2]

几度销凝,满湖烟月,一汀鸥鹭。[3]

记小舟夜悄,波明香远,浑不见、花开处。[4]

应是浣纱人妒,^[5]褪红衣、被谁轻误?^[6]

闲情淡雅,冶姿清润,凭娇待语。^[7]

隔浦相逢,偶然倾盖,似传心素。^[8]

怕湘皋珮解,绿云十里,卷西风去。^[9]

【注释】

[1]仙人掌、金盘:《三辅故事》:"汉武帝以铜作承露盘,高二十丈,大十围,上有仙人掌承露,和玉屑饮,以求仙也。"涓涓:本指细水慢流的样子,这里指露珠轻轻滴下。这两句暗用典故,说莲花是仙人掌上的芙蓉,花叶间还滴着金盘的玉露。唐陆龟蒙《白莲》诗云:"素花多蒙别艳欺,此花真合在瑶池。"

[2]轻装、纤裳:指荷叶。这三句描绘莲花在绿叶的映衬下随风起舞。

[3]几度:几次。销凝:徘徊凝望。汀(tīng):水边平地,小洲。

[4]夜悄:静悄悄的夜晚。波明:指月照湖水泛着白光。浑:完全。

[5]浣纱人:即西施,据说在被越王进献给吴王之前,西施是一个浣纱女。

[6]红衣:指莲花红色的花瓣。

[7]待语:似有话说。"闲情"三句说白莲有淡雅高洁的风韵、自然动人的姿态和欲与人语的神情。

[8]浦:水滨。心素:心事。

[9]湘皋珮解:《韩诗外传》说,郑交甫要到楚地去,在汉皋台下(即今湖北襄阳一带)遇到两个女子,身上都挂着玉珮,郑交甫上前请求她们相赠,两个女子把玉珮解下来送给他,可刚走了数步,玉珮突然不见了,两个女子也消失了。据说这两个女子是扛水女神。此处借用这个典故,把莲花比为女神,把花瓣比为玉珮。绿云:指荷叶。

【品鉴】

这首白莲词,很见作者的艺术功力。一起五句总写白莲,在借典故描绘了高雅的白莲身带玉露的形象以后,又用"轻装"三句具体描绘出白莲的姿态与神韵,"照水"、"玉立",十分传神。"几度"三句写出词人徘徊凝望,力图充分领略白莲雅韵的心情与神态,而"波明"两句写出词人月下所见:白莲与明月浑然成为一体,赏花者只闻花香,不见花容,白莲之"白",尽在"浑不见"三字之中。换头二句继续描绘白莲之白,说它因为西施嫉妒,故而脱去红衣,只着一件素白的衣衫,想象可谓奇特。"闲情"三句写出白莲的风韵、姿态和神情,"凭娇欲语"化用李白《渌水曲》中名句:"荷花娇欲语",用拟人化手法,写出荷花娇弱羞涩的神态。"隔浦"三句就上文"待语"句生发。结拍三句预想未来,表示了对荷花的爱惜之情。是呵,怕只怕秋风一来,莲花落瓣,只有一湖绿叶,在西风中飞卷。作者着一"怕"字,而其惜花之情、无奈之感便被生动地表现出来了。

赵 昂 一首

赵昂(生卒年不详),南宋孝宗时人,曾为御前应对。工词,有集传世。

婆罗门引

暮霞照水,水边无数木芙蓉。[1]
晓来露湿轻红。[2]
十里锦丝步障,日转影重重。[3]
向楚天空迥,人立西风。[4]

夕阳道中,叹秋色、与愁浓。
寂寞三千粉黛,临鉴妆慵。[5]
施朱太赤,空惆怅、教妾若为容。[6]
花易老、烟水无穷。[7]

【注释】

[1]这两句意为:水边丛生的芙蓉花,像晚霞一样映照着清清的流水。

[2]轻红:粉红。

[3]锦丝步障:形容芙蓉花开得繁盛,好像锦丝织成的屏障。《世说新语·汰侈》记石崇为了和别人斗富,曾"作锦步障五十里"。影重重:形容花的繁盛。

[4]向:面对。楚天:古时长江下游一带属楚国,故用以泛指南方的天空。辛弃疾《水龙吟·登建康赏心亭》:"楚天千里清秋,水随天去秋无际。"空迥(jiǒng):天高

596

空阔。

[5]粉黛:搽脸的白粉和画眉的黛墨,妇女的化妆用品,这里借指宫女。白居易《长恨歌》:"回眸一笑百媚生,六宫粉黛无颜色。"鉴:镜子。妆慵:懒得梳妆打扮。

[6]朱:红色。妾:妇女自称。若:怎么。为容:打扮。

[7]老:凋谢。

【品鉴】

这是一首应制而作的咏物词。陈藏一《话腴》记载:"赵昂总管,始肄业临安府学,困踬无聊赖,遂脱儒冠从禁弁,升御前应对。一日,侍阜陵(指宋孝宗赵昚 shèn)跸之德寿宫。高庙(指宋高宗赵构)宴席间问今应制之臣,张抡之后为谁。阜陵以昂对。高庙俯睐久之,知其尝为诸生,命赋拒霜词。昂奏所用腔,令缀《婆罗门引》。又奏所用意,诏自述其梗概。即赋就进呈云……"这里进呈的便是这首词,高宗看了很高兴,赏赐给赵昂许多东西以资鼓励。高宗也善作词,他喜欢这首词自有道理。总的看,此词有很高的艺术技巧。上片集中描绘芙蓉花盛开时的景况:早晨,露水打湿的粉红色花朵,有如十里屏障,一片繁盛景象。至此,似乎是纯粹咏物,显得有些质实,但词人笔锋一转,逗出几分空灵:"向楚天空迥,人立西风",耐人回味。下片在与美人的对比中,进一步描绘出芙蓉花的形象和神韵,词人没有从正面运笔,而是用侧面烘托的手法,说三千宫女见到秋色中的芙蓉花便愁绪万千,因为她们见到芙蓉花便对自己失去了信心,因为花太美了,她们不施朱色固然不成,但"施朱"则难免"太赤",怎么也达不到芙蓉花那种粉红的效果,故而只得"临鉴妆慵"、"空惆怅"而毫无办法了。至此,芙蓉花已被描绘得形神毕肖,词人却更遣余力,写下了"花易老、烟水无穷"的名句,另开辟了一个新的境界,给读者提供了丰富的想象的余地,颇有"言有尽而意无穷"的艺术效果。

曹邍 一首

曹邍(yuán),宋代词人,生平事迹不详。

玲珑四犯

被召赋荼䕲[1]

一架幽芳,自过了梅花,独占清绝。[2]
露叶檀心,香满万条晴雪。[3]
肌素净洗铅华,似弄玉、乍离瑶阙。[4]
看翠蛟白凤飞舞,不管暮烟啼鴂。[5]

酒中风格天然别,[6]记唐宫、赐尊芳冽。[7]
玉蕤唤得馀春住,犹醉迷飞蝶。[8]
天气乍雨乍晴,长是伴、牡丹时节。
夜散琼楼宴,金铺深掩,一庭香月。[9]

【注释】

[1]被召:受皇帝之召。荼䕲:又作"酴醿",一种落叶小灌木,叶小,呈椭圆形,春末开白花,花形与玫瑰相似,香味浓郁。

[2]一架:荼䕲枝条细长,为了供它蔓延牵攀,需要搭制木架。清绝:清雅绝俗。宋卢襄《酴醿花》云:"天将花王国艳殿春色,酴醿洗妆素颜相追陪。"

[3]檀心:檀红色的花蕊。晴雪:形容花色洁白如雪。杨万里荼䕲诗:"乱吹香雪洒阑干。"

〔4〕铅华:搽脸的粉。弄玉:相传为春秋秦穆公之女,后与萧史共升天仙去。瑶阙:天上的宫殿。

〔5〕翠蛟白凤飞舞:形容荼蘼的素花绿枝在轻风中摇曳,好像翠蛟白凤翩翩起舞。暮烟:暮霭。啼鸩(jué):亦作"鶗(tí)鸩"、"鹈(tí)鸩",即杜鹃。《离骚》云:"恐鹈鸩之先鸣兮,使夫百草为之不芳。"

〔6〕酒:指酴醿酒,古人用酴醿花汁泡酒,"味甚芳烈",称为"酴醿酒"。

〔7〕赐尊:赐酒。

〔8〕玉蕤:指荼蘼花。

〔9〕金铺:门饰。司马相如《长门赋》:"挤玉户以撼金铺兮,声噌吰而似钟音。"李善注曰:"金铺,以金为辅首也。"吕延济注曰:"金铺,扉上有金花,花中作钮镮以贯锁。"这里借指门。

【品鉴】

这首词称得上是一篇优美的《荼蘼赋》,作者不仅栩栩如生地描绘出荼蘼邌花的形象,更写出它"独占清绝"的神韵。上片起笔三句以梅花烘托,总写荼蘼花;继而借神话传说,将其比拟为天宫仙女,写出它超凡脱俗的气质。"看翠蛟"两句用荼蘼"不管暮烟啼鸩",突出表现了它迎风飞舞的旺盛的生命力。下片前四句由花想到酒,使全词增添了奇情异趣,绝不是闲笔。"玉蕤"两句由酒使人醉,想到花使蝶迷,而"唤得馀春住",暗示出荼蘼之珍贵难得。"天气"两句以牡丹为烘托,不仅再一次点明荼蘼开放的节令,更写出它身份之高贵、品格之高洁。结拍三句绘出一幅宴散门掩、花香月明的幽美图画,作者艺术手法之高超,令人赞叹。

郑觉斋　一首

郑觉斋,南宋词人,生平不详。

扬州慢

琼　花

弄玉轻盈,飞琼淡泞,袜尘步下迷楼。[1]
试新妆才了,炷沉水香毬。[2]
记晓剪、春冰驰送,金瓶露湿,缇骑星流。[3]
甚天中月色,被风吹梦南州。[4]

尊前相见,似羞人、踪迹萍浮。[5]
问弄雪飘枝,无双亭上,何日重游?[6]
我欲缠腰骑鹤,烟霄远、旧事悠悠。[7]
任凭阑无语,烟花三月春愁。[8]

【注释】

　　[1]弄玉:相传为春秋秦穆公之女,后与萧史共升天仙去。飞琼:许飞琼,西王母的侍女。淡泞:指飞琼的衣装素淡高雅。袜尘:曹植《洛神赋》写洛神(宓妃):"凌波微步,罗袜生尘。"这里用以指仙女的步履轻盈。迷楼:隋炀帝在扬州所建的楼名,韩偓《迷楼记》:"(炀帝)诏有司,供具材木,凡役夫数万,经岁而成;楼阁高下,轩窗掩映,幽房曲室,玉栏朱楯,互相连属,回环四合,曲屋自通,千门万户,上下金碧……人误入者,虽终日不能出。帝幸之,大喜,顾左右曰:'使真仙游其中,亦当自迷也,可目

之曰迷楼。'"

　　[2]香毬:一种铜制的薰香用的球,中分三层,圆转不已,可放置在被褥中间,其香烟不灭。

　　[3]晓剪:清晨将琼花剪下。缇骑(tí jì):古代当朝贵官的前导和随从的骑士。星流:流星快马。

　　[4]天中月色:形容琼花淡黄的色彩。南州:指临安。临安在扬州之南,故称之为"南州"。

　　[5]尊前:酒杯前。

　　[6]无双亭:亭名,在扬州后土祠旁,北宋诗人宋郊建。

　　[7]缠腰骑鹤:指重游扬州,用《殷芸小说》中的典故,参见赵以夫《扬州慢》词注。

　　[8]烟花三月:指阳春三月,语本李白《黄鹤楼送孟浩然之广陵》:"故人西辞黄鹤楼,烟花三月下扬州。"

【品鉴】

　　据记载,词人赵以夫得友人折赠琼花数枝,召聚诸贤咏赏,当场写了《扬州慢》词,郑觉斋此作当是唱和之作。上片以仙女来比琼花,写出它不同凡花的花姿、花色、清香,虽然词人未作工细的描绘,但却传出了琼花的精神。"记晓剪"三句承上"迷楼"而来,悬想当年炀帝赏花的情景,"缇骑星流",写出炀帝赏花的心情之切,从侧面烘托出琼花之出众不凡。下片转写眼前所见琼花,"问弄雪飘枝"三句是问花语,显出一片痴情,见出词人对琼花的由衷喜爱。"我欲"二句写出不能再游扬州的惆怅,自己当年在扬州赏玩琼花的"旧事"虽已"悠悠",却仍值得怀念。结拍两句含不尽之情于言外,诵之令人感叹。

无名氏　一首

摸鱼儿

被谁家、数声弦管,惊回好梦难省?[1]

起来无语疏雨过,芳草嫩苔侵径。

春昼永,迟日暮,碧沼浪浸红楼影。[2]

卷帘人静,被风触,一叶两叶,杏花零乱对残景。[3]

依前是,撩拨春心堪恨,檀郎言约无定。[4]

不知何处贪欢笑,恣纵酒迷歌逞?

珠泪迸,自别后,每忆翠黛凭谁整?[5]

芳年相称,又到得今来,却成病了,羞懒对鸾镜。[6]

【注释】

[1]惊回好梦:指从美梦中惊醒。

[2]永:长。迟日:指春日。《诗经·国风·豳风》:"春日迟迟,采蘩祁祁。"沼:小池。

[3]残景:残影,指落日。

[4]檀郎:晋代潘岳是美男子,小名檀奴,所以旧时常以"檀郎"为夫婿或所爱的男子的美称。

[5]翠黛:古时女子用螺黛(一种青黑色矿物颜料)画眉,故称眉为"翠黛"。

[6]鸾镜:妆镜。白居易《太行路》诗:"何况如今鸾镜中,妾颜未改君心改。"

【品鉴】

词写春日闺思。上片一起三句写弦管数声,使闺中人从与情人相会的美梦中惊醒。"起来"以下数句写佳人无语倚窗远眺所见,"芳草嫩苔侵径"、"碧沼浪浸红楼影",春日景色中寓无限情思。"被风触"以下三句写春残景色,佳人心境之孤寂自在言外。下片写情郎负约、佳人因相思而成病。"言约无定",见出怨之深、情之切;"珠泪迸",写出相思而不得的痛苦。"翠黛凭谁整",一问中含无限深情,使人想起张敞画眉的佳话,反差极为明显。结拍三句写因愁成病,"羞懒"二字颇为含蓄:因相思而消瘦,故"羞"于照镜;因无悦己者在身边,故"懒"于对镜而整妆,佳人之一腔怨情均由这"羞懒"二字传出……